Nikolaus Steinebach

VERWALTUNGS-BETRIEBSLEHRE

Für Studium und Praxis

5., neubearbeitete Auflage

WALHALLA
REGENSBURG · BONN

Die Deutsche Bibliothek – CIP-Einheitsaufnahme

Steinebach, Nikolaus :
Verwaltungsbetriebslehre : für Studium und Praxis / Nikolaus Steinebach.
– 5., neubearb. Aufl. –
Regensburg ; Bonn : Walhalla-Fachverl., 1998
ISBN 3-8029-7601-0

Zitiervorschlag:
Nikolaus Steinebach, Verwaltungsbetriebslehre
Regensburg, Bonn 1998

5., neubearbeitete Auflage 1998

Satz: Walhalla Datenbank
Produktion: Walhalla Fachverlag, **93042** Regensburg
Printed in Germany
ISBN 3-8029-7601-0

Verlagsverzeichnis schickt gerne:
Walhalla Fachverlag
Haus an der Eisernen Brücke
93059 Regensburg
walhalla@walhalla.de

Inhaltsübersicht

Abkürzungsverzeichnis

ADV	Automatisierte Datenverarbeitung
BFuP	Betriebswirtschaftliche Forschung und Praxis
BHO	Bundeshaushaltsordnung
BHW	Beamtenheimstättenwerk
BMI	Bundesministerium des Innern
BML	Bundesministerium für Ernährung, Landwirtschaft und Forsten
BMVg	Bundesministerium der Verteidigung
DBB	Deutscher Beamtenbund
DBW	Die Betriebswirtschaft
DÖD	Der öffentliche Dienst
DÖV	Die öffentliche Verwaltung
DVBl	Deutsches Verwaltungsblatt
DVP	Deutsche Verwaltungspraxis
EDV	Elektronische Datenverarbeitung
GG	Grundgesetz für die Bundesrepublik Deutschland vom 23. Mai 1949
GGO	Gemeinsame Geschäftsordnung der Bundesministerien, Allgemeiner Teil (GGO I), besonderer Teil (GGO II), hrsg. vom Bundesminister des Innern
GMBl	Gemeinsames Ministerialblatt, hrsg. vom Bundesminister des Innern
GWB	Gesetz gegen Wettbewerbsbeschränkungen
HdVO	Handwörterbuch der Verwaltung und Organisation
HGrG	Gesetz über die Grundsätze des Haushaltsrechts des Bundes und der Länder (Haushaltsgrundsätzegesetz)
HÖV	Handbuch für die öffentliche Verwaltung
HWB	Handwörterbuch der Betriebswirtschaft
HWFü	Handwörterbuch der Führung
HWÖ	Handwörterbuch der öffentlichen Betriebswirtschaft

HWO	Handwörterbuch der Organisation
KGSt	Kommunale Gemeinschaftsstelle für Verwaltungsvereinfachung
KRP	Kostenrechnungspraxis
LSP	Leitsätze für die Preisermittlung auf Grund von Selbstkosten vom 21. November 1953
LSP-Bau	Leitsätze für die Ermittlung von Preisen für Bauleistungen auf Grund von Selbstkosten
MbO	Management by Objectives (Führung durch Zielvorgabe und Zielvereinbarung)
PPBS	Planning-Programming-Budgeting-System (System zur integrierten Lang-, Mittel- und Kurzfristplanung der Aufgaben einer Institution)
UBWV	Unterrichtsblätter für die Bundeswehrverwaltung
VOB	Verdingungsordnung für Bauleistungen
VOL	Verdingungsordnung für Leistungen
VOP	Zeitschrift für Verwaltungsführung, Organisation und Personalwesen
VOPR 30/53	Verordnung PR NR. 30/53 über die Preise bei öffentlichen Aufträgen vom 21. November 1953
VOPR 1/72	Verordnung über die Preise für Bauleistungen bei öffentlichen oder mit öffentlichen Mitteln finanzierten Aufträgen vom 6. März 1972
VuF	Verwaltung und Fortbildung, Schriften der Bundesakademie für öffentliche Verwaltung
WiSt	Wirtschaftswissenschaftliches Studium
WiSU	Das Wirtschaftsstudium
ZBR	Zeitschrift für Beamtenrecht
ZfB	Zeitschrift für Betriebswirtschaft
ZfbF	Zeitschrift für betriebswirtschaftliche Forschung
ZfO	Zeitschrift für Organisation
ZögU	Zeitschrift für öffentliche und gemeinwirtschaftliche Unternehmen

Verzeichnis der Schaubilder

(Aus Vereinfachungsgründen werden Übersichten, Tabellen etc. als Schaubilder bezeichnet)

Weiterführende Literatur

Akademie für Organisation, Gießen (Hrsg.), Handlexikon Organisation, 2. Aufl., Frankfurt a. M. 1976;

Albach, H., Simon, H. (Hrsg.), Investitionslehre und Investitionspolitik privater und öffentlicher Unternehmen, Wiesbaden 1976;

Altenburger, O. A., Ansätze zu einer Produktions- und Kostentheorie der Dienstleistungen, Berlin 1980;

Althoff, K., Thielepape, M., Psychologie in der Verwaltung, 4. Aufl., Herford 1993;

Altmann, G. H., Das öffentliche Auftragswesen, Stuttgart 1960;

Amting, J., Aufwandsbegrenzung und Rationalisierung. Auf dem Weg ins dritte Jahr, in: Bundeswehrverwaltung, 1996, S. 172 ff.;

Anspach, J., Walitschek, H. F., Die Bundeswehr als Auftraggeber, 2. Aufl., Koblenz 1986;

Arnim, H. H. v., Staatslehre der Bundesrepublik Deutschland, München 1984;

Arnim, H. H. v. (Hrsg.), Finanzkontrolle im Wandel, Berlin 1989;

Arnim, H. H. v., Lüder, K. (Hrsg.), Wirtschaftlichkeit in Staat und Verwaltung, Berlin 1993;

Baars, B. A., Strukturmodelle für die öffentliche Verwaltung, Köln u. a. 1973;

Badenhoop, K. R., Organisation der öffentlichen Verwaltung, in: Frese, E. (Hrsg.), Handwörterbuch der Organisation (HWO), Stuttgart 1968, Sp. 1055 ff.;

Baethge, I., Wagner, H. (Hrsg.), Personalbedarfsplanung in Wirtschaft und Verwaltung, Stuttgart 1983;

Bätz, K., Administrative Preispolitik öffentlicher Unternehmen, Baden-Baden 1979;

Balfanz, D., Öffentlichkeitsarbeit öffentlicher Betriebe, Regensburg 1983;

Ballewski, G., Wilke, C. C., Informations- und Kommunikationstechniken in der öffentlichen Verwaltung, Bonn 1986;

Bargehr, B., Marketing in der öffentlichen Verwaltung, Stuttgart 1991;

Bauer, H., Klug, F., Kosten- und leistungsbewußte öffentliche Verwaltung, Wien 1996;

Bayerische Verwaltungsschule, München (Hrsg.), Modernes Verwaltungsmanagement, Stuttgart u. a. 1996;

Bebermeyer, H., Regieren ohne Management? Planung als Führungsinstrument moderner Regierungsarbeit, Stuttgart 1974;

Bechmann, A., Nutzwertanalyse, Bewertungstheorie und Planung, Bern u. a. 1978;

Becker, B., Aufgabentyp und Organisationsstruktur von Verwaltungsbehörden, in: Die Verwaltung, 1976, S. 273 ff.;

Becker, B., Planung und Organisation der Planung in der öffentlichen Verwaltung, Stuttgart u. a. 1978;

Becker, B., Öffentliche Verwaltung, Percha 1989;

Becker, R., Kapazitätsplanung und -steuerung in Verwaltungsbetrieben, in: VOP, 1995, S. 254 ff.;

Becker, U., Thieme, W. (Hrsg.), Handbuch der Verwaltung, Köln u. a. 1978;

Behr, M. v., Schulz-Wild, R., Arbeitsplatzstruktur und Laufbahnreform im öffentlichen Dienst, Baden-Baden 1973;

Bellen, A. van der, Öffentliche Unternehmen zwischen Markt und Staat, Köln 1977;

Bendixen, P., Kemmler, H., Planung, Organisation und Methodik innovativer Entscheidungsprozesse, Berlin 1972;

Berchthold, D., Bleisch, M., Timmermann, M., Betriebswirtschaftslehre der öffentlichen Verwaltung, in: Die Unternehmung, 1982, S. 247 ff.;

Berekoven, L., Der Dienstleistungsmarkt der Bundesrepublik Deutschland, Göttingen, Bd. 1, 1983;

Bergen, R., Bubolz, R., Netzplantechnik, Frankfurt a. M. 1974;

Berndt, R., Preisbildung bei öffentlichen Aufträgen, in: WiSu, 1983, S. 11 ff.;

Berndt, R., Marketing für öffentliche Aufträge, München 1988;

Berthel, J., Personalmanagement, 2. Aufl., Stuttgart 1989;

Beyer, L., Brinckmann, H., Kommunalverwaltung im Umbruch, Köln 1990;

Bidlingmaier, J., Zielkonflikte und Zielkompromisse im unternehmerischen Entscheidungsprozeß, Wiesbaden 1968;

Bidlingmaier, J., Unternehmerziele und Unternehmerstrategien, Wiesbaden 1973;

Bischofberger, P., Durchsetzung und Fortbildung betriebswirtschaftlicher Erkenntnisse in der öffentlichen Verwaltung, Zürich u. a. 1964;

Bleicher, K., Zur Organisation von Leitung und Führung in der Verwaltung, in: Michalski, W. (Hrsg.), Leistungsfähigkeit und Wirtschaftlichkeit in der öffentlichen Verwaltung, Hamburg 1970, S. 53 ff.;

Bleicher, K. (Hrsg.), Organisation als System, Wiesbaden 1972;

Bloch, W., Leistungsbewertung, in: Gaugler, E. (Hrsg.), Handwörterbuch des Personalwesens, Stuttgart 1975, Sp. 1164 ff.;

Blohm, H., Organisation, Information und Überwachung, 3. Aufl., Wiesbaden 1977;

Blohm, H., Lüder, K., Investition, 4. Aufl., München 1978;

Blümel, W., Hill, H. (Hrsg.), Die Zukunft der kommunalen Selbstverwaltung, Berlin 1991;

Böckel, J. J., Hoepfner, F. G., Moderne Kostenrechnung, lernpsychologisch aufbereitet, 2. Aufl., Stuttgart u. a. 1974;

Böhret, C., Entscheidungshilfen für die Regierung, Modelle, Instrumente, Probleme, Opladen 1970;

Böhret, C., Grundriß der Planungspraxis, Mittelfristige Programmplanung und angewandte Planungstechniken, Opladen 1975 (zitiert mit 1975 a);

Böhret, C., Wordelmann, P., Das Planspiel als Methode der Fortbildung, Köln u. a. 1975 (zitiert mit 1975 b);

Böhret, C., Junkers, M. T., Führungskonzepte für die öffentliche Verwaltung, Stuttgart u. a. 1976;

Böhret, C., Klages, H. u. a. (Hrsg.), Herausforderungen an die Innovationskraft der Verwaltung, Opladen 1987 (zitiert mit 1987 a);

Böhret, C., Instrumente für das Verwaltungsmanagement, 3. Aufl., Speyer 1987 (zitiert mit 1987 b);

Böhret, C., Verwaltungsmodernisierung im funktionalen Staat. Chancen und Risiken, Speyer 1997;

Böhrs, H., Leistungslohngestaltung, 3. Aufl., Wiesbaden 1980;

Bohne, E., König, H., Probleme der politischen Erfolgskontrolle, in: Die Verwaltung, 1976, S. 19 ff.;

Bornhalm, W., Das staatliche Rechnungswesen, Bad Bentheim 1986;

Bosetzky, H., Heinrich, P., Mensch und Organisation, 5. Aufl., Köln u. a. 1994;

Bottler, J., Horvath, P., Kargl, H., Methoden der Wirtschaftlichkeitsberechnung für die Datenverarbeitung, München 1972;

Braun, G. E., Ziele in öffentlicher Verwaltung und privatem Betrieb, Baden-Baden 1988;

Braun, G. E., Töpfer, A. (Hrsg.), Marketing im kommunalen Bereich, Stuttgart 1989;

Braun, G. E., Bozem, K. H. (Hrsg.), Controlling im kommunalen Bereich, München 1990;

Braun, G. E., Ziele in der öffentlichen Verwaltung, in: VOP, 1992, S. 162 ff.;

Brede, H., Auf dem Weg zu einer betriebswirtschaftlichen Theorie der öffentlichen Verwaltungen und Betriebe, in: DBW, 1984, S. 657 ff.;

Brede, H., Loesch, A. v. (Hrsg.), Die Unternehmen der öffentlichen Wirtschaft in der Bundesrepublik Deutschland, Baden-Baden 1986;

Brede, H., Neuere deutschsprachige Lehrbücher und ihr Beitrag zu einer betriebswirtschaftlichen Theorie der öffentlichen Verwaltungen und Betriebe, ZögU, 1997, Beiheft 14, S. 106 ff.;

Breitenstein, P., Staatlich administrierte Preise, Baden-Baden 1977;

Brenzke, D., Wirtschaftlichkeitsrechnungen in öffentlichen Betrieben und Verwaltungen, Kornach, München 1989;

Breuning, B., Die Überprüfung öffentlicher Aufträge nach dem geltenden Preisrecht, in: WiSt, 1985, S. 418 ff.;

Brüggemeier, M., Controlling in der öffentlichen Verwaltung, 2. Aufl., München u. a. 1997;

Budäus, D., Betriebswirtschaftslehre öffentlicher Unternehmen und Verwaltungen, Ansätze und Probleme eines Bezugsrahmens einzelwirtschaftlicher Analyse und Gestaltung öffentlicher Leistungsprozesse, in: ZögU, 1981, S. 395 ff.;

Budäus, D., Betriebswirtschaftliche Instrumente zur Entlastung kommunaler Haushalte, Baden-Baden 1982;

Budäus, D. u. a., Ziele und Ausbildungskonzepte der öffentlichen Betriebswirtschaftslehre, in: ZfbF, 1987, S. 3 ff.;

Budäus, D., Eichhorn, P. (Hrsg.), Public Private Partnership, Baden-Baden 1997;

Büch, M. P., Zur Bestimmung der Grundsätze der Wirtschaftlichkeit und Sparsamkeit im öffentlichen Haushalt der Bundesrepublik Deutschland, Köln u. a. 1976;

Büschgen, H. E. (Hrsg.), Handwörterbuch der Finanzwirtschaft, Stuttgart 1975;

Bulling, M. (Hrsg.), Verwaltung im Kräftefeld der politischen und gesellschaftlichen Institutionen, Baden-Baden 1985;

Bundesakademie für öffentliche Verwaltung, Bonn (BAkÖV) (Hrsg.), Öffentliche Verwaltung von morgen, Baden-Baden 1995;

Bundesministerium der Verteidigung, Bonn (BMVg) (Hrsg.), Bundeswehr-Kostenrechnung, Bonn 1985 (zitiert mit 1985 a);

Bundesministerium der Verteidigung, Bonn (BMVg) (Hrsg.), Weißbuch 1985, Bonn 1985 (zitiert mit 1985 b);

Bundesministerium der Verteidigung (BMVg) (Hrsg.), Personalentwicklungskonzeption für Beamtinnen und Beamte des gehobenen und höheren Dienstes in der Bundeswehr, Bonn 1996;

Bundesministerium des Innern (BMI) (Hrsg.), Aktionsprogramm zur weiteren Steigerung von Effektivität und Wirtschaftlichkeit der Bundesverwaltung, Bonn 1997;

Bundesrechnungshof Präsident als Bundesbeauftragter für Wirtschaftlichkeit in der Verwaltung, Frankfurt a. M. (Hrsg.), Erfolgskontrolle finanzwirksamer Maßnahmen in der öffentlichen Verwaltung, Stuttgart u. a. 1990;

Burret, G. F., Kameralistik und Doppik, Otterbach, Kaiserslautern 1965;

Chmielewicz, K., Überlegungen zu einer Betriebswirtschaftslehre der öffentlichen Verwaltungen, in: ZfB, 1971, S. 583 ff.;

Chmielewicz, K., Betriebliches Rechnungswesen, 2 Bde., Hamburg 1973;

Chmielewicz, K., Eichhorn, P. (Hrsg.), Handwörterbuch der öffentlichen Betriebswirtschaft (HWÖ), Stuttgart 1989;

Chrobok, R., Das System der Bundeswehrplanung, Baden-Baden 1985;

Comelli, G., Rosenstiel, L. v., Führung durch Motivation, München 1995;

Corsten, H., Die Produktion von Dienstleistungen, Berlin 1985;

Däumler, K. D., Betriebswirtschaftslehre und Beschaffungspolitik der Bundeswehr, in: Wehrkunde, 1975, S. 34 ff.;

Däumler, K. D., Grundlagen der Investitions- und Wirtschaftlichkeitsrechnung, 8. Aufl., Herne u. a. 1994;

Dahlgrün, H. G., Rechnungskontrolle, in: Morstein-Marx, F. (Hrsg.), Verwaltung, Berlin 1965, S. 414 ff.;

Damkowski, W., Brecht, C., Public Management. Neuere Steuerungskonzepte für den öffentlichen Sektor, Stuttgart u. a. 1995;

Decker, F., Einführung in die Dienstleistungsökonomie, Paderborn 1975;

Deckert, K., Organisationen organisieren, 2. Aufl., Vieselbach/Erfurt 1993;

Demand, H. H., Die Wirtschaftlichkeit der Datenverarbeitung, Düsseldorf 1980, WIBERA-Sonderdruck, Nr. 125;

Denso, I. u. a., Verwaltungseffizienz und Motivation, Göttingen 1976;

Derlien, H. U., Die Erfolgskontrolle staatlicher Planung. Eine empirische Untersuchung, Baden-Baden 1976;

Deutscher Beamtenbund (DBB) (Hrsg.), Verwaltung 2000, Bonn 1995;

Deutscher Beamtenbund (DBB) (Hrsg.), Dienstrechtsreformgesetz – Inhalt, Ziele, Konsequenzen, Bonn 1997;

Diederich, H., Der Kostenpreis bei öffentlichen Aufträgen, Heidelberg 1961;

Diller, H. (Hrsg.), Vahlens großes Marketinglexikon, München 1992;

Dostal, A. W., Beschaffungsverhalten der öffentlichen Hand. Über die Notwendigkeit zur Entwicklung eines neuen Forschungskonzepts, in: VOP, 1982, S. 76 ff.;

Dostal, A. W., Organisation und koordinative Funktion des Behördenkreislaufs, Teil 1 und 2, in: VOP, 1983, S. 252 ff. u. S. 338 ff.;

Drieling, W., Sickel, O., Die Erhebung und Berechnung von Gebühren und Beiträgen für Abwasserbeseitigungsanlagen, Düsseldorf 1990, WIBERA-Sonderdruck, Nr. 213;

Drumm, H. J., Personalwirtschaftslehre, Berlin u. a. 1989;

Duppré, F., Politische Kontrolle, in: Morstein-Marx, F. (Hrsg.), Verwaltung, Berlin 1965, S. 388 ff.;

Ebisch, H., Gottschalk, J., Preise und Preisprüfungen bei öffentlichen Aufträgen, 4. Aufl., München 1977;

Eichhorn, P., Öffentliche Verwaltung als Dienstleistungsbetrieb, in: Menger, C. F. (Hrsg.), Fortschritte des Verwaltungsrechts. Festschrift für H. J. Wolff, München 1973, S. 39 ff.;

Eichhorn, P., Gesellschaftsbezogene Unternehmensrechnung, Göttingen 1974 (zitiert mit 1974 a);

Eichhorn, P., Liquiditätsplanung und Gelddisposition in öffentlichen Haushalten, 2. Aufl., Baden-Baden 1974 (zitiert mit 1974 b);

Eichhorn, P., Wirtschaftlichkeitsrechnungen für private und öffentliche Investitionen, Teil 2., in: WiSt, 1974, S. 364 ff. (zitiert mit 1974 c);

Eichhorn, P., Siedentopf, H., Effizienzeffekte der Verwaltungsreform. Exemplarische Ansätze einer Wirkungsanalyse der territorialen und funktionalen Verwaltungsreform in Rheinland-Pfalz, Baden-Baden 1976 (zitiert mit 1976 a);

Eichhorn, P., Gesellschaftsbezogene Unternehmensrechnung und betriebswirtschaftliche Sozialindikatoren, in: Haeseler, H. R. (Hrsg.), Gemeinwirtschaftliche Betriebe und öffentliche Verwaltungen, Opladen 1976, S. 159 ff., ZfbF-Sonderheft, Nr. 5 (zitiert mit 1976 b);

Eichhorn, P., Die öffentliche Verwaltung als Dienstleistungsbetrieb, in: Rehkopp, A. (Hrsg.), Dienstleistungsbetrieb öffentliche Verwaltung. Materialien zur Betriebswirtschaftslehre für die öffentliche Verwaltung, Stuttgart u. a. 1976, S. 12 ff. (zitiert mit 1976 c);

Eichhorn, P., Friedrich, P., Verwaltungsökonomie, Baden-Baden, Bd. 1, Methodologie und Management der öffentlichen Verwaltung, 1976 (zitiert mit 1976 d);

Eichhorn, P., Verwaltungshandeln und Verwaltungskosten, Baden-Baden 1979;

Eichhorn, P., Buchholz, W., Marketing in öffentlichen Verwaltungen, in: BFuP, 1983, S. 209 ff.;

Eichhorn, P., Leistungssteigerung in der öffentlichen Verwaltung, Melle 1984;

Eichhorn, P. (Hrsg.), Betriebswirtschaftliche Erkenntnisse für Regierung, Verwaltung und öffentliche Unternehmen, Baden-Baden 1985;

Eichhorn, P., Kortzfleisch, G. v. (Hrsg.), Erfolgskontrolle bei der Verausgabung öffentlicher Mittel, Baden-Baden 1986;

Eichhorn, P. (Hrsg.), Doppik und Kameralistik, Baden-Baden 1987;

Eichhorn, P. (Hrsg.), Verwaltungslexikon, 2. Aufl., Baden-Baden 1991;

Eichhorn, P., Rechnungsziele und Rechnungssysteme in Unternehmen und Verwaltungen, in: ZfB, 1993, S. 859 ff.;

Eichhorn, P., Öffentliche Betriebswirtschaftslehre, Baden-Baden 1997;

Eidgenössisches Militärdepartement, Bern (EMD) (Hrsg.), Gemeinkosten-Wertanalyse GWA in der öffentlichen Verwaltung, Lüderenalp 1982;

Eilsberger, R., Leipelt, D., Organisationslehre für die Verwaltung, Heidelberg 1994;

Einsiedler, H. E., Werthaltungen von Führungskräften zu partizipativen Veränderungsstrategien, Frankfurt a. M. u. a. 1986;

Ellwein, T., Hesse, J. J., Verwaltungsvereinfachung und Verwaltungspolitik, Baden-Baden 1985;

Endres, A., Motivation trotz Bürokratie, Kisslegg 1993;

Erbesdobler, R., Heinemann, I., Mey, P., Entscheidungstabellentechnik, Berlin u. a. 1976;

Fiebig, H., Kommunale Kostenrechnung und Wirtschaftlichkeitssteuerung, Berlin 1995;

Fischer, W., Mundhenke, E. (Hrsg.), Informationstechnik im öffentlichen Bereich, Baden-Baden 1985;

Fischer, W., Informationstechnik und Organisation in öffentlichen Verwaltungen und öffentlichen Betrieben, Köln u. a. 1991;

Fleischer, J., Modell der Struktur eines marktorientierten öffentlichen Dienstleistungsbetriebes, in: DVP, 1996, S. 135 ff.;

Florek, T., Das Organisationsklima als Einflußfaktor auf ausgewählte personalwirtschaftliche Aspekte, München 1986;

Freudenberg, D., Planen und Entscheiden in der öffentlichen Verwaltung, Herford 1983;

Fricke, W., Zentralisierung und Dezentralisierung des öffentlichen Einkaufs, Heidelberg 1961;

Friedrich, P., Volkswirtschaftslehre der öffentlichen Verwaltung, in: Mutius, A. v. (Hrsg.), HÖV, Neuwied u. a., Bd. 1, 1984, S. 945 ff.;

Fröhlich, W., Qualitative Personalplanung, Frankfurt a. M. 1984;

Fuchs, A., Wesen und Wirken der Kontrolle. Betrachtungen zum staatlichen Kontrollwesen in der Bundesrepublik Deutschland, Tübingen 1966;

Fuchs, K., Kiefer, D., Technik, Organisation und Anwendung der Datenverarbeitung in der öffentlichen Verwaltung, 2. Aufl., Herford 1979;

Fuchs, M., Zentgraf, H., Betriebsabrechnung in öffentlichen Einrichtungen, 4. Aufl., Göttingen 1981;

Fuchs, K., Landgraf, B., Informationsverarbeitung in der öffentlichen Verwaltung, 3. Aufl., Herford u. a. 1992;

Fürstenberg, F., Leistungsanreizsysteme, in: Gaugler, E. (Hrsg.), Handwörterbuch des Personalwesens, Stuttgart 1975, Sp. 1157 ff.;

Gabele, E., Liebel, H., Oechsler, W. A., Führungsgrundsätze und Führungsmodelle, Bamberg 1983;

Gabele, E., Weber, F., Kauf oder Leasing, Bonn 1985;

Gaentzsch, G., Aufgaben der öffentlichen Verwaltung, Speyer 1992;

Gaitanides, M., Prozeßorganisation, München 1983;

Gandenberger, O., Die Ausschreibung, Heidelberg 1961;

Garstka, H. J., Schneider, I. u. a. (Hrsg.), Verwaltungsinformatik, München u. a. 1980;

Gaugler, E., Lay, G., Schilling, W., Einführung und Auswertung von Leistungsbeurteilungssystemen, Baden-Baden 1979;

Gaugler, E. (Hrsg.), Betriebliche Weiterbildung als Führungsaufgabe, Wiesbaden 1987;

Gerhard, G. R., Unsin, E., Projekt und Netzplan in der Verwaltung, Köln 1972;

Glasl, F. (Hrsg.), Verwaltungsreform durch Organisationsentwicklung, Bern u. a. 1983;

Göck, R., Führungskräftefortbildung, Baden-Baden 1993;

Gößl, A., Praktische Psychologie und Soziologie in der Verwaltung, 3. Aufl., Regensburg 1990;

Götzinger, M., Michael, H., Kosten- und Leistungsrechnung, 3. Aufl., Heidelberg 1985;

Goller, J., Maack, H. u. a. (Hrsg.), Verwaltungsmanagement. Handbuch für öffentliche Verwaltungen und Betriebe, Stuttgart 1989;

Gonschorrek, U., Schimmelpfennig, A. H., Angewandte Sozialwissenschaften in der Verwaltung, Heidelberg u. a. 1981;

Goossens, F., Managementtechniken, Planen, Entscheiden, Kontrollieren, München 1973;

Gornas, J., Beyer, W., Betriebswirtschaft in der öffentlichen Verwaltung, Köln 1991;

Gornas, J., Grundzüge einer Verwaltungskostenrechnung, 2. Aufl., Baden-Baden 1992;

Grimmer, K. (Hrsg.), Informationstechnik in öffentlichen Verwaltungen, Basel u. a. 1986;

Grochla, E., Unternehmensorganisation, Reinbek 1972;

Groeben, K. v. der, Schnur, R., Wagener, F., Über die Notwendigkeit einer neuen Verwaltungswissenschaft, Baden-Baden 1966, Politik und Verwaltung, Heft 1;

Größl, L., Hahn, O., Koerdt, H., Wirtschaftlichkeit in Streitkräften, Wiesbaden 1973;

Grosser, D. (Hrsg.), Der Staat in der Wirtschaft der Bundesrepublik Deutschland, Opladen 1985;

Grottian, P., Murswieck, A., Handlungsspielraum der Staatsadministration, Hamburg 1974 (zitiert mit 1974 a);

Grottian, P., Strukturprobleme staatlicher Planung. Eine empirische Studie zum Planungsbewußtsein der Bonner Ministerialbürokratie, Hamburg 1974 (zitiert mit 1974 b);

Gruber, A., Bös, W., Datenverarbeitung in Wirtschaft und Verwaltung, 2 Bde., Regensburg 1983;

Gührs, E., Hünerberg, G., Leitfaden für Kostenermittlung und Wirtschaftlichkeitsprüfung, Hamburg 1983;

Gührs, E., Lindner, K., Pagels, J. u. a., Leitfaden für Nutzen-Kosten-Untersuchungen, Hamburg o. J.;

Guss, K. (Hrsg.), Der Mensch im Mittelpunkt der Militärökonomie, Koblenz 1987;

Gutenberg, E., Grundlagen der Betriebswirtschaftslehre. Der Absatz, 10. Aufl., Berlin u. a. 1967;

Gutenberg, E., Grundlagen der Betriebswirtschaftslehre. Die Produktion, 14. Aufl., Berlin u. a. 1968;

Gutenberg, E., Grundlagen der Betriebswirtschaftslehre. Die Finanzen, 5. Aufl., Berlin u. a. 1972;

Haaser, F., Reichen die gegenwärtigen Wirtschafts- und Rechnungskontrollen und Prüfungen in der öffentlichen Verwaltung aus und führen sie zum gleichen Erfolg wie die der Privatwirtschaft?, in: Gemeinsame Grundregeln in privater Wirtschaft und öffentlicher Verwaltung. Gutachten im Auftrag des Bundesfinanzministers, Göttingen 1958, S. 106 ff.;

Händel, S., Wertanalyse bei Dienstleistungen in Wirtschaft, Staat und Wirtschaft, Essen 1978;

Haeseler, H. R. (Hrsg.), Gemeinwirtschaftliche Betriebe und öffentliche Verwaltungen, Opladen 1976, ZfbF-Sonderheft, Nr. 5;

Häuser, K. (Hrsg.), Produktivitätsentwicklung staatlicher Leistungen, Berlin 1985;

Hahn, O., Finanzwirtschaft, München 1975;

Hahn, O., Militärbetriebslehre, Berlin 1997;

Halstenberg, F., Planung als Verwaltungs- und politisches Führungsinstrument, in: Rehkopp, A. (Hrsg.), Dienstleistungsbetrieb öffentliche Verwaltung, Stuttgart u. a. 1976, S. 42 ff.;

Hammerstein, C. v., Systematische Arbeitsplatzbewertung im öffentlichen Dienst, in: VOP, 1979, S. 17 ff.;

Hanusch, H. (Hrsg.), Reform öffentlicher Leistungen, Baden-Baden 1978;

Hausmann, F., Kosten- und Leistungsrechnung in der modernen Verwaltungsführung, in: DÖV, 1996, S. 732 ff.;

Heigenhauser, B., Schub, A., Grundlagen der Netzplantechnik, Essen 1975;

Heinen, E., Grundlagen betriebswirtschaftlicher Entscheidungen. Das Zielsystem der Unternehmung, 2. Aufl., Wiesbaden 1971;

Heinhold, M., Investitionsrechnung, 5. Aufl., München u. a. 1989;

Heinrich, D., Teilkostenrechnung in der öffentlichen Verwaltung, VOP, 1990, S. 40 ff.;

Hempel, J., Kehler, A., Probleme der Kosten-Nutzen-Analyse für Informationssysteme in öffentlichen Verwaltungen, Pullach b. München 1974;

Hentze, J., Personalwirtschaftslehre, 2 Bde., 3. Aufl., Bern u. a. 1986;

Herbert, W., Bürgernahe Verwaltung als Leitbild öffentlichen Handelns, Speyer 1989, Speyerer Forschungsberichte, Nr. 82;

Herbst, J., Möglichkeiten zur Wirtschaftlichkeitskontrolle von Verwaltungsabläufen und Verwaltungsverfahren im öffentlichen Dienst, Pullach b. München 1972;

Herbst, J., Qualitätssicherung, Gütesicherung und Güteprüfung bei öffentlichen Aufträgen, Hamburg 1988, Schriften zum öffentlichen Auftragswesen, Heft 4;

Hermanns, A. (Hrsg.), Neue Kommunikationstechniken, München 1986;

Hesse, H., Die Kostenwirksamkeitsanalyse, in: Verwaltung und Fortbildung, 1975, S. 79 ff.;

Hesse, J., Bott, H. (Hrsg.), Beiträge zu einer Betriebswirtschaftslehre der Deutschen Bundespost, Heidelberg 1983;

Heßhaus, W., Unternehmensführung und Unternehmensziele, Wiesbaden 1977;

Heuer, E., Privatwirtschaftliche Wege und Modelle zu einem modernen (anderen?) Staat, in: DÖV, 1995, S. 85 ff.;

Hieber, F., Öffentliche Betriebswirtschaftslehre, Ludwigsburg, Berlin 1995;

Hill, H., Klages, H. (Hrsg.), Qualitäts- und erfolgsorientiertes Verwaltungsmanagement, Berlin 1993;

Hill, H., Frey, M., Motivationsinstrumente für eine Innovation der öffentlichen Verwaltung, in: Verwaltung und Management, 1997, S. 7 ff.;

Hill, W., Fehlbaum, R., Ulrich, P., Organisationslehre, 2 Bde., 2. Aufl., Berlin u. a. 1976;

Hoefert, H. W., Der Mensch in der Organisation, Gießen 1985;

Hoefert H. W., Reichard, Ch. (Hrsg.), Leistungsprinzip und Leistungsverhalten im öffentlichen Dienst, Stuttgart u. a. 1979;

Höhn, R., Die innere Kündigung in der öffentlichen Verwaltung, Stuttgart u. a. 1989;

Hoffmann-Riem, W. (Hrsg.), Bürgernahe Verwaltung, Neuwied u. a. 1979;

Hofmann, L. M., Linneweh, K., Streich, R. K., Erfolgsfaktor Persönlichkeit, München 1997;

Hofmann, M., Zapotoczky, K. u. a. (Hrsg.), Gestaltung öffentlicher Verwaltungen, Heidelberg 1993;

Hopfenbeck, W., Allgemeine Betriebswirtschaftslehre und Managementlehre, 11. Aufl., Landsberg a. Lech 1997;

Hoppe, W., Zur Struktur von Normen des Planungsrechts, in: DVBl, 1974, S. 641 ff.;

Horváth, P., Controlling, München 1979;

Horváth, P. u. a., Neues Verwaltungsmanagement, Düsseldorf 1996;

Hub, H., Fischer, W., Techniken der Aufbauorganisation, Stuttgart u. a. 1977;

Jentzsch, A., Reinermann, H., Eignung des Programmhaushalts für ein öffentliches Forschungsinstitut, Berlin 1978;

Joerger, G., Öffentlichkeitsarbeit, Stuttgart 1975;

Joerger, G., Geppert, M. (Hrsg.), Grundzüge der Verwaltungslehre, 2 Bde., 3. Aufl., Stuttgart u. a. 1983;

Johnson, K. L., Grundlagen der Netzplantechnik, Düsseldorf 1974;

Jünger, H., Walter, J., Finanzierungsreformen bei kommunalen Investitionen, Köln u. a. 1987;

Jürgens, G., Piduch, E. A., Cohrs, J., Finanzen und Haushalt, 2. Aufl., Regensburg 1991;

Kaiser, J. H. (Hrsg.), Planung, Baden-Baden, Bd. 1, Recht und Politik der Planung in Wirtschaft und Gesellschaft, 1965;

Kaiser, J. H. (Hrsg.), Planung, Baden-Baden, Bd. 3, Mittel und Methoden planender Verwaltung, 1968;

Kaiser, J. H. (Hrsg.), Planung, Baden-Baden, Bd. 6, Integrierte Systeme der Planung und Budgetierung, 1972;

Kandutsch, J., Kontrolle und Planung, Vollzug und Leistung, in: Michalski, W. (Hrsg.), Leistungsfähigkeit und Wirtschaftlichkeit in der öffentlichen Verwaltung, Hamburg 1970;

Karehnke, H., Ein Vorschlag für Nutzen-Kosten-Untersuchungen in der Verwaltung, in: DÖV, 1974, S. 737 ff.;

Kempf, R., Führungsrichtlinien für die öffentliche Verwaltung, in: DVP, 1987, S. 31 ff.;

Kensing, U., Anwendungsmöglichkeiten der Investitionsrechnung bei Beschaffungen der Bundeswehr, in: Wehrkunde, 1974, S. 87 ff.;

Kiefer, D., Strebel, H., Wolff, R., Ökonomische Fragen der öffentlichen Verwaltung, Baden-Baden, Bd. 2, 1977;

Kieser, A., Kubicek, H., Organisation, Berlin u. a. 1977;

Kieser, A. (Hrsg.), Organisationstheoretische Ansätze, München 1981;

Kieser, A., Reber, G. u. a. (Hrsg.), Handwörterbuch der Führung (HWFü), Stuttgart 1987;

Kirchhoff, G., Siepmann, H., Organisation der Kommunalverwaltung als Grundlage betriebswirtschaftlicher Effektivität, in: Rehkopp, A. (Hrsg.), Dienstleistungsbetrieb öffentliche Verwaltung, Stuttgart u. a. 1976, S. 69 ff.;

Kirchhoff, G. (Hrsg.), Handbuch zur Ökonomie der Verteidigungspolitik, Regensburg 1986;

Kirchhoff, U., Müller-Godeffroy, H., Finanzierungsmodelle für kommunale Investitionen, 4. Aufl., Stuttgart 1993;

Klages, H., Schmidt, R. W., Messung und Bewertung der Organisationsqualität, Baden-Baden 1983;

Klages, H. (Hrsg.), Öffentliche Verwaltung im Umbruch. Neue Anforderungen an Führung und Arbeitsmotivation, Gütersloh 1990;

Klages, H., Zwischenbilanz der Verwaltungsmodernisierung in Deutschland, in: Verwaltung und Management, 1997, S. 132 ff.;

Klepzig, H. J., Kosten-Nutzen-Analyse technischer Unterrichtsmedien, Weinheim u. a. 1976;

Klümper, B., Möllers, H., Zimmermann, E., Kommunale Kosten- und Wirtschaftlichkeitsrechnung, 8. Aufl., Witten 1996;

Klümper, B., Modellstudiengang Verwaltungsbetriebswirtschaftslehre, in: DVP, 1997, S. 232 ff.;

Knöpfle, F., Thieme, W. (Hrsg.), Verwaltungslehre, 2. Aufl., Heidelberg 1984;

Koch, R., Personalsteuerung in der Ministerialbürokratie, Baden-Baden 1975;

Koch, R., Management und Organisationsänderungen in der öffentlichen Verwaltung, Berlin 1982;

Koch, R., Methodologische Entwicklungen in der Verwaltungswissenschaft, in: Verwaltungsarchiv, 1985, S. 247 ff.;

Koch, R. (Hrsg.), Verwaltungsforschung in Perspektive, Baden-Baden 1987;

König, H., Wobser, E., Öffentliches Rechnungswesen im Fortschritt der Automation, Berlin u. a. 1967, AWV-Schriftenreihe, Nr. 123;

König, H., Managementkonzeption für Regierung und Verwaltung, in: Verwaltungsarchiv, 1976, S. 335 ff.;

König, H., Zur Neuorientierung von Zielgruppierungen in der öffentlichen Verwaltung, in: VuF, 1977, S. 71 ff.;

König, H., Dynamische Verwaltung, Bürokratie zwischen Politik und Kosten, 2. Aufl., Stuttgart 1979 (zitiert mit 1979 a);

König, H., Problemfindung als Ausgangspunkt für öffentliches Handeln, in: Mattern, K. H. (Hrsg.), Ziel- und ergebnisorientiertes Verwaltungshandeln. Entwicklung und Perspektiven in Regierung und Verwaltung, Köln 1979, S. 19 ff., VuF-Sonderheft, Nr. 4 (zitiert mit 1979 b);

König, H., Oertzen, H. J. v. u. a. (Hrsg.), Öffentliche Verwaltung in der Bundesrepublik Deutschland, Baden-Baden 1981;

König, K., Zum Standort der Verwaltungswissenschaft, DÖV 1990, S. 305 ff.;

König, K., Beck, J., Modernisierung von Staat und Verwaltung, Baden-Baden 1997 (zitiert mit 1997 a);

König, K., Siedentopf, H. (Hrsg.), Öffentliche Verwaltung in Deutschland, Baden-Baden 1997 (zitiert mit 1997 b);

Kosiol, E., Organisation der Unternehmung, Wiesbaden 1962;

Kosiol, E., Die Unternehmung als wirtschaftliches Aktionszentrum, 4. Aufl., Reinbek 1970;

Kosiol, E., Chmielewicz, K. u. a. (Hrsg.), Handwörterbuch des Rechnungswesens, 2. Aufl., Stuttgart 1981;

Kraus, H., Führungskonzeptionen in der Verwaltung, in: Haeseler, H. R. (Hrsg.), Gemeinwirtschaftliche Betriebe und öffentliche Verwaltungen, Opladen 1976, S. 127 ff., ZfbF-Sonderheft, Nr. 5;

Krause, D., Die Beziehungen zwischen Verwaltungsorganisation und EDV-Organisation in der öffentlichen Verwaltung, in: VuF, 1979, S. 108 ff.;

Kreuser, C., Friedrich, K., Organisations- und Bürokunde für die Verwaltung, 11. Aufl., Herford 1990;

Kroker, R., Der Verwaltungsvergleich als Instrument der Effizienzsteigerung der öffentlichen Verwaltung, Düsseldorf 1981;

Krückeberg, F., Oltmanns, H. P. u. a. (Hrsg.), Bürotätigkeit in der öffentlichen Verwaltung und technischer Wandel, Regensburg 1983;

Kübler, H., Informationstechnik in Verwaltungsorganisationen, Stuttgart u. a. 1978 (zitiert mit 1978 a);

Kübler, H., Organisation und Führung in Behörden, 2 Bde., 3. Aufl., Stuttgart u. a. 1978 (zitiert mit 1978 b);

Küpper, H. U., Controlling, Stuttgart 1995;

Kunze, D. M., Blanek, H. D., Simons, D., Nutzwertanalyse als Entscheidungshilfe für Planungsträger, 2. Aufl., Hiltrup 1974;

Kutynoik, R., Angewandte Betriebswirtschaftslehre II. Finanzwissenschaft und betriebliches Rechnungswesen, Heidelberg u. a. 1982;

Landers, T. J., Management und Verwaltung – Theorie und Praxis, Baden-Baden, 1981;

Laux, E., Planung als Führungsmittel der Verwaltung, Baden-Baden 1967, Politik und Verwaltung, Heft 5;

Laux, E., Führung und Führungsorganisation in der öffentlichen Verwaltung, Stuttgart u. a. 1975 (zitiert mit 1975 a);

Laux, E., Öffentliche Verwaltung, betriebswirtschaftliche Aspekte, in: Grochla, E. u. a. (Hrsg.), HWB, Stuttgart, Bd. 2, 4. Aufl., 1975, Sp. 2806 ff. (zitiert mit 1975 b);

Laux, E., Kaufmann, W., Praxis der Organisationsänderung. Fallstudie, Bundesgesundheitsamt, Baden-Baden 1978;

Laux, E., Führungsfragen der öffentlichen Verwaltung, in: Mutius, A. v. (Hrsg.), HÖV, Neuwied u. a., Bd. 1, 1984, S. 789 ff.;

Laux, E., Brückenschläge. Zur Anwendung betriebswirtschaftlicher Konzepte im kommunalen Bereich, in: DÖV, 1993, S. 1083 ff. (zitiert mit 1993 a);

Laux, E., Vom Verwalten, Baden-Baden 1993 (zitiert mit 1993 b);

Lenk, K., Automation und Verwaltungsentscheidung, in: DVBl, 1974, S. 832 ff.;

Lenk, K., Neue Informationsdienste im Verhältnis von Bürger und Verwaltung, Heidelberg 1990;

Lepper, N., Reichmann, G., Reinermann, H., Die gemeinsame Geschäftsordnung der Bundesministerien (GGO) im Lichte moderner Führungskonzeptionen, in: Zeitschrift für Organisation, 1977, S. 144 ff.;

Lockyer, K. G., Netzplantechnik. Aufgaben und Lösungen, 2. Aufl., Stuttgart 1970;

Löffelholz, J., Repetitorium der Betriebswirtschaftslehre, 5. Aufl., Wiesbaden 1975;

Loeser, R., Das Bundesorganisationsgesetz, Baden-Baden 1988;

Loeser, R., Das Berichtswesen in der öffentlichen Verwaltung, Baden-Baden 1991;

Lorse, J., Das Geheimnis PE, in: Bundeswehrverwaltung, 1996, S. 193 ff.;

Loschelder, W., Personalverwaltung und Personalführung, in: Morstein-Marx, F. (Hrsg.), Verwaltung, Berlin 1965, S. 127 ff.;

Lüder, K., Budäus, D., Effizienzorientierte Haushaltsplanung und Mittelbewirtschaftung, Göttingen 1976;

Lüder, K., Betriebswirtschaftslehre und öffentliche Verwaltung, Bestandsaufnahme und Entwicklungsperspektiven, in: ZfB, 1982, S. 538 ff.;

Lüder, K. (Hrsg.), Entwicklungsperspektiven des öffentlichen Rechnungswesens, Speyer 1986;

Lüder, K., Bedarf es einer Reform des staatlichen Rechnungswesens in der Bundesrepublik Deutschland, in: DÖV, 1989, S. 1005 ff.;

Lüder, K., Öffentliche Verwaltungen und öffentliche Unternehmen als Gegenstand der betriebswirtschaftlichen Ausbildung deutschsprachiger Universitäten, in: ZögU, 1991, S. 85 ff.;

Lüder, K., Verwaltungscontrolling, in: DÖV, 1993, S. 265 ff.;

Lüder, K. (Hrsg.), Öffentliches Rechnungswesen 2000, Berlin 1994;

Lüder, K., Triumph des Marktes im öffentlichen Sektor?, in: DÖV, 1996, S. 93 ff.;

Lüder, K. (Hrsg.), Staat und Verwaltung. 50 Jahre Hochschule für Verwaltungswissenschaften Speyer, Berlin 1997;

Luhmann, N., Recht und Automation in der öffentlichen Verwaltung, Berlin 1966 (zitiert mit 1966 a);

Luhmann, N., Theorie der Verwaltungswissenschaft, Köln u. a. 1966 (zitiert mit 1966 b);

Luhmann, N., Mayntz, R., Personal im öffentlichen Dienst, Baden-Baden 1973;

Luhmann, N., Funktionen und Folgen formaler Organisation, 3. Aufl., Berlin 1976;

Lutz, H., Pütter, F., Verwaltungsbetriebslehre, 13. Aufl., Essen 1992;

Macharzina, K., Oechsler, W. A. (Hrsg.), Personalmanagement I. Mitarbeiterführung und Führungsorganisation, Wiesbaden 1977 (zitiert mit 1977 a);

Macharzina, K., Oechsler, W. A. (Hrsg.), Personalmanagement, Wiesbaden, Bd. 2, Organisations- und Mitarbeiterentwicklung, 1977 (zitiert mit 1977 b);

Mäding, E., Aufgaben der öffentlichen Verwaltung, in: Die Verwaltung, 1973, S. 257 ff.;

Mäding, E., Knöpfle, F., Organisation und Effizienz der öffentlichen Verwaltung, in: Kommunale Gemeinschaftsstelle für Verwaltungsvereinfachung, Köln (KGSt), Köln 1974;

Mäding, H., Haushaltsplanung, Haushaltsvollzug, Haushaltskontrolle, Baden-Baden 1987;

Männel, W., Besonderheiten der internen Rechnungslegung öffentlicher Unternehmen und Verwaltungen, in: ZfB, 1988, S. 839 ff.;

Maleri, R., Grundzüge der Dienstleistungsproduktion, Berlin u. a. 1973;

Marr, R., Stitzel, M., Personalwirtschaft, München 1979;

Mattern, K. H. (Festschrift), Verwaltungsführung, Verwaltungspraxis und Verwaltungshandeln, Regensburg 1983;

Mattern, K. H., Das Verwaltungshandeln im Richtsteig von Ziel und Ergebnis, Regensburg 1984, Verwaltung interdisziplinär, Heft 3;

Mattern, K. H. (Hrsg.), Allgemeine Verwaltungslehre, 4. Aufl., Regensburg 1994;

Mayntz, R., Soziologie der öffentlichen Verwaltung, 3. Aufl., Heidelberg 1985;

Meier, A. (Hrsg.), Planung in Behörden und Verwaltung, Bern 1976;

Meiners, H., Post, U., Rakelmann, H., Weißhaar, E., Verwaltungsorganisationslehre und Verwaltungsbetriebslehre, Oldenburg 1992;

Meixner, H. E., Personalpolitik, Köln u. a. 1982;

Meixner, H. E., Aus- und Fortbildung in der öffentlichen Verwaltung, Köln u. a. 1984;

Meixner, H. E., Personalstrukturplanung, Köln u. a. 1987;

Meixner, H. E., Flexible Arbeitszeitmodelle und Teilzeitarbeit, Regensburg 1990;

Mertens, P., Gesellschaftliche Reformen, öffentliche Verwaltung und öffentliche Betriebe als Gegenstand betriebswirtschaftlicher Forschung, in: Mertens, P. (Hrsg.), Die Unternehmung in ihrer gesellschaftlichen Umwelt, Wiesbaden 1975;

Metzen, H., Schlankheitskur für den Staat, Frankfurt a. M. 1994;

Meyer, C., Kostenermittlungen im Planungs-, Programmierungs- und Budgetierungssystem, Zürich 1975;

Meyer, F., Stopp, U., Praktische Oranisationslehre, 2. Aufl., Stuttgart 1976;

Meyer, J., Führungsrichtlinien in der Privatwirtschaft und in der öffentlichen Verwaltung, Frankfurt a. M. u. a. 1985;

Meyer, P., Die Verwaltungsorganisation, Göttingen 1962;

Miller, M., Bemerkungen zur betriebswirtschaftlichen Modernisierung der öffentlichen Verwaltung, in: DVP, 1994, S. 278 ff.;

Möllhoff, U., Das öffentliche Auftragswesen des Verteidigungsressorts im Spannungsfeld der Wirtschafts- und Finanzverfassung, Frankfurt a. M. u. a. 1985;

Morath, K. (Hrsg.), Wirtschaftlichkeit der öffentlichen Verwaltung, Frankfurt a. M. 1994;

Morstein-Marx, F., Interne Verwaltungskontrolle, in: Morstein-Marx, F. (Hrsg.), Verwaltung, Berlin 1965, S. 372 ff. (zitiert mit 1965 a);

Morstein-Marx, F., Stand der Verwaltungswissenschaft, in: Morstein-Marx, F. (Hrsg.), Verwaltung, Berlin 1965, S. 34 ff. (zitiert mit 1965 b);

Morstein-Marx, F. (Hrsg.), Verwaltung. Eine einführende Darstellung, Berlin 1965 (zitiert mit 1965 c);

Mülhaupt, L., Theorie und Praxis des öffentlichen Rechnungswesens in der Bundesrepublik Deutschland, Baden-Baden 1987;

Müller, E., Personalentwicklung in der öffentlichen Verwaltung, Wien 1996;

Müller, H., Staatliche Preislenkung bei öffentlichen Aufträgen, Berlin u. a. 1970;

Müller, R., Preisgestaltung bei öffentlichen Aufträgen, Rheinbreitbach 1991;

Müller-Merbach, H., Operations-Research, 2. Aufl., Berlin u. a. 1971 (zitiert mit 1971 a);

Müller-Merbach, H., Operations-Research Fibel, München 1971 (zitiert mit 1971 b);

Müller-Pleuss, J. H., Organisationsmethoden, besser organisieren im Büro, 4. Aufl., Heidelberg 1974;

Mundhenke, E., Büro-Kommunikation, Köln u. a. 1987;

Mutius, A. v., Einführung in die Verwaltungslehre, in: Mutius, A. v. (Hrsg.), HÖV, Neuwied u. a., Bd. 1, 1984, S. 711 ff.;

Neuberger, O., Ergebnisse der Führungsstil-Forschung. Bestandsaufnahme und Neuorientierung, in: WiSt, 1976, S. 13 ff.;

Neuberger, O., Organisation und Führung, Stuttgart u. a. 1977;

Niegel, H., Angewandte Betriebswirtschaftslehre I. Betrieb, Materialwirtschaft, Produktion, Absatz, Heidelberg u. a. 1982;

Oechsler, W. A., Rehkugler, H., Einstellungsvoraussetzungen und Tätigkeitsfelder für Wirtschaftswissenschaftler in öffentlichen Unternehmen und Verwaltungen, in: DBW, 1982, S. 107 ff. (zitiert mit 1982 a);

Oechsler, W. A., Zweckbestimmung und Ressourceneinsatz öffentlicher Betriebe, Baden-Baden 1982 (zitiert mit 1982 b);

Oechsler, W. A., Steinebach, N., Leistung und Leistungsbegriff im höheren Dienst, Düsseldorf 1983, Verantwortung und Leistung, Heft 8;

Oechsler, W. A., Betriebswirtschaftslehre der öffentlichen Verwaltung, in: Mutius, A. v. (Hrsg.), HÖV, Neuwied u. a., Bd. 1, 1984, S. 871 ff.;

Oechsler, W. A., Personal und Arbeit, 3. Aufl., München 1988;

Oertzen, H. J. v. (Hrsg.), Antworten der öffentlichen Verwaltung auf die Anforderungen der heutigen Gesellschaftssysteme, Bonn 1980;

Oettle, K., Öffentliche Verwaltung und Betriebswirtschaftslehre, in: KGSt-Mitteilungen, 1971;

Oettle, K., Finanzierungsprobleme und rationale Finanzpolitik öffentlicher Betriebe, in: Haeseler, H. R. (Hrsg.), Gemeinwirtschaftliche Betriebe und öffentliche Verwaltungen, Opladen 1976, S. 17 ff., ZfbF-Sonderheft, Nr. 5 (zitiert mit 1976 a);

Oettle, K., Grundfragen öffentlicher Betriebe, Bd. 1, Baden-Baden 1976 (zitiert mit 1976 b);

Oettle, K., Grundfragen öffentlicher Betriebe, Baden-Baden, Bd. 2, 1976 (zitiert mit 1976 c);

Olivet, P., Die Organisation der Organisation der öffentlichen Verwaltung in der Bundesrepublik Deutschland, Berlin 1978;

Ordemann, H. J., Verbesserung der Verwaltungsorganisation, in: DÖV, 1978, S. 792 ff.;

Paffen, K., Systematik einer Kosten- und Leistungsrechnung in Krankenhausbetrieben, Düsseldorf 1979, WIBERA-Sonderdruck, Nr. 122;

Pfohl, H. C., Problemorientierte Entscheidungsfindung in Organisationen, Berlin u. a. 1977;

Pfohl, H. C., Rürup, B. (Hrsg.), Anwendungsprobleme moderner Planungs- und Entscheidungstechniken, Königstein a. Taunus 1978;

Piel, N., Strategien der Entscheidungsfindung in bürokratischen Organisationen, Pfaffenweiler 1987;

Pippke, W., Wolfmeyer, P., Die berufliche Mobilität von Führungskräften in Wirtschaft und Verwaltung, Baden-Baden 1976;

Plamper, H., Führung in der öffentlichen Verwaltung, in: Die Verwaltung, 1979, S. 71 ff. (zitiert mit 1979 a);

Plamper, H., Über Organisationsänderung, in: Die Verwaltung, 1979, S. 513 ff. (zitiert mit 1979 b);

Postleitfaden. Der Dienst bei der Deutschen Bundespost, Teil 3, Organisation, 2. Aufl., Heidelberg u. a. 1982;

Püttner, G., Verwaltungslehre, 2. Aufl., München 1989;

Quiskamp, D., Führungskräfteentwicklung in der öffentlichen Verwaltung, Heidelberg 1991;

Quiske, G., Wehrverwaltung im schlanken Staat, in: Bundeswehrverwaltung, 1996, S. 270 ff.;

Raffée, H., Perspektiven des nicht-kommerziellen Marketing, in: ZfbF, 1976, S. 61 ff.;

Rau, T., Betriebswirtschaftslehre für Städte und Gemeinden, München 1994;

Recktenwald, H. C. (Hrsg.), Nutzen-Kosten-Analyse und Programmbudget, Tübingen 1970;

Reder, C., Organisationsentwicklung in der öffentlichen Verwaltung, Bern u. a. 1977;

Reding, K., Die Effizienz staatlicher Aktivitäten, Baden-Baden 1981;

REFA, Darmstadt (Hrsg.), Methodenlehre der Planung und Steuerung, 3 Bde., 3. Aufl., München 1978;

REFA, Darmstadt (Hrsg.), Methodenlehre der Organisation für Verwaltung und Dienstleistung, 3 Bde., München 1985;

Reiberg, C., Wobser, E., Handbuch für die Einnahmen und Ausgaben der Behörden der Bundesrepublik Deutschland mit Systematik des öffentlichen Haushalts, 8. Aufl., Heidelberg 1987;

Reichard, C., Managementkonzeption des öffentlichen Verwaltungsbetriebs, Berlin 1973;

Reichard, C., Ein Leistungsanreizsystem für den öffentlichen Dienst, in: VOP, 1979, S. 217 ff.;

Reichard, C., Betriebswirtschaftslehre der öffentlichen Verwaltung, 2. Aufl., Berlin u. a. 1987;

Reichard, C., Public Management. Ein neues Ausbildungskonzept für die deutsche Verwaltung, in: VOP, 1994, S. 178 ff.;

Reichelstein, H. E., Reichelstein, S., Leistungsanreize bei öffentlichen Aufträgen, in: Wehrtechnik, 1987, S. 44 ff.;

Reinermann, H., Programmbudgets in Regierung und Verwaltung. Möglichkeiten und Grenzen von Planungs- und Entscheidungssystemen, Baden-Baden 1975;

Reinermann, H., Management, verwaltungsfremd oder verwaltungskonform?, in: UBWV, 1978, S. 323 ff. (zitiert mit 1978 a);

Reinermann, H., Reichmann, G., Verwaltung und Führungskonzepte, Berlin 1978 (zitiert mit 1978 b);

Reinermann, H., Fiedler, H. u. a. (Hrsg.), Organisation informationstechnikgestützter öffentlicher Verwaltungen, Berlin u. a. 1981;

Reinermann, H., Verwaltungsinnovation und Informationsmanagement, 2. Aufl., Heidelberg 1987;

Reinermann, H., Die Krise als Chance: Wege innovativer Verwaltungen, 2. Aufl., Speyer 1994;

Reinermann, H., Fiedler, H. u. a. (Hrsg.), Neue Informationstechniken, neue Verwaltungsstrukturen?, Heidelberg 1988;

Reinermann, H., Marktwirtschaftliches Verhalten in der öffentlichen Verwaltung, in: DÖV, 1992, S. 133 ff.;

Reinermann, H., Auswirkungen der neuen Verwaltungskonzepte auf die Informationsverarbeitung, in: VOP, 1995, S. 90 ff. (zitiert mit 1995 a);

Reinermann, H., Ergebnisorientierte Führung und schlanke Verwaltung, in: Verwaltung und Management, 1995, S. 169 ff. u. S. 246 ff. (zitiert mit 1995 b);

Reinfried, H., Streitkräfte und Bundeswehrverwaltung, Regensburg 1978;

Reinfried, H., Steinebach, N., Die Bundeswehrverwaltung. Einführung in Struktur, Aufgaben und Organisation, 4. Aufl., Heidelberg u. a. 1983;

Reiss, H. C., Controlling im öffentlichen Sektor. Konzepte, Stand und Erfahrungen in ausgewählten öffentlichen Verwaltungen und Unternehmen, in: Kostenrechnungspraxis, 1990, S. 49 ff.;

Remer, A., Verwaltungsführung, Berlin u. a. 1982;

Remer, A., Organisationslehre, Berlin u. a. 1989;

Rieger, F. H., Unternehmen und öffentliche Verwaltungsbetriebe, Berlin 1983;

Rieger, F. H., Die Beschaffungs- und Absatzpolitik öffentlicher Verwaltungsbetriebe, in: Jahrbuch der Absatz- und Verbrauchsforschung, 1991, S. 92 ff.;

Riehle, H. G., Rinza, P., Schmitz, H., Systemtechnik in Betrieb und Verwaltung, 2. Bde., Düsseldorf 1978;

Riekhoff, H. C. (Hrsg.), Strategien der Personalentwicklung, Wiesbaden 1986;

Rinza, P., Schmitz, H., Nutzwert-Kosten-Analyse, Düsseldorf 1977;

Röck, W., Locher, K., Loos, D., Statistik in der öffentlichen Verwaltung, 2. Aufl., Stuttgart u. a. 1990;

Roellecke, G., Weiterbildung an einer Bundesakademie und ihre Förderung, in: Bundeswehrverwaltung, 1997, S. 127 ff.;

Rosenstiel, L. v., Regnet, E. u. a. (Hrsg.), Führung von Mitarbeitern, 3. Aufl., Stuttgart 1995;

Rühli, E., Riedweg, W. G., Planungs-, Programmierungs- und Budgetierungssystem (PPBS). Eine Einführung in eine neue Methode eines integrierten Führungssystems für die öffentliche und private Verwaltung, Berlin u. a. 1971;

Rürup, B., Körner, H., Finanzwissenschaft, 2. Aufl., Düsseldorf 1985;

Sacher, P., Die Beschaffungspraxis öffentlicher Verwaltungen, Frankfurt a. M. u. a. 1992;

Sander, L., Ausgaben und Einnahmen der Kommunen in der Bundesrepublik Deutschland, Münster 1987;

Sattelberger, T. (Hrsg.), Innovative Personalentwicklung, Wiesbaden 1989;

Schärf, J., Schmukker, M., Netzplantechnik für Anfänger, Wien u. a. 1975;

Schanz, G. (Hrsg.), Handbuch Anreizsysteme, Stuttgart 1991;

Scheibler, A., Betriebswirtschaftliche Entscheidungen in Theorie und Praxis, Wiesbaden 1974;

Schierenbeck, H., Grundzüge der Betriebswirtschaftslehre, 12. Aufl., München u. a. 1995;

Schimkus, H., Walther, K., Kostenrechnung der Bundeswehr als Voraussetzung und Grundlage für ein effizientes Controlling, in: UBWV, 1994, S. 407 ff.;

Schimkus, H., Walther, K., Das Konzept der Kosten- und Leistungsverantwortung der Arbeitsgruppe Aufwandsbegrenzung im Betrieb der Bundeswehr, in: UBWV, 1995, S. 87 ff., S. 261 ff., 1996, S. 66 ff.;

Schmid, H., Die staatliche Beschaffungspolitik, Bern u. a. 1972;

Schmid, K. R., Kommunale Verwaltungsleistungen und ihre interne Verrechnung, Baden-Baden 1981;

Schmidberger, J., Controlling in der öffentlichen Verwaltung. Ergebnisse einer Befragung, in: KRP, 1990, S. 115 ff.;

Schmidberger, J., Controlling für öffentliche Verwaltungen, Wiesbaden 1993 (zitiert mit 1993 a);

Schmidberger, J., Leistungsrechnung. Bedeutendes Element eines controllingorientierten Rechnungswesens für öffentliche Verwaltungen, in: Becker, W., Warnick, B. (Hrsg.), Kostenpolitik und Controlling, Wiesbaden 1993, S. 36 ff., KRP-Sonderheft, 1993 (zitiert mit 1993 b);

Schmidt, G., Organisation. Methode und Technik, 2. Aufl., Gießen 1975;

Schmidt, H. J., Betriebswirtschaftslehre für die Verwaltung, 3. Aufl., Heidelberg u. a. 1995;

Schmidt, H. J., Wirtschaftlichkeit in der öffentlichen Verwaltung, 5. Aufl., Berlin 1996;

Schmidt, H. J., Die Prozeßkostenrechnung, in: Bundeswehrverwaltung, 1997, S. 1 ff.;

Schmidt, P., Wild, J., Managementsystem für die Verwaltung, PPBS und MbO; in: Die Verwaltung, 1973, S. 145 ff.;

Schmidt-Aßmann, E., Planung unter dem Grundgesetz, in: DÖV, 1974, S. 541 ff.;

Schmitz, H., Systemtechnik in Betrieb und Verwaltung, Düsseldorf 1978;

Schnettler, A., Betriebsvergleich. Grundlagen und Praxis zwischenbetrieblicher Vergleiche, 3. Aufl., Stuttgart 1961;

Schnettler, A., Betriebe, öffentliche Haushalte und Staat, Berlin 1964;

Schönfelder, H., Hierarchie und Management im Wandel der öffentlichen Verwaltung, Bad Harzburg 1972;

Scholz, C., Personalmanagement, 2. Aufl., München 1991;

Scholz, H. G., Personalbedarfsermittlung für die Ministerialverwaltung, Baden-Baden 1987;

Schreml, A., Einführung in die Kostenrechnung öffentlicher Einrichtungen, München 1970;

Schuster, F., Siemens, I., Die Organisation des kommunalen Verwaltungsbetriebs, Berlin u. a. 1986;

Schuster, F., Steffen, D., Das Rechnungswesen des kommunalen Verwaltungsbetriebs, Berlin u. a. 1987;

Schwarze, J., Übungen zur Netzplantechnik, Herne u. a. 1973;

Schwarze, J., Netzplantechnik für Praktiker, 3. Aufl., Herne u. a. 1974;

Schwarze, J., Koß, T., Prozeßorientierte Kosten- und Leistungsrechnung in der öffentlichen Verwaltung, Hannover 1996;

Schwarze, J., Überlegungen zu einem Verwaltungscontrolling, in: Verwaltung und Management, 1997, S. 150 ff.;

Seewald, O., Bisherige Erfahrungen mit der analytischen Dienstpostenbewertung in der Bundesrepublik Deutschland, Köln 1973;

Seidel-Kwem, B., Strategische Planung öffentlicher Verwaltungen, Berlin 1983;

Seiwert, L. J., Selbstmanagement, 6. Aufl., Offenbach 1995;

Sellnow, R., Kosten-Nutzen-Analyse und Stadtentwicklungsplanung, Stuttgart u. a. 1973;

Senatsamt für den Verwaltungsdienst, Hamburg (Hrsg.), Managementsysteme, Systeme und Methoden des Managements in der hamburgischen Verwaltung, Hamburg 1973;

Senatsamt für den Verwaltungsdienst, Hamburg (Hrsg.), Arbeitsbewertung im System des öffentlichen Dienstes, Hamburg 1974;

Sickel, O., Verfahren der Gebührenbedarfsberechnung für öffentliche Einrichtungen, Düsseldorf 1979, WIBERA-Sonderdruck, Nr. 112;

Sidler, F., Grundlagen zu einem Management-Modell für Regierung und Verwaltung, Zürich 1974;

Siedentopf, H., Wirtschaftlichkeit in der öffentlichen Verwaltung, Baden-Baden 1969;

Siedentopf, H. (Hrsg.), Verwaltungswissenschaft, Darmstadt 1976;

Siedentopf, H. (Hrsg.), Bewertungssysteme für den öffentlichen Dienst. Zur Problematik einer funktions- und leistungsbezogenen Bezahlung in der öffentlichen Verwaltung, Baden-Baden 1978;

Siedentopf, H. (Hrsg.), Führungskräfte in der öffentlichen Verwaltung, Baden-Baden 1989;

Siepmann, H., Stellenbewertung für Beamte, in: ZBR, 1982, S. 135 ff.;

Siepmann, H., Siepmann, U., Verwaltungsorganisation, 5. Aufl., Köln u. a. 1996;

Staehle, W. H., Management, 6. Aufl., München 1991;

Stahlknecht, P., Einführung in die Wirtschaftsinformatik, Berlin u. a. 1983;

Stargardt, H. J., Grundlagen, Ziele und Methoden der Personalwirtschaft, 2. Aufl., Herford 1992;

Stark, H., Beschaffungsführung, Stuttgart 1973;

Stauss, B., Ein bedarfswirtschaftliches Marketingkonzept für öffentliche Unternehmen, Baden-Baden 1987;

Steinbeck, G., Preller, K., Wirtschaftlicher Einsatz der elektronischen Datenverarbeitung in der öffentlichen Verwaltung, in: Rehkopp, A. (Hrsg.), Dienstleistungsbetrieb öffentliche Verwaltung, Stuttgart u. a. 1976, S. 229 ff.;

Steinberg, R., Politik und Verwaltungsorganisation, Baden-Baden 1979;

Steinebach, N., Manager im öffentlichen Dienst. Versuch einer Wirtschaftslehre der öffentlichen Verwaltung, in: Der Beamtenbund, 1976, S. 10;

Steinebach, N., Grundzüge der Betriebswirtschaftslehre für die Aus- und Fortbildung in der öffentlichen Verwaltung, Bundeswehrverwaltung, Lübeck 1978 (zitiert mit 1978 a);

Steinebach, N., Möglichkeiten und Grenzen einer Wirtschaftslehre der öffentlichen Verwaltung, in: UBWV, 1978, S. 72 ff. (zitiert mit 1978 b);

Steinebach, N., Einführung in die Organisationslehre, in: UBWV, 1979, S. 288 ff. (zitiert mit 1979 a);

Steinebach, N., Organisation im Rahmen der Managementlehre, in: UBWV, 1979, S. 234 ff. (zitiert mit 1979 b);

Steinebach, N., Wirtschaften und Wirtschaftlichkeitsprinzip in der öffentlichen Verwaltung, Bundeswehrverwaltung, in: UBWV, 1979, S. 74 ff. (zitiert mit 1979 c);

Steinebach, N., Ablauforganisation in der öffentlichen Verwaltung, Bundeswehrverwaltung, in: UBWV, 1980, S. 57 ff. (zitiert mit 1980 a);

Steinebach, N., Grundzüge der Aufbauorganisation in Privatwirtschaft und öffentlicher Verwaltung, Bundeswehrverwaltung, in: UBWV, 1980, S. 34 ff. (zitiert mit 1980 b);

Steinebach, N., Das Rechnungswesen in der Privatwirtschaft und in der öffentlichen Verwaltung (Bundeswehrverwaltung), in: Bundeswehrverwaltung, 1980, S. 31 ff., S. 63 ff. u. S. 83 ff. (zitiert mit 1980 c);

Steinebach, N., Verbesserung der Verwaltungsorganisation aus der Sicht des Verwaltungsökonomen, in: UBWV, 1980, S. 230 ff. (zitiert mit 1980 d);

Steinebach, N., Volks- und betriebswirtschaftliche Probleme der Rüstung in der Bundesrepublik Deutschland, in: UBWV, 1980, S. 265 ff. (zitiert mit 1980 e);

Steinebach, N., Aufgaben und Inhalte einer Verwaltungsbetriebslehre, in: UBWV, 1981, S. 169 ff. (zitiert mit 1981 a);

Steinebach, N., Kontrolle in Privatwirtschaft und öffentlicher Verwaltung, in: Bundeswehrverwaltung, 1981, S. 195 ff. (zitiert mit 1981 b);

Steinebach, N., Planung in der öffentlichen Verwaltung, in: UBWV, 1981, S. 281 ff. (zitiert mit 1981 c);

Steinebach, N., Ein Beitrag zum Thema „Bürgernahe Verwaltung", Öffentlichkeitsarbeit, in: Der Bundeswehrbeamte, 1982, S. 155 ff. (zitiert mit 1982 a);

Steinebach, N., Finanzierung und Investition in Privatwirtschaft und öffentlicher Verwaltung, in: UBWV, 1982, S. 38 ff. (zitiert mit 1982 b);

Steinebach, N., Führung in Privatwirtschaft und öffentlicher Verwaltung, in: UBWV, 1982, S. 272 ff. (zitiert mit 1982 c);

Steinebach, N., Ein Beitrag zur Verwaltungsbetriebslehre. Die Ablauforganisation in der öffentlichen Verwaltung, Teil 1 u. 2, in: UBWV, 1983, S. 149 ff. u. S. 256 ff. (zitiert mit 1983 a);

Steinebach, N., Grundzüge der Kostenrechnung im Planungssystem der Bundeswehr, in: UBWV, 1983, S. 336 ff. (zitiert mit 1983 b);

Steinebach, N., Anforderungen an Führungskräfte in der öffentlichen Verwaltung, in: Bundeswehrverwaltung, 1984, S. 241 ff. (zitiert mit 1984 a);

Steinebach, N., Ein Beitrag zum Thema bürgernahes Verwalten. Der Schriftverkehr mit dem Bürger, in: Der Bundeswehrbeamte, 1984, S. 152 ff. (zitiert mit 1984 b);

Steinebach, N., Bürgernähe in der öffentlichen Verwaltung. Eine Untersuchung unter besonderer Berücksichtigung der Bundeswehrverwaltung, in: DÖD, 1984, S. 10 ff. (zitiert mit 1984 c);

Steinebach, N., Grundlagen des Personalmanagements, in: UBWV, 1984, S. 436 ff. (zitiert mit 1984 d);

Steinebach, N., Leistung in der öffentlichen Verwaltung. Eine personalwirtschaftliche Untersuchung am Beispiel des höheren Verwaltungsdienstes, in: Die Personalvertretung, 1984, S. 369 ff. (zitiert mit 1984 e);

Steinebach, N., Gedanken zur Einführung neuer Mitarbeiter, in: Bundeswehrverwaltung, 1985, S. 169 ff. (zitiert mit 1985 a);

Steinebach, N., Grundfragen der Organisationsentwicklung, in: UBWV, 1985, S. 102 ff. (zitiert mit 1985 b);

Steinebach, N., Grundzüge der Organisation in der öffentlichen Verwaltung. Eine Untersuchung unter besonderer Berücksichtigung der Bundeswehrverwaltung, in: DÖD, 1985, S. 7 ff. (zitiert mit 1985 c);

Steinebach, N., Besprechungsaufsatz zu: Diller, H. (Hrsg.), Strukturwandel, innovative Unternehmenspolitik und Strukturreformen in der öffentlichen Verwaltung und Gabele, E., Weber, F., Kauf oder Leasing, in: Archiv für Kommunalwissenschaften, 1986, S. 138 ff. (zitiert mit 1986 a);

Steinebach, N., Empfehlungen zur Einführung von Neuerungen im Bürobereich, in: UBWV, 1986, S. 190 ff. (zitiert mit 1986 b);

Steinebach, N., Leasing als Finanzierungsalternative, in: UBWV, 1986, S. 343 ff. (zitiert mit 1986 c);

Steinebach, N., Leistung und Leistungsbegriff in der öffentlichen Verwaltung als Untersuchungsgegenstand der Verwaltungsbetriebslehre, in: Die Verwaltung, 1986, S. 163 ff. (zitiert mit 1986 d);

Steinebach, N., Techniken der Gruppenarbeit und Kreativitätsförderung, in: Bundeswehrverwaltung, 1986, S. 1 ff. (zitiert mit 1986 e);

Steinebach, N., Verwaltungsökonomie, in: Kirchhoff, G. (Hrsg.), Handbuch zur Ökonomie der Verteidigungspolitik, Regensburg 1986, S. 1037 ff. (zitiert mit 1986 f);

Steinebach, N., Die Anwendung des Controlling-Konzepts in Privatwirtschaft und öffentlicher Verwaltung, in: Bundeswehrverwaltung, 1987, S. 127 ff. (zitiert mit 1987 a);

Steinebach, N., Besprechungsaufsatz zu: Möllhoff, U., Das öffentliche Auftragswesen des Verteidigungsressorts im Spannungsfeld der Wirtschafts- und Finanzverfassung, in: UBWV, 1987, S. 279 ff. (zitiert mit 1987 b);

Steinebach, N., Inwieweit helfen Managementtheorien den Führungskräften großer Betriebsverwaltungen bei der Aufgabenerfüllung?, in: DÖD, 1987, S. 221 ff. (zitiert mit 1987 c);

Steinebach, N., Zur Führungsdiskussion in der öffentlichen Verwaltung, in: UBWV, 1990, S. 257 ff.;

Steinebach, N., Führung von Mitarbeitern in der öffentlichen Verwaltung, in: Die neue Verwaltung, 1991, S. 12 ff.;

Steinebach, N., Neukonzeption der Führungslehrgänge an der Bundesakademie für Wehrverwaltung und Wehrtechnik, in: Bundeswehrverwaltung, 1993, S. 272 ff.;

Strehl, F., Reformarbeit in bürokratischen Organisationen, Baden-Baden 1989;

Strehl, F. (Hrsg.), Managementkonzepte für die öffentliche Verwaltung, Wien 1993;

Strunz, H., Verwaltung, München u. a. 1993;

Strutz, H. (Hrsg.), Handwörterbuch der Verwaltung und Organisation (HdVO), Köln 1982;

Strutz, H. (Hrsg.), Handbuch Personalmarketing, Wiesbaden 1989;

Studienkommission für die Reform des öffentlichen Dienstrechts, Bonn (Hrsg.), Bericht der Kommission, Baden-Baden 1973;

Tarrach, P., Innere Organisation, 2. Aufl., Heidelberg u. a. 1983;

Tenzer, G. (Hrsg.), Büroorganisation, Heidelberg 1984;

Theisen, P., Grundzüge einer Theorie der Beschaffungspolitik, Berlin 1970;

Thieme, H. J. (Hrsg.), Privatisierungsstrategien im Systemvergleich, Berlin 1993;

Thieme, W., Entscheidungstheorie und Entscheidungsfähigkeit, in: VuF, 1979, S. 97 ff.;

Thieme, W., Entscheidungen in der öffentlichen Verwaltung, Köln, Berlin, Bonn, München 1981;

Thieme, W., Verwaltungslehre, 4. Aufl., Köln u. a. 1984;

Thiemeyer, T., Wirtschaftslehre öffentlicher Betriebe, Reinbek 1975;

Timmermann, M. (Hrsg.), Management in der öffentlichen Verwaltung, München 1977;

Timmermann, M., Das Rechnungswesen der Bundeswehr, in: Eichhorn, P. (Hrsg.), Kameralistik und Doppik, Baden-Baden 1987, S. 157 ff.;

Töpfer, A., Braun, G. E. (Hrsg.), Marketing im staatlichen Bereich, Stuttgart 1989;

Triebe, J. K., Fischer, H., Ulrich, E., Auswahl von Bewerbern für den öffentlichen Dienst. Problemstudie zur Informations- und Entscheidungsfindung, Baden-Baden 1973;

Uhl, F. E., Hubbert, M. H., Einblicke in eine Führungsphilosophie, Controlling, in: Truppenpraxis, 1997, S. 229 ff.;

Ulrich, H., Sidler, F., Ein Management-Modell für die öffentliche Hand, Bern u. a. 1977;

Veit, T., Straub, W., Investitions- und Finanzplanung, 2. Aufl., Heidelberg 1983;

in't Veld, J., Hebung der Verwaltungsleistung, in: Morstein-Marx, F. (Hrsg.), Verwaltung, Berlin 1965, S. 354 ff.;

Vögele, K. E., Die Lübecker Initiative, in: Wirtschaftswoche v. 20. 10. 1972, S. 22 ff.;

Voelkner, I., Planungsmethoden in Verwaltung und Wirtschaft, 2. Aufl., Regensburg u. a. 1992;

Volz, J., Betriebswirtschaftslehre der öffentlichen Verwaltung, insbesondere zu den von Verwaltungsfachhochschulen zu vermittelnden Lehrinhalten, in: Verwaltungsrundschau, 1986, S. 209 ff. (zitiert mit 1986 a);

Volz, J., Die Zulässigkeit der Nutzwertanalyse als Kosten-Nutzen-Untersuchung im Sinne des § 7 Abs. 2 BHO/LHO, in: Die Verwaltung, 1986, S. 433 ff. (zitiert mit 1986 b);

Wagener, F., Neubau der Verwaltung, 2. Aufl., Berlin 1974;

Wagner, H., Leistung und Leistungsdeterminanten, in: Gaugler, E. (Hrsg.), Handwörterbuch des Personalwesens, Stuttgart 1975, Sp. 1181 ff.;

Wallerath, M., Verwaltungserneuerung, in: Zeitschrift für Verwaltungslehre, Verwaltungsrecht und Verwaltungspolitik, 1997, S. 1 ff.;

Weber, J., Tylkowski, O. (Hrsg.), Controlling. Eine Chance für öffentliche Unternehmen und Verwaltungen, Stuttgart 1988;

Weber, J., Tylkowski, O. (Hrsg.), Controlling in öffentlichen Institutionen, Stuttgart 1989;

Weber, J., Tylkowski, O. (Hrsg.), Konzepte und Instrumente von Controlling-Systemen in öffentlichen Institutionen, Stuttgart 1990;

Weber, W. (Hrsg.), Personal-Management, Wien 1985;

Weigel, W., Ökonomie des öffentlichen Sektors, Wien u. a. 1992;

Weinberg, F., Rössler, M., Lüthi, H. J. u. a., Operations-Research im öffentlichen Dienst, Bern u. a. 1976;

Weinhold, H. u. a., Beschaffungspolitik und Einkaufstechnik, Bern 1964;

Welter, E., Der Staat als Kunde, Heidelberg 1960;

Werthebach, E., Die Reform des öffentlichen Dienstrechts, in: Bundeswehrverwaltung, 1997, S. 101 ff.;

Wild, J., Schmid, P., Managementsysteme für die Verwaltung. PPBS und MbO, in: Die Verwaltung, 1973, S. 145 ff. (zitiert mit 1973 a);

Wild, J., MbO als Führungsmodell für die öffentliche Verwaltung, in: Die Verwaltung, 1973, S. 283 ff. (zitiert mit 1973 b);

Wild, J., Grundlagen der Unternehmensplanung, Reinbek 1974;

Wilkenloh, F., Verwaltungsführung im Wandel. Die Lehre vom Management und die Möglichkeiten für die öffentliche Verwaltung, Bonn 1972;

Wille, E. (Hrsg.), Konkrete Probleme öffentlicher Planung, Frankfurt a. M. 1986;

Wilmer, L., Kostenrechnung in der öffentlichen Verwaltung, Herford 1979;

Winckelmann, H., Begriff und Aufgaben einer Betriebswirtschaftslehre der öffentlichen Verwaltung, in: ZfbF 1963, S. 321 ff.;

Winckelmann, H., Kameralistische und kaufmännische Rechnungslegung in öffentlichen Verwaltungen und Betrieben, Berlin 1990;

Wipfler, J., Leitfaden der Verwaltungslehre, Berlin 1979;

Wissing, F. J., Das Beschaffungsverfahren der Bundeswehr der Bundesrepublik Deutschland, Dissertation, Bonn 1967;

Witte, E., Betriebswirtschaftslehre und Staat, in: ZfB, 1997, S. 7 ff.;

Wittenbecher, I., Volkert, W., Führungskräfte von morgen – ein neuer Studiengang Verwaltungsmanagement, in: Verwaltung und Management, 1996, S. 112 ff.;

Wittkämper, G. W., Analyse und Planung in Verwaltung und Wirtschaft, Bonn 1972;

Wittkämper, G. W., Jäckering, W., Allgemeine Staatslehre und Politik, 2. Aufl., Regensburg 1990;

Wittlage, H., Methoden und Techniken praktischer Organisationsarbeit, 2. Aufl., Herne u. a. 1986;

Wittmann, W., Öffentliche Güter, in: WiSt, 1976, S. 19 ff.;

Wöhe, G., Einführung in die allgemeine Betriebswirtschaftslehre, 19. Aufl., München 1996;

Wohlfahrt, N., Organisationstheoretische und methodologische Probleme empirischer Organisationsforschung in der öffentlichen Verwaltung, Bochum 1988;

Wolff, R., Betriebswirtschaftslehre. Eine Einführung unter besonderer Berücksichtigung öffentlicher Betriebe, 2. Aufl., Stuttgart u. a. 1983;

Wolff, S., Lau, T., Kudera, S. u. a., Arbeitssituationen in der öffentlichen Verwaltung, Frankfurt a. M. u. a. 1979;

Wührer, G., Strategien des Personalmanagements, Krefeld 1985;

Wunderer, R., Grunwald, W., Führungslehre, 2 Bde., Berlin u. a. 1980;

Wunderer, R., Kontingente Organisationsentwicklung in der öffentlichen Verwaltung, in: Verwaltungsarchiv, 1982, S. 273 ff.;

Wunderer, R. (Hrsg.), Führungsgrundsätze in Wirtschaft und öffentlicher Verwaltung, Stuttgart 1983;

Wysocki, K. v., Kameralistisches Rechnungswesen, Stuttgart 1965;

Wysocki, K. v., Betriebswirtschaftslehre und Staat, in: ZfbF, 1966, S. 198 ff.;

Wysocki, K. v., Meß- und Bewertungsprobleme der sozialen Rechnungslegung, in: Haeseler, H. R. (Hrsg.), Gemeinwirtschaftliche Betriebe und öffentliche Verwaltungen, Opladen 1976, S. 171 ff., ZfbF-Sonderheft, Nr. 5;

Zangemeister, C., Nutzwertanalyse in der Systemtechnik, München 1970;

Ziegelschmidt, H., Die Beurteilung öffentlicher Investitionen unter Unsicherheit, Berlin 1977;

Zimmermann, W., Planungsrecht und Entscheidungstechnik, Operations-Research-Verfahren, Braunschweig 1977;

Zimmermann, W., Datenverarbeitung, 2. Aufl., Wiesbaden 1984;

Zwehl, W. v., Schmidt-Ewig, W., Wirtschaftlichkeitsrechnung bei öffentlichen Investitionen, Wiesbaden 1981.

Vorwort zur fünften Auflage

Seit Erscheinen der letzten Auflage der Verwaltungsbetriebslehre sind sechs Jahre vergangen, in denen die Ökonomisierungstendenz der öffentlichen Verwaltung spürbar zugenommen hat. Die Verwaltungsbetriebslehre verzeichnete auch mit ihrer 4. Auflage einen überaus regen Zuspruch aus ihren Zielgruppen: den Studenten an Universitäten und Hochschulen im Grundstudium, den Studierenden an Fachhochschulen und Akademien, den Lehrgangsteilnehmern an Fortbildungsinstitutionen, nicht zuletzt auch vermehrt den orientierungswilligen Verwaltungspraktikern.

Die sehr positive Aufnahme des Grundlagenlehrbuchs hat den Verfasser zur weiteren Überarbeitung bewogen. Gliederung und Inhalt konnten in der vorliegenden Auflage erneut Verwendung finden. Wegen ihrer wachsenden Bedeutung für Verwaltungsbetriebe waren für Personalentwicklung und prozeßorientierte Kosten- und Leistungsrechnung eigene Abschnitte zu formulieren (3. Kapitel, Abschnitt I, 4. „Personalentwicklung im Verwaltungsbetrieb", 4. Kapitel, Abschnitt VI, 9. „Prozeßorientierte Kosten- und Leistungsrechnung für Verwaltungsbetriebe"). Erweitert wurde auch Abschnitt V, 7. „Controlling im Verwaltungsbetrieb" im 2. Kapitel und die Abschnitte V, 5. und VII, 3. zum Beschaffungs- und Abgabemarketing im 3. Kapitel. Wegen einer veränderten Erlaßlage mußten die Ausführungen zur Bundeswehrplanung neu gefaßt werden (2. Kapitel, Abschnitt III, 3.). Verwaltungsbetrieblich relevante Inhalte neuer Steuerungsmodelle wurden in allen Kapiteln angedeutet, schließlich wurde in diesem Kontext der „Ausblick – Verwaltungsbetriebslehre und Verwaltungsinnovation" am Schluß des Buches neu formuliert.

Die Literaturhinweise wurden nicht nur um zahlreiche neue Fachbeiträge ergänzt. Die bisher den Kapiteln vorangestellten Literaturhinweise sind zur Vermeidung von Überschneidungen in einem Literaturverzeichnis am Anfang des Buches zusammengefaßt.

Der Verfasser ist allen zu Dank verpflichtet, die die Verwaltungsbetriebslehre überaus positiv, fundiert kritisch bewertet haben. Zuschriften und kritische Begleitung werden auch zukünftig erbeten.

In besonderem Maße danken möchte ich meiner Frau, die wie immer bei meinen Veröffentlichungen das druckfertige Manuskript mit großer Akribie vorbereitete. Unser gemeinsamer „literarischer Jahresurlaub" 1997 für die fünfte Auflage der Verwaltungsbetriebslehre hat viel Freude bereitet.

Mannheim, im Januar 1998 *Dr. Nikolaus Steinebach*

Dr. rer. pol. Nikolaus Steinebach war Assistent an der Universität Köln und ist Leitender Wissenschaftlicher Direktor an der Bundesakademie für Wehrverwaltung und Wehrtechnik in Mannheim und Leiter der Lehrabteilung Wehrverwaltung. Dr. Steinebach ist Lehrbeauftragter an verschiedenen öffentlichen Aus- und Fortbildungseinrichtungen.

1. Kapitel Grundlagen einer Verwaltungsbetriebslehre

I. Entwicklungstendenzen und Funktionswandel im öffentlichen Dienst – Begründung für die Notwendigkeit einer Verwaltungsbetriebslehre

Die moderne Betriebswirtschaftslehre als eine um die Jahrhundertwende **1** entstandene Wissenschaft hat sich in ihren bisherigen Untersuchungsaktivitäten überwiegend mit Betrieben der Privatwirtschaft beschäftigt und den öffentlichen Bereich weitgehend vernachlässigt. Die Abstinenz der Betriebswirtschaftler ist umso unverständlicher, je mehr die öffentlichen Verwaltungen in den Blickpunkt allgemeinen staatsbürgerlichen Interesses gelangen, das auch den Aspekt betriebswirtschaftlicher Durchleuchtung dieses Bereichs enthalten muß. In letzter Zeit findet jedoch betriebswirtschaftliches Gedankengut verstärkt Eingang in die öffentliche Verwaltungsarbeit, nicht zuletzt auf Grund aktueller Entwicklungstendenzen im öffentlichen Dienst und eines Wandels seiner Aufgabenstellung. *Entwicklung* und *Funktionswandel im öffentlichen Dienst* werden als *allgemeine Begründungsbasis* für die Notwendigkeit einer Verwaltungsbetriebslehre zunächst erläutert. Dabei sind nur diejenigen Tatbestände von Bedeutung, an denen sich die Verwendung von Verfahren der klassischen Betriebswirtschaftslehre besonders gut aufzeigen lassen.

Das Verhältnis von Staat und Gesellschaft hat sich in den letzten hundert **2** Jahren vom „Nachtwächterstaat" liberalistischer Prägung zum Sozialstaat unserer Tage entwickelt. Es gibt kaum einen Bereich unseres Lebens, in den der Staat nicht eingreift; daraus folgt eine zentrale Bedeutung der öffentlichen Verwaltung in modernen Gesellschaftssystemen, die sich u. a. in der *Größenordnung des öffentlichen Sektors* zeigt.

Das Verhältnis der Gesamtausgaben des Sektors Staat zum Bruttosozialprodukt zu Marktpreisen betrug 1996 rund 50 %; im öffentlichen Dienst sind rund 5,4 Millionen Personen beschäftigt (Vollzeitbeschäftigte), damit ist jeder fünfte bis sechste Erwerbstätige Angehöriger der öffentlichen Verwaltung; der Anteil der Personalausgaben an den öffentlichen Gesamtausgaben ist sehr hoch und und kann mit etwa einem Drittel veranschlagt werden.

Ursache für diese Situation der öffentlichen Verwaltung ist ein quantitati- **3** ver und qualitativer Strukturwandel staatlicher Aufgabenerfüllung: Während die Verwaltungstätigkeit früher primär von der Aufgabe zur Stabilisierung einer bestimmten festgelegten Ordnung bestimmt war *(Ordnungsverwaltung)*, trat in den letzten Jahrzehnten als weiterer Aufgabenbereich die Bereitstellung umfassender Leistungen zur Daseinsvorsorge hinzu *(Leistungsverwaltung)*. Die Ausweitung der Leistungsverwaltung führt zu einer stärkeren Differenzierung der Leistungsanforderungen an die Verwaltungsträger und setzt sich fort in einer ständigen Verfeinerung der Leistungskataloge der öffentlichen Hand. Konsequenz dieser Entwicklung ist ein höherer Schwierigkeitsgrad der Verwaltungstätigkeit, der durch die zunehmende Komplexität der Aufgabenstellungen noch verstärkt wird.

4 Über die Daseinsvorsorge hinaus stellen sich für die Verwaltung immer häufiger Notwendigkeiten staatlicher *Zukunftsvorsorge* heraus: Entwicklungsmöglichkeiten müssen aufgezeigt, Alternativen erarbeitet und an übergeordneten Zielmaßstäben überprüft werden, um danach politische Entscheidungen vorformen zu können. Entsprechend wächst die Bedeutung der öffentlichen Verwaltung als wichtiger Gestaltungsfaktor gesellschaftlicher Prozesse.

5 Im Zusammenhang mit den Entwicklungstendenzen des öffentlichen Dienstes und dem Wandel seiner Aufgaben verstärkt sich der Trend zur *Ökonomisierung* der Verwaltung. Angesichts der Größenordnung des öffentlichen Sektors, der Aufgabenstruktur der öffentlichen Verwaltung und der Notwendigkeit, Zukunftsvorsorge zu treffen, werden in steigendem Maße wirtschaftliche Entscheidungen notwendig, die Forderungen nach einer detaillierten *betriebswirtschaftlichen Analyse* von Verwaltungsprozessen nehmen zu. Seit Anfang der neunziger Jahre gilt dies für Bund, Länder und Gemeinden in besonderem Maße, weil unter dem Diktat reduzierter Etats politische Aktionsprogramme zur Steigerung der Wirtschaftlichkeit, zu weniger Staat mit einer moderneren Verwaltung, zum „schlanken Staat", im Mittelpunkt des Interesses stehen. Hohe Aktualität haben *neue Steuerungsmodelle* für die gesamte öffentliche Verwaltung. Damit hat sich die Notwendigkeit betriebswirtschaftlichen Denkens und Handelns im öffentlichen Sektor nachhaltig verstärkt (vgl. dazu Metzen, 1994; Morath [Hrsg.], 1994; Damkowski, Precht, 1995; BAköV [Hrsg.], 1995; König, Beck, 1997; Budäus, Eichhorn [Hrsg.], 1997; König, Siedentopf [Hrsg.], 1997 b).

6 Für Verwaltungsangehörige sind betriebswirtschaftliche Aspekte grundsätzlich aus zwei Erwägungen heraus bedeutsam: Einerseits sollen sie Verständnis für ökonomische Probleme und Zusammenhänge sowie Befähigungen zum ökonomischen Handeln *im* Verwaltungsbetrieb erwerben, andererseits sollen sie die grundlegenden Strukturen und Vorgänge der *Privatwirtschaft* verstehen, soweit sie für ein wirtschaftliches Verwaltungshandeln bedeutsam sind. Diese Forderung wird sich in Zukunft verstärken, wenn neue Formen öffentlicher Aufgabenerfüllung, wie z. B. das *Public Private Partnership* als Strategien zur Entlastung der Verwaltung realisiert werden (vgl. Budäus, Eichhorn [Hrsg.], 1997).

Die Bestrebungen, den Entwicklungstendenzen und dem Funktionswandel im öffentlichen Dienst in einer umfassenden Bildungsreform Rechnung zu tragen, führten im Zusammenhang mit dem Auf- und Ausbau verwaltungswissenschaftlicher Lehrstühle und Forschungseinrichtungen sowie der Etablierung von Fortbildungsinstitutionen (Sonderheft 3 von VuF) und von Fachhochschulen für die Aus- und Fortbildung der Verwaltungsbediensteten (vgl. u. a. Lüder, 1982, S. 542 ff.; Voss, 1986, S. 209 ff.; Budäus, 1987, S. 3 ff.; HWÖ, Stichwort Ausbildung, 1989, Sp. 32 ff.; Reichard, VOP, 1994, S. 178 ff.; Klümper, DVP, 1997, S. 232 ff.) zu einer Reihe von Untersuchungen der Tätigkeitsfelder der Verwaltungsangehörigen. Sie gelangen auf dem Hintergrund der o. a. allgemeinen Entwicklung der öffentlichen Verwaltung zu dem Ergebnis, daß betriebswirtschaftliche Analysen zu den folgenden Problembereichen der Verwaltungsbetriebslehre erforderlich sind (vgl. auch Steinebach, 1986 d, S. 168 ff.; Klümper, DVP, 1997, S. 234):

1. *Grundlagen der Verwaltungsbetriebslehre* (methodologische Aspekte der Verwaltungsbetriebslehre)
2. *Führungssystem des Verwaltungsbetriebs* (u. a. Zielbildung, Zielerreichung, Führungsinstrumente, Führungsstile, Führungskonzeptionen im Verwaltungsbetrieb, Planungs-, Organisations- und Kontrollsysteme des Verwaltungsbetriebs)
3. *Leistungssystem des Verwaltungsbetriebs* (Probleme einzelner Produktionsfaktoren im Verwaltungsbetrieb, Beschaffung, Leistungserstellung und Leistungsabgabe im Verwaltungsbetrieb)
4. *Rechnungssystem des Verwaltungsbetriebs* (u. a. Kameralistik, Vermögensrechnung, Kostenrechnung, Wirtschaftlichkeitsrechnungen).

Arbeitsflußplan und die in dieser Untersuchung behandelten *Schwerpunktbereiche der Verwaltungsbetriebslehre* ergeben sich aus dem nachstehenden vereinfachten Schema (vgl. auch Steinebach, 1986 d, S. 170): **7**

Schaubild 1 Schwerpunktbereiche der Verwaltungsbetriebslehre

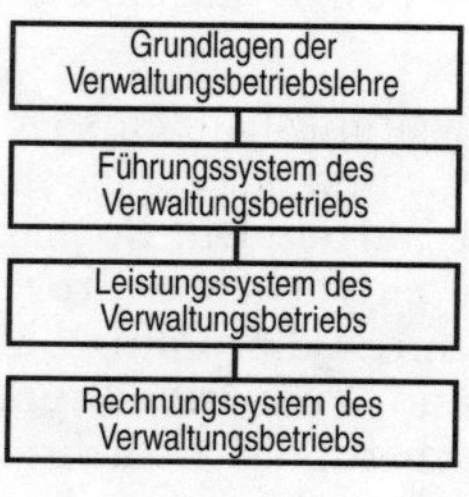

II. Dimensionen des Verwaltungshandelns und Probleme eines verwaltungswissenschaftlichen Ansatzes

8 Die verschiedenen Dimensionen („Richtungen"), unter denen man die öffentliche Verwaltung betrachten kann, lassen sich an den einzelnen Bänden dieser Reihe „Grundlagen der öffentlichen Verwaltung" ablesen. So dominiert der *juristische Aspekt* des Verwaltungshandelns in den Bänden „Einführung in die Rechtslehre", „Verwaltungsrecht", Allgemeines Verwaltungsrecht und Verwaltungsverfahren", und „Recht des öffentlichen Dienstes". Die überwiegende Betrachtung der öffentlichen Verwaltung aus juristischer Sicht ist deshalb verständlich, weil das Recht in alle Lebenssphären und Wissensbereiche hineinreicht (Luhmann); die juristische Dimension des Verwaltungshandelns ist von unverzichtbarer Bedeutung für Struktur und Ablauf des Verwaltungsgeschehens. Daraus hat sich eine gewisse personale Dominanz juristisch vorgebildeter Berufsbeamter in der öffentlichen Verwaltung ergeben. Im Zuge der Öffnung der Verwaltung für u. a. sozial- und wirtschaftswissenschaftliche Fragestellungen (neue Steuerungsmodelle!) ist die Monopolstellung des Juristen jedoch umstritten. Das Verwaltungsrecht im Sinne der Anwendung sämtlicher juristischer Denkkategorien und Normen in der Verwaltung repräsentiert einen zwar wichtigen, aber nicht mehr einzigen wichtigen Teilbereich des Verwaltungshandelns.

9 Ein Band dieser Reihe („Allgemeine Staatslehre und Politik") deutet auf eine weitere Dimension der Verwaltung hin: die *politologische.* Während sich das Verwaltungsrecht stärker mit dem Gesetzesvollzug beschäftigt, konzentriert sich die Verwaltungspolitik auf die politischen Vorgänge, die der Gesetzgebung vorausgehen und sie begleiten; so müssen politische Zielsetzungen vorbereitet und gestaltet werden, gesellschaftliche Problemlagen im Wege der Bewertung vor dem Gemeinwohl in Staatszielsetzungen und in Staatshandeln umgewandelt werden, indem dem Regierungsbereich Entscheidungsempfehlungen erarbeitet werden. Politische, verfassungs- und verwaltungsrechtliche Elemente sind indessen untrennbar miteinander verflochten.

10 Mit dem politologischen Aspekt des Verwaltungshandelns ist der *soziologische,* der im Band „Praktische Psychologie und Soziologie in der Verwaltung" dieser Reihe untersucht wird, eng verbunden. So hängt z. B. die Qualität der in der Ministerialbürokratie entwickelten Programme nicht nur von der Effektivität der Steuerung durch die politische Leitung ab, sondern auch von den Einstellungen und Verhaltensdispositionen der Beamten. Die *Verwaltungssoziologie* beschäftigt sich nicht nur mit den menschlichen Beziehungen zwischen den Verwaltungsangehörigen, die auf dem Hintergrund der Größenordnung und des Personalwachstums der Verwaltung eine erhöhte Bedeutung erlangen, sondern auch mit den Bezie-

hungen zwischen Verwaltung und dem Bürger als Empfänger von Verwaltungsleistungen (aktuelle Schlagworte: bürgernahe Verwaltung, Kundenorientierung, Entbürokratisierung) sowie mit dem Verhältnis der Verwaltung zu wissenschaftlichen Institutionen, Verbänden u. a. m. Als Begründer der Verwaltungssoziologie ist Max Weber zu nennen, der die Bürokratie im herrschaftssoziologischen Zusammenhang sah und der zentralen Fragestellung nachging, inwieweit eine umfangreiche Bürokratie noch als neutrales Durchführungsinstrument fungiert oder aber sich zu einem eigenen Machtzentrum verselbständigt.

In der erwähnten Veröffentlichung wird ebenfalls der *psychologische* **11**
Aspekt des Verwaltungshandelns erörtert. Verwaltungen sind soziale Erscheinungsweisen, in denen Menschen zur Verwirklichung von Zielen kommunizieren. Die Verwaltungstätigkeit ist durch starke Arbeitsteilung und durch fortwährende menschliche Interaktionsprozesse geprägt. Von besonderer Bedeutung für die Verwaltung sind die Beziehungen zwischen der *Verwaltungspsychologie* und der Personalwirtschaft: psychologische Eignungstests helfen bei der Einstellung von Mitarbeitern, um Eignungsvoraussetzungen und den günstigsten Arbeitsplatz zu ermitteln. Außerdem werden Informationen für die Personalplanung gewonnen. Von großer Bedeutung ist auch die Motivation der Mitarbeiter in der Verwaltung, die Schaffung von Leistungsanreizsystemen u. a. m.

Weitere im Verwaltungshandeln zu berücksichtigende Aspekte sind päda- **12**
gogischer (z. B. in der Aus- und Fortbildung von Verwaltungsangehörigen), philosophischer, historischer, geographischer und naturwissenschaftlicher Provenienz. Außerdem haben formale Disziplinen wie Logik, Mathematik, Statistik und Kybernetik im Zeitalter wachsenden Datenanfalls, fortschreitender Automatisierung und EDV-Einsatzes sowie ständiger Bemühungen um den Auf- und Ausbau von Informationssystemen eine steigende Bedeutung gewonnen.

Im Mittelpunkt der vorliegenden Untersuchung steht die *ökonomische* **13**
Dimension des Verwaltungshandelns. Die Notwendigkeit einer betriebswirtschaftlichen Betrachtung der öffentlichen Verwaltung wurde aus den Entwicklungstendenzen und dem Funktionswandel im öffentlichen Dienst in Abschnitt I *allgemein* begründet. Der ökonomische Aspekt des Verwaltungshandelns umschließt aber nach der traditionellen Unterteilung der Wirtschaftswissenschaften nicht nur einzelwirtschaftliche (mikroökonomische), sondern auch gesamtwirtschaftliche (makroökonomische) Problemstellungen. Die makroökonomische Betrachtung der Verwaltung im Sinne einer Volkswirtschaftslehre der Verwaltung interessiert in dieser Untersuchung nur insoweit, als bestimmte gesamtwirtschaftliche Faktoren in ihrem Einfluß auf die innerbetrieblichen Verwaltungsgeschehnisse bedeutsam werden. Gemeinsam ist beiden Teilbereichen der *Verwaltungsökonomie*, daß sie die Verwaltung unter dem Gesichtspunkt des *Wirtschaftens*

betrachten. In jeder Verwaltung werden Entscheidungen oder Verfügungen über knappe Ressourcen (Personal, Anlagen, Material, Informationen usw.) zur Erreichung bestimmter Zielsetzungen getroffen. Die allgemeinste ökonomisch determinierte Zielsetzung des Verwaltungshandelns ist die Bedürfnisbefriedigung der Staatsbürger. Ökonomisch oder wirtschaftlich zu verfahren bedeutet für die Verwaltung, über die zu unterstellende Knappheit der Verwaltungsmittel zu einer befriedigenden Versorgungssituation mit staatlichen Leistungen für den Staatsbürger zu gelangen. Da der *Knappheitsgrad* der Mittel Ausgangspunkt für jede wirtschaftliche Aktivität ist, muß auch die Verwaltung wirtschaften; sie ist zum wirtschaftlichen Handeln umso mehr gezwungen, je stärker ihre Aufgaben vom Spannungsfeld zwischen den verfügbaren Mitteln und den Ansprüchen des Staatsbürgers an die Leistungsfähigkeit der Verwaltung geprägt werden. Diese Abhandlung beschäftigt sich ausführlich mit den betriebswirtschaftlichen Aktivitäten im Verwaltungsbereich. Einige Arbeitskomplexe und Fragenbereiche zur Erfüllung wirtschaftlicher Ziele in der „Wirtschaftseinheit Verwaltung", die eine überwiegende makroökonomische Betrachtung notwendig machen, sollen die Darstellung der ökonomischen Dimension der Verwaltung abrunden. Als wesentliche Problembereiche *volkswirtschaftlicher Verwaltungsökonomie* können u. a. genannt werden (vgl. Eichhorn, 1976, S. 28 f.; Steinebach, 1986 f, S. 1037 ff.; weiterführend Friedrich, 1984, S. 945 ff. und HWÖ, Stichwort Volkswirtschaftslehre öffentlicher Institutionen, 1989, Sp. 1767 ff.):

1. In der *Gütersphäre der Verwaltung:* Beziehungen zwischen der Verwaltung und einzelnen Märkten (Beschaffungs-, Absatz-, Arbeits-, Boden- und Kapitalmärkte), Gesamtbedarfsprognosen, Arbeitskräftebedarfsansätze, Makrostandortprobleme, Gebietsreformen und Verwaltungsneugliederungen.
2. In der *Monetär-Sphäre der Verwaltung:* Gesamtwirtschaftliche Zielprojektionen, lang- und mittelfristige Finanzplanungen, horizontale und vertikale Finanzausgleiche, Staatshaushaltsreformen.
3. Im Beziehungsverhältnis *Verwaltung und Wirtschaftspolitik:* Infrastruktur- und Regionalplanungen, Wirkungsanalysen von Verwaltungsmaßnahmen (z. B. beim Umweltschutz), Verwaltungen als Instrumente der Konjunktur-, Beschäftigungs-, Wachstums-, Verteilungs- und Regionalpolitik.

14 Die erläuterten Dimensionen des Verwaltungshandelns und ihre generellen Zielsetzungen zeigt das folgende Schema:

Schaubild 2 Dimensionen und Hauptziele des Verwaltungshandelns

Hauptziele / Dimensionen	juristische Dimension	politische Dimension	soziologische Dimension	psychologische Dimension	ökonomische Dimension
Hauptziele	Beachtung der Gesetzmäßigkeit der Verwaltung und Einhaltung der Rechtsordnung	Verwaltung als Mittel zur Durchsetzung politischer Ziele	Verwaltung als Mittel zur Erfüllung gesellschaftlicher Ziele	Gestaltung der menschlichen Interaktionen innerhalb der Verwaltung und zur Verwaltungsumwelt	Verwaltung als Wirtschaftseinheit zur Erfüllung wirtschaftlicher Ziele

Wenn auch nach der Zielrichtung dieses Buches die ökonomische Perspektive der Verwaltung in ihrem einzelwirtschaftlichen Bezug dargestellt und die anderen Aspekte des Verwaltungshandelns vernachlässigt werden müssen, hat jede erläuterte Dimension ihre Bedeutung für das Verwaltungsgeschehen. Daraus ergibt sich die Frage, welche grundsätzlichen Probleme sich bei Berücksichtigung dieser verschiedenen Dimensionen für den Aufbau einer noch nicht existierenden *interdisziplinären Wissenschaft* ergeben, welche Ansätze zu dieser Wissenschaft vorhanden sind und durch welche Methoden Beiträge zur Entwicklung dieser Wissenschaft aus verwaltungsbetriebswirtschaftlicher Sicht geleistet werden können. **15**

Die wesentlichen Schwierigkeiten des Aufbaus einer *Verwaltungswissenschaft* (häufig wird auch unterschieden zwischen Verwaltungswissenschaft und Verwaltungswissenschaften, vgl. Siedentopf [Hrsg.], 1976, S. 389 ff., Becker, 1989, S. 138 ff.; Püttner, 1989, S. 1 ff.; König, K., 1990, S. 305), die als *Interdisziplin* die verschiedenen Dimensionen des Verwaltungshandelns integrieren soll, lassen sich in folgenden Punkten zusammenfassen: **16**

1. Für jede interdisziplinär ausgerichtete und auf *Theorienintegration* der verschiedenen beteiligten Einzelwissenschaften angewiesene Wissenschaft ergibt sich das allgemeine *methodische Problem,* die theoretische Substanz der einzelnen Wissenschaften in eine neu zu begründende Wissenschaft einfließen zu lassen.

2. Das allgemeine Problem der Theorienintegration wird noch erweitert, wenn man sich die grundverschiedenen, auf einen hohen *Komplexitätsgrad* des Verwaltungshandelns hindeutenden Einzelaspekte des Untersuchungsgegenstandes Verwaltung vor Augen führt: Jeder Versuch eines interdisziplinären Konzepts stößt an eine Grenze, die durch die Fülle des Stoffs und die Erkenntnisse in den beteiligten Disziplinen entsteht. Eine bloße Addition der Einzelwissenschaften ist wegen der methodischen

Unterschiede und des fachspezifischen Erkenntnisinteresses ausgeschlossen (vgl. Strunz, 1993, S. 71 ff.).

17 Dennoch gibt es in der Literatur eine Reihe von Versuchen, der Erkenntnispluralität des Phänomens Verwaltung durch *interdisziplinäre Forschungsansätze* gerecht zu werden. Einen zusammenfassenden Überblick zu diesen Ansätzen vermitteln Eichhorn und Friedrich in ihrer Verwaltungsökonomie I.

Es werden der Ansatz der *Regierungs- und Verwaltungslehre,* in der der juristische Aspekt dominiert, der *systemtheoretische Ansatz,* in dem die soziologische Dimension der Verwaltung hervorsticht, der *verhaltenswissenschaftliche Ansatz,* in dem psychologischen Überlegungen Priorität eingeräumt wird, der *vergleichende* Ansatz mit stark politologischer Akzentuierung und der *entscheidungsorientierte Ansatz,* in dem der ökonomische Aspekt besondere Berücksichtigung findet, genannt (vgl. Eichhorn, Friedrich 1976 d, S. 30 ff.; HWÖ, Stichwort öffentliche Betriebswirtschaftslehre, 1989, Sp. 1063 ff.; Eichhorn [Hrsg.], 1991, S. 590). In dem folgenden „verwaltungswissenschaftlichen Würfel" werden die einzelnen Ansätze der Verwaltungswissenschaft, ihre Schwerpunktaspekte und einige ausgewählte Vertreter dargestellt.

Schaubild 3 Ansätze der Verwaltungswissenschaft, Schwerpunktaspekte und ausgewählte Vertreter

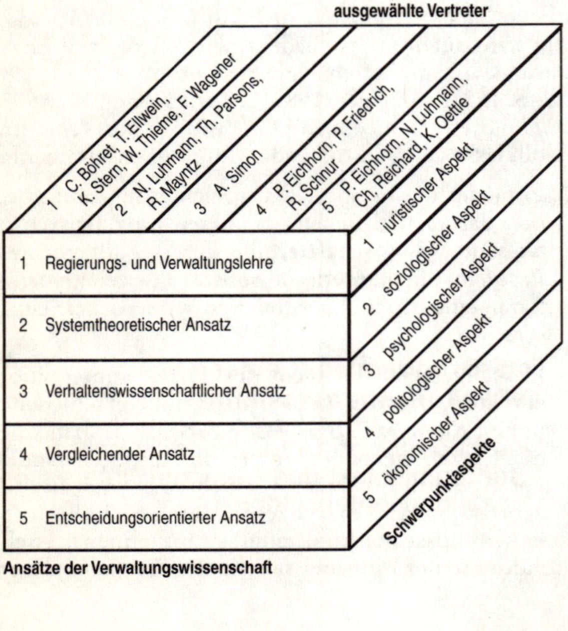

Bis heute hat keiner der aufgeführten verwaltungswissenschaftlichen Ansätze einen generell anerkannten Integrationseffekt der einzelnen Fachdisziplinen zustande gebracht. Als Hauptgrund für das Fehlen einer einheitlichen und konsistenten verwaltungswissenschaftlichen Forschungsgrundlage wird von Luhmann das Schisma zwischen rational-normierenden Wissenschaften (wie z. B. der Rechtswissenschaft) und empirisch-erklärenden Wissenschaften (wie z. B. der Soziologie) angegeben (Luhmann, 1966, S. 22). Wenn auch Luhmanns Hoffnung der integrierenden Kraft systemtheoretischer Überlegungen bisher kein durchschlagender Erfolg beschieden war, so kann doch davon ausgegangen werden, daß gerade durch die Betrachtung der Verwaltung als Entscheidungen produzierendes System der zukünftige Weg der Verwaltungswissenschaft vorgezeichnet ist. Vor allem die Arbeiten von Eichhorn und Reichard weisen in diese Richtung. Für die Betriebswirtschaftslehre stellt sich nun nicht primär die Frage, welche Position sie in einem entwickelten Konzept der Verwaltungswissenschaft einnimmt; sie muß sich – solange dieses Konzept nicht besteht – darauf beschränken, Aussagen auf dem Boden ihrer Disziplin zu machen, um damit *einen* fachspezifischen Aspekt des Verwaltungsphänomens zu erfassen. Von maßgeblichem Einfluß ist hierbei auch der Beitrag, den die Aus- und Fortbildungsmaßnahmen der öffentlichen Verwaltung insbesondere bei der Implementierung neuer Erkenntnisse in das Verwaltungssystem zu leisten imstande sind. Daß der Stellenwert verwaltungsbetrieblicher Lehrinhalte im letzten Jahrzehnt erheblich gestiegen ist, wird im Schrifttum eindrucksvoll belegt (vgl. Lüder, 1981, S. 85 ff.; Lüder, 1982, S. 542 ff.; Oechsler, Rehkugler, 1982, S. 107 ff.; Volz, 1986, S. 209 ff.; Budäus, 1987, S. 3 ff.; HWÖ, Stichwort Ausbildung, 1989, Sp. 32 ff.; Eichhorn, 1997, S. 335 ff.). Ohne Zweifel hat die Verwaltungsbetriebslehre inzwischen ihre *Vorbereitungsphase* (bis zur zweiten Hälfte der siebziger Jahre) und ihre *Konstituierungsphase* (bis etwa 1985) verlassen und befindet sich in einer Spezialisierungsphase (vgl. Brede, 1984, S. 657 ff.). Obwohl somit von einer entwickelten, „reifen" Disziplin Verwaltungsbetriebslehre nicht gesprochen werden kann (vgl. auch Brede, 1992, S. 123 f.), ist es Anliegen dieses Buches, die grundsätzlichen Möglichkeiten einer betriebswirtschaftlichen Betrachtung der öffentlichen Verwaltung zu analysieren, um damit einen Beitrag zur Entwicklung einer Verwaltungswissenschaft zu leisten. **18**

III. Das Grundkonzept einer Verwaltungsbetriebslehre

1. Der theoretische Unterschied zwischen Erfahrungsobjekt und Erkenntnisinteresse der Verwaltungsbetriebslehre

Ein *Erfahrungsobjekt* ist die konkrete Gesamtheit, auf die sich eine Wissenschaft konzentriert. Erfahrungsobjekt der Betriebswirtschaftslehre ist **19** der Betrieb oder die Betriebswirtschaft als eine von einem einheitlichen Willen gestaltete und geleitete Arbeitsorganisation, die planmäßig die Mittel zur Bedürfnisbefriedigung beschafft und bereitstellt. Der gesamte konkrete Gegenstand, auf den sich eine Verwaltungsbetriebslehre bzw. Betriebswirtschaftslehre der öffentlichen Verwaltung bezieht, ist der *Verwaltungsbetrieb. Erfahrungsobjekt* der Verwaltungsbetriebslehre ist demnach der *Verwaltungsbetrieb* (vgl. z. B. Rieger, 1983, S. 36 ff.; HWÖ, Stichwort Verwaltungsmanagement, 1989, Sp. 1677 ff.).

20 Bevor der Verwaltungsbetrieb weiter beschrieben wird, soll das hauptsächliche *Erkenntnisinteresse* der Verwaltungsbetriebslehre erklärt werden. Ein Erkenntnisinteresse (häufig wird auch der Ausdruck *Erkenntnisobjekt* verwandt) wird in der Regel durch das Prinzip charakterisiert, unter dem der konkrete Erfahrungsgegenstand, hier der Verwaltungsbetrieb, betrachtet wird. Nach der herrschenden Meinung ist das Prinzip der *Wirtschaftlichkeit* das Identitätsprinzip der Betriebswirtschaftlehre schlechthin. Der Abstraktionsgrad des Erkenntnisobjekts Wirtschaftlichkeit ist allerdings sehr hoch, so daß insbesondere für die spezifischen Gegebenheiten des Verwaltungsbetriebs weitere begriffliche Klärungen notwendig werden. Zunächst kann festgestellt werden: *Erfahrungsobjekt* der Verwaltungsbetriebslehre ist der *Verwaltungsbetrieb,* das *Erkenntnisinteresse* des Verwaltungsbetriebs bezieht sich auf die Beachtung des *Wirtschaftlichkeitsprinzips.*

2. Die Wirtschaftlichkeit als Erkenntnisinteresse der Verwaltungsbetriebslehre

21 Wirtschaftliches Verwaltungshandeln liegt vor, wenn das Verhältnis zwischen eingesetzten Mitteln und erstrebtem Zweck optimal ausfällt. Das *Wirtschaftlichkeitsprinzip* leitet sich aus dem Rationalprinzip als allgemeiner Maxime menschlichen Handelns ab. Die möglichst günstige Zweck-Mittel-Relation im Verwaltungsbetrieb wird üblicherweise in zwei Varianten abgehandelt:

1. ein bestimmter Zweck soll mit möglichst geringem Einsatz von Mitteln *(Minimalprinzip),* oder
2. mit einem bestimmten Einsatz von Mitteln soll ein maximaler Zweck *(Maximalprinzip)* erreicht werden.

Die bisherigen Ausführungen können in Formeln gebracht werden:

$$\text{Wirtschaftlichkeit (allgemein)} = \frac{\text{Zweck}}{\text{Mittel}}$$

$$\text{Wirtschaftlichkeit (als Minimalprinzip)} \quad \frac{\text{vorgegebener Zweck}}{\text{mit minimalen Mitteln}}$$

$$\text{Wirtschaftlichkeit (als Maximalprinzip)} = \frac{\text{maximaler Zweck}}{\text{bei vorgegebenen Mitteln}}$$

Das Minimalprinzip wird auch als *Sparprinzip* oder einsatz-, input-, ausgaben-, aufwands- oder kostenorientiertes Wirtschaftlichkeitsprinzip bezeichnet. Das Maximalprinzip wird auch als *Haushalts- oder Ergiebigkeits*prinzip oder ziel-, output-, einnahmen-, ertrags-, erlös- oder nutzenorientiertes Wirtschaftlichkeitsprinzip bezeichnet. Im Falle des Minimalprinzips versucht die Verwaltung, Aufgaben bestimmter Quantität und Qualität mit möglichst geringem Einsatz von Personal-, Sach- oder Finanzmitteln zu erfüllen. Im Falle des Maximalprinzips ist die Verwaltung gehalten, mit gegebenem Personal-, Sach- oder Finanzvolumen ein Maximum an quantitativer und qualitativer Aufgabenerfüllung zu erreichen.

Gemäß § 7 BHO und § 6 HGrG sind bei Aufstellung und Ausführung des **22**
Haushaltsplans die Grundsätze der *Wirtschaftlichkeit* und *Sparsamkeit* zu beachten. Dieser auch im Haushalts-, Kassen- und Rechnungswesen maßgebende Grundsatz bedarf einer Erläuterung, um den verwaltungsbetrieblichen Charakter der Wirtschaftlichkeit stärker hervorzuheben.

Bei der Abgrenzung und Unterscheidung von Wirtschaftlichkeit und Sparsamkeit lassen sich zwei Gruppen von Meinungen unterscheiden: Entweder werden Sparsamkeit und Wirtschaftlichkeit als gleichberechtigt oder gleichrangig angesehen oder die Sparsamkeit wird als besondere Form der Wirtschaftlichkeit aufgefaßt, d. h. der Wirtschaftlichkeit untergeordnet.

Sparsam handeln bedeutet: Ausgaben vermeiden, einen möglichst geringen Finanzbedarf in Anspruch nehmen. Damit wird die Sparsamkeit zu einer rein finanzwirtschaftlichen Kategorie, die sich auf Ausgaben-Einnahmen-Relationen bezieht. *Wirtschaftlich* handeln bedeutet, Ausgaben *sinnvoll* leisten, sparsames und wirtschaftliches Handeln können deswegen nicht gleichgesetzt werden, sie sind höchstens sinnverwandt aufzufassen.

Sparsamkeit wird häufig als eine besondere Art der Wirtschaftlichkeit angesehen (vgl. u. a. Bohne, König, 1976, S. 26), z. B. als Wirtschaftlichkeit auf der Ebene des Kassengeschehens, wobei hier wieder das Ziel vorherrscht, die Ausgaben möglichst niedrig zu halten. Da ein (absolut) sparsamer Mitteleinsatz gerade zur Unwirtschaftlichkeit führen kann, wird dieses kassenbezogene Sparsamkeitsstreben erst sinnvoll in Zusammenhang mit einem angestrebten Zweck oder Ergebnis. Damit kommt dem Sparsamkeitsprinzip keine eigenständige Bedeutung zu, das Wirtschaftlichkeitsprinzip schließt eine rational praktizierte, d. h. eine in Einsatz/Ergebnis-Beziehungen handelnde Sparsamkeit mit ein. So gesehen könnte in der Formulierung des Haushaltsgrundsatzes „Wirtschaftlichkeit und Sparsamkeit" auf die Sparsamkeit verzichtet werden. *Sparsames Handeln ist ein Handeln im Rahmen der Wirtschaftlichkeit.*

Diese Aussage läßt sich am Beispiel des *Budgetzyklus* erläutern (vgl. Büch, **23**
1976, S. 141 f.): In der *Planungsphase* des Budgets (bis zur Verabschiedung des Haushalts) geht es einmal um die Festlegung der staatlichen Aufgaben (*Spar- oder Minimalprinzip* als eine Form des Wirtschaftlichkeitsprinzip).

Außer der Klärung der Fragen, welche Aufgaben vom Staat in welchem finanziellen Ausmaß übernommen werden, wird eine Programm- und Maßnahmenauswahl notwendig, die ex-ante Wirtschaftlichkeitsrechnungen erforderlich macht *(Ergiebigkeits- oder Maximalprinzip* als weitere Form des Wirtschaftlichkeitsprinzips).

In der *Ausführungsphase* des Budgets dominiert ebenfalls das *Maximalprinzip,* die staatlichen Aufgaben sind bekannt, die Haushaltsvolumina festgelegt, hier geht es um die wirtschaftliche Ausführung von Maßnahmen.

In der *Kontrollphase* überprüft die Wirtschaftlichkeitskontrolle in Form von ex-post Wirtschaftlichkeitsrechnungen die Wirtschaftlichkeit der Maßnahmen in der Ausführungsphase *(Maximalprinzip)* bzw. die Notwendigkeit der Beibehaltung bestimmter staatlicher Aufgaben *(Minimalprinzip).*

24 Verwaltungsbetriebe sind keine gewinnerzielenden Einrichtungen, sondern auf Gemeinwohl- oder Bedürfnisbefriedigung der Staatsbürger ausgerichtet. Deshalb wird häufig nach dem Beitrag gefragt, den Leistungen der Verwaltungsbetriebe für die Wohlfahrtsmaximierung erbringen. Auswirkungen von verwaltungsbetrieblichen Leistungen auf die Umwelt können mit den ökonomisch determinierten Wirtschaftlichkeitskennziffern schon allein deswegen nicht erfaßt werden, weil außer *ökonomischen* auch *gesellschaftliche* Gesichtspunkte berücksichtigt werden müssen. Die ökonomische Zweck-Mittel-Relation wird erweitert auf eine Gegenüberstellung von *gesellschaftlichen Vorteilen* und *gesellschaftlichen Nachteilen* bzw. sozialen Nutzen und Kosten des Verwaltungshandelns. Den Quotient aus gesellschaftlichen Vor- und Nachteilen nennt man *Effizienz.* Versteht man unter Wirtschaftlichkeit im ökonomischen Sinne ein möglichst günstiges Verhältnis zum angestrebten Ziel (Soll) und dem tatsächlichen Ergebnis (Ist) und erweitert den ökonomischen Orientierungsrahmen um gesellschaftliche Kategorien, dann gelangt man zur *Effektivität* als Gegenüberstellung von gesellschaftlichen Soll- und Istergebnissen. (Zu Effizienz und Effektivität vgl. Bohne, König, 1976, S. 27; König, 1979, S. 19; Reding, 1981, S. 18 ff., S. 26 ff., S. 73 ff.; HWÖ, Stichwort Effizienz, 1989, Sp. 277 ff.).

25 Die Diskussion des Wirtschaftlichkeitsbegriffs führt in dieser Abhandlung zu folgenden *Konsequenzen:*

1. Betrachtungen zur Effizienz und Effektivität verwaltungsbetrieblicher Maßnahmen bleiben wegen der häufigen Nichtquantifizierbarkeit gesellschaftlicher Mittel und Zwecke weitgehend unberücksichtigt.
2. Der Verwaltungsbetrieb wird überwiegend unter dem Gesichtspunkt ökonomischer Rationalität und Wirtschaftlichkeit betrachtet; diese Vorgehensweise wird aus Gründen der Arbeitsteilung mit anderen Wissenschaften, z. B. auch in der

Betrachtung des privatunternehmerischen Betriebs, als durchaus legitim angesehen.

3. Damit reduziert sich der hier angewandte Wirtschaftlichkeitsbegriff auf weitgehend quantifizierbare Zweck-Mittel-Relationen, die insbesondere in der Kostenwirtschaftlichkeit als dem Verhältnis von bewerteten Faktoren und den auf Grund ihres Einsatzes erzeugten Leistungsmengen ihren Ausdruck findet.
4. Die Sparsamkeit als vorwiegend finanzwirtschaftliche, haushaltsrechtliche Kategorie, wird als Unterfall der Wirtschaftlichkeit interpretiert bzw. in die Wirtschaftlichkeit impliziert.

3. Der Verwaltungsbetrieb als Erfahrungsobjekt der Verwaltungsbetriebslehre

a) Der Betriebsbegriff in der Betriebswirtschaftslehre

Erfahrungsobjekt der *Betriebswirtschaftslehre* ist der *Betrieb.* Da der **26**
Betrieb auch Probleme technischer, juristischer, soziologischer, psychologischer u. a. m. Art aufweist, beschäftigen sich auch andere Wissenschaften als die Betriebswirtschaftslehre mit dem Betrieb. Das *Erkenntnisinteresse* der Betriebswirtschaftslehre am Betrieb bezieht sich auf die *wirtschaftliche Seite* des Betriebes und drückt sich vor allem in der Beachtung des *Wirtschaftlichkeitsprinzips* aus.

Der Betrieb wird aufgefaßt als Produktionsbetrieb im weitesten Sinne. Er stellt eine Kombination von Produktionsfaktoren dar, die sich planmäßig unter Beachtung des Wirtschaftlichkeitsprinzips vollzieht und die durch Komponenten bestimmt wird, die einem gegebenen Wirtschaftssystem immanent sind (Wöhe, 1996, S. 2 ff.).

b) Der Betriebscharakter der öffentlichen Verwaltung

Es stellt sich die Frage, ob, gemessen an dieser allgemeinen Definition des **27**
Betriebes im Rahmen der allgemeinen Betriebswirtschaftslehre, die *Verwaltung als Betrieb* aufgefaßt werden kann.

Überträgt man die Bestandteile des o. a. Betriebsbegriffs auf die öffentliche Verwaltung, so kann der Betriebscharakter der öffentlichen Verwaltung hinreichend begründet werden, weil sie

1. eine Produktionsstätte für *staatliche Leistungen* ist,
2. ihre Leistungen nur mit Hilfe einer *Kombination von Produktionsfaktoren* (Personal, Betriebsmittel, Werkstoffe) erbringen kann,
3. diese Kombination unter dem gesetzlich determinierten Gesichtspunkt des *Wirtschaftlichkeitsprinzips* vornimmt,
4. die Gegebenheiten des *Wirtschaftssystems* beachten muß, für dessen ordnungspolitische Ausgestaltung sie selbst eine über-

ragende Mitverantwortung übernommen hat (Beispiel: Die Verwaltung ist gehalten, bei Beschaffungsvorgängen nach der zentralen Beschaffungsvorschrift der VOPR 30/53 dem Marktpreis als Hauptgaranten eines marktwirtschaftlichen Wettbewerbssystems Vorrang einzuräumen).

28 Zur Bestimmung der Betriebseigenschaft der öffentlichen Verwaltung wird von vielen Autoren das Gutenbergsche Schema der vom *Wirtschaftssystem abhängigen* und *unabhängigen* Bestimmungsfaktoren des Betriebes herangezogen (vgl. Eichhorn, 1973, S. 45 ff.; Kiefer, Strebel, Wolff, 1975, S. 13 ff.; Eichhorn, 1976, S. 16 ff.; Lüder, 1982, S. 539 ff.; Oechsler, 1984, S. 879; Eichhorn, 1984, S. 12 ff.; Reichard, 1987, S. 15 ff.; Hieber, 1995, S. 23 f.).

Vom *Wirtschaftssystem unabhängige Tatbestände* des Betriebes sind:

1. das System produktiver Faktoren,
2. die Geltung des Wirtschaftlichkeitsprinzips,
3. die Beachtung des finanziellen Gleichgewichts.

Auf die beiden erstgenannten Tatbestände wurde oben Bezug genommen (Rn 27). Auch das finanzielle Gleichgewicht, die Liquiditätserhaltung, ist für die öffentliche Verwaltung notwendig, weil sie Zahlungsgleichgewichte und Zahlungsunfähigkeit vermeiden muß. Daß ein Zustand des Zahlungsungleichgewichts in der öffentlichen Verwaltung nicht – wie bei Privatbetrieben – zum Konkurs führen kann, hat hier nur sekundäre Bedeutung.

Vom *Wirtschaftssystem abhängige Tatbestände* des Betriebes sind für *marktwirtschaftliche Betriebe (Betriebe in planwirtschaftlichen Systemen):*

1. das Autonomieprinzip (das Organprinzip),
2. das Prinzip der Alleinbestimmung (das Prinzip der Mitbestimmung),
3. das erwerbswirtschaftliche Prinzip (das Prinzip der plandeterminierten Leistungserstellung).

Versucht man, den Verwaltungsbetrieb in dieses Schema einzuordnen, so stellt man fest, daß sich weder die marktwirtschaftlichen noch die planwirtschaftlichen Prinzipien vollständig anwenden lassen (Budäus, 1981, S. 402 ff.; Budäus, 1982, S. 52 ff.). Verwaltungsbetriebe können jedoch eher als eine *Art planwirtschaftlichen Betriebstyps* bezeichnet werden, weil sie

1. organisatorisch *unselbständige Organe* eines übergeordneten Ganzen, nämlich des jeweils zugehörigen Trägers öffentlicher Verwaltung (Bund, Länder, Gemeinden u. a. m.) sind,
2. eine *plandeterminierte Leistungserstellung* zu betreiben haben, die auf der Grundlage der jährlichen Haushaltspläne vonstatten geht.

Hingegen sind das *Autonomieprinzip* als Prinzip der Selbstbestimmung des Wirtschaftsplans, das Prinzip der *Alleinbestimmung* (auch Prinzip des Privateigentums genannt) sowie das *erwerbswirtschaftliche Prinzip* (Prinzip der Gewinnmaximierung) typische Merkmale eines marktwirtschaftlichen Betriebs, der Unternehmung genannt wird.

Lediglich das Prinzip der *Mitbestimmung* besitzt im Verwaltungsbetrieb nicht die umfassende Bedeutung wie in einem Betrieb rein planwirtschaftlicher Prägung.

c) Der Begriff des Verwaltungsbetriebs

Nachdem der Betriebscharakter der öffentlichen Verwaltung verdeutlicht wurde, soll der Versuch einer *begrifflichen Erläuterung des Verwaltungsbetriebs* übernommen werden. **29**

Die Feststellung, daß die öffentliche Verwaltung Betriebscharakter hat, darf nicht zu der Folgerung verleiten, damit würde die öffentliche Verwaltung in ihrer Gesamtheit als Betrieb angesehen. Zwar wird auch diese Meinung vertreten: Max Weber hat schon frühzeitig darauf verwiesen, daß der moderne Staat, wirtschaftswissenschaftlich gesehen, ebenso als Betrieb anzusehen sei wie eine Fabrik. Dieser Meinung schließen sich z. B. Winkelmann (Winckelmann, 1963, S. 322) und Wysocki (Wysocki, 1966, S. 207) an. Die überwiegende Zahl der Autoren begreift jedoch „die gesamte öffentliche Verwaltung" *nicht* „als konzernähnlich verflochtenes Mehrbetriebssystem", sondern richtet das betriebswirtschaftliche Interesse auf den *einzelnen Betrieb.* (Chmielewicz, 1971, S. 583). Dieser Meinung wird hier insbesondere deswegen gefolgt, weil das Charakteristikum des wissenschaftlichen Arbeitens in der Betriebswirtschaftslehre ja gerade darin besteht, *einzelwirtschaftliche Fragestellungen* aufzuwerfen und zu analysieren, während gesamtwirtschaftliche Probleme der Verwaltung in den Aufgabenbereich der Volkswirtschaftslehre fallen (Vgl. Rn 13).

Berücksichtigt man zur genaueren Kennzeichnung des Verwaltungsbetriebs die Merkmalsgruppen *Zielstruktur, Leistungsstruktur sowie Eigentums- und Finanzstruktur* des Verwaltungsbetriebs, so sind folgende Aussagen möglich (vgl. Chmielewicz, 1971, S. 593 ff.; Reichard, 1987, S. 15 ff.; Braun, 1988, S. 343; vgl. auch Strunz, 1993, S. 128 f.): **30**

1. Der Verwaltungsbetrieb verfolgt das *Ziel* überwiegend *kollektiver Fremdbedarfsdeckung,* wobei die Art dieser Bedarfsdekkung von Fall zu Fall präzisiert werden muß.
2. Der Verwaltungsbetrieb verfolgt das Ziel *kollektiver Wohlstandsmaximierung* im Sinne der Daseinsvorsorge, Daseinsfürsorge und Daseinserhaltung.
3. Der Grad der *Unabhängigkeit des Verwaltungsbetriebs in der Zielbildung* ist *gering,* da die Zielvorgaben von den Trägern der öffentlicher Verwaltungen bzw. letztlich von Parlamenten und Regierungen stammen (vgl. Organprinzip, Rn 28).

4. In der *Leistungsstruktur* des Verwaltungsbetriebs ist die *Art der Leistungsabgabe* in der Regel durch die Bereitstellung nicht marktfähiger, kollektiver Güter und überwiegend *unentgeltlichen Absatz* gekennzeichnet.
5. Der Verwaltungsbetrieb ist in der Regel zur *Leistungserstellung verpflichtet*, eine Abnahmepflicht der Leistungen durch den Leistungsempfänger ist allerdings nur teilweise gegeben (z. B. Schulpflicht).
6. In der *Eigentums- und Finanzstruktur* des Verwaltungsbetriebs sind hervorhebenswert, daß der Verwaltungsbetrieb sich in vollem *Eigentum des Staates* befindet, daß die *Einnahmen* überwiegend kein Ergebnis verwaltungsbetrieblicher Produktion sind, sondern im wesentlichen aus dem Steueraufkommen stammen und daß der Verwaltungsbetrieb keinem *Bestandsrisiko* ausgesetzt ist.

31 Die Komplexität und Heterogenität der öffentlichen Verwaltung und der in ihr vorhandenen Verwaltungsbetriebe hat noch nicht zu einer *einheitlichen Begriffsbildung* für den Verwaltungsbetrieb geführt. Die Abgrenzungs- und Begriffsbildungsschwierigkeiten zeigen sich auch bei Eichhorn und Friedrich (vgl. Eichhorn, Friedrich, 1976 d, S. 53 ff., S. 71 ff.). Sie definieren zunächst die öffentliche Verwaltung aus ökonomischer Sicht als eine „*Wirtschaftseinheit, die wirtschaftliche Verfügungen* über zu produzierende und abzugebende *Güter* im Sinne *öffentlicher Ziele* auf der Grundlage *öffentlichen Eigentums* trifft". Um eindeutig von einer *einzelnen Verwaltung* sprechen zu können, müssen jedoch zusätzliche Erfordernisse gegeben sein:

1. „Der Geschäftsbereich der Wirtschaftseinheit muß einen Entscheidungs- und Handlungsspielraum besitzen, der alle Verfügungen vorsieht, die dort für die Erstellung und Abgabe mindestens eines Produktes (z. B. eines Verwaltungsaktes) ausreichend sind."
2. „Darüber hinaus bedarf es eines gewissen Bestandes an abgrenzbaren Produktionsfaktoren, der diesen Verfügungen institutionell und nicht nur vorübergehend gewidmet ist und sich in der Hauptsache gegenüber anderen Beständen (z. B. Personal, Räume, Maschinen usw.) abheben läßt" (Eichhorn, Friedrich, 1976 d, S. 72, im Original kursiv).

32 Mit Hilfe der Kennzeichnung des Verwaltungsbetriebs nach den Merkmalsgruppen Ziel-, Leistungs-, Finanz- und Eigentumsstruktur (vgl. Rn 30), die im wesentlichen in der o. a. Begriffsbildung (vgl. Rn 31) enthalten sind, soll als *Arbeitsbasis* der Verwaltungsbetrieb so definiert werden: „Ein Verwaltungsbetrieb ist eine *einzelne Leistungseinheit* der öffentlichen Verwaltung, die nach Maßgabe staatlicher *Zielvorgabe* überwiegend *kol-*

lektiven Fremdbedarf deckt, indem sie *Kollektivgüter* primär *unentgeltlich* absetzt." Er befindet sich in „vollem *Eigentum* des Staates" und ist deswegen „keinem *Bestandsrisiko* ausgesetzt" (Reichard, 1987, S. 16, 19).

4. Abgrenzung des Verwaltungsbetriebs zu anderen Betriebstypen

Außer dem Typus Verwaltungsbetrieb gibt es im wesentlichen drei andere **33** Betriebstypen, mit denen sich die Betriebswirtschaftslehre beschäftigt: *Privathaushalte* (Haushaltsbetriebe), *private Unternehmungen und öffentliche Betriebe.* Sie sollen nach den Merkmalsgruppen Ziel-, Leistungs-, Eigentums- und Finanzstruktur (vgl. Rn 30) vom Verwaltungsbetrieb abgegrenzt werden.

Der *Privathaushalt* dient überwiegend der Eigenbedarfsdeckung (das vom **34** Haushalt abgesetzte Wirtschaftsgut Arbeit dient allerdings der Fremdbedarfsdeckung, vgl. Chmielewicz, 1971, S. 586), sein vorherrschendes Betriebsziel ist die individuelle Wohlfahrt, der Grad der Unabhängigkeit in der Zielbildung kann als groß bezeichnet werden. Die Leistungsstruktur des Privathaushalts ist durch die Abgabe von Eigenleistungen und durch keinen Zwang zur Leistungsverpflichtung gekennzeichnet. Eine Abnahmepflicht des Leistungsempfängers besteht nicht. Der Privathaushalt verfügt in seiner Eigentumsstruktur über keinen Staatsanteil, die Herkunft der Einnahmen stammt nicht aus der Produktion.

Die *Privatunternehmung* als bisheriges Haupterfahrungsobjekt der **35** Betriebswirtschaftslehre dient der individuellen Fremdbedarfsdeckung und stellt auf Gewinnerzielung ab; der Grad der Unabhängigkeit in der Zielbildung ist relativ groß, allerdings sind eine Reihe gesetzlicher Beschränkungen, z. B. in Form der Wettbewerbsgesetzgebung, zu berücksichtigen. Die Privatunternehmung produziert marktfähige Güter, die sie gegen Entgelt absetzt; Leistungsverpflichtungen und eine Abnahmepflicht des Leistungsempfängers bestehen nicht. In der Eigentumsstruktur beträgt der Staatsanteil, von Ausnahmen abgesehen, null Prozent, die Einnahmen stammen aus Umsatzerlösen, ein Bestandsrisiko ist durch das unternehmerische Konkursrisiko gegeben. Da für den im Verwaltungsbetrieb arbeitenden, z. B. im Rahmen der Beschaffung, Grundkenntnisse über Privatunternehmungen notwendig sind, werden diese im Rahmen der Analyse des Leistungssystems des Verwaltungsbetriebs erörtert (vgl. Rn 234).

Öffentliche Betriebe (vgl. z. B. die grundsätzlichen Ausführungen bei **36** Thiemeyer, 1975) stehen häufig im Spannungsfeld zwischen der Privatunternehmung und der öffentlichen Verwaltung und werden bezüglich ihrer einzelnen rechtlichen Ausgestaltungsformen ebenfalls später behandelt (vgl. Rn 235). Die öffentlichen Betriebe nehmen auf Grund ihrer häufigen wirtschaftlichen Verselbständigung von einer öffentlichen Trägerkörperschaft eine Sonderrolle ein, werden als *Nettobetriebe* bezeichnet (vgl. Eichhorn, Friedrich, 1976 d, S. 56 ff.; Braun, 1988, S. 30 ff.), und sind kein Untersuchungsobjekt der Verwaltungsbetriebslehre. Diese Abhandlung beschränkt sich auf die öffentlichen Betriebswirtschaften, die im Haushaltsplan einer Gebietskörperschaft *brutto*, d. h. mit ihren gesamten Einnahmen und Ausgaben enthalten sind (vgl. Rn 38).[1])

Nach der *Zielstruktur* dienen die öffentlichen Betriebe vorwiegend individueller Fremdbedarfsdeckung, verfolgen als dominierende Betriebsziele gemeinwirtschaftliche (Versorgungs-)Zielsetzungen, aber auch wirtschaftspolitische Ziele. Je nach einzelner Ausprägung des öffentlichen Betriebs ist der Grad der Unabhängigkeit bei der Zielbildung gering bis mittel, kollektives Interesse steht im Vordergrund.

In der Art der Leistungsabgabe als Merkmal der Leistungsstruktur überwiegen marktfähige „Grundgüter", vor allem aus dem Dienstleistungs- und Energiesektor, die gegen Entgelt abgesetzt werden. Wie beim Verwaltungsbetrieb ist eine Leistungsverpflichtung der Nettobetriebe durch das Postulat der öffentlichen Zugänglichkeit überwiegend zu bejahen. Eine Abnahmepflicht für die in öffentlichen Betrieben produzierten Güter besteht bisweilen (z. B. Anschluß- und Benutzungszwang bei Leistungen von öffentlichen Versorgungsbetrieben). Je nach Typus des öffentlichen Betriebs (vgl. Rn 235) schwankt der Staatsanteil zwischen 25 und 100 Prozent, die Einnahmen stammen zum größten Teil aus Umsatzerlösen, das Bestandsrisiko kann wegen der „Nähe" des Staates als gering bezeichnet werden.

37 Die in den vorstehenden Ausführungen vorgenommenen Abgrenzungen der Betriebstypen erheben keinen Anspruch auf Vollständigkeit. Die Begriffsbildung ist noch nicht abgeschlossen. Den Versuch einer merkmalsstrukturierten Gegenüberstellung von Privathaushalt, Privatunternehmung, öffentlichem Betrieb und Verwaltungsbetrieb hat Reichard unternommen (vgl. Reichard, 1987, S. 16 ff.). Auf ihn gehen die Ausführungen in den Rn 30, 32–36 sowie die folgende zusammenfassende tabellarische Übersicht zurück (vgl. auch Braun, 1988, S. 30 ff. und Tabelle 1, S. 343; ferner Strunz, 1993, S. 129 ff.; Damkowski, Precht, 1995, S. 24 ff.).

5. Arten der Verwaltungsbetriebe

38 Die Betrachtungen zum Verwaltungsbetrieb wurden begrenzt auf die Bruttoverwaltungen (Rn 36). Aber selbst diese ökonomisch nicht selbständigen Verwaltungen bieten ein heterogenes Bild, da nicht die öffentliche Verwaltung als Gesamtsystem, sondern nur der *einzelne Betrieb* in der öffentlichen Verwaltung als Erfahrungsobjekt der Verwaltungsbetriebslehre angesehen werden soll (vgl. Rn 29). Als Betriebe müssen solche Teile der öffentlichen Verwaltung abgegrenzt werden, die den Einzelkriterien

[1]) Die bruttoetatisierenden *reinen Regiebetriebe* werden allerdings wegen ihrer Besonderheiten in dieser Abhandlung nicht explizit berücksichtigt.

für eine *Leistungseinheit* im Sinne der *Einzelwirtschaft* entsprechen, einschließlich der „Hilfsbetriebe" (vgl. Laux, 1975 b, Sp. 2808).

Weil im *Verwaltungsrecht* die Begriffe Behörde, Dienststelle, Amt nicht einheitlich definiert sind, eignen sich diese juristischen Begriffe für eine Abgrenzung der Verwaltungsbetriebe nicht. Die *Verwaltungspraxis* hat bisher mehr zur weiteren Begriffsverwirrung beigetragen, als daß sie eine Reduzierung der Begriffsvielfalt bewirkt hätte: Häufig werden z. B. Behörden als Ämter (Finanzamt) oder umgekehrt bezeichnet. **39**

Sieht man den einzelnen *Verwaltungsbetrieb als wirtschaftliche Einheit* an, so muß bei jeder verwaltungsbetrieblichen Untersuchung erneut gefragt werden, ob für die untersuchte Leistungseinheit „ein definierbares, einer Optimierung zugängliches Verhältnis von Aufwand und Ertrag festgestellt werden kann" (Laux, 1975 b, Sp. 2809). Mit dieser Vorgehensweise wird auch dem hier gewählten Wirtschaftlichkeitsprinzip Genüge getan (vgl. Rn 25).

Erscheinungsformen des Betriebes nach der o. a. Definition lassen sich in sämtlichen öffentlichen Leistungsbereichen feststellen. So finden sich betriebliche Strukturen im Bereich der öffentlichen Sicherheit und Ordnung (Feuerwehr, Krankentransport), in den Kulturbetrieben, Bildungsbetrieben, Krankenhausbetrieben, Verkehrsbetrieben u. a. m. (vgl. Laux, 1975 b, Sp. 2809). Eine besondere Gruppe bilden die *behördlichen Betriebe,* also die eigentlichen Verwaltungen, wie Ministerien, Finanzbehörden, Polizeibehörden, Straßenbaubehörden, Hochbauämter, statistische Ämter, Vermessungsämter, Versorgungsämter u. a. m. Zahlreich sind auch die „Hilfsbetriebe" behördlicher Betriebe, die einer betriebswirtschaftlichen Analyse zugänglich sind und interne Service-Aufgaben zu erfüllen haben wie Druckereien, Datenzentralen, Bauhöfe, Fuhrparks u. ä. (vgl. Laux, 1975 b, Sp. 2809). **40**

Schaubild 4 Merkmale der Betriebstypen im Überblick

Betriebstypen nach Ziel-, Leistungs-, Eigentums- und Finanzstruktur

	Merkmal / Betriebstyp	(1) **Haushalt**	(2) Unternehmung	(3) **Öffentlicher Betrieb**	(4) **Verwaltungsbetrieb**
Zielstruktur	Deckung von Eigen-/ Fremdbedarf	Eigenbedarfsdeckung	individuelle Fremdbedarfsdeckung	vorwiegend individuelle Fremdbedarfsdeckung	überwiegend kollektive Fremdbedarfsdeckung
	üblicherweise vorherrschende Betriebsziele	individuelle Wohlfahrt	Gewinnerzielung	gemeinschaftliche (Versorgungs-) Zielsetzung, daneben wirtschaftspol. Ziele	kollektive Wohlfahrtsmaximierung (Daseinsvorsorge, -fürsorge, -erhaltung)
	Grad der Unabhängigkeit der Zielbildung	groß	relativ groß (gesetzl. Beschränkungen)	gering bis mittel (kollektives Interesse)	gering (politische Zielvorgaben, Gesetze)
Leistungsstruktur	Art der Leistungsabgabe	Eigenleistungen	marktfähige Güter; Absatz gegen Entgelt	marktfähige „Grundgüter" (vor allem Dienstleistungen und Energie); Absatz gegen Entgelt	nicht marktfähige, öffentliche Güter; überwiegend unentgeltlicher Absatz
	Leistungsverpflichtung	nein	nein	überwiegend ja („öffentliche Zugänglichkeit")	
	Abnahmepflicht des Leistungsempfängers	–	nein	nur im Ausnahmefall (z. B. Anschluß- und Benutzungszwang)	teilweise (z. B. Schulpflicht)
Eigentums- und Finanzstruktur	Staatsanteil am Eigentum	0 %	0 %	25–100 %	100 %
	Herkunft der Einnahmen	nicht aus Produktion	aus Umsatzerlösen	überwiegend aus Umsatzerlösen (z. T. aus Subventionen)	überwiegend aus Steuern
	Bestandsrisiko	–	ja	gering	nein

Als betriebswirtschaftlichen Betrachtungen besonders entgegenkommende Einteilungen der Verwaltung werden die Gliederungen nach dem Finanzergebnis, der Art der Gütererstellung, der Produktvielfalt, dem Anteilseigner, der Betriebsgröße, der Art der Leistungserstellung und der Ausstattung mit Finanzmitteln angesehen (vgl. Eichhorn, Friedrich, 1976 d, S. 67). Beispielhaft soll hier näher auf die Einteilung nach dem Merkmal Betriebsgröße und der Art der Leistungserstellung eingegangen werden (vgl. Eichhorn, Friedrich, 1976 d, S. 66; Eichhorn, 1984, S. 16 ff.). **41**

Nach der *Betriebsgröße* werden unterschieden Großverwaltungen (Beispiele: Bundesbank, Bundesamt für Wehrtechnik und Beschaffung, Oberfinanzdirektionen), Mittelverwaltungen (Beispiele: Kreisverwaltungen, Fachhochschulen) und Kleinverwaltungen (Beispiele: Amtsgerichte, Schulämter, Rechenzentren).

Nach der *Art der Leistungsdarstellung* werden unterschieden Verwaltungen mit differierenden Fertigungsprinzipien und Fertigungsarten. So gibt es, gemessen am Kriterium Fertigungsprinzip, Verwaltungen mit Massenfertigung (Beispiele: Sozialversicherungen, Finanzämter), Verwaltungen mit Teilmassenfertigung (Beispiele: Personalämter, Bauämter), Verwaltungen mit Einzelfertigung (Beispiele: Aufsichtsämter, Gerichte) und Verwaltungen mit Bürofertigung (Beispiele: Staatskanzleien, Rechtsämter). Mit Hilfe des Merkmals Fertigungsart lassen sich unterscheiden: Verwaltungen mit Nutzungsfertigung (Beispiele: Schulen, Krankenhäuser), Verwaltungen mit Außenfertigung (Beispiele: Verkehrspolizei, Feuerwehren), Verwaltungen mit Werkstattfertigung (Beispiele: Reparaturwerke, Fuhrparks).

6. Die Verwaltungsbetriebslehre im System der Verwaltungswissenschaft und der Betriebswirtschaftslehre

Gerade die Abgrenzung des Verwaltungsbetriebs zu anderen Betriebstypen und die Systematisierungsversuche der einzelnen Arten von Verwaltungsbetrieben weisen auf die Notwendigkeit einer betriebswirtschaftlichen Durchdringung der öffentlichen Verwaltung hin. Die Darstellung des Grundkonzepts einer Verwaltungsbetriebslehre bliebe deswegen unvollständig, wenn nicht die grundsätzliche Frage beantwortet würde, welchen Standort die Betriebswirtschaftslehre der öffentlichen Verwaltung im System der Betriebswirtschaftslehre einnehmen soll, um ihren Beitrag zur Entwicklung einer Verwaltungswissenschaft leisten zu können (vgl. Abschnitt II in diesem Kapitel). Die Verfolgung dieses Ziels der Verwaltungsbetriebslehre – Mitarbeit an einem verwaltungswissenschaftlichen Konzept – erfordert zunächst eine kurze Abgrenzung von *Verwaltungslehre* und *Verwaltungswissenschaft.* **42**

Die Begriffe Verwaltungslehre und Verwaltungswissenschaft – häufig auch Verwaltungslehr*en* und Verwaltungswissenschaft*en* – werden im Schrift- **43** tum nicht einheitlich verwendet. Darauf wird in dieser Lehrbuchreihe zu den „Grundlagen der öffentlichen Verwaltung" (vgl. Wittkämper, Jäckering, 1990, S. 143 ff.) hingewiesen. Verwendet man die Begriffe wie in dieser Veröffentlichung, dann ist die Verwaltungslehre „das beschreibende Lehren der Tätigkeit der öffentlichen Verwaltungen und der Form, in denen sich diese Tätigkeiten vollziehen". Gegenstand der Verwaltungslehre sind demnach z. B. die *tatsächliche* Haushaltsorganisation, die *tatsächliche* Personalverwaltung, die *tatsächliche* Ordnungsverwaltung. In der Verwaltungslehre stehen damit Beschreibungen der faktischen Verwaltungsverhältnisse und die *Institutionen,* in denen diese Verhältnisse gegeben sind, im Vordergrund (vgl. auch v. Mutius, 1984, S. 172 ff.; Knöpfle, Thieme, 1984, S. 3 ff.; Püttner, 1989, S. 1 ff.; Becker, 1989, S. 143 ff.; Mattern [Hrsg.], 1994, S. 1 ff.).

44 *Verwaltungswissenschaft* ist die „Gesamtheit der Tätigkeiten", die mit „systematischen Methoden der Forschung oder des analytischen Denkens das Handeln und die Strukturen der öffentlichen Verwaltung analysieren und Empfehlungen und Warnungen für Veränderungen abgeben" will. Damit geht die Verwaltungswissenschaft über den mehr deskriptiven Ansatz der Verwaltungslehre hinaus und sieht ihre Zielsetzung auch in der Problemsensibilisierung und Abgabe von Handlungsempfehlungen (so auch bewertet bei Koch, 1985, S. 247 ff. und Steinebach, 1986 d, S. 166 ff.).

45 Vergegenwärtigt man sich, daß die *Betriebswirtschaftslehre* die Wissenschaft von der vernunftgeleiteten Führung eines Betriebes ist, die von wirklichen und angenommenen Gegebenheiten im Einzelbetrieb ausgeht, so muß sie als eine auf die wirtschaftliche Realität bezogene Wissenschaft *Erfahrungs- und Handlungswissenschaft* zugleich sein. Als Erfahrungswissenschaft hat sie die Aufgabe, die in der Betriebsrealität auftretenden vielfältigen wirtschaftlichen Erscheinungen durch Abstraktion auf die wesentlichen Grundzüge zu reduzieren und sie zu systematisieren. Als Handlungswissenschaft will sie Lösungsmöglichkeiten für alternative betriebswirtschaftliche Entscheidungen oder Problemstellungen unter dem Aspekt der Wirtschaftlichkeit anbieten.

46 Eine Übertragung der Aufgabenstellung der Betriebswirtschaftslehre als Wissenschaft auf eine Verwaltungsbetriebslehre als wissenschaftliche Disziplin führt zu folgenden Konsequenzen (vgl. Steinebach, 1986 d, S. 166 ff., insbes. Schaubild S. 175): Als *Erfahrungswissenschaft* ist die Verwaltungsbetriebslehre mit der Aufgabe betraut, die auf den einzelwirtschaftlichen Aspekt zugeschnittenen ökonomischen Fragen der öffentlichen Verwaltung zu beschreiben. Insofern kann die *Verwaltungsbetriebslehre* als *ökonomischer Teil* der *Verwaltungslehre* bezeichnet werden. Sie beschreibt dann die in der Verwaltung anzutreffenden tatsächlichen Führungs-, Planungs-, Organisations-, Kontroll-, Leistungs- und Rechnungssysteme.

Als *Handlungswissenschaft* fällt der Verwaltungsbetriebslehre die Aufgabe zu, auf den einzelwirtschaftlichen Aspekt zugeschnittene ökonomische Fragen der öffentlichen Verwaltung zu analysieren und *Handlungsempfehlungen* für Veränderungen des Verwaltungsgeschehens zu geben. Insofern kann die *Verwaltungsbetriebslehre* als *ökonomischer* (einzelwirtschaftlicher) Teil der *Verwaltungswissenschaft* bezeichnet werden. Auf diese Weise kann die Betriebswirtschaftslehre *ein* Baustein zur Entwicklung der Verwaltungswissenschaft sein und spricht dann Empfehlungen zur Verbesserung der Führungs-, Planungs-, Organisations-, Kontroll-, Leistungs- und Rechnungssysteme der öffentlichen Verwaltung aus.

Die Öffnung der Verwaltungsbetriebslehre in handlungswissenschaftlicher **47** Richtung zur Etablierung einer Betriebswirtschaftslehre der Verwaltung wird in Zukunft auch deswegen voranschreiten, weil sie über den der Verwaltungslehre häufig immanenten Blickwinkel einer reinen *Bürokunde* hinauswachsen muß. Insofern wird ihre zukünftige Ausgestaltung in Richtung auf eine zu entwicklende Verwaltungswissenschaft von der Fähigkeit abhängen, die stärker institutionellen Aspekte der Verwaltungslehre zu vernachlässigen und mehr *funktionsspezifischen Gesichtspunkten* Beachtung zu schenken. Die bisherigen Ansätze in der Literatur weisen in diese Richtung (vgl. Eichhorn, 1976 c, S. 27; Lüder, 1982, S. 549 ff.; Rieger, 1983, S. 44 ff.; Oechsler, 1984, S. 876 ff.). Auf der Grundlage einer allgemeinen Betriebswirtschaftslehre der öffentlichen Verwaltung, die als *spezielle Betriebswirtschaftslehre,* wie etwa der speziellen Betriebswirtschaftslehre des Handels, der Banken, der Industrie, des Verkehrs u. a. m., Gegenstand betriebswirtschaftlicher Forschung sein kann, müssen spezielle Betriebswirtschaftslehren der öffentlichen Verwaltung entwickelt werden. Beispiele: Entwicklung einer speziellen Führungs- und Organisationslehre, einer speziellen Entscheidungs- und Planungslehre, einer speziellen Beschaffungslehre, einer speziellen Personalverwaltungslehre, einer speziellen Rechnungslehre der öffentlichen Verwaltungen usw.

Die Verwaltungsbetriebslehre im System der Verwaltungswissenschaft und **48** der Betriebswirtschaftslehre zeigt das nachfolgende Schaubild 5 (gleichzeitig Zusammenfassung von Rn 42–47).

Schaubild 5 Die Verwaltungsbetriebslehre im System der Verwaltungswissenschaft und der Betriebswirtschaftslehre

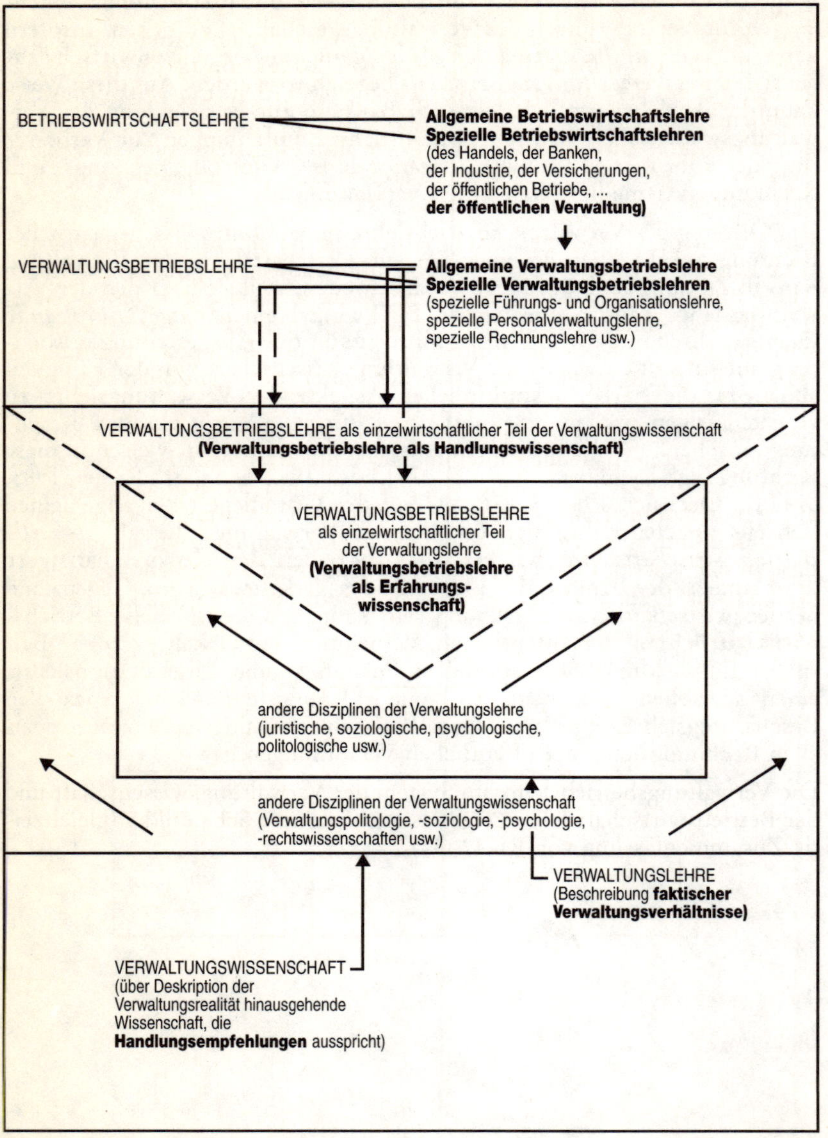

IV. Die Struktur des Verwaltungsbetriebs

1. Das Faktorensystem des Verwaltungsbetriebs

Die Darstellung des „Gefüges" des Verwaltungsbetriebs erfordert zunächst Informationen über die *Faktoren* (Produktionsfaktoren, Einsatzgüter), die im Verwaltungsbetrieb gebraucht werden, um verwaltungsbetriebliche *Leistungen* zu erbringen. Im Anschluß daran sollen die Leistungen (Produkte, Ausbringgüter) des Verwaltungsbetriebs kurz charakterisiert werden und die Schwerpunktbereiche des Verwaltungsbetriebs herausgearbeitet werden, die im Mittelpunkt dieser Untersuchung stehen. **49**

Eine mögliche Grundlage für die Ableitung der in einer verwaltungsbetrieblichen Dienstleistungsproduktion notwendigen Produktionsfaktoren ist die Einteilung der *Güterarten.* Unter Gütern sind Leistungen zu verstehen, die menschliche Bedürfnisse befriedigen. In der Volkswirtschaftslehre wird der Güterbegriff einer Einteilung in freie und knappe Güter unterzogen; da aus der Knappheitssituation der Güter die Intentionen zum wirtschaftlichen Handeln der Wirtschaftssubjekte entspringen, sind nur die knappen Güter für ökonomisches Handeln von Interesse. Die auf Knappheit der Güter aufbauende Einteilung der Güterarten nach Kosiol ist durch einen Güterbegriff gekennzeichnet, der nicht nur *Sachgüter,* wie sie vor allem in der industriellen Sachgüterproduktion Gegenstand der Leistungserstellung sind, sondern auch *immaterielle Güter* umfaßt, wie sie insbesondere in der verwaltungsbetrieblichen Leistungserstellung benötigt werden (vgl. Kosiol, 1970, S. 111 f.; vgl. auch Schierenbeck, 1995, S. 2 f.). **50**

Schaubild 6 Einteilung der Güterarten

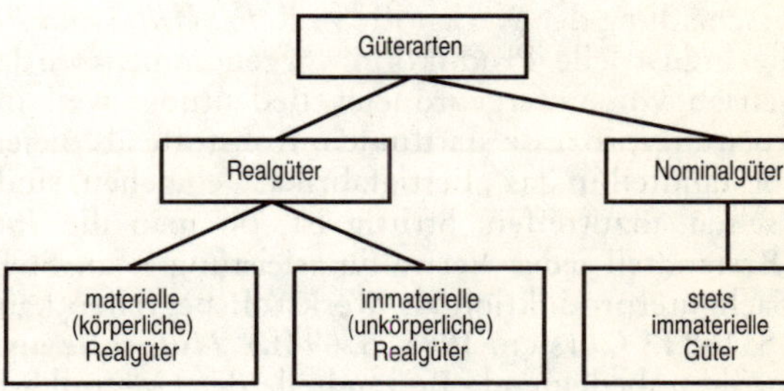

51 Aus der Einteilung der Güterarten lassen sich drei Gruppen von Einsatzgütern *(Produktionsfaktoren)* ableiten:

1. reale materielle Produktionsfaktoren
2. reale immaterielle Produktionsfaktoren
3. nominale immaterielle Produktionsfaktoren.

Zu den realen materiellen Produktionsfaktoren gehören die *Betriebsmittel*. Unter ihnen versteht man nicht etwa wie im Haushalts-, Kassen- und Rechnungswesen ausgabefähige Geldbestände des Verwaltungsbetriebs, sondern die gesamte technische Apparatur, deren sich der Verwaltungsbetrieb zur Durchführung des Betriebsprozesses bedient. Ein besonderes Kennzeichen der Betriebsmittel besteht darin, daß sie im Betriebsprozeß nicht sofort verbraucht werden, sondern ihm als sogenannte dauerhafte Sachgüter längere Zeit zur Verfügung stehen. Beispiele für Betriebsmittel im Verwaltungsbetrieb sind: Gebäude, Waffensysteme, Kraftfahrzeuge, Büroausstattungen (Schreibtische, Schreibmaschinen, Diktiergeräte, Adressiermaschinen, Vervielfältigungsgeräte, Buchungsautomaten, Nachrichtenmittel der verschiedensten Art), EDV-Anlagen usw. Im Hinblick auf ihre Nutzung im Verwaltungsbetrieb werden die Betriebsmittel in vier Kategorien eingeteilt: Boden, Raum, Mobiliar, Maschinen (vgl. Reichard, 1987, S. 44 f.). Die mit dem Betriebsmitteleinsatz verbundenen Probleme wie Lebensdauer, wirtschaftliche Nutzungsdauer, Abschreibungen, Kapazität und Kapazitätsausnutzung der Betriebsmittel, insbesondere von Maschinen, werden im 3. Kapitel behandelt.

Zu den realen materiellen Produktionsfaktoren gehören auch die *Werkstoffe*. Unter ihnen versteht man alle materiellen Güter, die im Verwaltungsbetrieb – im Unterschied zu den Betriebsmitteln – verbraucht werden. Die Unterscheidung der Werkstoffe in *Roh-, Hilfs- und Betriebsstoffe*, wie sie für die industrielle Produktion vorgenommen wird, ist für den Verwaltungsbetrieb von untergeordneter Bedeutung, weil in ihm kaum Ver- und Bearbeitungsprozesse stattfinden. Rohstoffe als diejenigen Stoffe, die als Hauptbestandteil in das „Fertigfabrikat" eingehen, sind im Verwaltungsbetrieb selten anzutreffen. Strittig ist, ob man die *Information* – wesentlicher Bestandteil jeder Verwaltungsleistung – an Stelle des Rohstoffs in der Sachgüterproduktion als Werkstoff begreifen kann (vgl. dazu Rieger, 1983, S. 168 f.; Corsten, 1985, S. 69 ff.). *Hilfsstoffe* als meist wert- und mengenmäßig unbedeutende Bestandteile der Gesamtleistung werden im Verwaltungsbetrieb in Form von Papier, Bleistiften, Bändern für Schreibmaschinen und Diktiergeräte, Radiergummis usw. verwendet. Auch *Betriebsstoffe* als bei der Dienstleistungserstellung verbrauchte, aber nicht in die Leistung eingehende Faktoren werden ebenfalls benötigt, so z. B. Kohle, Gas, Dieselöl, Schmierstoffe, Elektrizität.

52 Die *menschliche Arbeitskraft* gehört neben den Dienstleistungen (Leistungen von anderen Erwerbs- oder Verwaltungsbetrieben) zu den realen

immateriellen Produktionsfaktoren. Unter menschlicher Arbeit wird hier der Einsatz körperlicher und geistiger Kräfte von Verwaltungsangehörigen zur Erreichung verwaltungsbetrieblicher Zielsetzungen verstanden. Die Personalintensität der öffentlichen Verwaltung (vgl. Rn 2) führt zu einer überragenden Stellung des Produktionsfaktors Arbeit in den Verwaltungsbetrieben. Ihm wird besondere Aufmerksamkeit zuteil, wenn spezifische Probleme der Produktionsfaktoren angesprochen werden (vgl. 3. Kapitel).

In diesem Zusammenhang werden Probleme der Leistungsanreize, der Personalbemessung, der Arbeitsbewertung u. a. m. diskutiert. Der Bedeutung der menschlichen Arbeitskraft kann man in der Verwaltungsbetriebslehre (wie auch in der allgemeinen Betriebswirtschaftslehre) dadurch Rechnung tragen, daß Arbeitsleistungen in *objektbezogene (ausführende)* Arbeitsleistungen und *dispositive (verfügende, anleitende)* Arbeitsleistungen unterteilt werden. Unter objektbezogener Arbeitsleistung werden diejenigen Tätigkeiten verstanden, die unmittelbar mit der (Dienst)leistungserstellung zusammenhängen, also keine dispositiv-anordnenden Arbeitsleistungen darstellen. Dispositive Tätigkeit liegt vor, wenn es sich um Arbeiten der Führung, Planung, Organisation und Kontrolle handelt. Die Unterscheidung von objektbezogener und dispositiver Arbeitsleistung geht auf Gutenberg zurück: Er vertrat die auch verwaltungsbetrieblich nutzbare These, daß die Kombination der Produktionsfaktoren Arbeit, Betriebsmittel und Werkstoffe das Ergebnis führender, planender, organisierender und kontrollierender Tätigkeit ist, also auf die Auswirkung des dispositiven Faktors zurückgeführt werden kann. Die Herausstellung des dispositiven Faktors als eigenständigem Produktionsfaktor erscheint damit gerechtfertigt. Ausführende Arbeit, Betriebsmittel und Werkstoffe sollen als *Elementarfaktoren des Verwaltungsbetriebs* bezeichnet werden. Ohne ihren Einsatz und ohne ihre Verbindung durch den *dispositiven Faktor* kommt keine Verwaltungsleistung zustande. Die Funktionen des dispositiven Faktors bestehen in der *Betriebsführung, Planung, Organisation und Kontrolle* (vgl. Wöhe, 1996, S. 98, hier wird statt Kontrolle der Begriff Überwachung verwendet).

In der Erarbeitung eines Faktorensystems des Verwaltungsbetriebs fehlt **53**
noch eine Aussage zu den *Nominalgütern* (vgl. Rn 50). Als Nominalgüter werden in der Regel finanzielle Mittel (Geld) aufgefaßt. Finanzen wären nach o. a. Systematik (vgl. Rn 51) nominale immaterielle Produktionsfaktoren. Die Frage, ob *Geld als eigener Produktionsfaktor* im Verwaltungsbetrieb angesehen werden kann, ist nicht unumstritten. Zunächst haben Geldmittel für die Verwaltung eine *Mittlerfunktion:* Mit den vorhandenen Finanzen werden die notwendigen Produktionsfaktoren (Personal, Betriebsmittel, Werkstoffe) beschafft und bezahlt. Diese Produktionsfaktoren werden im verwaltungsbetrieblichen Leistungsprozeß kombiniert, nicht aber die Geldmittel, die zu ihrer Beschaffung erforderlich waren. So

gesehen wären Finanzmittel kein Produktionsfaktor. In vielen Fällen ist jedoch die Ausgabe von Finanzmitteln *unmittelbarer* Bestandteil der Leistung, des Verwaltungsbetriebs: Beihilfen, Wohngelder, Sozialhilfen, Subventionen der unterschiedlichsten Art, Flurschäden bei Bundeswehrübungen werden berechnet und an Privatbetriebe oder private Haushalte gezahlt (vgl. Rieger, 1983, S. 170 f.). Sie führen nicht zu einer Rückzahlungsverpflichtung der Empfänger und setzen keine finanziellen Vorleistungen der Empfänger voraus. So gesehen erfüllen Geldzahlungen des Verwaltungsbetriebs die Voraussetzungen der Elementarfaktoren: Sie haben einen unmittelbaren Bezug zu der vom Verwaltungsbetrieb erbrachten Dienstleistung und werden ebenfalls vom dispositiven Faktor gesteuert. Wegen des nur fallweisen Auftretens des nominalen Produktionsfaktors Geld in der o. a. Form, wird der „monetäre Faktor" (vgl. Eichhorn, Friedrich, 1976 d, S. 73 ff.; hier übernimmt der monetäre Faktor die gesamte Finanzierungsfunktion des Verwaltungsbetriebs und wird in der Finanzsphäre wirksam; diese wird als eigener Bereich neben der Leistungsphäre ausgewiesen) in unterbrochenen Linien gekennzeichnet.

54 Das Faktorensystem des Verwaltungsbetriebs ergibt sich im Überblick aus dem folgenden Schaubild:

Schaubild 7 Das Faktorensystem des Verwaltungsbetriebs

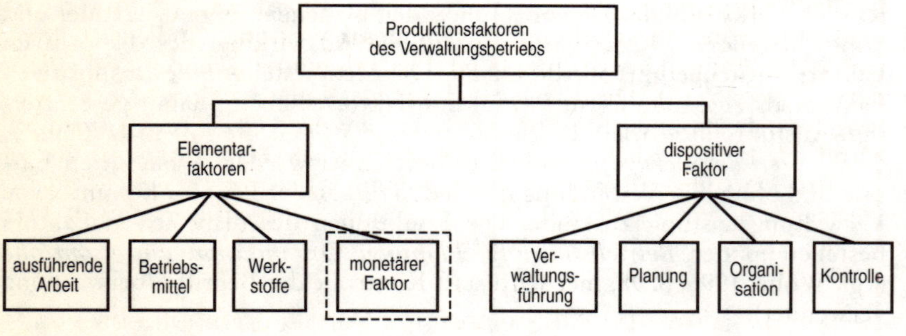

2. Leistungen des Verwaltungsbetriebs

55 *Leistungen* des Verwaltungsbetriebs kommen nur durch eine Kombination von Produktionsfaktoren zustande. Die Ergebnisse des Kombinationsprozesses können für den Eigenbedarf der Verwaltungsbetriebe, für andere Verwaltungsbetriebe, für Erwerbsbetriebe, Privathaushalte oder öffentliche Betriebe von Bedeutung sein (vgl. Rieger, 1983, S. 129 ff.; Eichhorn, 1984, S. 16 ff.; Eichhorn [Hrsg.], 1991, S. 896 ff.).

Unter Leistungen können entweder *Sach- oder Dienstleistungen* verstanden werden. Bei den Sachleistungen handelt es sich um materielle Güter, bei den Dienstleistungen um immaterielle Güter. Die herrschende betriebswirtschaftliche Auffassung zählt die Verwaltungsbetriebe zu den Dienstleistungsbetrieben. Dienstleistungen haben generell folgende spezifische Eigenschaften (vgl. weiterführend Corsten, 1985, S. 85 ff.; Reichard, 1987, S. 47 f.):

1. Sie sind *substanzlos,* soweit von materiellen Trägermedien abgesehen wird.
2. Sie sind *vergänglich,* soweit sie nicht abgesetzt werden können.
3. Sie sind *schwierig meßbar und bewertbar,* was mit dem Fehlen objektiver Maßstäbe und dem mangelnden Nutzenempfinden der Abnehmer zusammenhängt.

Die Dienstleistungsproduktion geschieht einmal im Wege der *Eigenerstellung.* Hier sind als spezifische Angelegenheiten der Verwaltung die Ausarbeitung von Gesetzesentwürfen, der Erlaß von Rechtsverordnungen und die Anwendung der Gesetze zu nennen. Leistungsbeispiele beim Betrieb von Krankenhäusern, Schulen, Universitäten, Museen, im Rahmen der Feuerwehr, der Entsorgung u. a. m., sind weiterhin erwähnenswert. Zum anderen bezieht die öffentliche Verwaltung *Fremdleistungen,* z. B. beim Bau von Straßen, Hallenbädern, Schlachthöfen; die Aufgabe der Verwaltungsbetriebe besteht dann in der *vermittelnden Bereitstellung,* wozu u. a. Beschaffungsplanung, Ausschreibung, Angebotsprüfung, Auftragserteilung, Lieferungsüberwachung, Rechnungsabwicklung, Indienststellung, Lagervorhaltung, Unterhaltung und Instandsetzung gehören (vgl. Eichhorn 1976 c, S. 15). Die Eigen- und Bereitstellungskataloge der Verwaltungsbetriebe könnten beliebig erweitert werden, ohne auch nur annähernd der Leistungsheterogenität der öffentlichen Verwaltung gerecht zu werden. (Zu den öffentlichen Aufgaben und Leistungen vgl. König, v. Oertzen u. a. [Hrsg.], 1981, S. 177 ff., S. 203 ff.; Gonas, Beyer, 1991, S. 3 ff.; König, Siedentopf [Hrsg.], 1997 b, S. 303 ff.).

3. Schwerpunktbereiche des Verwaltungsbetriebs

Die Analyse des verwaltungsbetrieblichen Faktorensystems und die allgemeine Darstellung der im Verwaltungsbetrieb entstehenden Leistungen führen zu den *Schwerpunktbereichen* des Verwaltungsbetriebs. Sie sind identisch mit den Bereichen, die bei der Beschreibung von Entwicklungstendenzen und Funktionswandel im öffentlichen Dienst als wichtige Untersuchungsobjekte der Verwaltungsbetriebslehre angesehen wurden (vgl. Rn 6). Im einzelnen handelt es sich um: **56**

1. das *Führungssystem,*
2. das *Leistungssystem,*
3. das *Rechnungssystem.*

Alle drei genannten Bereiche sind Teil- oder Subsysteme des Verwaltungsbetriebs und können in Form eines Würfels so dargestellt werden:

Schaubild 8 Teilsysteme des Verwaltungsbetriebs

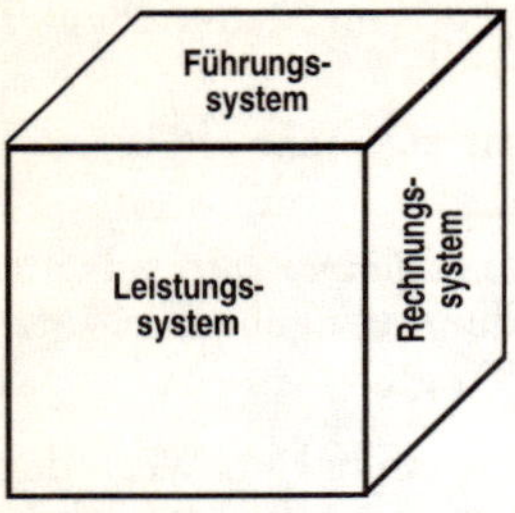

57 Im *Führungssystem* als einem in sich geschlossenen Gebilde, dessen Elemente das Instrumentarium beschreiben, mit dem Führungsaufgaben erfüllt werden können (vgl. 2. Kapitel), wirkt sich der dispositive Faktor aus: Er ist verantwortlich für die Kombination der Produktionsfaktoren. Ohne diese Kombination kommen keine Leistungen zustande. Der Umfang des 2. Kapitels dieses Buches trägt der Bedeutung des verwaltungsbetrieblichen Führungssystems Rechnung.

Vom Führungssystem unterschieden wird das *Leistungssystem* des Verwaltungsbetriebs. Während im Führungssystem der *dispositive Faktor* wirksam wird, stehen im Leistungssystem Einsatz und Kombination der *Elementarfaktoren* im Vordergrund. Arbeitskräfte, Betriebsmittel und Werkstoffe müssen beschafft werden, sie müssen im eigentlichen Leistungsprozeß miteinander verbunden werden und schließlich an den Empfänger – in den unter Rn 53 genannten Fällen bei Berücksichtigung des monetären Faktors – abgegeben werden. Deswegen kann der Leistungsbereich des Verwaltungsbetriebs in die Funktionen Beschaffung, Leistungserstellung und Leistungsabgabe eingeteilt werden (vgl. Eichhorn, Friedrich, 1976 d, S. 73 f.). Das Leistungssystem des Verwaltungsbetriebs wird im 3. Kapitel behandelt.

Das *Rechnungssystem* des Verwaltungsbetriebs hat die Aufgabe, alle betrieblichen Vorgänge zahlenmäßig zu erfassen und zu überwachen. Es hat einerseits Rechenschaft darüber abzulegen, was insbesondere im Leistungsbereich mit den Finanzmitteln, die dem Verwaltungsbetrieb zur Verfügung gestellt wurden, geschehen ist. Andererseits dient es der Verwaltungsführung als Entscheidungs- und Kontrollinstrument, vor allem im Hinblick auf die Kontrolle der Wirtschaftlichkeit des Verwaltungsgebarens (vgl. Rn 21–25). Mit der zeichnerischen Darstellung des Rechnungssystems zwischen Leistungs- und Führungssystem werden diese Aussagen berücksichtigt (vgl. Steinebach, 1986 d, S. 168 ff.).

Der Zusammenhang zwischen den in den Kapiteln zwei bis vier abzuhandelnden Schwerpunktbereichen des Verwaltungsbetriebs wird in einer regelkreisartigen Abbildung noch deutlicher: 58

Schaubild 9 Regelkreis verwaltungsbetrieblicher Teilsysteme

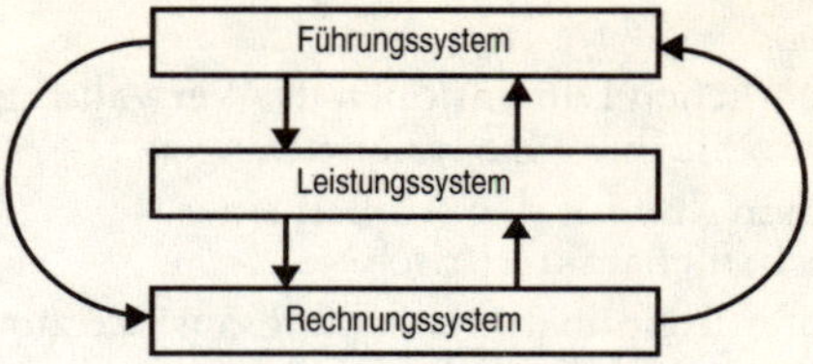

Der dispositive Faktor im Verwaltungsbetrieb wird in der Verwaltungsführung, in der Planung, Organisation und Kontrolle wirksam. Die Elementarfaktoren sind besonders für den Beschaffungs-, Leistungserstellungs- und Leistungsabgabebereich des Verwaltungsbetriebs relevant. Wesentliche Funktionsbereiche des Rechnungssystems im Verwaltungsbetrieb sind die Kameralistik und die Kostenrechnung bzw. Wirtschaftlichkeitsrechnungen. Verbindet man diese Aussagen und die bisherigen Erläuterungen zur Struktur des Verwaltungsbetriebs miteinander, so gelangt man zu einem Schaubild, das nicht nur als Zusammenfassung zu Abschnitt IV des 1. Kapitels aufgefaßt werden kann, sondern gleichzeitig einen Überblick zu der Themenabfolge der nachstehenden Kapitel vermittelt: 59

Schaubild 10 Teilsysteme des Verwaltungsbetriebs und ihre Funktionsbereiche

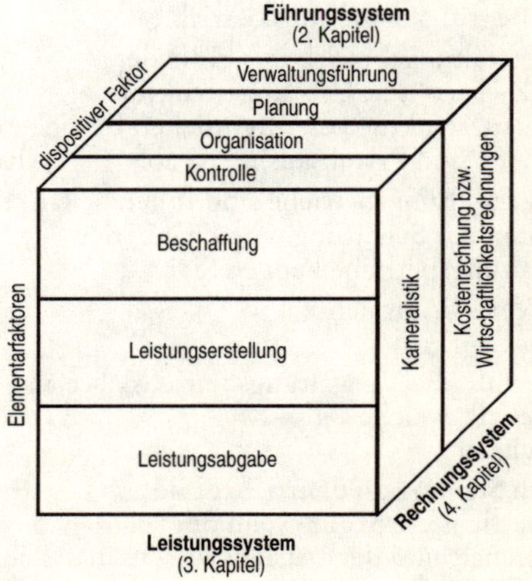

Fragen zum Verständnis (1. Kapitel)

1. Kennzeichnen Sie die wesentlichen Entwicklungstendenzen im öffentlichen Dienst der Gegenwart. (Rn 1–4)
2. Welche Konsequenzen ergeben sich aus diesen Entwicklungen für eine betriebswirtschaftliche Betrachtung der öffentlichen Verwaltung? (Rn 5–7)
3. Nennen Sie die wesentlichen Dimensionen des Verwaltungshandelns und erläutern Sie ihre Hauptzielsetzungen. (Rn 8–14)
4. Welche Schwierigkeiten sind für den Aufbau einer Verwaltungswissenschaft charakteristisch? (Rn 16)
5. Nennen Sie einige interdisziplinäre Forschungsansätze zur Verwaltungswissenschaft und ihre Schwerpunkte. (Rn 17)
6. Welche Schlußfolgerung ergibt sich für die Verwaltungsbetriebslehre aus der Tatsache einer noch nicht existierenden Verwaltungswissenschaft? (Rn 18)
7. Worin besteht der theoretische Unterschied zwischen Erfahrungsobjekt und Erkenntnisinteresse der Verwaltungsbetriebslehre? (Rn 19, 20)
8. Was verstehen Sie unter den Begriffen Wirtschaften und Wirtschaftlichkeit, wie grenzen Sie Wirtschaftlichkeit und Sparsamkeit ab? (Rn 21–23)
9. Erläutern Sie die Konsequenzen der Erörterung des Wirtschaftlichkeitsbegriffs für diese Abhandlung. (Rn 25)
10. Belegen Sie die Behauptung, die öffentliche Verwaltung habe Betriebscharakter. (Rn 27, 28)
11. Definieren Sie den Begriff Verwaltungsbetrieb. (Rn 32)
12. Grenzen Sie den Verwaltungsbetrieb mit Hilfe der Merkmalsgruppen Zielstruktur, Leistungsstruktur, Eigentums- und Finanzstruktur von öffentlichen Betrieben, Privatunternehmungen und Privathaushalten ab. (Rn 30, 33–37)
13. Welche Arten der Verwaltungsbetriebe sind Ihnen bekannt? Welche Möglichkeiten zur Schaffung wirtschaftender Einheiten als Verwaltungsbetriebe kennen Sie? (Rn 38–41)
14. Unterscheiden Sie Verwaltungslehre und Verwaltungswissenschaft. (Rn 43, 44)
15. Welche Aufgaben erfüllt die Verwaltungsbetriebslehre als Erfahrungswissenschaft, welche als Handlungswissenschaft? (Rn 45, 46)
16. Nehmen Sie kritisch Stellung zu dem Schaubild „Die Verwaltungsbetriebslehre im System der Verwaltungswissenschaft und der Betriebswissenschaftslehre". (Rn 48)

17. Leiten Sie die Produktionsfaktoren des Verwaltungsbetriebs aus der Einteilung der Güterarten ab. (Rn 50–54)
18. Nennen Sie Eigenschaften von Leistungen im Sinne von Dienstleistungen! (Rn 55)
19. Welche Schwerpunktbereiche der Verwaltungsbetriebslehre werden in diesem Buch behandelt? (Rn 56)
20. Was geschieht in diesen Teilsystemen des Verwaltungsbetriebs und welche Beziehungen bestehen zwischen ihnen? (Rn 57–59)

2. Kapitel
Das Führungssystem des Verwaltungsbetriebs

I. Das Führungssystem des Verwaltungsbetriebs im Überblick

1. Die Aufgabe des dispositiven Faktors

60 Der dispositive Faktor ist verantwortlich für die Kombination der Produktionsfaktoren im Verwaltungsbetrieb. Der dispositive Faktor sorgt im Rahmen der *Zielsetzungen* des Verwaltungsbetriebs durch Planung, Organisation und Kontrolle für eine *Zielerreichung* im Verwaltungsbetrieb. Insofern gleichen sich Aufgabenstellung der anweisenden Arbeitsleistung in Privatunternehmung und öffentlicher Verwaltung. Eine Zielerreichung ist in der Regel nur möglich, wenn zuvor Entscheidungen getroffen worden sind. Deshalb stehen *Entscheidungen* im Mittelpunkt des verwaltungsbetrieblichen Handelns. Sie müssen allerdings, um der Zielsetzung dieser Abhandlung zu entsprechen, ökonomischer Relevanz sein. In jeder Verwaltung werden häufig Entscheidungen getroffen, die wirtschaftliche Denkkategorien erforderlich machen, wie z. B. Entscheidungen über den Arbeitskräfteeinsatz, Entscheidungen zum optimalen Betriebsmitteleinsatz, Entscheidungen für einen möglichst günstigen Werkstoffverbrauch, Entscheidungen über die Vornahme von Investitionen, Verfügungen über knappe Finanzmittel, über den Einsatz optimaler Informationstechniken u. a. m.

61 Entscheidungen, die vom dispositiven Faktor getroffen werden, bezeichnet man als *Führungsentscheidungen.* Da Entscheidungen ein qualitatives Gefälle haben, müssen Entscheidungen, die nur von der Verwaltungsführung getroffen werden können, von den zahlreichen Einzelentscheidungen unterschieden werden, die auf allen Stufen der Verwaltungshierarchie notwendig werden. Eine besondere Bedeutung für den gesamten Verwaltungsbetrieb haben die *echten* Führungsentscheidungen der Verwaltungsführung. Sie lassen sich in Abwandlung des Gutenbergschen Schemas auf den Verwaltungsbetrieb (vgl. Gutenberg, 1968, S. 132 ff.) durch folgende *Merkmale* charakterisieren:

1. hohes Maß an Bedeutung für die Funktionsfähigkeit des Verwaltungsbetriebs im Sinne gesellschaftlicher Bedürfnisbefriedigung,
2. Auswirkungen auf den gesamten Verwaltungsbetrieb,
3. Nichtdelegierbarkeit auf andere Personen (Stellen) des Verwaltungsbetriebs durch die Verwaltungsführung.

Führungsentscheidungen, die die genannten Merkmale enthalten, sind:

1. Festlegen der verwaltungsbetrieblichen Zielsetzungen auf lange Sicht (Beispiele: Einführung neuer Waffensysteme, Einführung eines neuen Personalführungssystems, Umsetzung der Dienstrechtsreform, Einführung neuer Informationstechniken),
2. Koordinierung der großen Teilbereiche des Verwaltungsbetriebs (Beispiel: Abstimmung des Führungs-, Leistungs- und Rechnungssystems im Verwaltungsbetrieb),
3. Beseitigung von Störungen außergewöhnlicher Art im verwaltungsbetrieblichen Ablauf (Beispiele: Beseitigung von Störungsursachen im Personalbereich durch Verbesserung der Personalplanung, Verbesserung der Beförderungschancen, Beseitigung von Störungsursachen im Sachmittelbereich durch Verbesserung und Modernisierung des Betriebsmittelbestandes, u. a. der Betriebsmittel im ADV-Bereich),
4. Maßnahmen von außergewöhnlicher Bedeutung für den Verwaltungsbetrieb (Beispiele: Abschluß langfristiger Beschaffungsverträge, Maßnahmen der Personaldisposition, Maßnahmen der Neuverteilung von Kompetenzen, Aufgaben und Verantwortungen, Änderung der Geschäftsverteilungspläne u. a. m.),
5. Besetzen von Führungsstellen im Verwaltungsbetrieb (Beispiele: Besetzung von Abteilungsleiterstellen in den Ministerien, Berufung der Leiter von Ober- u. Mittelbehörden, Besetzung der Führungspositionen im Unterbehördenbereich).

Zur Realisierung verwaltungsbetrieblicher Zielsetzungen als Führungsent- **62**
scheidung bedarf es der *Planung.* Sie umfaßt die gedankliche Verfolgung verschiedener Handlungsalternativen, an die sich eine Entscheidung für die optimale Alternative im Sinne der Zielsetzung anschließt. Planung im Verwaltungsbetrieb sorgt u. a. für die Beschaffung von Produktionsfaktoren (Beschaffungsplanung), für das Leistungsprogramm (Leistungserstellungsplanung), für die Leistungsabgabe (Leistungsabgabeplanung), für die Planung der zahlenmäßigen Berechnung des Leistungsvorgangs (Finanzplanung, Kostenplanung u. a. m.). Eine weitere Aufgabe des dispositiven Faktors besteht in der Umsetzung des Geplanten (Realisation). Der Planungsvollzug durch Verteilung der Aufgaben, durch Übertragung von Anordnungsbefugnissen, durch Regelung der Verkehrsbeziehungen zwischen den verwaltungsbetrieblichen Teilbereichen obliegt der *Organisation* im Verwaltungsbetrieb. Schließlich besteht die Aufgabe des dispositiven Faktors darin, eine Überprüfung darüber stattfinden zu lassen, ob und in welcher Weise die gesetzten Ziele realisiert worden sind. Dazu bedarf es einer *Kontrolle* der verwaltungsbetrieblichen Prozesse, die sich u. a. in einer Kontrolle des Beschaffungsvorgangs, der Leistungserstellung und der Leistungsabgabe

niederschlägt und ihren zahlenmäßigen Ausdruck im Rechnungssystem findet, das u. a. für die Kontrolle der Wirtschaftlichkeit im Verwaltungsbetrieb verantwortlich zeichnet.

63 Die Aufgabenstellung des dispositiven Faktors im Verwaltungsbetrieb läßt sich wie folgt zusammenfassen: Er setzt Ziele und trifft Entscheidungen zur Zielerreichung, die Führungsentscheidungen genannt werden. Führungsentscheidungen müssen im Verwaltungsbetrieb realisiert werden. Dazu bedient sich der dispositive Faktor der *Elemente* (oder Instrumente) *Planung, Organisation und Kontrolle.* Bevor diese Elemente des dispositiven Tätigwerdens dargestellt werden, sind einige Begriffserläuterungen vorzunehmen.

2. Begriffe Führung, Leitung, Management

64 Die Begriffsbildung für Führung, Leitung und Management ist in der Literatur keineswegs einheitlich. Die Diskussion um die inhaltliche Ausgestaltung dieser Begriffe wird sogar häufig sehr kontrovers geführt. Für den Zweck der Einführung in eine Verwaltungsbetriebslehre erscheint es notwendig, eine möglichst vereinfachte Begriffsapparatur anzubieten und sich auf die wesentlichen Elemente des Führungssystems zu beschränken. Ein Überblick zu den gängigen Begriffsdefinitionen des Managements, der Führung und Leitung ergibt sich aus dem Schaubild 11 (vgl. auch die Ausführungen bei Wunderer, Grunwald, 1980, S. 63 ff.; Strutz [Hrsg.], 1982, S. 139 ff.; Kieser, Reber u. a. [Hrsg.], 1987, S. 358 ff.; Staehle, 1991, S. 65 ff.).

Aus Vereinfachungsgründen kann man Führung und Leitung unter Management subsumieren. Sie können als Teilaspekte des Managements bezeichnet werden, wobei *Führung* zielorientiertes personales Einwirken auf Menschen bedeutet. Die *Führungsaufgabe* ist eine *personenbezogene* (sozial-humane) *Aufgabe. Leitung* hingegen umfaßt als Ergänzung zur personenbezogenen Führung die Erfüllung der *sachbezogenen Aufgabenstellung. Management* kann demnach definiert werden als zielorientierte Steuerung menschlichen Verhaltens in sozialen Systemen mit der Absicht, die Ziele der Institution

1. unter sach- oder leistungsbezogenen Aspekten
2. und unter personen- oder sozialorientierten Aspekten möglichst weitgehend zu verwirklichen.

Damit wird Management auf die Formel Leitung *und* Führung gebracht bzw. Managementaufgaben umfassen Leitungs- *und* Führungsaufgaben.

3. Begriffe Verwaltungsmanagement, Führungssystem des Verwaltungsbetriebs

65 Sachaspekt und Personalaspekt des Management lassen sich sowohl im Management der Privatunternehmung als auch im Management des Verwaltungsbetriebs häufig nicht voneinander trennen. Zudem läßt die obige Definition des Managementbegriffs keinen konkreten Hinweis auf die öffentliche Verwaltung erkennen. Das Management in Privatbetrieb *und* Verwaltungsbetrieb dient zielorientierter Steuerung menschlichen Verhaltens zur Zielerreichung; beide Betriebstypen können als soziale Systeme bezeichnet werden, die durch geplante und zweckorientierte Integration von Elementen sach- und personenbezogene Aspekte realisieren wollen. Schließlich ist der Bezug zu den *ökonomischen* Gegebenheiten des Verwaltungsmanagements nicht ersichtlich; diese stehen ja im Mittelpunkt dieser Untersuchung.

Aus ökonomischer Sicht wurde der Verwaltungsbetrieb als eine *einzelne* **66**
Leistungseinheit der öffentlichen Verwaltung definiert, die nach Maßgabe *staatlicher Zielvorgabe wirtschaftliche Verfügungen* über zu produzierende und abzugebende Güter auf der Grundlage *staatlichen Eigentums* trifft (vgl. Rn 31, 32). Aus diesem Begriff des Verwaltungsbetriebs kann der Begriff des *Verwaltungsmanagements* entwickelt werden. Staatliche Zielvorgabe und staatliches Eigentum sind konstitutive Merkmale des Verwaltungsbetriebs, die das Verwaltungsmanagement beachten muß. *Wirtschaftliche Verfügungen* fallen dann in den Bereich des Verwaltungsmanagements, wenn sie drei Anforderungen genügen (vgl. Eichhorn, Friedrich, 1976 d, S. 101; Eichhorn [Hrsg.], 1991 a, S. 900 ff.):

1. Der Entscheidungs- und Handlungsspielraum enthält genügend Alternativen,
2. die Teilbereiche des Leistungssystems (Beschaffung, Leistungserstellung, Leistungsabgabe) und des Rechnungssystems werden nicht unerheblich geändert,
3. die Verfügungen ziehen weitere Verfügungen nach sich.

Personen, die wirtschaftliche Verfügungen treffen, werden Manager genannt. Im Verwaltungsmanagement tätige Personen müssen *Angehörige des öffentlichen Dienstes* sein und auf Grund ihrer Entscheidungs- und Handlungsspielräume dispositive Tätigkeiten ausüben (vgl. Rn 60–63). *Verwaltungsmanagement* liegt demnach vor, wenn in einzelnen Leistungseinheiten der öffentlichen Verwaltung (Verwaltungsbetrieben) auf der Grundlage *staatlicher Zielvorgabe* und *öffentlichen Eigentums* wirtschaftliche Verfügungen von *dispositiv* tätigen *Angehörigen* des Verwaltungsbetriebs getroffen werden (vgl. auch HWÖ, Stichwort Verwaltungsmanagement, 1989, Sp. 1677 ff.).

Führungssysteme sind in sich geschlossene Gebilde, deren Elemente das **67**
Instrumentarium beschreiben, mit dem Führungsaufgaben (oder Führungsentscheidungen) erfüllt werden können (vgl. Böhret, Junkers, 1976, S. 24). Diese Definition eignet sich wenig für die Abhandlung spezieller Gegebenheiten des Verwaltungsbetriebs. Im folgenden werden deswegen Führungssysteme des Verwaltungsbetriebs bzw. Verwaltungsführung und Verwaltungsmanagement gleichgesetzt.

Schaubild 11 Zusammenstellung von Begriffsdefinitionen *(Quelle: C. Böhret, M. Th. Junkers, 1976, S. 21)*

AUTOREN	MANAGEMENT	FÜHRUNG	LEITUNG
Wild	Zielorientierte Gestaltung und Steuerung sozialer Systeme (ist auch = Führung)	–	–
Eichhorn Ellwein	= Führung einschließlich Leitung	Treffen von umfassenden, originären, grundlegenden, nicht ressortgebundenen, vielfach abstrakten Entscheidungen (auf weite Sicht)	Konkretisierung der abstrakten Ziele (Entscheidung auf kürzere Sicht)
Bleicher	–	Einwirken auf Menschen	Sachliches Entscheiden
Reichard	Zielorientierte Gestaltung und Steuerung sozialer Systeme	Personenorientierter Bestandteil des Management. Unter F. wird die Beeinflussung einer Mitarbeitergruppe durch ein Gruppenmitglied (bzw. durch mehrere) mit Hilfe bestimmter F.-Methoden und F.-Instrumente verstanden. Bewirkt werden soll die Ausrichtung auf die betriebliche Zielkonzeption.	Spezialfall von Führung. Leitungsfunktionen werden ausgeübt aufgrund einer bestimmten Machtbasis, z. B. „Amtsautorität", die von den Untergebenen als legitim akzeptiert wird.
Kube, Laux	–	Zielorientierte personale Einwirkung auf Menschen.	–
Bessai	Eine Sammlung von spezifischen Aufgaben (M.-Aufgaben), die mit Hilfe adäquater Techniken (M.-Techniken) von bestimmten Stellen des Systems (M.-Stellen) wahrgenommen werden, in denen die hierfür geeigneten Personen (M.-Personen) tätig sind.	–	–
Bornemann	–	Andere Menschen in ihrem Handeln und Verhalten so zu lenken, daß eigene, gemeinsame oder übergeordnete Ziele durch das Handeln dieser anderen oder durch gemeinsames Handeln mit ihnen erreicht werden.	–

AUTOREN	MANAGEMENT	FÜHRUNG	LEITUNG
Meyers Handbuch über die Wirtschaft, Withauer, Management Enzykl.	M. = Führung = Leitung	i. e. S.: Prozeß interpersonaler Beeinflussung, durch den ein Manager andere ihm nachgeordnete Mitarbeiter zur Erreichung vorgegebener Ziele beeinflußt.	–
Kübler	= Führung, kann gedanklich in den Humanbezug der Führung im Sinne eines zielorientierten Beeinflussens von Menschen und in den Sachbezug der Leitung zerlegt werden.	Unter Führung = Management werden vor allem die Aktivitäten Planen, Entscheiden, Organisieren, Führen (Personalführung) und Kontrollieren verstanden, die unter Anwendung von Organisations- und Führungskonzepten sowie von Techniken und sonstigen Hilfsmitteln ausgeübt werden.	Sachbezogener Bestandteil des Management bzw. der Führung (Zielbestimmung und Zielerreichung)
Lexikon zur Soziologie	a) Unternehmensführung; die mit dispositiven Funktionen (Planung, Organisation, „politische Entscheidung", Kontrolle) betrauten Führungskräfte (Führungsstab) b) Zielformulierungs- u. Durchsetzungsprozeß	Verhaltenslenkung durch Einfluß auf bzw. Macht über Personen in einer Gruppe oder Organisation. Die Macht beruht auf Autorität oder Zwang.	Keine Spezifikation; fast identisch mit Führung.
Kommunale Gemeinschaftsstelle	–	Führung und Leitung synonym: Zielorientiertes Einwirken auf Menschen in einer Organisation.	Identisch mit Führung
Lexikon angloamerikanischer u. deutscher M.-Begriffe	Unternehmensführung	Bewußte und planmäßige Einflußnahme auf andere Personen im Hinblick auf die Erreichung bestimmter Ziele; daher eine Funktion des Management.	Entspricht etwa der Führung (unscharf)
Handwörterbuch der Organisation	Anordnungsberechtigte Stellen innerhalb der hierarchisch aufgebauten personellen Struktur der Unternehmung mit den Aufgaben: Motivation, Koordination, Planung, Kontrolle.	Form der Beeinflussung von Menschen.	Beruht auf der personalen Trennung von Entscheidung und Ausführung. Leitungsbegriff sowohl für interpersonale Beziehungen zwischen Menschen und Sachmitteln wie zwischen Sachmitteln und Sachmitteln verwendbar.

4. Elemente des Führungssystems und ihre Interdependenzen

68 Die Frage, welche *Elemente* des Verwaltungsmanagements im folgenden untersucht werden sollen, kann durch ein Eingehen auf die Bestandteile des verwendeten Managementbegriffs beantwortet werden. Der *Zielorientiertheit* des Verwaltungsmanagements wird durch eine Analyse der Ziele des Verwaltungsbetriebs Rechnung getragen (vgl. Abschnitt II in diesem Kapitel). Je nachdem, ob die *wirtschaftlichen Verfügungen* im Planungs-, Organisations- oder Kontrollbereich ihren Niederschlag finden, müssen die Elemente Planung, Organisation und Kontrolle erläutert werden. Sie stehen im Mittelpunkt der folgenden Ausführungen (vgl. Abschnitte III, IV, V). Dabei ist auch die Frage bedeutsam, mit welchen *Hilfsmitteln* wirtschaftliche Entscheidungen im Verwaltungsbetrieb durchgesetzt werden. Im Zusammenhang mit der Planung werden die bekanntesten Planungstechniken, in der Organisation Organisationstechniken und in der Kontrolle Kontrolltechniken behandelt. *Wie* dispositiv tätige Angehörige des öffentlichen Dienstes die Durchsetzung der verwaltungsbetrieblichen Ziele bewerkstelligen, ist aus der Diskussion der *Führungsstile* zu entnehmen. Da jeder Führungsstil die Probleme der Führungsorganisation unter Hervorhebung einer ihm jeweilig immanenten Grundidee zu lösen versucht, werden Überlegungen zum Führungsstil im Rahmen der Organisation vorgenommen (vgl. Abschn. IV). Schließlich sollen anhand ausgewählter *Führungskonzeptionen* oder Managementmodelle Möglichkeiten und Grenzen ihrer Anwendbarkeit auf die öffentliche Verwaltung untersucht werden (vgl. Abschn. VI).

Elemente des Verwaltungsmanagements und die dazu passenden *Bestandteile* des Managementbegriffs zeigt das folgende Schaubild.

Schaubild 12 Begriffsbestandteile und Problemkreise (Elemente) des Verwaltungsmanagements (Führungssystems)

Begriffsbestandteil des Verwaltungsmanagements	Elemente des Verwaltungsmanagements		
staatliche Zielvorgabe (Zielorientierung)	Ziele des Verwaltungsmanagements (Abschn. II)		Managementkonzeptionen (Führungskonzeptionen) (Abschn. VI)
wirtschaftliche Verfügungen	Planung (Abschn. III)		
	Organisation (Abschn. IV)		
	Kontrolle (Abschn. V)		
dispositiv tätige Angehörige des Verwaltungsbetriebs	Hilfsmittel der Verfügungsdurchsetzung	Planungstechniken	
		Organisationstechniken	
		Kontrolltechniken	
	Art und Weise der Verfügungsdurchsetzung (Führungsstile) (Abschn. IV, 10)		

Da die Techniken der Durchsetzung wirtschaftlicher Verfügungen im Verwaltungsmanagement und die Führungsstile in den erwähnten Abschnitten des 2. Kapitels mitbehandelt werden, bleiben als wesentliche Elemente des Verwaltungsmanagements die Ziele, die Planung, die Organisation und Kontrolle übrig. Ihre wechselseitigen Abhängigkeiten zeigt Schaubild 13. Dabei ist die übergeordnete Stellung des Elements Zielsetzung zu beachten (vgl. Heßhaus, 1977, S. 182). **69**

Schaubild 13 Wichtige Elemente des Führungssystems

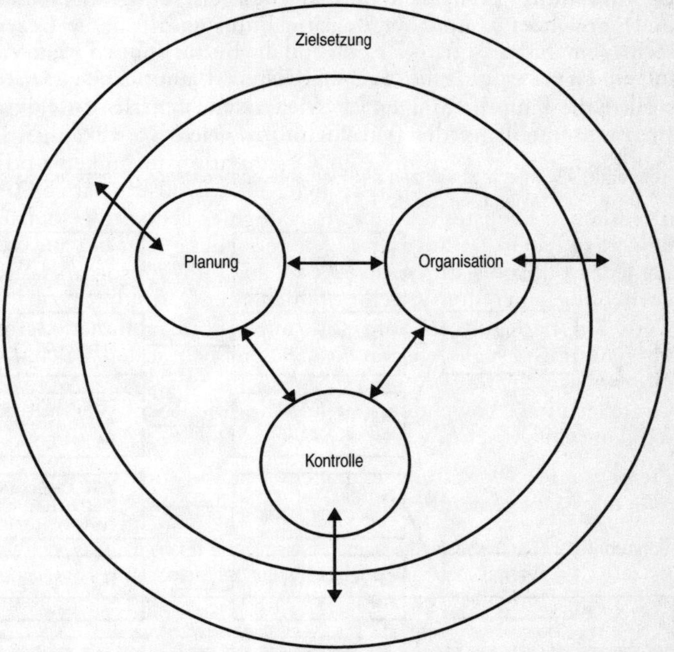

Eine Verdeutlichung der gegenseitigen Abhängigkeiten der Elemente des verwaltungsbetrieblichen Führungssystems führt zu folgender „Reflexivitätsmatrix" (vgl. Heßhaus, 1977, S. 183).

Schaubild 14 Reflexivitätsmatrix der Elemente des Führungssystems

	Zielsetzung	Planung	Organisation	Kontrolle
Zielsetzung	1.1	1.2	1.3	1.4
Planung	2.1	2.2	2.3	2.4
Organisation	3.1	3.2	3.3	3.4
Kontrolle	4.1	4.2	4.3	4.4

Aus der Abbildung ist ersichtlich, daß die einzelnen Elemente nicht isoliert voneinander sind, sondern in vielfältigen Beziehungen zueinander stehen. So gibt es eine Planung der Organisation (2.3) wie eine Organisation der Planung (3.2), eine Organisation der Kontrolle (3.4) wie eine Kontrolle der Organisation (4.3) usw. Auch eine Planung der Planung (2.2), eine Organisation der Organisation (3.3) usw. ist notwendig und möglich.

70 Eine detaillierte Herausarbeitung der einzelnen Beziehungsverhältnisse zwischen den Elementen des Führungssystems würde den Rahmen dieser Untersuchung sprengen. Läßt man die Zielsetzung als Element außer acht und verwendet anstatt der Begriffe Führungsphase die Bezeichnung Element, anstatt des Begriffs Realisation die Bezeichnung Organisation, so kann mit einem verwaltungsbezogenen Beispiel (Planung, Organisation und Kontrolle eines Bauprojekts) die Interdependenz der Elemente des Führungssystems dargestellt werden (vgl. Eichhorn, Friedrich, 1976 d, S. 183 f.).

Schaubild 15 Interdependenzen der Elemente des Führungssystems am Beispiel eines Bauprojekts

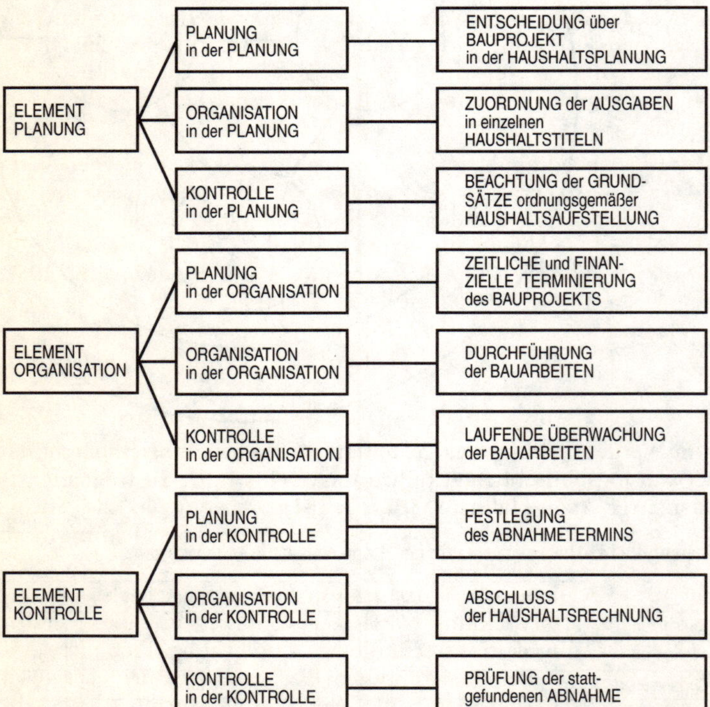

5. Bedeutung des Informationsmanagements für die Verwaltungsführung

Informationen sind Grundlage rationaler *Entscheidungen* in der öffentlichen Verwaltung. Die zu erfassenden und verarbeitenden Informationen nehmen im Zusammenhang mit dem qualitativen und quantitativen Strukturwandel (vgl. Rn 3) in Verwaltungsbetrieben zu, die Verknüpfungsregeln zwischen den Informationen (z. B. gesetzliche Regelungen, Verordnungen) werden komplexer und weniger transparent. Insofern kommt dem *Informationsmanagement* als Zusammenfassung aller *Führungsaufgaben*, die sich mit dem Einsatz der Ressource Information beschäftigen, eine wachsende Bedeutung zu. Eine zukunftsbezogene, innovative wie kreative Verwaltungsführung entzieht sich einer wesentlichen Führungsaufgabe, wenn sie sich auf die „klassischen Querschnittsfelder" des Verwaltungshandelns wie das Personal-, Organisations- und Finanzmanagement beschränkt und das Management des „Produktionsfaktors" Information (vgl. Rn 51) vernachlässigt. Die Integration der o. a. wichtigsten Elemente des Führungssystems (Zielsetzung, Planung, Organisation, Kontrolle) mit dem Ziel einer ökonomisch notwendigen und sinnvollen *Effizienzsteigerung* des gesamten Verwaltungsgeschehens ist ohne ein geordnetes Informationsmanagement nicht zu bewerkstelligen. „Informationsmanagement ist die wirkliche Übernahme der ‚Bauherrenrolle' beim Umbau oder Neubau der Verwaltungs- und Informationssysteme" (Reinermann, 1987, S. 45). **71**

Mit Einsatzbedingungen, Chancen und Risiken moderner Verfahren der Informationstechnik in Verwaltungsbetrieben im allgemeinen beschäftigt sich eine ständig expandierende Spezialliteratur, in der es im wesentlichen um folgende *Problemfelder* geht (vgl. Kübler, 1987; Ballewski, Wilke, 1986; Grimmer [Hrsg.], 1986; Mundhenke, 1987; Reinermann, 1987; Reinermann u. a. [Hrsg.], 1988; Goller u. a. [Hrsg.], 1989, Abschnitt E; Fischer, 1991; Fuchs, Landgraf, 1992; Mattern [Hrsg.], 1994, S. 297 ff.): **72**

1. Inner- und außerbehördliche *Einflußgrößen* der Informationstechnik
   (Aufgaben, Personal, Haushalt, Aufbaustruktur, Verfahren).
2. *Gestaltungsziele* und *-entscheidungen* im Rahmen des Einsatzes von Informationstechnik
   (Zielsystem, Gestaltungsentscheidungen als Auswahl- und Bewertungsprobleme, Gestaltungsentscheidungen als Teil der Verwaltungspolitik).
3. Die *neuen Informationstechniken* im Überblick
   (Entwicklungstrends der Digitaltechnologie, Trends der Kommunikationstechnologie, ausgewählte Techniken und Dienste wie Personalcomputer [PC], Telefon, Bürofernschreiben [Teletex], Fernkopieren [Telefax], Bildschirmtext [Btx], Konferenzsysteme, Trends zum Multifunktionsgerät am Arbeitsplatz, ins-

besondere Möglichkeiten von Büro-Kommunikations-Systemen – vgl. dazu auch Tenzer [Hrsg.], 1984 und Hermanns [Hrsg.], 1986; Goller u. a. [Hrsg.], 1989, Abschnitt E 2, E 3; Fuchs, Landgraf, 1992).

4. Gestaltungsmöglichkeiten *technikunterstützter Verwaltungsarbeit*
   (*Auswirkungen* der Informationstechnik *auf die Strukturorganisation,* z. B. Zentralisierungsgrad der DV, Neuzuschnitt der Querschnittsfunktion Organisation, Auswirkungen auf die Linienorganisation, institutionelle Verankerung des Datenschutzes und institutionelle Schnittstellen zum Bürger; *auf die Arbeitsorganisation,* z. B. Flexibilitätspotential der neuen Techniken, Abschwächung der Arbeitsteilung, u. a. durch Integrationstendenzen der Bürotechniken, Änderung der Sachbearbeiterfunktionen, Veränderung von Arbeitsabläufen, Kommunikationsstrukturen, Kontrollmöglichkeiten, ergonomische Forderungen, Folgewirkungen für den Bürger, Probleme der Rechnungsprüfung, des Datenschutzes, der Datensicherung; *auf das Personal,* z. B. Zuordnung der Personalkompetenzen, Personalplanung, Personalauswahl, Personalentwicklung, Personalführung, Personalfürsorge und Personaldatenverarbeitung).

5. Das *Innovationspotential* für den Einsatz neuer Techniken
   (z. B. Determinanten des organisatorisch-technischen Wandels, so die Grundhaltung der öffentlich Beschäftigten, Implementationsprobleme organisatorisch-technischer Innovationen, so der Stellenwert von Organisationsentwicklung oder situationsangepaßten Änderungsstrategien hierbei).

6. *Rahmenkonzepte zur Integration* der Informationstechnik
   (*Inhalte* der Konzepte, z. B. Gestaltungsansätze, institutionelle Stützen, Vorgaben für die Umsetzung wie Methoden- und Ressourceneinsatz, Beteiligung der Mitarbeiter und der Personalvertretungen).

7. *Implementierung* einzelner *Projekte* der Informationstechnik
   (z. B. vorbereitende Maßnahmen in der Verwaltung, methodisches Vorgehen, Akzeptanzprobleme bei den Betroffenen, Beteiligung der Personalvertretung, taktische Überlegungen),

8. Das *Informationssystem Verwaltungsbetrieb*
   (Information als Produktionsfaktor, technikunterstützte Informationsverarbeitung, Informationsmanagement in Verwaltungsbetrieben, Definition und Zuordnung der Informationsverantwortung).

Von den Einsatzbedingungen moderner Verfahren der Informationstechnik im *allgemeinen* (Rn 72) sind die *spezifischen* Bedingungen und Konsequenzen des Einsatzes informationstechnischer Verfahren zu unterscheiden, die sich für das Informationsmanagement im o. a. Sinne (Rn 71) ergeben. **73**

Hier sind zwei *Zielschwerpunkte* zu unterscheiden (vgl. Kübler, 1987, S. 73 f.; Reinermann, 1987, S. 40 ff., S. 45 ff.; Mattern [Hrsg.], 1994, S. 297 ff.):

1. Von der DV-*Planung* zum *Informationsmanagement:*
   Die Integration der Informationstechnik in die Verwaltung erfordert vor allem für die *Führungskräfte* eine grundlegend neue Sicht – eine Abkehr von der Dominanz der Durchführungsaufgaben und eine Hinwendung zum Gestalten von Steuerungs-, Dienstleistungs- *und* Durchführungsaufgaben sowie zum Erarbeiten von individuell passenden technisch gestützten Lösungen.
2. *Informationsverantwortung* als Teil der *Führungsverantwortung:*
   Im Gegensatz zur bisherigen Verarbeitung der Daten durch Facheinheiten in speziellen Behörden und Organisationseinheiten (Rechenzentren) soll nun die Technik anforderungsbezogen die Realisierung der Fachaufgaben *unmittelbar* unterstützen. Dabei fällt allen Führungskräften als Teil ihrer Führungsverantwortung eine „Bauherrenrolle" (vgl. Rn 71) beim Zuschnitt von Informationssystemen zu.

Welche *Anforderungen* die Informationstechnik an die *Führungskräfte* in Verwaltungsbetrieben stellt, welches Wissen und welche Kenntnisse dazu erforderlich sind, zeigt Schaubild 16 (vgl. Hermanns [Hrsg.], 1986, S. 115 f. und Mattern [Hrsg.], 1994, S. 312 f.):

Schaubild 16 Anforderungen der Informationstechnik an Führungskräfte

Tätigkeitsmerkmale und Verhalten	Erforderliches Wissen, notwendige Kenntnisse
Wahrnehmen der Gestaltungsaufgabe	• Komponenten der Führungsaufgabe fachliche Aufgaben gestalterische Aufgaben • Komponenten der Gestaltungsaufgabe Verbesserung und Weiterentwicklung der Ablauforganisation Produktivität des eingesetzten Personals Vorsorge für die Qualität des eingesetzten Personals Einsatz produktivitätssteigender Technik Einflüsse und Reaktionen der Umwelt

Tätigkeitsmerkmale und Verhalten	Erforderliches Wissen, notwendige Kenntnisse
Mitwirken bei der Entwicklung organisatorischer Zielvorstellungen und Rahmenplanungen	• Vorteile, Nachteile und Probleme beim Einsatz moderner Informations- und Kommunikationstechniken • Bewerten und Beurteilen der Chancen und Risiken arbeitsorganisatorischer Veränderungen • Entwicklungs- und Formulierungsmethoden für Zielvorstellungen Rahmenplanungen • Ermitteln zeitlicher und finanzieller Rahmendaten
Erkennen und Analysieren von Schwachstellen und Engpässen in Ablauforganisationen	• Methodik der Arbeit • Grundsätze und Prinzipien der Organisationsarbeit • Aufbau- und Ablauforganisation • Situationen und Probleme systematisch analysieren und beschreiben • Gestaltung und Weiterentwicklung von Ablauforganisationen • Grenzen und Möglichkeiten beim Einsatz technischer Hilfen
Initiieren, Durchführen und Steuern von Planungsprozessen zur Verbesserung bzw. Weiterentwicklung von Arbeitsorganisationen und -abläufen	• Notwendigkeit erkennen und beurteilen • Phasen und Aufgaben der Projektarbeit • Maßnahmen auf Rahmenplanungen und Zielvorstellungen ausrichten • Angebot technischer Hilfen • Einsatzmöglichkeiten und -voraussetzungen produktivitätssteigernder Techniken • Lösungsalternativen beurteilen und bewerten • Methoden der Entscheidungsvorbereitung und -findung • Lösungen für die nahe Zukunft entwickeln, um aus ihnen für die fernere Zukunft zu lernen • Kooperation und Zusammenarbeit bei Planung und Entwicklung von Ablauforganisationen • Stellenbildung und Beschreibung • Regelungen, Ordnungsmäßigkeit und Wirtschaftlichkeit der Organisationsarbeit
Moderieren von Problemlösungs- und Entscheidungsprozessen	• Probleme des Sieger-Verlierer-Prinzips bei Problemlösungen und Entscheidungen • Methoden der Ideenfindung, Moderation, Visualisierung und Präsentation • Flexibilität und Anpassungsfähigkeit im eigenen Handeln • Soziologische und psychologische Aspekte der Organisationsarbeit • Einbeziehen direkt und indirekt Betroffener bei Problemlösungen und Entscheidungen • Berücksichtigung persönlicher Bedürfnisse, Interessen und Fähigkeiten der Mitarbeiter
Nachweisen von Kosten und Nutzen	• Augenmaß für Planungsaufwand • Angemessenheit des Kosten-Nutzen-Denkens • Objektive Bewertung des quantifizierbaren und des nichtquantifizierbaren Nutzens • Effizienz der Anwendung geht vor Auslastung eines Geräts
Motivieren der Mitarbeiter, Herstellen von Akzeptanz	• Einstellung des Mitarbeiters zu seiner Arbeit und zu seinem Arbeitsplatz • Keine Unterwerfung menschlicher Arbeit unter technische Apparate • Heranführen der Mitarbeiter an technische Neuerungen, Vermeiden von Überforderungen in der Anlaufphase

II. Zielsetzung im Verwaltungsbetrieb

1. Stellung des Verwaltungsbetriebs im Staatssystem

Zielsetzung ist Element des verwaltungsbetrieblichen Führungssystems (vgl. Rn 69). Bevor im Verwaltungsbetrieb Entscheidungen zur Zielerreichung getroffen werden, müssen die Ziele des Verwaltungsbetriebs, ihre Dimensionen und Beziehungen zueinander erläutert werden. Unter einem *Ziel* ist im allgemeinen der zukünftige Zustand eines Verwaltungsbetriebs zu verstehen, der als erstrebenswert angesehen wird (vgl. Heinen, 1971, S. 45). **74**

Der Verwaltungsbetrieb als einzelne Leistungseinheit der Verwaltung ist eingebunden in ein Staatssystem, das durch die Existenz und Funktionsweise der Teilgewalten Legislative, Exekutive und Judikative allgemein charakterisiert wird. Die Grundstruktur des *Systems Staat,* in dem die Teilgewalten eine Reihe von Beziehungen aufweisen, ergibt sich aus Schaubild 17 (vgl. Reichard, 1973, S. 24).

Schaubild 17 Grundstruktur des Systems Staat

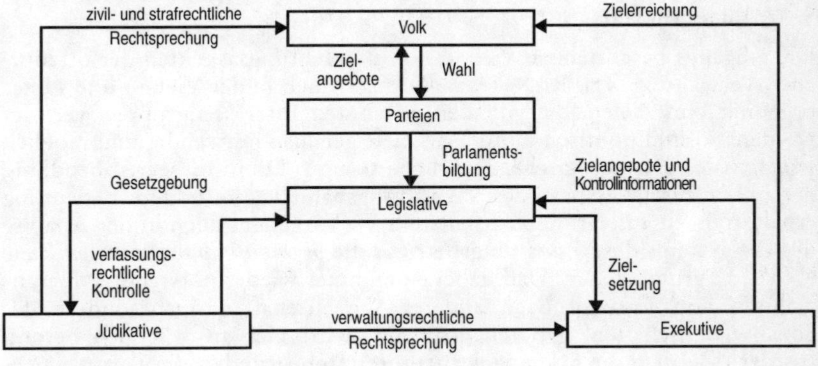

Die öffentliche *Verwaltung* ist Teil der *Exekutive.* Die Aufgabe der Verwaltung besteht darin, Grundsatzentscheidungen im Sinne der politischen Richtlinien und Gesetze in Einzelentscheidungen umzusetzen. Man kann die öffentliche Verwaltung deswegen auch als „Zielerreichungssystem des Staates" (Reichard, 1973, S. 25) bezeichnen. (Anm.: Unbeachtet soll hier die Tatsache bleiben, daß die Verwaltung auch Tätigkeiten wahrnimmt, die materiell der Gesetzgebung, z. B. beim Erlaß von Rechtsverordnungen bzw. der Rechtsprechung, u. a. beim Erlaß von Bußgeldbescheiden, zuzuordnen sind; andererseits nehmen Judikative und Legislative Verwaltungstätigkeiten wahr, z. B. im Rahmen der freiwilligen Gerichtsbarkeit, bei Haushaltsberatungen, in den Hausverwaltungen der Parlamente usw.; vgl. Wipfler, 1979, S. 29.)

2. Generelle Entstehung eines Zielsystems des Verwaltungsbetriebs

75 *Zielsysteme* enthalten als Elemente eine Reihe von Zielen, die nach Inhalt, Zeit und Ausmaß präzisiert sind und zwischen denen unterschiedliche Beziehungen bestehen (vgl. Heinen, 1971, S. 133). Bevor auf die Ziele des Verwaltungsbetriebs näher eingegangen wird, soll die generelle Entstehung eines Zielsystems des Verwaltungsbetriebs kurz erläutert werden.

Zunächst wird der Verwaltungsbetrieb von vielen *Interessengruppen* benutzt, um Ziele unterschiedlichster Art zu erfüllen. Solche Interessengruppen können u. a. die Bürger, die Parteien, das Parlament, andere Verwaltungsbetriebe, Behördenleiter, Justiz und die Verwaltungsmitarbeiter sein. Die Interessengruppen tragen teilweise indirekt über das staatliche Zielsystem und dessen sachlich-räumliche Verteilung zur Zielbildung im Verwaltungsbetrieb bei, teilweise nehmen sie auch unmittelbaren Einfluß auf die Ziele des Betriebes.

Das Zustandekommen eines Zielsystems des Verwaltungsbetriebs zeigt Schaubild 18 (vgl. Reichard, 1973, S. 28, 1987, S. 37; Freudenberg, 1983, S. 37; Eichhorn [Hrsg.], 1991, S. 919 ff., S. 976).

Die eingangs beschriebene Vielfalt von Betrachtungsaspekten der öffentlichen Verwaltung (vgl. Rn 8–13) äußert sich auch in der Vielfalt und Heterogenität von Zielen, die von den genannten Interessengruppen verfolgt werden. So sind politisch motivierte Ziele genauso notwendig und möglich wie soziale, psychologische, rechtliche u. a. m. Da in dieser Abhandlung der ökonomische Aspekt des Verwaltungshandelns besondere Bedeutung erhält, müssen aus Gründen arbeitsteiligen Vorgehens auch in der Analyse des Zielsystems des Verwaltungsbetriebs die *ökonomisch orientierten Ziele* im Vordergrund stehen. Daß dabei eine immer wieder notwendige Heranziehung von Erkenntnissen anderer Wissenschaften, insbesondere der Sozialwissenschaften, geboten erscheint, wird hier ausdrücklich betont. Insofern ist auch die Sorge vieler Autoren unbegründet, die Verwaltungsbetriebslehre versuche unter Zugrundelegung rein ökonomischer Kategorien Regierung und Verwaltung auf einen öffentlichen Verwaltungsbetrieb zu reduzieren (vgl. König, 1976, S. 342 ff. und das Schema in Rn 48, das mit den durchbrochenen Linien des verwaltungsbetrieblichen Sektors die Öffnung zu anderen Wissenschaften andeutet).

Schaubild 18 Generelle Entstehung eines Zielsystems des Verwaltungsbetriebs

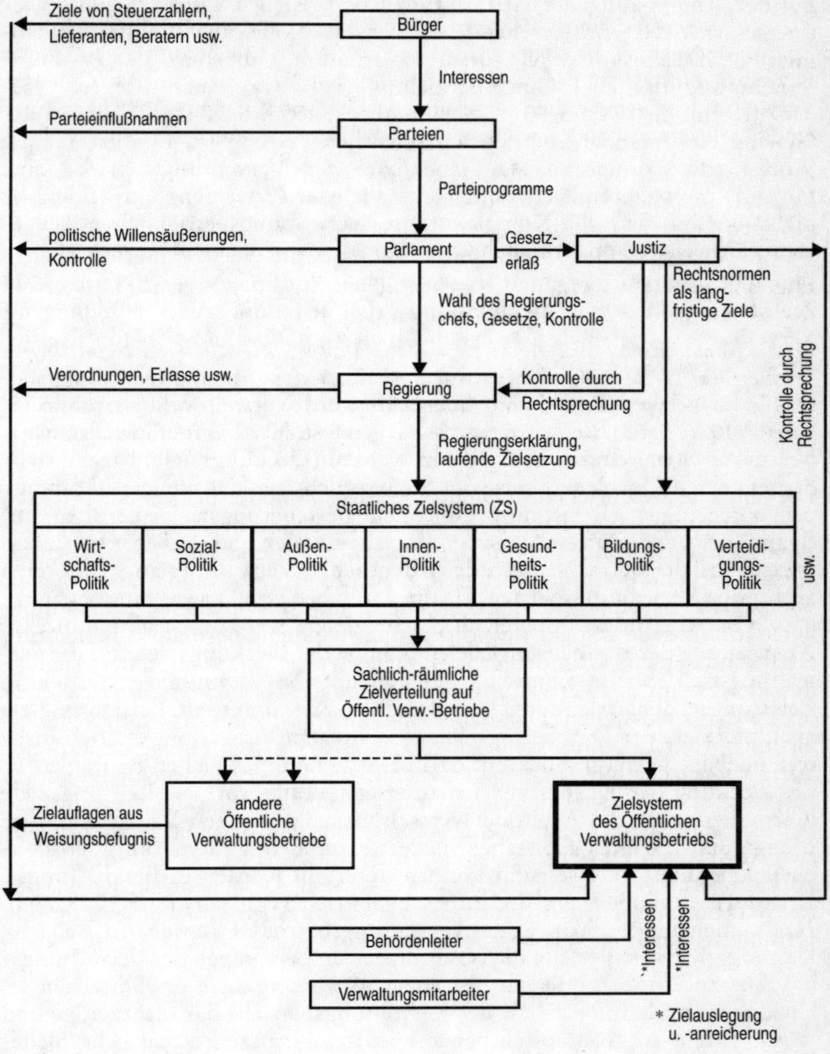

3. Ziele des Verwaltungsbetriebs

76 Bei der Abgrenzung der Betriebstypen (vgl. Rn 37) wurde dem Verwaltungsbetrieb das vorherrschende Betriebsziel kollektive Wohlfahrtsmaximierung (Daseinsvorsorge, -fürsorge, -erhaltung) attestiert, der Privatunternehmung das Ziel Gewinnerzielung (vgl. dazu auch Rieger, 1983, S. 57 ff.; Braun, 1988, S. 93 ff.; Schierenbeck, 1995, S. 57 ff.). Während der Gewinn eine meßbare betriebswirtschaftliche Größe ist, können auf die Wohlstandsmaximierung als Generalziel der Verwaltungsbetriebe eine Unzahl von weiteren Zielen unterschiedlichster Provenienz einwirken, die nicht nur auf die hohe Komplexität des verwaltungsbetrieblichen Zielsystems hinweisen, sondern auch Operationalitätsprobleme nach sich ziehen.

Hier soll versucht werden, die wesentlichen *Ziele des Verwaltungsbetriebs* mit *ökonomischer Relevanz* zu nennen (vgl. Rn 75).

Oettle hat einen umfangreichen Zielkatalog *öffentlich-wirtschaftlicher Schwerpunktziele* in das Schrifttum eingeführt, der auf seine verwaltungsbetriebliche Verwendbarkeit hin überprüft werden kann (vgl. Schaubild 19, Oettle, 1976, S. 53). *Besteuerungsziele* legen fest, inwieweit Haushaltsausgaben durch Steuereinnahmen gedeckt werden (Deckungsziele) bzw. welche Steuerarten und welche Kreise der Steuerpflichtigen das Steueraufkommen zustandebringen (Belastungsziele). Die Besteuerungsziele beruhen auf finanz- bzw. verteilungspolitischen Entscheidungen und sind eher für volkswirtschaftliche Betrachtungen der öffentlichen Verwaltung aufschlußreich als für den Verwaltungsbetrieb. Da die Ausgaben von Verwaltungsbetrieben ganz überwiegend aus Steuermitteln finanziert werden, ist eine indirekte Auswirkung der Besteuerungsziele im Sinne der Deckungsziele auf die verwaltungsbetriebliche Liquidität feststellbar. *Darbietungsziele* werden in Belastungs-, Bedarfslenkungs- und Leistungsziele unterteilt. Belastungsziele als Unterziele der Darbietungsziele sind für den Verwaltungsbetrieb insofern bedeutsam, als er Auskunft darüber geben muß, welchen Beitrag er für die Deckung der Kosten zur Leistungserstellung erbringt. Leistungsziele bestimmen, z. B. die Arten der verwaltungsbetrieblichen Leistungen, ihre Menge und Qualität. Sie stehen im Mittelpunkt des verwaltungsbetrieblichen Leistungsprozesses und können unterteilt werden in Beschaffungs-, Leistungserstellungs- und Leistungsabgabeziele (vgl. Schaubild 10, Rn 59). Im Rahmen der Beschaffung des Verwaltungsbetriebes werden u. a. Bedarfslenkungsziele verfolgt, um die Nachfrage nach Leistungen des Verwaltungsbetriebs zu erhöhen oder zu begrenzen. *Sicherungsziele* gewährleisten als leistungswirtschaftliche Ziele des Verwaltungsbetriebs das rechtzeitige und störungsfreie Angebot öffentlicher Dienste. Finanzwirtschaftliche Sicherungsziele gewährleisten die finanzielle Sicherung der Leistungserfüllung, z. B. durch Rücklagenbildung oder Bildung von Liquiditätsreserven. *Ausgleichsziele* müssen Zielkonflikte zwischen einzelnen Oberzielen lösen helfen, z. B. konkurrieren Leistungsziele (als Darbietungsziele) und finanzwirtschaftliche Ziele (als Sicherungsziele) miteinander, weil das ökonomische Handeln des Verwaltungsbetriebs im Spannungsfeld notwendiger Leistungsbedarfe und den dafür ausgabefähigen Finanzmitteln stattfindet. Im Rahmen der Ausgleichsziele hat daher die Beachtung des Wirtschaftlichkeitsprinzips (vgl. Rn 21–25) besondere Bedeutung. *Unabhängigkeits- und Vereinigungsziele* sowie Wachstumsziele spielen für die Betrachtung des einzelnen Verwaltungsbetriebs insoweit eine Rolle, als es um die Beziehungen zu anderen Verwaltungsbetrieben oder um die Ausweitung, die Beibehaltung oder Reduzierung der jeweiligen Aufgaben der verwaltungsbetrieblichen Einheit geht. Ökonomische Fragestellungen, wie z. B. „der optimalen Betriebsgröße" des Verwaltungsbetriebs, werden allerdings auch in den Darbietungs- und Sicherungszielen angesprochen, so daß die Zielbildung nach Teilaufgaben als dominant angesehen werden kann.

Schaubild 19 Öffentlich-wirtschaftliche Schwerpunktziele

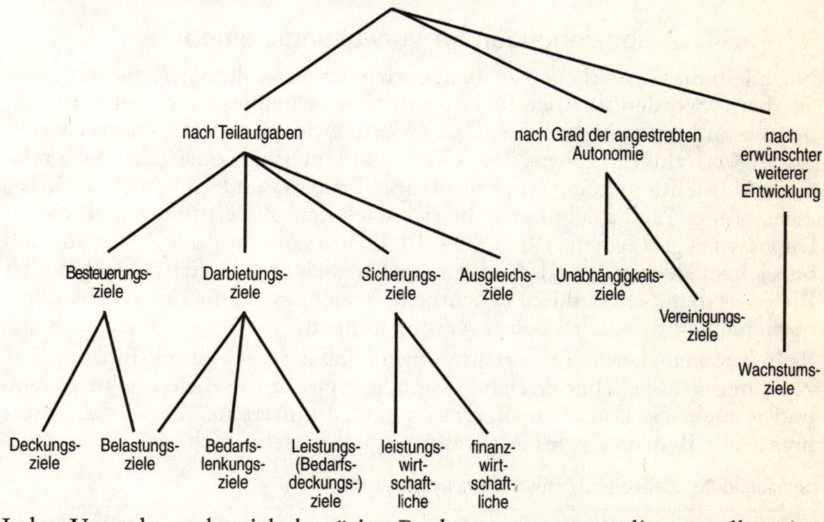

Jeder Verwaltungsbetrieb benötigt Rechnungssysteme, die vor allem im Rahmen der Kontrolle der Wirtschaftlichkeit ihre grundsätzliche Bedeutung erhalten (vgl. Rn 57). Aus der Notwendigkeit der Rechnungslegung und -kontrolle im Verwaltungsbetrieb ergeben sich *Rechnungsziele* oder *Erfolgsermittlungsziele,* die im systematischen öffentlichen Rechnungswesen (Kameralistik), das auf das finanzwirtschaftliche Rechnungsziel des Deckungs*erfolgs* ausgerichtet ist und in außersystematischen Wirtschaftlichkeitsrechnungen, (z. B. Kosten-Nutzen-Analysen) ihren Niederschlag finden (vgl. 4. Kapitel). Berücksichtigt man die Bedeutung der leistungs- und finanzwirtschaftlichen Ziele (vgl. Rn 76) im Leistungsprozeß der Verwaltung und nimmt die Kontroll- und Erfolgsziele hinzu, so ergeben sich als wesentliche Zielkategorien des Verwaltungsbetriebs (vgl. auch Reichard, 1973, S. 50 f., und Hesse, Bott, 1983, S. 41 ff., insbes. S. 50; Braun, 1988, S. 99 ff. sowie Gornas, Beyer, 1991, S. 32 ff.):

1. Leistungsziele
   (dominieren im Leistungssystem des Verwaltungsbetriebs als Beschaffungs-, Leistungserstellungs- und Leistungsabgabeziele)
2. Liquiditätsziele
   (bewirken finanzielle Sicherung und Voraussetzung der Leistungserfüllung)
3. Erfolgs- oder Kontrollziele
   (dominieren im Rechnungssystem des Verwaltungsbetriebs)

Das verwaltungsbetriebliche Führungssystem ist für die Einhaltung und Erfüllung der Ziele verantwortlich.

4. Zielbeziehungen im Verwaltungsbetrieb

77 Nachdem die wesentlichen Zielkategorien des Verwaltungsbetriebs herausgearbeitet worden sind, ist die Frage der Zielbeziehungen im Verwaltungsbetrieb zu klären. Neben der Klassifizierung der Ziele nach ihrem Zweck-Mittel-Charakter in Ober-, Zwischen- und Unterziele oder nach ihrer relativen Gewichtung zueinander in Haupt-(Primär-) und Neben-(Sekundär-) ziele, gibt es Zielbeziehungen, die sich nach dem Zielerfüllungsgrad einteilen lassen (vgl. Heinen, 1971, S. 94 ff.). Geht man von zwei Zielen aus und bezeichnet sie mit Z_1 und Z_2, dann ergeben sich für den Erfüllungsgrad der Ziele aus dem Schaubild 20 ersichtliche Beziehungen, die mit verwaltungsbetrieblichen Beispielen belegt werden können.

Es bedarf keiner weiteren Erläuterungen, daß die Verwaltungsführung ihre Ziele in der Regel eher erreichen kann, je weniger die Ziele konkurrierend und je mehr sie komplementärer Art sind. Indifferente Ziele haben keine praktische Bedeutung, ihr Abstraktionsgrad ist sehr hoch.

Schaubild 20 Zielbeziehungen im Verwaltungsbetrieb

Zielbeziehungen		
Bezeichnung	**Auswirkung**	**Beispiele**
1. komplimentär	1. Z_1 steigert auch Z_2	Verbesserung der Möglichkeiten zur Industrieansiedlung durch Kommunen (Z_1) – Erhöhung der Gewerbesteuereinnahmen (Z_2)
2. konkurrierend	2. Z_1 mindert auch Z_2	Verbesserung der Beratungsqualität in einem Arbeitsamt (Z_1) – Ausweitung des regionalen Betreuungsbereichs (Z_2) bei gleichem Personalbestand
3. indifferent	3. Z_1 beeinflußt nicht Z_2	Erneuerung des Außenanstrichs eines Bundesministeriums (Z_1) – Verbesserung der Qualität von Verordnungen, Erlassen usw. (Z_2)

5. Zieldimensionen im Verwaltungsbetrieb

Bei der exakten Formulierung von Zielen im Verwaltungsbetrieb sind im wesentlichen drei Richtungen *(Dimensionen)* zu beachten (vgl. Heinen, 1971, S. 59 ff.; Joerger, Geppert, Bd. 2, 1983, S. 42 ff.; Braun, 1988, S. 96 ff.; Braun, 1992, S. 162 ff.): **78**

1. *Inhalt* des Ziels,
2. angestrebtes *Ausmaß* des Ziels,
3. *zeitlicher Bezug* des Ziels.

Während der Zielinhalt sich auf Tatbestände des Verwaltungsbetriebs bezieht, die dem Entscheidenden erstrebenswert erscheinen, präzisiert das angestrebte Ausmaß den Inhalt des Ziels.

Beispiele für Zielinhalte im Verwaltungsbetrieb sind:

> Wirtschaftlichkeit, Produktivität, Liquidität, Einnahmeerzielung, Vermögenserhaltung, Bürgernähe, Verwaltungskostenreduzierung, Verminderung der Neuverschuldung usw. Beim angestrebten Ausmaß des Ziels ergibt sich für den Entscheidungsträger die Möglichkeit, das Ziel unbegrenzt oder begrenzt zu formulieren.

Beim *unbegrenzt* formulierten Ziel sucht das Entscheidungssubjekt so lange nach geeigneten Alternativen, bis ihm keine Alternative mehr bekannt wird, die einen höheren Zielerreichungsgrad erwarten läßt. Bei einem *begrenzten* Ziel geht der Entscheidende von einem gewünschten Befriedigungs- oder Anspruchsniveau aus.

Beispiele für unbegrenzt formulierte Zielausmaße in Verwaltungsbetrieben sind:

> Maximierung der Verwaltungsakte einer Behörde, Kostenminimierung, optimales Budget, Verbesserung der Verkehrsverhältnisse, Verbesserung der Wohnverhältnisse usw.

Beispiele für begrenzt formulierte Zielausmaße sind:

> Verringerung der Verwaltungskosten um zehn Prozent, Schaffung von 500 Arbeitsplätzen durch Industrieansiedlung, Bau von 300 km Verkehrsstraßen, Erhöhung der Krankenhauskapazität in einem Verwaltungsbezirk um 400 Betten, Verbesserung der Wohnverhältnisse durch Bau von 500 neuen Wohneinheiten usw.

Eine dritte Dimension jeden Ziels ist die Bestimmung der Zeitgrößen, auf die die Ziele Bezug nehmen. Dabei läßt sich das angestrebte Ziel für einen Zeitpunkt oder einen Zeitraum formulieren.

Beispiele für nach Inhalt, Ausmaß und zeitlichem Bezug exakt formulierte Ziele ergeben sich aus Schaubild 21:

Schaubild 21 Beispiele für Zielformulierungen im Verwaltungsbetrieb

Zielformulierungen		Dimensionen des Ziels		
		Inhalt	**Ausmaß**	**zeitlicher Bezug**
I.	Im Rahmen der Beschaffung der Bundeswehr ist die optimale Bestellmenge an Verpflegung, Bekleidung, Rüstung im Jahre 1999 sicherzustellen.	Beschaffung von Verpflegung, Bekleidung, Rüstung	optimale Bestellmenge an Rüstungsgütern	Jahr 1999
II.	Die Kosten einer Kommunalverwaltung sind im Monat Mai 1999 um 10 % zu verringern.	Kostenreduzierung	Kostenverringerung um 10 %	Monat Mai 1999
III.	In einem Sozialamt ist die Zahl der Beratungen um 20 % im Vergleich mit dem Vorjahr zu erhöhen.	Beratungsbedarf	20 % mehr Beratungen als im Vorjahr	Jahr
IV.	In einer Universität soll die Studentenkapazität für das Jahr 1999 um 1000 erhöht werden.	Studentenkapazität	Erhöhung um 1000 Studienplätze	Jahr 1999

79 Wie wichtig Kenntnisse zur Zielformulierung für die Verwaltungspraxis sind, zeigt z. B. die Verwendung der Zieldimensionen bei der Einführung des Management by objectives (MbO, vgl. Abschnitt Führungskonzeptionen in diesem Kapitel) in die Stadtverwaltung Duisburg. Hier ein Ausschnitt aus dem Grundformular für die Fixierung von Mitarbeiterzielen (vgl. Reinermann, Managementkonzeption I, MbO zur Bewältigung von „Eigenkomplexität", nicht veröffentlichtes Manuskript, Speyer 1979, S. 14. Im Rahmen der Diskussion um neue Steuerungsmodelle spricht man von einer Renaissance des MbO-Konzepts im Kontext mit Kontraktmanagement und Finalsteuerung, vgl. Dambrowski, Precht, 1995, S. 169 ff.):

Schaubild 22 Grundformularausschnitt für die Entwicklung von Zielbildern im Hauptamt der Stadtverwaltung Duisburg

HAUPTAUFGABEN	ZIELE	ERGEBNISSTANDARDS
Das sind die wesentlichen Aufgaben, die innerhalb der nächsten 6–12 Monate durchgeführt werden sollen. Wesentlich sind die Aufgaben, auf die 20 % ihrer Tätigkeit aber 50 % ihres Erfolges entfallen. Beschreiben Sie jede dieser Aufgaben mit nicht mehr als 15 Wörtern.	Hier sind die Ergebnisse zu beschreiben, die erreicht werden sollen, um die jeweilige Hauptaufgabe gut zu erfüllen. **- ZIELINHALT** **Was soll erreicht werden?**	Hier sind die Ziele zu fassen: so konkret wie möglich durch Angabe von Terminen Mengen Werten Qualitätsstandards u. ä. **- ZIELAUSMASS** **Wieviel soll erreicht werden?** **- ZEITL. BEZUG** **Wann soll das Ziel erreicht werden?**

6. Beispiele für verwaltungsbetriebliche Zielsysteme

Die Probleme der Zielforschung in der öffentlichen Verwaltung erhalten zunehmende Bedeutung, wie eine Reihe von Veröffentlichungen jüngeren Datums beweisen. (Beispielhaft seien genannt: König, 1977, S. 71 ff.; König, 1979 b, S. 19 ff.; König, 1979 a, S. 51 ff.; Thieme, 1981, S. 42 ff.; Mattern, 1984; Braun, 1988). Die Diskussion um Zielsuche, Zielordnung und Zielgewichtung ist insbesondere von den vorläufigen Verwaltungsvorschriften zur Bundeshaushaltsordnung (vgl. Vorl. VV-BHO, GMBl BMI 1973, Nr. 21, S. 302 ff.) und zum Haushaltsgrundsätzegesetz beeinflußt worden, in denen Erläuterungen zur Durchführung von Nutzen-Kosten-Untersuchungen in der Verwaltung abgedruckt sind. Da Nutzen-Kosten-Untersuchungen Wirtschaftlichkeitsrechnungen darstellen, werden sie im Rahmen des Rechnungssystems (vgl. 4. Kapitel) in den Grundzügen erörtert. In den Erläuterungen zu § 7, Abs. 2 BHO ist ein Beispiel für ein Zielsystem aus dem Bereich der kommunalen Verkehrsplanung enthalten, das in Schaubild 23 wiedergegeben wird. 80

Schaubild 23 Zielsystem zur Verbesserung der kommunalen Verkehrsverhältnisse

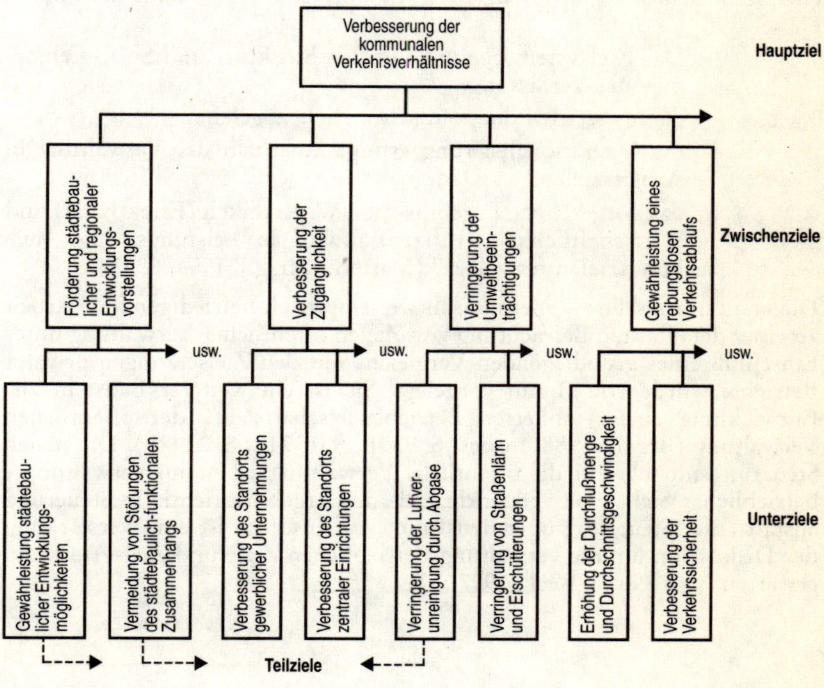

Als weitere Beispiele verwaltungsbetrieblicher Zielsysteme seien angeführt die Zielstruktur des Bundesministeriums für Ernährung, Landwirtschaft und Forsten für die Agrar- und Ernährungspolitik (vgl. König, 1979 a, S. 54, Schaubild 24) und das Zielsystem der deutschen Bundespost (Hesse, Bott, 1983, S. 50, Schaubild 25), die inzwischen eine grundlegende Änderung ihrer Organisation erfahren hat, dennoch ein gutes Beispiel für Zielsysteme im öffentlichen Bereich darstellt. Die wichtigsten verwaltungsbetrieblichen Ziele der Bundespost sind ebenfalls Leistungs-, Erfolgs- und Liquiditätsziele (vgl. Rn 76).

Interesse verdient auch ein Projekt der Bundesakademie für öffentliche Verwaltung mit der Bezeichnung „Das Verwaltungshandeln im Richtsteig von Ziel und Ergebnis" (Mattern, 1984; Mattern [Hrsg.], 1994, S. 334 ff.).

Im Zusammenhang mit den Inhalten des Abschnitts „Zielsetzung im Verwaltungsbetrieb" ist erwähnenswert, daß u. a. betriebswirtschaftlichen Zielen (Arbeits-, Leistungs-, Wirkungszielen) ein hohes Maß an Bedeutung zukommt.

„Für das Verwaltungshandeln gibt es einen Stufenbau der Ziele. Ihr Rang entspricht dem Rang des Zielgebers, die untere Stufe wird aus der oberen entwickelt:

- Das Zielsystem beginnt mit den Struktur- und Staatszielnormen der Verfassung,
- daraus werden die politischen Ziele abgeleitet,
- die Operationalisierung erfolgt innerhalb der Verwaltung in Arbeitszielen,
- das vorgesehene Ergebnis nach Wirksamkeit (Effektivität) und Wirtschaftlichkeit (Effizienz) wird in Leistungs- und Wirkungszielen festgelegt" (Mattern [Hrsg.], 1994, S. 334).

Die erste umfassende – methodisch wie empirisch befriedigende – Arbeit zu einer detaillierten Betrachtung von Zielen öffentlicher Verwaltung unter Einschluß eines grundlegenden Vergleichs mit den Zielsetzungen privater Betriebe, wurde von Braun vorgelegt. Sie ist ein weiterer Baustein zur Entwicklung einer etablierten Betriebswirtschaftslehre der öffentlichen Verwaltung (Braun, 1988, insbes. S. 93 ff., S. 159 ff., S. 229 ff.). Die neuen Steuerungsmodelle für die öffentliche Verwaltung sehen aus verwaltungsbetrieblicher Sicht eine verstärkte ziel- und ergebnisorientierte Steuerung anstatt einer Steuerung über den Input vor. Insofern ist eine Verstärkung der Diskussion um die verwaltungsbetrieblichen Ziele und Zielsysteme zu erwarten (vgl. König, Beck, 1997 a, S. 56 ff.).

Schaubild 24 Zielstruktur des BML für die Agrar- und Ernährungspolitik

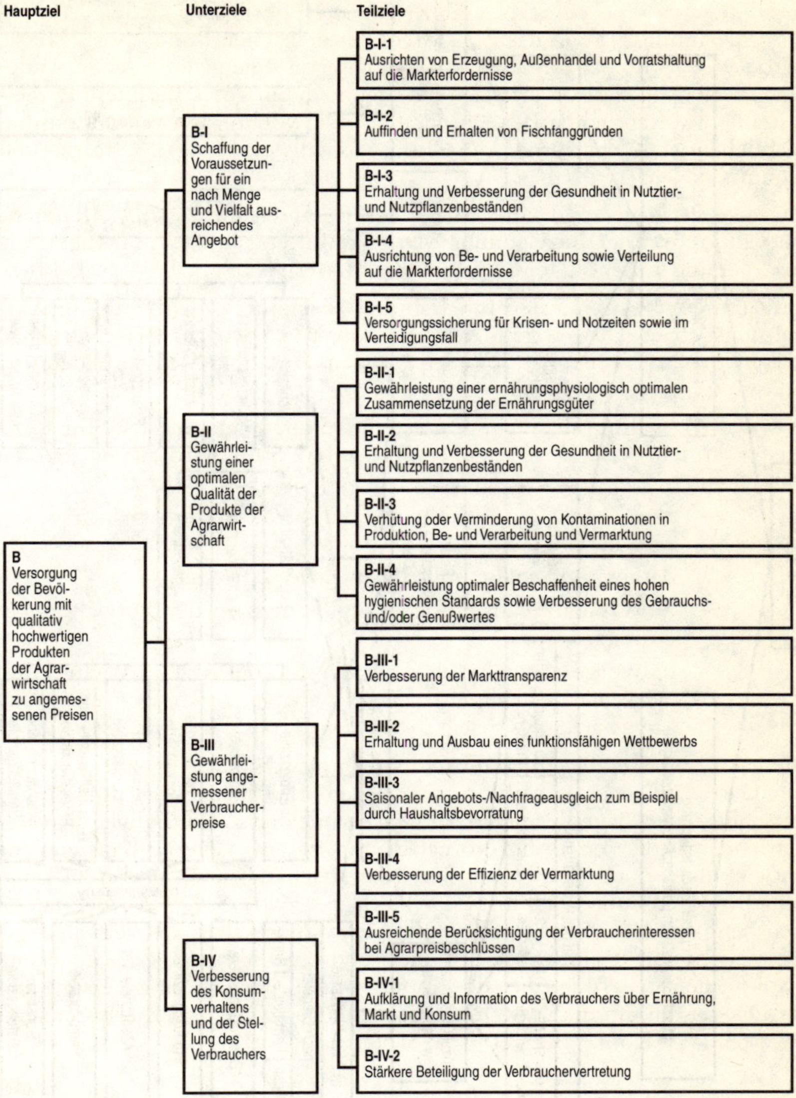

Schaubild 25 Das Zielsystem der Deutschen Bundespost

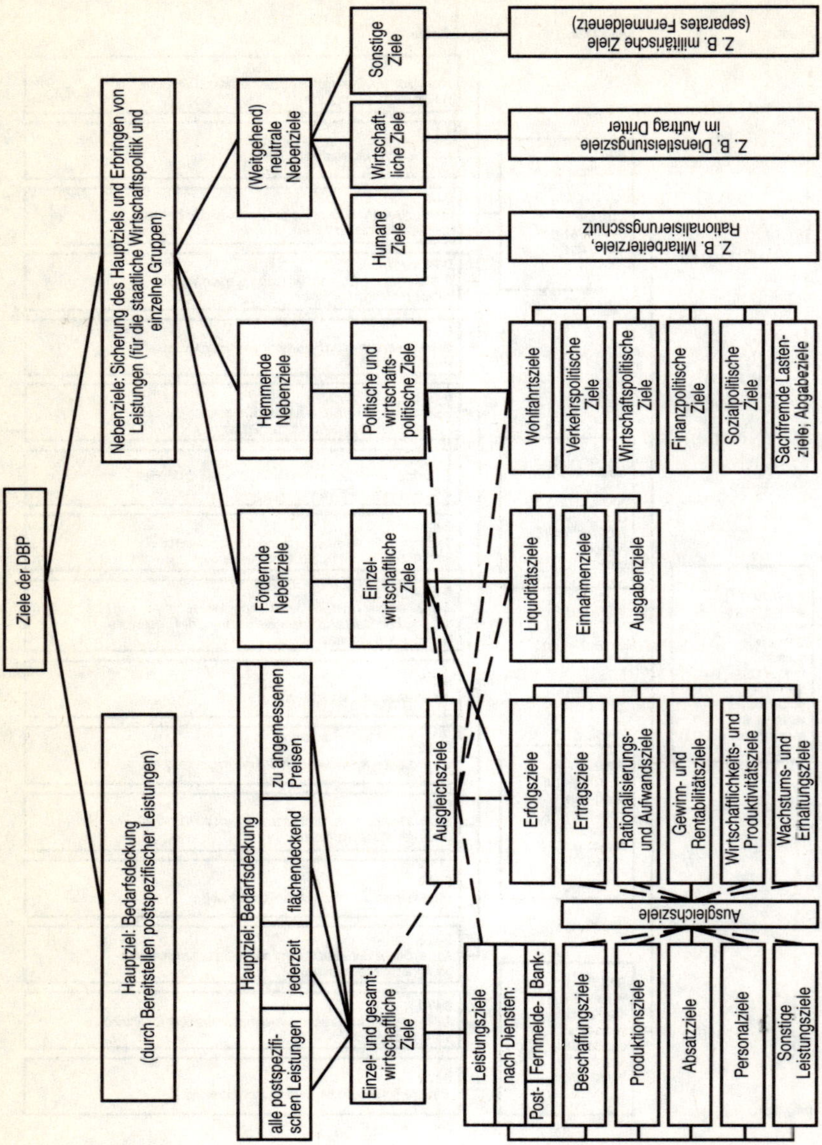

Fragen zum Verständnis (2. Kapitel, Abschnitte I u. II)

1. Welche Aufgabe fällt dem dispositiven Faktor im Verwaltungsbetrieb zu? (Rn 60)
2. Nennen und erklären Sie die Merkmale von Führungsentscheidungen und die Führungsentscheidungen selbst. (Rn 61)
3. Wie kann man die Begriffe Führung, Leitung und Management sowie Verwaltungsmanagement und Führungssystem des Verwaltungsbetriebs voneinander abgrenzen? (Rn 64–67)
4. Äußern Sie sich zu den Elementen des Führungssystems und ihren Interdependenzen im Führungssystem. (Rn 68–70)
5. Was versteht man unter Informationsmanagement? Wie erklärt sich seine wachsende Bedeutung? (Rn 71)
6. Welche generellen Einsatzbedingungen, Chancen und Risiken der Informationstechnik in Verwaltungsbetrieben sind Ihnen geläufig? (Rn 72)
7. Nennen Sie spezifische Bedingungen und Konsequenzen der Informationstechnik für das Informationsmanagement. (Rn 73)
8. Welche Anforderungen stellt die Informationstechnik an Führungskräfte? (Rn 73)
9. Welche Stellung nimmt der Verwaltungsbetrieb im Staatssystem ein und wie entsteht das Zielsystem des Verwaltungsbetriebs? (Rn 74, 75)
10. Nennen und erklären Sie die wichtigsten ökonomischen Ziele des Verwaltungsbetriebs. (Rn 76)
11. Nehmen Sie Stellung zu den Zielbeziehungen und Zieldimensionen im Verwaltungsbetrieb. Bilden Sie Beispiele! (Rn 77, 78)

III. Planung im Verwaltungsbetrieb

1. Begriff und Bedeutung der Planung

81 *Planung* ist einerseits Element des Führungssystems (vgl. Rn 62), zum anderen elementarer Bestandteil jeden Verwaltungshandelns, unabhängig von einer hierarchischen Zuordnung. Das Führungssystem von Institutionen, also auch von Verwaltungsbetrieben, kann, wie bereits ausgeführt wurde (vgl. Abschnitt I, Ziffer 4), im wesentlichen in die Bereiche Planung, Organisation und Kontrolle eingeteilt werden, die miteinander in Wechselwirkung stehen.

Aufgabe des Abschnitts Planung ist vor allem eine Einführung in *Begriff* und *Bedeutung der Planung,* in die *Planungsarten* und *Planungsgrundsätze,* in den *Planungsprozeß* und die wichtigsten *Planungstechniken,* die für das planende Arbeiten im Verwaltungsbetrieb von Bedeutung sein können. Zunächst ist der Begriff Planung zu erläutern.

82 Unter Planung wird häufig der Entwurf einer gewünschten Ordnung oder die Gestaltung zukünftiger Abläufe oder ein System von Entscheidungen verstanden. „Gemeinsam ist jedoch den meisten betriebswirtschaftlichen Definitionen, daß Planung als ein systematisches zukunftsbezogenes Durchdenken und Festlegen von Zielen, Maßnahmen, Mitteln und Wegen zur künftigen Zielerreichung aufzufassen ist." (Wild, 1974, S. 13). Allgemeiner formuliert läßt sich Planung so definieren: Sie ist „ein *systematisch-methodischer Prozeß* der *Erkenntnis* und *Lösung* von *Zukunftsproblemen*" (Wild, 1974, S. 13). Im Rahmen dieser Definition kann auch die Planung des Verwaltungsbetriebs analysiert werden. Der hier verwendete Begriff der Planung kann nach Wild (Wild, 1974, S. 13 f.) durch eine Reihe von *Merkmalen* näher umschrieben werden:

1. *Zukunftsbezogenheit* (Planung findet vor der Durchsetzung von Maßnahmen statt und muß deswegen unter den Aspekten Unsicherheit und unvollkommene Information gesehen werden)
2. *Rationalität* (Planung setzt zielgerichtetes Denken und methodisch-systematische Analyse voraus)
3. *Gestaltungscharakter* (Planung versucht zukünftiges Geschehen in Übereinstimmung mit den Zielen zu bringen. Planung geht damit über eine reine Prognose hinaus)
4. *Prozeßphänomen* (Planung ist kein einmaliger Vorgang, sondern ein sich ständig wiederholender mehrstufiger Prozeß, vgl. der „Planungsprozeß" in diesem Abschnitt)
5. *Informationeller Charakter* (Planung ist ein komplexer Denk- und Informationsprozeß, in dem Informationen gewonnen, gespeichert, verarbeitet und übertragen werden)

Planung darf nicht gleichgesetzt werden mit dem *Plan.* Planung ist vielmehr das Verfahren, das in Form eines Entscheidungsprozesses zum Plan führt (Thieme, 1984, S. 306). Ein Plan sollte mindestens folgende Planungsgegenstände oder Planbestandteile enthalten (Wild, 1974, S. 14): **83**

1. Ziele (warum?)
2. Prämissen (unter welchen Bedingungen?)
3. Problemstellung (welche Probleme?)
4. Maßnahmen (was?)
5. Ressourcen (womit?)
6. Termine (wann?)
7. Planungserfüllungsträger (wer?)
8. Ergebnisse (welche Wirkungen?).

Die *allgemeine Bedeutung der Planung* für den Verwaltungsbetrieb ergibt sich zunächst aus der Tatsache, daß die Tätigkeit der gesamten öffentlichen Verwaltung durch ihre Plangebundenheit charakterisiert ist. **84**

Wichtige Querschnittsbereiche der öffentlichen Verwaltung wie Personalwesen, Haushaltswesen, Organisations- und Kontrollbereiche werden von einem z. T. perfektionierten System von Plänen beeinflußt (Laux, 1967, S. 11). Dabei beherrscht Planung „das staatliche Geschehen sowohl im Bereich der Verwaltung als auch im politischen Bereich in viel stärkerem Maße als früher. Der Staat ist zu einem planenden Staat geworden .... Planung, auch soweit sie verwaltungsrelevant ist, ist regelmäßig zugleich *politische Planung.* Gerade im Bereich der Planung lassen sich die Beziehungen zwischen Politik und Verwaltung nicht trennen" (Thieme, 1984, S. 311 f.; vgl. auch Bebermeyer, 1974, S. 12 ff.; Scharpf, 1974; Grottian, Murswieck, 1974 a; Wille [Hrsg.], 1986; Becker, 1989, S. 514 ff.; HWÖ, Stichwort Planung, 1989, Sp. 1274 ff.; König, Siedentopf [Hrsg.], 1997 b, S. 377 ff.).

Die *spezielle Bedeutung* der Planung für den Verwaltungsbetrieb ergibt sich aus seiner u. a. ökonomisch determinierten Zielsetzung, nämlich einen höheren Grad der Zielerreichung im Sinne einer Verbesserung der *Wirtschaftlichkeit* (vgl. Rn 21–25) anzustreben. Im Begriff des Wirtschaftens als planvollem menschlichen Verhalten beim Einsatz knapper Ressourcen, wird die enge Beziehung zwischen Planen und Wirtschaften deutlich und für den Verwaltungsbetrieb als einzelner Wirtschaftseinheit der öffentlichen Verwaltung relevant. Planen im Verwaltungsbetrieb sichert auch eine frühzeitige Erkenntnis von *Risiken* verwaltungsbetrieblichen Handelns sowie von Möglichkeiten der Risikoverringerung. Das hohe Maß an Verantwortung der Verwaltung gegenüber dem Bürger gebietet eine Vermeidung von Fehlplanungen, insbesondere im Bereich der Haushalts-, Personal- und Informationsplanung. Planung im Verwaltungsbetrieb soll auch auf *Veränderungen* ausgerichtet sein. Veränderungen erfordern Handlungsspielräume für zukünftiges Verwaltungshandeln. Solche Handlungs- **85** alternativen ergeben sich z. B. aus dem Prinzip der gegenseitigen Dekkungsfähigkeit im Haushalt des Verwaltungsbetriebs oder aus dem sich in der Erprobungsphase befindenden Instrumenten flexibler Budgetierung (vgl. neue Steuerungsmodelle, Rn 5). Planung im Verwaltungsbetrieb führt weiterhin zur *Koordination* von einzelnen Entscheidungen oder Maßnahmen, die in einem wechselseitigen Abhängigkeitsverhältnis stehen. Je komplexer Entscheidungs- und Handlungsinterdependenzen in sachlicher, zeitlicher und personeller Art sind, wie z. B. in Raumordnungsplänen, Landesentwicklungsplänen, Bau-, Versorgungs-, Verkehrs-, Schul-, Krankenhausentwicklungsplänen, Investitionsplänen, Personalbedarfsplänen usw., um so mehr sind Koordinationsnotwendigkeiten in der verwaltungsbetrieblichen Planung zu berücksichtigen. Daß mit dem Stellenwert der Koordination in der Planung die Bedeutung der für die Plankoordinierung verantwortlichen Stellen (z. B. Bundeskanzleramt, Staatskanzlei, Senatskanzlei, Hauptämter bei Gemeinden) steigt, weil diesen Zentralinstanzen mehr Informationen zufließen (vgl. Thieme, 1984, S. 313; König, Siedentopf [Hrsg.], 1997 b, S. 388 ff.), sei hier nur am Rande vermerkt.

2. Planungsarten und Planungsgrundsätze

86 Aus der Vielzahl von Möglichkeiten zur Unterscheidung von Planungsarten werden hier nur die verwaltungsbetrieblich wesentlichen genannt. Daß Planung in allen Elementen des Führungssystems des Verwaltungsbetriebs vorkommt, wurde bereits erklärt und mit einem Beispiel belegt (Rn 69, 70).

Bezogen auf die Dimension *Zeit* unterscheidet man *lang-, mittel- und kurzfristige Planungen.* Die langfristige Planung oder strategische Planung (vgl. Seidel-Kwem, 1983), die eine Zeitdimension von 9 bis 15 Jahren umfaßt, kann nur die großen Problemfelder des Verwaltungsbetriebs abstecken und beschränkt sich deswegen auf die Entwicklung von Leitlinien und Oberzielen (vgl. Rn 76). In der mittelfristigen Dimension (4 bis 5 Jahre) werden bereits Ausprägungen der Problemfelder als Teilprobleme sichtbar, zu deren Lösung Programme bzw. Funktionsziele formuliert werden können. Der mittelfristigen Dimension folgt die kurzfristige Planung, deren Gegenstand Detailprobleme sind. Sie wird auch Komponentenplanung genannt, weil sie sich auf die Festlegung einzelner Leistungsziele und Maßnahmen konzentriert.

Schaubild 26 zeigt die Zeiträume der Planung, ein Beispiel für Problemfelder, Teil- und Detailprobleme aus dem Verwaltungsbetrieb Gemeinde und die Phaseninhalte der Planung (vgl. Wittkämper, 1972, S. 29, S. 82 f.; Freudenberg, 1983, S. 110; Mattern [Hrsg.], 1994, S. 255 f.).

Schaubild 26 Phaseninhalte und Zeiträume der Planung

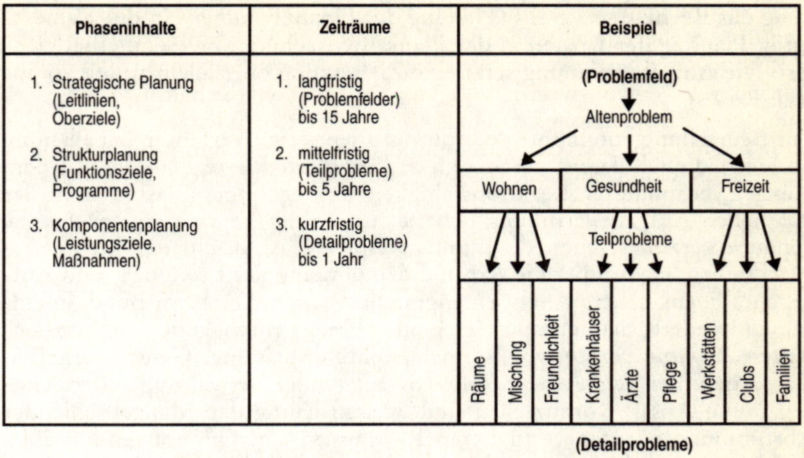

Planung kann auch – je nachdem, ob sich die Planung auf die Ressourcen des Verwaltungsbetriebs oder auf die Aufgaben- bzw. Leistungsbereiche des Verwaltungsbetriebs bezieht – in *input-* oder *outputorientierte* Planung unterteilt werden (vgl. Kruse, 1976, S. 3 ff.; Thieme, 1981, S. 95, ders., 1984). **87**

Diese Unterscheidung der Planung ist aus verwaltungsbetrieblicher Sicht deswegen besonders wichtig, weil im Fall der inputbezogenen Planung oder Ressourcenplanung der *Produktionsfaktoreneinsatz,* im Falle der output-Planung die in den einzelnen Aufgabenbereichen bereitzustellenden *Leistungen* im Interesse des Planers liegen. Die Produktionsfaktorenplanung umfaßt im Verwaltungsbetrieb: Planung des *monetären Faktors* bzw. die Finanz- oder Haushaltsplanung, die um die mittelfristige Finanzplanung erweitert ist, und die Liquiditätsplanung; weiterhin die Planung der *Arbeitsleistungen* ausführender und dispositiver Art (Personalplanung) und die Planung der *Sachmittel* (Betriebsmittel, Werkstoffe, vgl. Rn 51–54). Zur input-Planung des Entscheidungssystems Verwaltung gehört auch die Informationsplanung. Ihre Bedeutung für den Verwaltungsbetrieb wird um so mehr zunehmen, je leistungsfähiger die Informationssysteme durch Einsatz von Informationstechnik und ADV werden (vgl. Rn 71 ff.; Thieme, 1984, S. 308; Lüder [Hrsg.], 1997, S. 427 f.).

Die Planung der *Aufgaben* des Verwaltungsbetriebs (Outputorientierung) **88**
bezieht sich vor allem auf die Bereiche Leistungs- und Rechnungssystem des Verwaltungsbetriebs (vgl. 3. und 4. Kapitel). Im einzelnen muß eine Beschaffungsplanung, Leistungserstellungs- und Leistungsabgabeplanung vorgenommen werden, die am öffentlichen Bedarf orientiert sein muß, um

vor allem nicht ausgelastete Kapazitäten zu verhindern. Im Rahmen dieser Zielsetzung wird die Aufgabenerfüllung im Verwaltungsbetrieb durch Planung des Rechnungswesens (Planung des Finanzvolumens in der Kameralistik, Planung der Kosten in der Plankostenrechnung) wesentlich erleichtert. Die Aufgabenplanung setzt eine Zielsetzung oder Zielplanung voraus (vgl. Rn 76).

89 Zur Beurteilung von input- oder outputorientierten Verfahren der Planung sei hier lediglich darauf verwiesen, daß *inputorientierte Planung* mit dem Mangel verminderter Reaktionsfähigkeit bzw. geringer Elastizität in der staatlichen Aufgabenerfüllung behaftet ist. In der Verwaltung scheint die Tendenz vorzuherrschen, die Inputs, beispielsweise an Finanzmitteln, fortzuschreiben, bevor über die Art und den Umfang des Leistungs- und Aufgabenrahmens nähere Analysen angestellt wurden. Die beim Bund, in einzelnen Ländern, Städten und Gemeinden bereits entwickelten *outputorientierten Planungsverfahren* (Beispiele: Bildungsplanung, Generalverkehrsplan), die unter dem Aspekt innovativ agierender Verwaltungen dem erstgenannten Ansatz vorzuziehen sind, weisen häufig den Mangel fehlender Abstimmung mit den verfügbaren Ressourcen auf. Die notwendige Entwicklung outputbezogener Planungsansätze verlangt deswegen eine Verknüpfung der Planungen für die einzelnen Aufgabenbereiche (z. B. Verknüpfung der Wirtschaftsplanung mit der Wohnungsplanung einer Gemeinde) sowie die planerische Integration sämtlicher Arten von Produktionsfaktoren, d. h. simultane Analyse der Bereitstellungs- und Verwendungsseite der Flächen, des Personals, der Finanzen, der Werkstoffe usw. (Kruse, 1976, S. 5 f.). Zur Erreichung dieses Ziels ist eine für den jeweiligen Verwaltungsbetrieb zutreffende Aufgabenplanung unerläßlich (zu den öffentlichen Aufgaben und ihrer Systematik vgl. Mäding, 1973, S. 257 ff.; Wipfler, 1979, S. 53 ff.; Gaentzsch, 1992).

Schaubild 27 (Becker, Thieme [Hrsg.], 1978, Abschnitt Allgemeine Aufgabenplanung, S. 3) verdeutlicht den Ablauf des verwaltungsbetrieblichen Leistungsprozesses und sein Verhältnis zum Planungsprozeß.

90 Bei jeder Planung in Privatwirtschaft und öffentlicher Verwaltung sind aus der Planungspraxis gewonnene *Planungsgrundsätze* oder auch Planungsprinzipien zu beachten. Als allgemeine Planungsgrundsätze werden häufig die Kontinuität, die Flexibilität, die Einfachheit und Klarheit, die Vollständigkeit, die Kontrollierbarkeit und die *Interdependenz der Planungsbereiche* genannt (Eichhorn, Friedrich, 1976 d, S. 208). Gerade der wechselseitigen Beziehung der Planungsbereiche wird unter der Bezeichnung *„Ausgleichsgesetz der Planung"* oder *Gesetz der Dominanz des Minimumsektors* in der Betriebswirtschaftslehre eine besondere Bedeutung eingeräumt (Gutenberg, 1968, S. 163 f.). Die Ausführungen zu den Arten der Planung haben u. a. gezeigt, wie wichtig eine Abstimmung der Ressourcenplanung einerseits und der Aufgabenplanung andererseits für den Verwaltungsbetrieb ist.

Schaubild 27 Interdependenzen zwischen Leistungs- und Planungsprozeß im Verwaltungsbetrieb

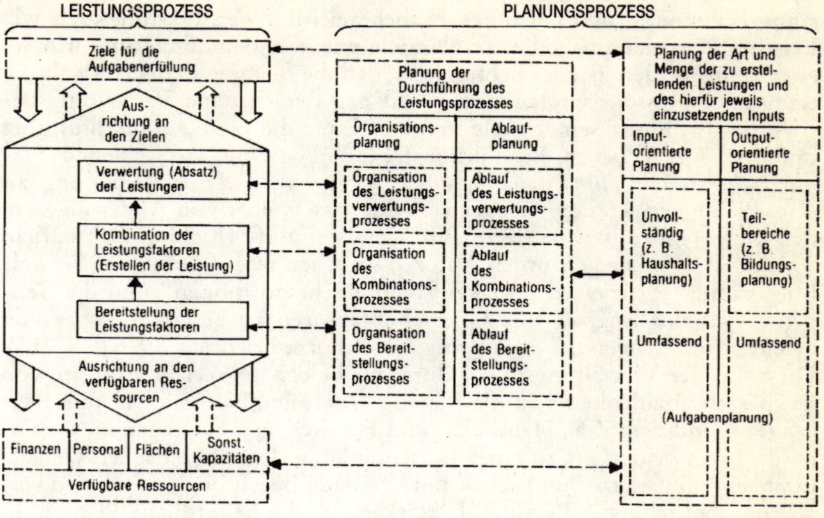

Die Frage, welcher Teilbereich betrieblichen Handelns im Gesamtsystem der Planung als dominierend angesehen wird, kann dahingehend beantwortet werden, daß sich jede Planung unter Berücksichtigung aller Daten auf den *schwächsten Teilbereich,* auf den *Minimumsektor,* einnivelliert. Das *„Ausgleichsgesetz der Planung"* ist das Gesetz der Dominanz des Minimumsektors, d. h. des jeweils schwächsten Teilbereichs im Gesamtsystem Privatunternehmung oder Verwaltungsbetrieb. Der Minimumsektor kann wechseln, wodurch eine Änderung der Planung notwendig wird. Der neue Minimumsektor reguliert die Planung dann wiederum auf sich ein. Das „Ausgleichsgesetz" läßt zwei verschiedene Tendenzen erkennen: *kurzfristig* reguliert der Engpaß die Gesamtplanung auf sich ein; *langfristig* wird dagegen die Tendenz ausgelöst, diesen Engpaßbereich nun seinerseits auf das Niveau der anderen Teilbereiche einzuregulieren. Die Überwindung des schwächsten Teilbereichs im Gesamtgefüge betrieblicher Betätigung mit Hilfe langfristiger Planung ist in gleicher Weise Aufgabe *koordinierender Planung* (Berücksichtigung der Interdependenz der Planungsbereiche) wie die kurzfristige Abstimmung der betrieblichen Planung auf den schwächsten Teilbereich. 91

92 Ob das Ausgleichsgesetz der Planung auch im Verwaltungsbetrieb Gültigkeit hat, ist nicht unumstritten. Die Planung einzelner Verwaltungen orientiert sich häufig an Engpässen im Leistungsbereich (Beschaffungs-, Leistungserstellungs- und Leistungsabgabebereich), soweit Leistungsziele wie Leistungsmaximierung oder Erfolgsziele wie Kostenminimierung u. a. m. angestrebt werden. Berücksichtigt man, daß die Planung in der Verwaltung traditionell Ressourcenplanung ist und daß der einzelne Verwaltungsbetrieb bei Erfüllung seiner Ziele in erster Linie die Gesetzesdurchführung mit den vorgegebenen Produktionsfaktoren beachtet, so scheinen *Planungsaktivitäten zur Engpaßbeseitigung* von *sekundärer* Bedeutung zu sein. Planungen werden weniger von Engpässen, eher von Änderungen in den Zielvorgaben bzw. Gesetzesaufträgen beeinflußt (Eichhorn, Friedrich, 1976 d, S. 209). Die genannten Autoren sprechen wegen des in der Verwaltung häufig registrierten „Rückzugs auf Rechtspositionen" und der Tendenz, statt der Engpaß- die Überschußfaktoren zu gestalten, sogar von einem *„Ausweichgesetz der Planung"* (Eichhorn, Friedrich, 1976 d, S. 210). Diese aus der Verwaltungspraxis durchaus belegbare Verhaltensnorm, von Engpässen abzulenken und gleichzeitig Überschußbestände zu verschleiern (z. B. mit dem Ziel, Haushalts- und Planstellenstreichungen zu verhindern), führt *keinesfalls* zu einer Einschränkung des theoretischen Gehalts des Minimumgesetzes und seiner notwendigen Beachtung im Rahmen verwaltungsbetrieblicher Planung. Je stärker sich die behördliche Planung in Richtung einer aufgabenorientierten und systembezogenen Planung weiterentwickelt, je mehr eine größer werdende Diskrepanz zwischen Leistungsanforderungen an die Verwaltung und den zur Leistungserstellung vorhandenen Mitteln spürbar wird, umso bedeutsamer erscheint das Ziel von Verwaltungen, Engpässe zu erkennen und sie nach Maßgabe des Ausgleichsgesetzes der Planung möglichst frühzeitig zu beseitigen. Nur so ist eine integrierende, effiziente und innovative Aufgabenplanung möglich.

3. Der Planungsprozeß im Verwaltungsbetrieb

93 Planung ist nichts Statisches, sondern ein permanenter *Prozeß*, der wiederum Teil des Gesamtprozesses der Willensbildung und deren Realisierung im Verwaltungsbetrieb ist (Laux, 1967, S. 19). Planung vollzieht sich als Entscheidungsprozeß in Stufen, die in Zahl und Bedeutung unterschiedlich sein können. In Schaubild 28 werden zwei Beispiele für Planungsprozesse gegenübergestellt (vgl. Wittkämper, 1972, S. 80; Thieme, 1981, S. 97 ff.; vgl. auch Freudenberg, 1983, S. 113 ff.; Thieme, 1984, S. 317 ff.; Mattern [Hrsg.], 1994, S. 256 ff.).

Schaubild 28 Stufen des Planungsprozesses nach Wittkämper und Thieme

Stufen des Planungsprozesses nach Wittkämper	Stufen des Planungsprozesses nach Thieme
1. Phase der Auftragsfindung (Planungsziel) 2. Phase der Auftragserteilung (Planungsgruppe) 3. Datenphase (Erfassung der Komplexität) 4. Problemphase (Erkennen des Problems) 5. Alternativenphase (Erarbeitung von Alternativen) 6. Entscheidungsphasen (Reduktion von Komplexität) 7. Modellphase (vereinfachte Anwendung) 8. Korrekturphase (Korrektur der Planentscheidung, wie sie Gegenstand der Modellphase war) 9. Einführungsphase (Anwendung der korrigierten Planentscheidung) 10. Sicherung des feed back und feed forward (Einrichtung der Plankontrolle und Plananalyse)	1. Auswahl und Abgrenzung des Planungsfeldes 2. Problemerklärung (Problemanalyse) 3. Zielsystem (Planziele) 4. Programmentwicklung (Alternativenauswahl) 5. Datenerhebung 6. Prognose 7. Einführung des Programms 8. Kontrolle des Planungsverfahrens 9. Plankorrektur

Bei näherer Betrachtung lassen sich die angeführten Stufen des Planungs- **94**
prozesses auf vier miteinander inhaltlich verknüpfte Prozesse reduzieren:

1. *Zielbildungsprozeß*
2. *Informationsbeschaffungsprozeß*
3. *Informationsverarbeitungsprozeß*
4. *Entscheidungsprozeß.*

Dabei ist es eine formale Einteilungsfrage, welche der bei Wittkämper oder Thieme genannten Phasen jeweils zur Zielbildung, Informationsbeschaffung, Informationsverarbeitung oder Entscheidung gehören.

An einem stark vereinfachten *Beispiel* soll erläutert werden, daß jeder Planungsprozeß in den o. a. vier Stufen abläuft. Das gewählte Beispiel geht von der Annahme der Planung eines neuen Verwaltungsbetriebs in Form einer Abteilung der Fachhochschule des Bundes aus.

1. Phase: *Zielvorgabe:*
   Einrichtung einer neuen Abteilung der Fachhochschule des Bundes zur qualitativen und quantitativen Verbesserung des Aus- und Fortbildungsangebots für die Verwaltung

2. Phase: *Informationsbeschaffung:*
u. a. Klärung möglicher Standorte, Kostenbelastungen, Aus- und Fortbildungskapazitäten, Personal-, Sachmittel-, Beschaffungsprobleme
3. Phase: *Informationsverarbeitung:*
für die neue Fachhochschule bieten sich drei Standorte A, B und C an, deren finanzielle, organisatorische, infrastrukturelle und personelle Rahmenbedingungen quantitativ und qualitativ in Form von Vor- und Nachteilen gegenübergestellt werden
4. Phase: *Entscheidung:*
u. U. Entscheidung für den Standort der Einrichtung in C, weil beispielsweise
– die Investitionskosten niedrig sind,
– die Infrastruktur für eine Schule auch unter Berücksichtigung kultureller Gesichtspunkte gut geeignet erscheint,
– die Personal- und Sachmittelbeschaffung für diesen Standort unter Kostengesichtspunkten günstig erscheint und gewährleistet ist,
– die Folgekostenbelastung relativ gering ist u. a. m.

Selbstverständlich geht eine Entscheidung für die Einrichtung eines Verwaltungsbetriebs häufig über eine rein ökonomische Betrachtung weit hinaus. Ökonomische Determinanten können neben sozialen, gesellschaftspolitischen, politischen u. a. Gesichtspunkten zur Entscheidungsfindung mitherangezogen werden (vgl. Rn 84; Beispiele für umfangreichere Planungsprozesse und die Untersuchung von Planungsaktivitäten in der Verwaltung finden sich bei Laux, 1967, S. 39 ff.; Kaiser [Hrsg.], 1968, S. 129 ff.; S. 173 ff., S. 193 ff., Eichhorn, Siedentopf, 1976 a, S. 80 ff.; Becker, 1978; Chrobok, 1985; Wille [Hrsg.], 1986).

95 Auch die *Bundeswehrplanung* – hier kurz vorgestellt als Beispiel eines konkreten Planungsprozesses – vollzieht sich kontinuierlich in vier Phasen: Zielsetzung, Realisierungsplanung, Durchführung und Kontrolle (vgl. zum folgenden: Chrobok, 1985; BMVg [Hrsg.], 1985 b, S. 181 ff.; Erlaß BMVg vom 5. 2. 1996).

Die Bundeswehrplanung soll Umfang, Struktur, Fähigkeiten und Ausrüstung der Bundeswehr bestmöglich für die Aufgabenerfüllung im Rahmen der verfügbaren Ressourcen gestalten. Sie baut auf den politischen und planerischen Vorgaben der Bundesregierung und der Leitung des Bundesministeriums der Verteidigung auf. Darüber hinaus werden Entscheidungen der NATO-Streitkräfteplanung berücksichtigt.

Im Rahmen der Vorgaben enthalten verteidigungspolitische Richtlinien die Grundsätze für die Verteidigungspolitik der Bundesrepublik Deutschland. Sie setzen auf der Basis einer sicherheitspolitischen Konzeption der Bundesregierung (veröffentlicht im Weißbuch der Bundesregierung) die Ziele für die Gesamtkonzeption der militärischen Verteidigung fest, geben die Rahmenbedingungen für die Entwicklung dieser Konzeption vor und legen auf der Grundlage der Verfassung den Auftrag der Bundeswehr fest.

Die Phase *Zielsetzung* (erste Prozeßphase) beinhaltet zunächst eine Beurteilung der langfristigen Lageentwicklung. In ihr werden für die konzeptionelle Gestaltung der Bundeswehr wesentliche Faktoren untersucht und in ihren Auswirkungen auf die Auftragserfüllung bewertet (Beispiele für solche Faktoren: sicherheitspolitische Entwicklung, Verfassungsrecht, Völkerrecht, militärstrategische Faktoren, technologische und rüstungswirtschaftliche Entwicklung, finanzielle und personelle Rahmenbedingungen). Auf der Grundlage der bisherigen Vorgaben und Beurteilungen wird die Konzeption der Bundeswehr erstellt. Sie ist das Kerndokument der Gesamtkonzeption der militärischen Verteidigung und damit die grundlegende Weisung zur Erfüllung des Auftrags der Bundeswehr sowie für deren Weiterentwicklung. Bei Bedarf sind Teilkonzeptionen für bereichsübergreifende Aufgaben und Fachkonzeptionen für bereichsübergreifende Aufgaben zu erstellen.

Innerhalb der *Realisierungsplanung* (zweite Prozeßphase) werden zunächst mit einer Planungsleitlinie die jährlichen Planungsaktivitäten gesteuert, vor allem werden bereits erkennbare qualitative und quantitative Anforderungen an Personal, Infrastruktur und Rüstung abgeleitet sowie die aufgabenorientierten und übergreifend zu priorisierenden Vorhaben. Nach den Vorgaben der Planungsleitlinie erstellen die bedarfstragenden Abteilungen Planungsvorschläge, die Lösungen zur Aufgabendurchführung und Bewertungen zur Erreichung der konzeptionellen Zielsetzungen enthalten. Der Bundeswehrplan – erarbeitet auf der Grundlage der Planungsvorschläge – zeigt auf, wie die Gesamtkonzeption der militärischen Verteidigung realisiert werden soll. Der Bundeswehrplan ist Basis für die Durchführung der Planung im BMVg, legt Art und Umfang der Planungskategorien Organisation, Personal, Rüstung, Infrastruktur und Betrieb sowie die Plankosten fest und ist damit Grundlage für den jährlichen Verteidigungshaushalt, gleichzeitig Beitrag des BMVg für die Finanzplanung des Bundes.

In der Phase *Durchführung* (dritte Prozeßphase) erfolgt in Zuständigkeit der Organisationsbereiche oder in fachlicher Verantwortung die Umsetzung der Planungsergebnisse. Weisungen und Dokumente wie z. B. Jahresprogramme für Beschaffung bzw. Entwicklung, Organisationsziele, Aufstellungsweisungen usw. stellen sicher, daß der planerischen Festlegung des Bundeswehrplans entsprochen wird.

Der Vollzug der Bundeswehrplanung unterliegt einer kontinuierlichen *Kontrolle* (vierte Prozeßphase), deren Ergebnisse Grundlage für Entscheidungen zur Steuerung und Nachsteuerung in allen Phasen der Planung sind. Im Rahmen der Planungskontrolle wird insbesondere das Erreichen der Ziele der Zielsetzungsphase und damit die Realisierung der Gesamtkonzeption militärischer Verteidigung überwacht. In der Durchführungskontrolle stellen die verantwortlichen Bereiche sicher, daß die in ihre Zuständigkeit fallende Durchführung der Planung entsprechend jährlicher Weisungen und Programme vollzogen wird.

Schaubild 29 Bundeswehrplanung im BMVg

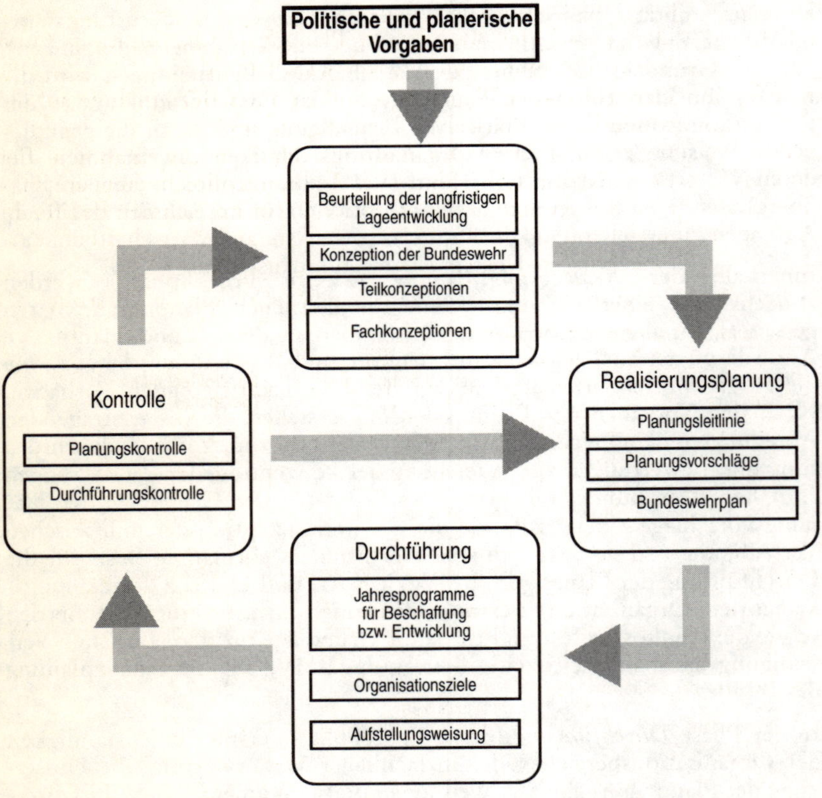

4. Planungstechniken

Die Verfahren, deren sich dispositiv tätige Angehörige des Verwaltungsbetriebs bedienen, um wirtschaftliche Verfügungen zu treffen, werden gewöhnlich *Führungs- oder Managementtechniken* genannt. Je nachdem, ob diese Verfahren in der Planungs-, Organisations- oder Kontrollphase des Verwaltungsmanagements gebraucht werden, können *Planungs-, Organisations- und Kontrolltechniken* unterschieden werden (vgl. Rn 68). Da die Einzeldarstellung der Managementtechniken den Rahmen dieser Abhandlung sprengen würde, wird die Erklärung dieser Verfahren nach folgenden Zielsetzungen vorgenommen. **96**

1. Darstellung der wichtigsten Planungs-, Organisations- und Kontrolltechniken im *Überblick* (Schaubild 30)
2. Darstellung der Planungstechniken unter Bezugnahme auf die wesentlichen Phasen des Planungsprozesses
3. Darstellung der Organisationstechniken im Rahmen der Organisation (Abschnitt IV), der Kontrolltechniken im Rahmen der Kontrolle (Abschnitt V) bzw. im Rahmen des Rechnungssystems (4. Kapitel), soweit sie auf Wirtschaftlichkeits- oder Nutzen-Kosten-Analysen hinauslaufen.

Schaubild 30 zeigt die wichtigsten Managementtechniken im Überblick. **97**

Schaubild 30 Managementtechniken im Überblick

Planungstechniken (Beispiele)	**Organisationstechniken (Beispiele)**	**Kontrolltechniken (Beispiele)**
1. Ideenfindungstechniken (Brainstorming, Synektik, Morphologie u. a.) 2. Prognosetechniken (Test, Befragung, Schätzung u. a.) 3. Techniken des Alternativenvergleichs (Entscheidungsbaumtechnik u. a.) 4. Techniken der Ablaufplanung (Flußdiagrammtechnik, Netzplantechnik u. a.) 5. Techniken der Operations Research (Programmierung, Warteschlangen, Spieltheorie u. a.)	1. Darstellungstechniken des Aufbaus der Organisation (Aufgabengliederungsübersichten, Stellenbeschreibungen, Organigramme, Funktionendiagramme, Kommunikationsdiagramme u. a.) 2. Darstellungstechniken des Ablaufs der Organisation (Balken-, Blockdiagramme, Entscheidungstabellen, Netzplantechnik u. a.) 3. Kritiktechniken (Prüfmatrix, Prüffragenkatalog u. a.)	1. Diagnosetechniken (Kameralistische Haushaltsrechnung, Administrative Statistik, qualitatives Berichtswesen u. a.) 2. Wirtschaftlichkeitsrechnungen (Investitionsrechnungen, Nutzen-Kosten-Analysen u. a.) 3. Techniken der Operations Research (Netzplantechnik u. a.)

Wie am Beispiel der Netzplantechnik gezeigt werden kann, sind die Grenzen der Verwendungsmöglichkeiten einzelner Techniken zwischen der Planung, Organisation und der Kontrolle häufig fließend: Mit Netzplänen wird sowohl in der *Ablaufplanung* als auch in der Darstellung des *Organisationsablaufs* und im Zusammenhang mit Kosten-, Zeit- und Kapazitätskontrollen in der *Kontrollphase* gearbeitet.

98 Die wichtigsten *Planungstechniken* werden – bezogen auf die wesentlichen Stufen des Planungsprozesses – in Schaubild 31 wiedergegeben. (Weiterführende Literatur vgl. Böhret, 1975, S. 140 ff.; Schmitz, 1978, S. 40 ff.; Freudenberg, 1983, S. 35 ff.; S. 50 ff., S. 74 ff., S. 95 ff., S. 131 ff.; Steinebach, 1986 e, S. 1 ff.; Goller u. a. [Hrsg.], 1989, Abschnitte B 3 bis B 9; Horvath u. a., 1996, Abschnitt B 3).

Schaubild 31 Stufen des Planungsprozesses und zugehörige Planungstechniken

Zielbildungsprozeß	**Informationsbeschaffungsprozeß**	**Informationsverarbeitungsprozeß**	**Entscheidungsprozeß**
1. Synektik 2. Methode 635 3. Morphologie 4. Brainstorming	1. Delphi-Methode 2. Trendanalyse 3. Scenario-Writing	1. Entscheidungsbaumtechnik 2. Entscheidungstabellentechnik	1. Flußdiagrammtechnik 2. Netzplantechnik 3. Verfahren der Operations Research

99 Einige wesentliche Planungstechniken des *Zielbildungsprozesses* sollen in Kurzbeschreibungen erläutert und mit Anwendungsmöglichkeiten aus der Verwaltungspraxis belegt werden.

Schaubild 32 Kurzbeschreibungen zu den Planungstechniken des Zielbildungsprozesses und ihre Anwendungsmöglichkeiten in der Verwaltung

Planungstechnik	**Kurzbeschreibung**	**Anwendungsbeispiele**
Synektik	Eine Personengruppe versucht ein Problem zu verfremden und durch Analogieschluß Lösungen aufzuzeigen.	Einrichtung eines zentralen Schreibdienstes, Planung der Zentralisierung einer Behörde zur „Endunterbringung".
Methode 635	Eine Abart des Brainstorming. Auf Problemlösungskonferenzen von **6** Mitarbeitern werden jeweils **3** Ideenvorschläge innerhalb von **5** Minuten konzipiert. Durch Austausch der Vorschläge und Hinzufügen von jeweils 3 neuen Vorschlägen werden Assoziationen begünstigt.	Für alle Verwaltungen mit vorrangig kreativen Funktionen, Kernforschungszentren, Planungsverwaltungen, Stäben, Wirtschaftsförderungsgesellschaften.
Morphologie	Morphologiestudien sollen neuartige Lösungen eines Problems ermöglichen oder neue Systeme entdecken helfen. Alle einschlägigen Faktoren und Lösungswege werden ermittelt, systematisch angeordnet und mehrdimensional kombiniert. Bekannte Teillösungen werden neuartig zusammengestellt und zugeordnet.	Festlegung von Rüstungsbeschaffungsproblemen, Auswahl technischer Verfahren, Programme zur Verbrechensbekämpfung, Stadtentwicklungsplanungen.
Brainstorming (etwa „Gedankenwirbel")	Brainstorming ist ein Prozeß der Ideenfindung bzw. Problemerfassung in Gruppen von Personen, die sich ergänzen und zu möglichst vielen Ideen anregen. Die Gruppenstärke beträgt bis zu 15 Personen, die Zeitdauer des Verfahrens etwa eine halbe Stunde.	Ausgestaltung von neuen Verwaltungsgebäuden, Lösung innerbehördlicher Kommunikationsprobleme (vgl. auch Methode 635).

Von den Planungstechniken des Zielbildungsprozesses wird das Verfahren des *Brainstorming* am häufigsten angewendet. Deswegen soll das Vorgehen in diesem Verfahren näher beschrieben werden. Für die anderen Techniken muß auf die im Literaturverzeichnis angegebene Spezialliteratur verwiesen werden (vgl. auch Rn 98). Brainstorming erfolgt in der Regel in sieben Stufen (Böhret, 1975, S. 142 f.; vgl. auch Steinebach, 1986 e, S. 9 ff.; Siepmann, Siepmann, 1996, S. 205 ff.): **100**

1. *Auswahl des Problems*
   (Kern des Problems erfassen; Beispiel: welche Schwierigkeiten sind zu beachten, wenn eine optimale Betriebsmittelausstattung des Verwaltungsbetriebs erreicht werden soll?)
2. *Auswahl der Teilnehmerrunde*
   (Vertrautheit mit den Grundfragen, nicht zu große Statusunterschiede der Beteiligten)
3. In der *Einladung* zur Sitzung Problemkreis skizzieren. Teilnahme freiwillig.
4. *Einführung* zu Beginn der Sitzung (Problemaufriß, Fragestellung)
5. *Brainstorming* (sich gegenseitig stimulierende Vorschläge)
   - Vorschläge festhalten (Protokoll, Tonträger usw.)
   - kein „Abblocken" von Vorschlägen
6. *Toten Punkt* überwinden (Einstreuung von Fragen, Wiederholungen zulässig) und *Killerphrasen* abwehren (z. B. „Das wird man uns oben nie abnehmen", „zu modern")
7. *Auswertung* nach der Sitzung
   - aus der ungeordneten Liste der Vorschläge werden u. U. neue Ideen gewonnen
   - Ordnung der Ideen in umsetzbare Ideen; Ideen, die noch weitere Studien erfordern; scheinbar unbrauchbare Vorschläge; ungeeignete Vorschläge.

Kurzbeschreibungen einiger *Informationsbeschaffungstechniken* und Beispiele für ihre Anwendung zeigt Schaubild 33 (vgl. Freudenberg, 1983, S. 95 ff., S. 131 ff.; Voelkner, 1992, S. 44 ff., S. 170 ff., S. 215 ff.). **101**

Planungstechniken, die u. a. im *Informationsverarbeitungsprozeß* Verwendung finden können, sind Entscheidungsbaumverfahren und die Entscheidungstabellentechnik. **102**

Da im Informationsverarbeitungsprozeß *Entscheidungsalternativen* entwickelt werden, bietet sich das Entscheidungsbaumverfahren deswegen als Technik an, weil mit den Entscheidungsbäumen eine wahrscheinliche Folge von Entscheidungen ermittelt wird. Die Alternativen werden als Äste dargestellt, die sich von einem Entscheidungspunkt verzweigen. Beispiele für Anwendungen dieser Technik in Verwaltungsbetrieben:

Schaubild 33 Kurzbeschreibungen zu den Planungstechniken des Informationsbeschaffungsprozesses und Anwendungsbeispiele

Planungs-technik	Kurzbeschreibung	Anwendungsbeispiele
Delphi-Methode	Mehrstufiges Verfahren der Expertenbefragung, das durch kontrollierte Rückkopplung der Ergebnisse der einzelnen Befragungsrunden eine Konvergenz der Meinungen herzustellen versucht. Merkmale der Methode: Anonymität, Mehrstufigkeit, statistische Auswertung der Informationen, kontrollierter Rückfluß der Informationen und neue Bewertung.	Umrüstung bei der Bundeswehr, Standortwahlprobleme für Verwaltungen, Reformmaßnahmen, z. B. im Bildungswesen.
Trend-analysen	Grundlegendes Merkmal aller Trendanalysen (z. B. einfache Trendanalysen, Regressions- und Korrelationsanalysen) ist die Verlängerung statistischer Zeitreihen der Vergangenheit in der Zukunft. Die Zuverlässigkeit der aus Trendanalysen gewonnenen Informationen wächst mit der Länge und Qualität der Zeitreihe, die die Vergangenheit beschreibt.	Finanzstatistiken, Kapazitätsstatistiken, Einnahmeschätzungen, Bedarfsschätzungen usw.
Scenario-Writing	Beim Verlassen von Scenarien geht es um die Konstruktion einer logischen Folge von Ereignissen, um Aufschluß darüber zu gewinnen, wie aus einer vorgegebenen Situation schrittweise eine neue Entwicklung entsteht. Zielsetzung ist nicht Voraussage der Zukunft, sondern die systematische Analyse von Weggabelungen, an denen kritische Entscheidungen getroffen werden müssen.	Lagebesprechungen bei Streitkräften, Stadtplanungen, Finanzplanungen usw.

In obersten Behörden für Maßnahmen des Militärwesens, des Gesundheitswesens, des Hochschulbereichs; im Verkehrswesen, in der Forschung und Entwicklung, in der Stadtplanung, Stadtsanierung, für Großeinsätze von Ordnungsverwaltungen u. a.m.

103 Aus dem Alternativenproblem des Planungsamtes einer Großstadt, Bau einer U-Bahn oder Benutzung von Buslinien zur „Anbindung" einer Satellitenstadt an die City mit dem Ziel der Gewährleistung einer Normalauslastung, kann ein Entscheidungsbaum entwickelt werden. Nimmt man als „Erfolg" die Entstehung von Über-, Unterkapazität oder Normalauslastung an und bewertet den erwarteten Ertrag bei der Alternative U-Bahn für die mittelfristig anzustrebende Normalauslastung mit 500 000 DM, bei Buslinien mit 700 000 DM, bei Überkapazitäten mit 400 000 DM (U-Bahn) und 450 000 DM (Bus), bei Unterkapazitäten mit 250 000 DM (U-Bahn) und 100 000 DM (Bus), dann ergibt sich dieser *Entscheidungsbaum* (das wahrscheinliche Eintreffen wird für die Normalauslastung mit 0,5, für die Überkapazität mit 0,4, die Unterkapazität mit 0,1 angenommen; das Beispiel ist entnommen: Böhret, 1975 a, S. 197; vgl. auch Voelkner, 1992, S. 63 ff.):

Schaubild 34 Lösungsskizze zu einem Entscheidungsbaumverfahren

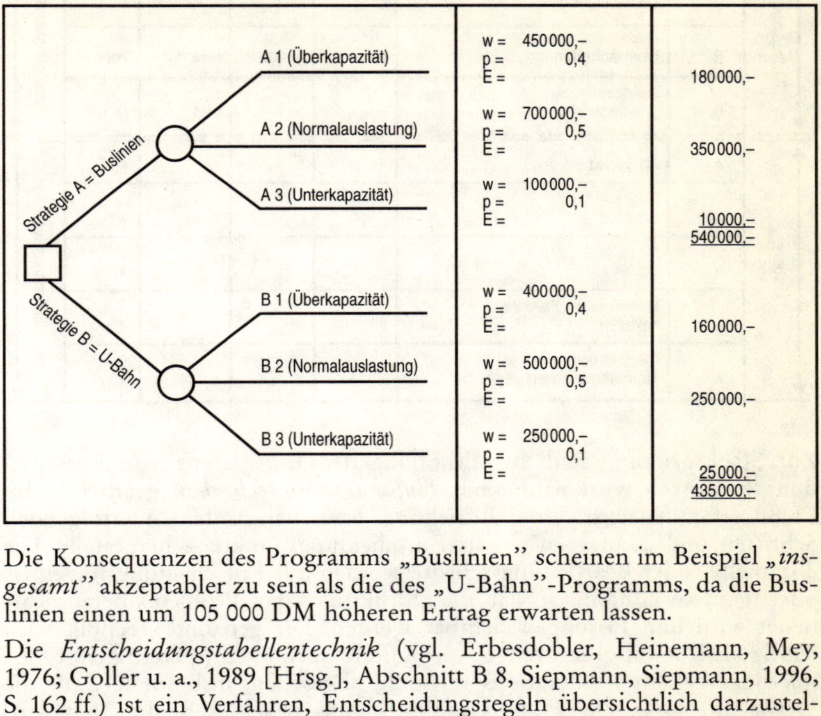

Die Konsequenzen des Programms „Buslinien" scheinen im Beispiel *„insgesamt"* akzeptabler zu sein als die des „U-Bahn"-Programms, da die Buslinien einen um 105 000 DM höheren Ertrag erwarten lassen.

Die *Entscheidungstabellentechnik* (vgl. Erbesdobler, Heinemann, Mey, 1976; Goller u. a., 1989 [Hrsg.], Abschnitt B 8, Siepmann, Siepmann, 1996, S. 162 ff.) ist ein Verfahren, Entscheidungsregeln übersichtlich darzustellen, die bei der Entscheidung über bestimmte Alternativen unter bestimmten Prämissen zu beachten sind. Entscheidungstabellen enthalten einen Bedingungsteil (wenn-Komponente), einen Aktionsteil (dann-Komponente) und Regeln (senkrechte Spalten). Regeln geben an, unter welchen Bedingungen welche Aktionen durchgeführt werden (Bedingungsanzeiger ja oder nein, Aktionsanzeiger als x = Aktion wird ausgelöst, bei Leerzeichen = Aktion wird nicht ausgelöst). **104**

Eine vereinfachte Entscheidungstabelle für eine Reisebestellung zu einer Dienstreise ins Ausland kann so aussehen, wie in Schaubild 35 dargestellt (vgl. Becker, Thieme [Hrsg.], 1978, Abschnitt Entscheidungstabellentechnik, S. 5). **105**

Die einzelnen Regeln beim Bestellen der Fahr- bzw. Flugkosten ergeben sich aus den Spalten 1–4, z. B. aus Spalte 2 die Regel: Wenn der Ort keinen Flughafen hat, die Reise mit dem Flugzeug aber doch wirtschaftlich ist, soll zusätzlich ein Mietwagen bestellt werden.

Schaubild 35 Entscheidungstabelle für eine Reisebestellung zu einer Auslandsdienstreise

		Reisebestellung	Regel 1	Regel 2	Regel 3	Regel 4	
Bedingungen	B_1	Ort hat Flughafen	ja	nein	–	–	Bedingungsanzeige
	B_2	Flugreise ist wirtschaftlich	ja	ja	nein	nein	
	B_3	Nachtreise ist erforderlich	–	–	nein	ja	
Aktionen	A_1	Flugkarte bestellen	X	X			Aktionsanzeige
	A_2	Flugkarte 1. Kl. bestellen			X	X	
	A_3	Schlafwagenplatz Double				X	
	A_4	Mietwagen am Flughafen bestellen		X			
	A_5	Fahrplan und Tickets an Mitarbeiter aushändigen	X	X	X	X	

106 Zur Strukturierung und zur Erhöhung der Transparenz von Entscheidungsprozessen wird häufig mit *Flußdiagrammtechniken* gearbeitet. Im Flußdiagramm wird eine Beziehung zwischen aufeinanderfolgenden Schritten und „Abfragen" – als Entscheidungspunkte – hergestellt. Die Tätigkeits- oder Bearbeitungsschritte werden mit Entscheidungsfragen (ja oder nein) so kombiniert, daß die „Struktur" eines Problems herausgearbeitet wird und Lösungen sichtbar werden. Die genannte Technik wird häufig als Vorstufe für strenger formulierte Techniken (quantitative Optimierungsverfahren, operations research) angesehen, insbesondere für die Netzplantechnik. Die Flußdiagrammtechnik ist wie z. B. die Netzplantechnik u. a. für alle Arten von Entscheidungsprozessen in der Verwaltung verwendbar: Kreiszusammenlegungen, zentraler Schreibdienst oder dezentrale Schreibleistungserstellung, Abwicklung von größeren Umzügen, Planung, Errichtung, Inbetriebnahme, Ausstattung neuer Gebäude und Anlagen (Bürohäuser, Kindergärten, Krankenhäuser usw.).

107 Das *Vorgehen* zur Erstellung eines Flußdiagramms gliedert sich in folgende Schritte (vgl. Böhret, 1975 a, S. 168 und Voelkner, 1992, S. 79 ff.):

1. Beschreibung der Aufgabe des zu lösenden Problems,
2. Aufschlüsselung der wichtigsten Schritte,
3. Anfertigung des Flußdiagramms unter Verwendung der Hauptsymbole,
4. Überprüfung des Lösungsweges.

Beispiele für Hauptsymbole sind:

 Tätigkeit, Bearbeitung

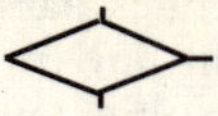 Entscheidungspunkt (ja/nein)

 Anschlußpunkt

 Start, Ende

 Ablauflinie

Im *Personalbereich* eines Landesministeriums ergibt sich folgende mit **108**
Hilfe eines Flußdiagramms zu lösende *Problemstellung* (vgl. Böhret, 1975 a, S. 168 f.):

Die Stelle eines Referenten im Grundsatzreferat Personal ist neu zu besetzen. Dazu ist eine Ausschreibung notwendig. Die Notwendigkeit nochmaliger Ausschreibung ist zu berücksichtigen. Das Flußdiagramm zur Ausschreibung kann so aussehen:

Schaubild 36 Flußdiagramm für die Ausschreibung eines freiwerdenden Dienstpostens

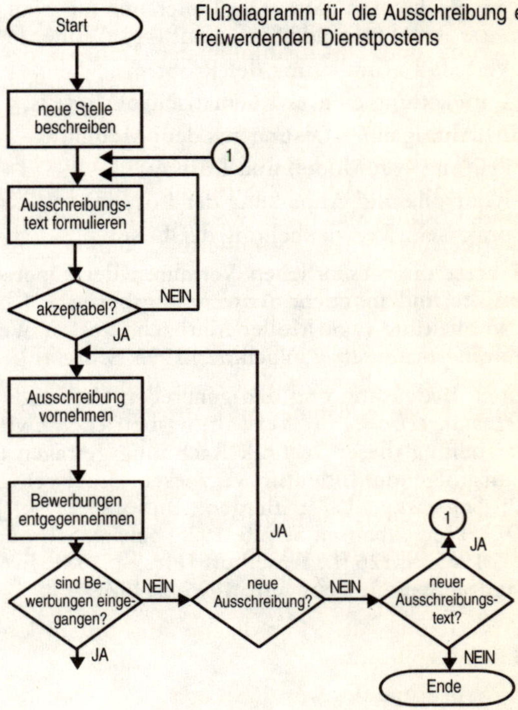

109 Bevor die Netzplantechnik als ein in der öffentlichen Verwaltung besonders häufig vorkommendes Instrument der Planung (aber auch der Überwachung und Steuerung) näher erläutert wird, sollen die meist quantitativen Verfahren der *Operations Research* in einem gestrafften Überblick dargestellt werden. Da die Verfahren der Operations Research nicht nur für die Planung, sondern auch für die Durchführung von Verwaltungsobjekten bedeutsam sein können, gelten die folgenden Überlegungen für alle Bereiche des Verwaltungshandelns, in denen diese Verfahren verwendet werden können.

110 Operations Research kann synonym gebraucht werden mit den Begriffen Verfahrensforschung, Unternehmensforschung, Planungs-, Ablauf-, Entscheidungs- oder Operationsforschung. Der Begriff *Unternehmensforschung* scheint sich durchzusetzen. Die Unternehmensforschung führt zur Bildung mathematischer Entscheidungsmodelle. Die Verwendung der Mathematik zwingt zu einer klaren Formulierung der Probleme (deswegen wird auch häufig von quantitativen Methoden gesprochen) und bietet im Zusammenhang mit dem Einsatz elektronischer Datenverarbeitung Möglichkeiten der Berechnung von Problemen, deren Größenordnung früher eine Lösung ausgeschlossen hätte. Der Untersuchungsplan zur Problemlösung weist in der Regel folgende Stufen auf (vgl. Wöhe, 1996, S. 171):

1. Verbale Formulierung des Problems,
2. Entwicklung eines mathematischen Modells,
3. Ableitung einer Lösung aus dem Modell,
4. Prüfung von Modell und Lösung,
5. Kontrolle und Anpassung der Lösung,
6. praktische Verwirklichung der Lösung.

111 Schaubild 37 zeigt die wesentlichen Verfahren der Operations Research, ihre Hauptinhalte und mögliche Anwendungsbereiche (-beispiele) in der öffentlichen Verwaltung (vgl. Müller-Merbach, 1971 a; Weinberg, Rössler u. a., 1976; Zimmermann, 1977; Voelkner, 1992, S. 148 ff.).

112 Der allgemeinen Bedeutung und den generellen Verwendungsmöglichkeiten der *Netzplantechnik* in Verwaltungsbetrieben wird durch eine gestraffte Darstellung dieser Technik Rechnung getragen (zur Weiterführung wird auf folgende Literatur verwiesen: Lockyer, 1970; Gerhard, Unsin, 1972; Schwarze, 1973; Bergen, Bubolz, 1974; Johnson, 1974; Schwarze, 1974; Heigenhauser, Schub, 1975; Schärf, Schmucker, 1975; Refa [Hrsg.], Bd. 2, 1985, S. 126 ff.; Kirchhoff [Hrsg.], 1986, S. 616 ff.; Deckert, 1993, S. 219 ff.; Siepmann, Siepmann, 1996, S. 157 ff.).

Schaubild 37 Verfahren der Operations Research, ihre Hauptinhalte und Anwendungsmöglichkeiten in Verwaltungsbetrieben

Verfahren	**Hauptinhalt**	**Anwendung im Verwaltungsbetrieb**
Mathematische Programmierung	Darstellung in Zielfunktion, Nebenbedingungen und Nicht-Negativitätsbedingung; proportionale Beziehungen zwischen den Größen bei linearer Programmierung, nicht proportionale Beziehungen bei nichtlinearer Programmierung; weitere Arten der Programmierung: ganzzahlige, nicht ganzzahlige, parametrische, stochastische (Daten unterliegen dem Zufall), dynamische (Optimierung mehrstufiger Prozesse).	Lagerhaltungs-, Transport-, Beschaffungsprobleme; Material-, Personal-, Gebäude-, Raumzuordnungsprobleme; Investitions-, Liquiditätsprobleme.
Warteschlangenverfahren	Dimensionierung von zeitlichen Engpässen bei Bedienungssystemen mit einer oder mehreren Abfertigungsstationen. Ziel des Verfahrens ist ein Kompromiß zwischen den Unterhaltskosten der Bedienungseinrichtung und den Wartekosten der abzufertigenden Objekte.	Warteschlangen bilden sich in Telefonzentralen, im Verkehr, bei Post, Bahn, an Bedienungsschaltern, in Reparaturwerkstätten (z. B. bei der Bundeswehr), in Erprobungsstellen (Bundeswehr), bei Aktenstapeln in Behörden usw.
Spieltheoretische Verfahren	Es werden rationale Verhaltensweisen in Konfliktsituationen untersucht. Mehreren eigenen Strategien stehen Strategien von Gegenspielern gegenüber, ohne daß ein Wissen über die Strategie der Gegenspieler existiert. Ziel der Spieltheorie: Bestimmung des besten Verhaltens des Spielers in allen von ihm und den Gegenspielern beeinflußbaren Situationen.	Bereinigung von Konfliktsituationen zwischen leitenden Beamten der Verwaltungsbetriebe, z. B. in Beschaffungsspielen, in Budgetspielen bei der Aufstellung von Haushaltsplänen, bei strategischen Planungen (in der Bundeswehr).
Simulationstechniken	Systematische Probierverfahren auf der Grundlage von Modellexperimenten. Durch Probieren wird eine Näherungslösung des Problems angestrebt. Bekannte Arten der Simulation sind Computer-Simulationen, Mensch-Mensch-Simulationen (Rollenspiele), Mensch-Maschine-Simulationen (Planspiel; vgl. Böhret, Wordelmann, 1975 b).	Standortentscheidungen (z. B. für Mülldeponien), Auswirkungen von Waffensystemen in der Bundeswehr, Simulation von Verkehrsströmen, Pendlerverhaltensweisen u. a. m.
Heuristische Programmierung	Erarbeitung von Problemlösungen auf der Basis eines Teils der möglichen Lösungsalternativen eines meist komplexen Zuordnungsproblems. Der systematische Suchvorgang eines Entscheidungsträgers wird aufgezeigt.	Standortplanungen, Einführung von Führungs- und Informationssystemen (z. B. in Polizei- und Militärverwaltungen), militärische Einsatzplanungen, bei Beschaffungs-, Lagerhaltungs- und Materialerhaltungsplanung.
Netzplantechnik	Planungstechniken mit dem Zweck, die logischen und zeitlichen Verknüpfungen der voneinander abhängigen, sich gegenseitig beeinflussenden Vorgänge innerhalb eines komplexen Vorhabens eindeutig festzulegen und in einem Netz anschaulich darzustellen (vgl. Rn. 112 ff.).	Planung, Errichtung, Ausstattung, Inbetriebnahme neuer Gebäude u. Anlagen, Arbeitsuntersuchungen, Haushaltsplanaufstellung, Behördenumorganisationen, Einrichtung von Zentralregistraturen, Entwicklung und Beschaffung von Waffensystemen, Stadtentwicklungspläne usw.

Der Grund, warum die Netzplantechnik in den letzten Jahren über die Planung rein technischer Objekte hinaus auch in nicht-technischen Bereichen zu Planungs-, Koordinierungs-, Entscheidungs- und Kontrollzwekken benutzt wird, hängt mit den *speziellen Eigenschaften* dieses Verfahrens zusammen (vgl. Kiefer, Strebel, Wolff, 1977, S. 143 f.; Riehle, Rinza, Schmitz, 1978, S. 178 f.; Joerger, Geppert, Bd. 2, 1983, S. 116 ff.; Goller u. a. [Hrsg.], 1989, Abschnitt B 3.4):

1. Die mit dem Netzplan Beschäftigten werden zum logischen Durchdenken des gesamten Projektablaufs gezwungen.
2. Frühzeitige Absprachen zwischen den an der Durchführung des Projekts Beteiligten sind möglich,
3. Der Netzplan gibt allen Beteiligten einen leicht verständlichen Überblick zum Projektablauf.
4. Auf der Grundlage der Netzplantechnik ist eine genauere Zeitabschätzung bzw. Terminvorhersage für das gesamte Projekt und Projektteile möglich.
5. Bei Berechnung des kritischen Weges (die am meisten Zeit beanspruchende Ablauffolge) kann festgestellt werden, welche Zeitreserven vorhanden sind und welche Vorgänge bei zeitlicher Verzögerung Endtermine verändern.
6. Lieferung wichtiger Beiträge u. a. zur Kosten-, Kapazitäts- und Finanzplanung.
7. Der Einsatz von EDV-Anlagen zur Auswertung von Netzplänen führt bei größeren Objekten zu einer Entlastung von Routinearbeiten.

113 Die bekanntesten *Methoden der Netzplantechnik* sind (vgl. Gerhard, Unsinn, 1972, S. 2 ff.; Zimmermann, 1977, S. 249 f.; Kirchhoff [Hrsg.], 1986, S. 617; Voelkner, 1992, S. 115 ff.; Schierenbeck, 1995, S. 156 ff.):

1. *CPM* (Critical Path Method), die Methode des kritischen Weges als ein Verfahren eines einfach bewerteten Vorgangs-Pfeilnetzes, das 1957 in den USA bei Du Pont de Nemours und Remington Rand entwickelt wurde (vgl. u. a. Beispiel).
2. *PERT* (Project Evaluation and Review Technique) als Verfahren, das in den USA 1958 für die US-Navy zur Entwicklung der Polaris Raketen-Waffensysteme benutzt wurde. Mit diesem Verfahren war eine genaue Kostenüberwachung und eine Einbeziehung der Kapazitäten möglich.
3. *MPM* (Metra Potential Methode), das von dem französischen Mathematiker Bernard Roy entwickelt wurde und 1958/59 im Auftrag der Electricité de France für die Terminplanung und Überwachung des Baus von Atomkraftwerken an der Loire erstmals angewandt wurde.

4. *PPS* (Projekt-, Planungs- und Steuerungssystem), das 1968 von der Firma Dornier AG im Auftrage des Bundesverteidigungsministeriums entwickelt wurde. Das PPS-System ist eine Weiterentwicklung der französischen MPM-Methode und ist in einer problemorientierten Sprache geschrieben, so daß die Abhängigkeit der Bundeswehr von bestimmten am Markt angebotenen EDV-Systemen aufgehoben ist.

Während CPM ein vorgangspfeilorientiertes Verfahren ist (Beschreibung der Vorgänge durch Pfeile, Ereignisse sind nur von untergeordneter Bedeutung), ist PERT ein ereignisorientiertes Verfahren (Beschreibung der Ereignisse und nicht der Vorgänge), MPM und PPS sind vorgangsknotenorientierte Verfahren (Beschreibung der Vorgänge als Knoten, Ereignisse spielen kaum eine Rolle).

Alle Methoden der Netzplantechnik verwenden bei Bezugnahme auf spezielle Projekte die gleiche *Vorgehensweise.* Stufen des Verfahrens sind (vgl. Zimmermann, 1977, S. 250 f.; vgl. auch Refa [Hrsg.], Bd. 2, 1985, S. 133 ff.; Wittlage, 1986, S. 168 ff.; Schierenbeck, 1995, S. 157 ff.): **114**

1. *Ablaufplanung – Strukturanalyse* und *Netzplanerstellung*

   Schritt 1: Zerlegung des Projekts in einzelne Vorgänge (Aufgaben, Tätigkeiten) und Ermittlung der Zeitdauer und Anordnungsbeziehungen dieser Vorgänge. Die Dauer des einzelnen Vorgangs und der Zeitwert der Anordnungsbeziehung (Zeitabstand) wird unter Berücksichtigung der vorhandenen Kapazität ermittelt.

   Schritt 2: Das Ergebnis der Strukturanalyse, das zunächst in einer Liste oder Tabelle vorliegt, wird im Netzplan dargestellt (Darstellungsweise bei den verschiedenen NPT-Methoden ist unterschiedlich; vgl. Rn 113).

2. *Zeitplanung – Berechnung* von *Netzplänen*

   Schritt 1: Der frühestmögliche Fertigstellungstermin des Projekts ist abhängig von der Zeitdauer der Vorgänge und deren Anordnungsbeziehungen und fixiert durch den kritischen Weg (zeitlich längster Weg durch den Netzplan). In einer Vorwärtsrechnung werden die frühesten Anfangs- und Endzeitpunkte des Projekts bestimmt. Die spätesten End- und Anfangszeitpunkte werden in einer Rückwärtsrechnung ermittelt.

   Schritt 2: Um Verzögerungen des Projektabschlusses zu verhindern, ist ständige Überwachung und u. U. eine Terminneuberechnung des Projekts notwendig.

3. *Kostenplanung*

   Eine systematische Kostenplanung ist Basis für die Finanzierung eines Projekts. Durch Gegenüberstellung der Plankosten und der bei der Ausführung ermittelten Ist-Kosten können Planabweichungen frühzeitig erkannt und Umdispositionen vorgenommen werden.

4. *Kapazitätsplanung*

   Dem Kapazitätsbedarf ist die nach Zeit und Umfang verfügbare Kapazität gegenüberzustellen. Kapazitätsausgleiche und Änderungen von Planterminen sind möglich. Eine systematische Kapazitätsplanung erfordert in der Regel einen Einsatz von EDV.

115 Die CPM-Methode soll am vereinfachten *Beispiel* der Planung einer zu errichtenden Mülldeponie im Rahmen eines Umweltschutzprogramms einer Verbandsgemeinde erläutert werden (Böhret, 1975 a, S. 176 ff.; vgl. auch ein Beispiel für die CPM-Methode „Umzug in einem Verwaltungsgebäude" bei Voelkner, 1992, S. 36 ff.).

Hinweise zum Beispiel: Als Symbole sollen gelten:

1. Ereignisse (1)
2. Vorgänge A oder (1 – 2) ⟶
3. Scheintätigkeiten - - - - - - - ▸
4. Zeitbedarf (z. B. Monate) 3, 5 ⟶
5. Zeitpunkte (2|4)
   (frühestens FZ, spätestens SZ
   FZ = 2; SZ = 4)
6. Die Vernetzung mehrerer Vorgänge erfolgt dadurch, daß eine Tätigkeit A beendet sein muß, ehe die nachfolgende Tätigkeit B beginnen kann:

7. Eine „Scheintätigkeit" kennzeichnet zwei Vorgänge mit gemeinsamem Anfangs- und Endergebnis:

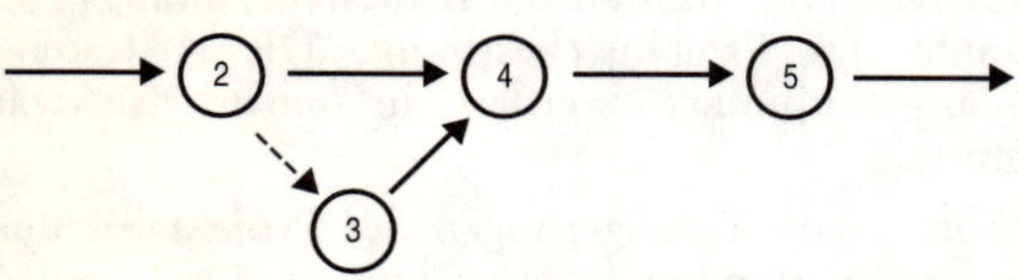

Lösung des Beispiels: 116

1. **Schaubild 38** Zusammenstellung der Vorgänge und Strukturanalyse

a) Zusammenstellung der Vorgänge	b) Struktur	
	unmittelbar vorgehend	unmittelbar folgend
A 1 Einstellung von Personal	–	A 2
A 2 Vorbereitungsarbeiten durchführen	–	A 3, A 4
A 3 Zufahrtswege bauen	A 2	A 5
A 4 Eigentliche Deponie errichten	A 2	–
A 5 Deponieumgebung gestalten	A 3	–

2. **Schaubild 39** Darstellung des Netzwerks

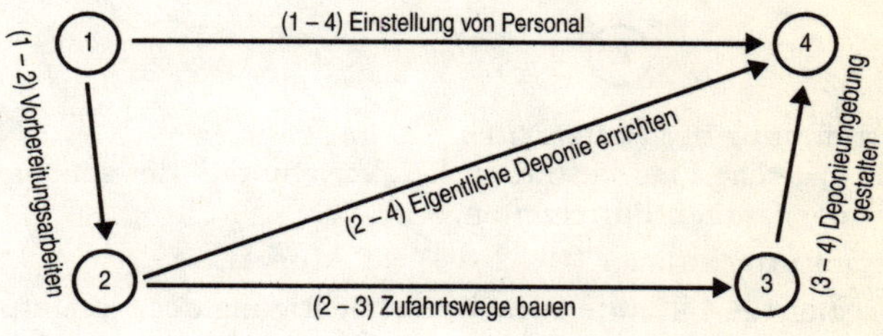

3. **Schaubild 40** Zeitbedarfsfeststellung
(Wie lange dauert jeder Vorgang und das Gesamtprojekt?)

Vorgänge (Start – Ziel)	Dauer (Monate)
1 – 2	2 = 2
1 – 2 – 4	2 + 3 = 5
1 – 2 – 3 – 4	2 + 1 + 1 = 4

4. **Schaubild 41** Zeitbedarfsfeststellung als Netzwerk

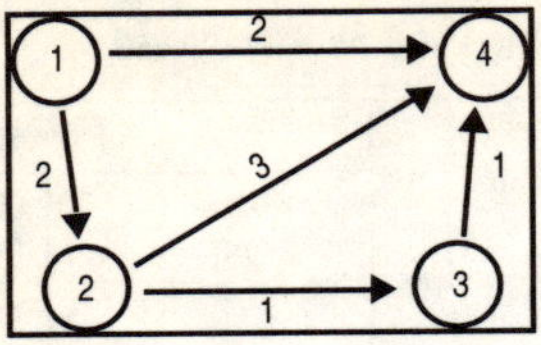

5. Erfassung der kürzest-möglichen Zeit (kritischer Pfad). Der kritische Pfad ergibt sich aus dem Vorgang 1 – 2 – 4 (5 Monate). Wenn ein Vorgang länger dauert, wird die Gesamtprojektdauer vergrößert. Der Vorgang 1 – 2 – 4 stellt also den „kritischen Pfad" dar.

Schaubild 42 Kritischer Pfad

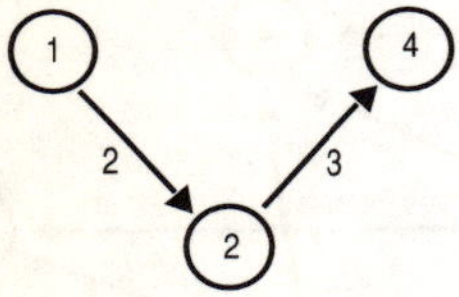

6. Bestimmung der *Pufferzeiten*
   Der kritische Pfad bestimmt die „Variabilität" der sonstigen Vorgänge, die sogenannten Pufferzeiten:

   Gesamtprojektdauer (1 – 2 – 4) = 5 Monate.

   Vorgang 1 – 4 könnte ohne Beeinträchtigung der Gesamtprojektdurchführung statt 2 bis zu 5 Monaten dauern; da aber nur 2 Monate benötigt werden, entsteht freie Zeit (Pufferzeit) von 3 Monaten.

   Der Vorgang 1 – 4 kann deshalb irgendwann zwischen den Zeitpunkten 0 und 3 anfangen (frühestmöglicher Beginn: 0, spätestmöglicher Beginn: 3) und muß spätestens im Zeitpunkt 5 beendet sein (frühestmögliches Ende: 2, spätestmögliches Ende: 5)

7. **Schaubild 43** Bestimmung der Pufferzeiten

Vorgang	Dauer	Anfang		Ende		Pufferzeit
		frühest	spätest	frühest	spätest	
1 – 4	2	0	3	2	5	3

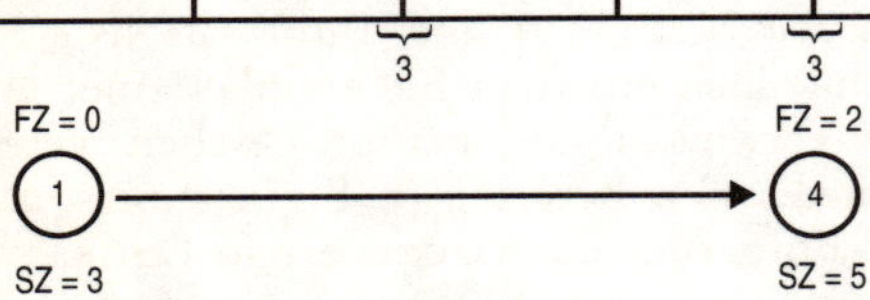

8. **Schaubild 44** Analyse aller zeitlichen Vorgänge

Vorgang	Dauer	Anfang		Ende		Pufferzeit
		frühest	spätest	frühest	spätest	
1 – 2	2	0	0	2	2	0
1 – 4	2	0	3	2	5	3
2 – 3	1	2	3	3	4	1
2 – 4	3	2	2	5	5	0
3 – 4	1	3	4	4	5	1

9. **Schaubild 45** „Rückrechnung" des Netzplans über die „spätesten Zeitpunkte"

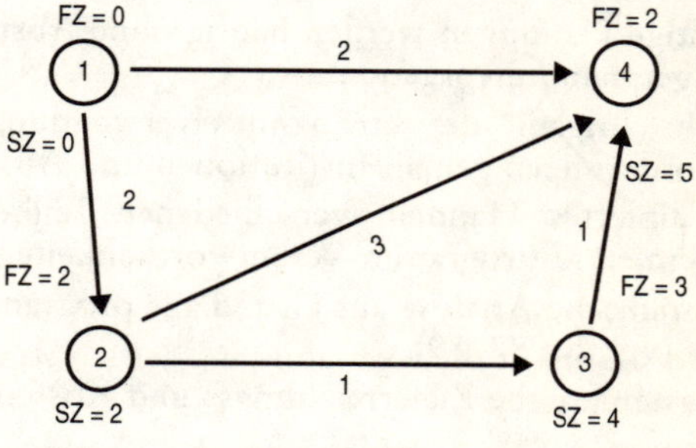

Komplexere Anwendungsbeispiele für die Netzplantechnik in der öffentlichen Verwaltung sind nachzulesen bei Gerhard, Unsinn 1972, u. a., S. 112 f. (Umzug einer Behörde), S. 114 f. (Hochwasserfreier Gewässerausbau), S. 116 ff. (Errichtung einer Datenverarbeitungsanlage in einer Verwaltung, Beispiel: Postscheckamt); ferner bei Kiefer, Strebel, Wolff, 1977, S. 173 ff. (Einführung einer elektronischen Datenverarbeitungsanlage). **117**

Im Zusammenhang mit der wachsenden Bedeutung des *Informationsmanagements* in Verwaltungsbetrieben (vgl. Rn 71–73) dürfen die Interdependenzen von modernen Planungs- und Entscheidungstechniken, insbesondere quantitativer Methoden sowie Netzplantechnik und EDV bzw. Informationstechnik, nicht übersehen werden. Quantitative Methoden können als Instrumente zur Bewältigung von Entscheidungskomplexität, Informationstechnik als Instrument zur Bewältigung des Datenanfalls verstanden werden. Quantitative Methoden und Informationstechnik dürfen allerdings nicht ausschließlich aus dem Blickwinkel einer technologiebezogenen Strategie der Verwaltungsautomation gesehen werden, weil Auswirkungen in verschiedensten Bereiche (z. B. Leistungsqualität der öffentlichen Verwaltung, Bürgernähe, horizontale und vertikale Gewaltenteilung) berücksichtigt werden müssen. EDV und quantitative Methoden sollten **118** deswegen in einem umfassenderen Informationsmanagement aufgehen, bei dem Fragen des technischen Einsatzes durch Fragen der Planung und Prioritätensetzung, der Organisation, der Innovationsförderung etc. überlagert werden (Pfohl, Rürup, 1978, S. 79 ff.; König, v. Oertzen, u. a. [Hrsg.], 1981, S. 297–319; König, Siedentopf [Hrsg.], 1997 b, S. 477 ff.).

5. Ein Planungssystem für die öffentliche Verwaltung: Programmbudgetierung

119 Die derzeitigen hauptsächlichen *Funktionsmängel* in Regierung und Verwaltung sind:

1. Zuständigkeiten und Prozesse zur frühzeitigen Problemerkenntnis sind häufig nicht geplant und organisiert (vgl. König, 1979 b, S. 19 ff.).
2. Langfristige Planungen werden häufig ohne Abstimmung mit der Budgetplanung vorgenommen.
3. Undurchsichtigkeit der Finanzmittelverwendung bei Haushaltsanforderungen gemäß Institutionen und Ausgabearten.
4. Unkoordiniertes Handeln verschiedener Teilbereiche, weil Zielsysteme und Programm-Verantwortlichkeiten fehlen.
5. Nur sporadische Analyse auf Grundlage programmbezogener Outputs (vgl. Rn 87–89).
6. Keine systematische Zielerreichungs- und Kostenkontrolle.

Um den genannten Mängeln abzuhelfen, wurde das *Planungssystem PPBS* entwickelt (Planning-Programming-Budgeting-System, übersetzt etwa „System zur integrierten Lang-, Mittel- und Kurzfristplanung der Aufgaben einer Institution"), das hier kurz skizziert werden soll und folgende Hauptabsichten verfolgt (zum PPBS vgl. u. a.: Böhret, 1970, S. 174 ff.; Rühli, Riedweg, 1971; Kaiser [Hrsg.], 1972, S. 357 ff.; Reinermann, 1975; Pfohl, Rürup [Hrsg.], 1978, S. 219 ff.; Becker, 1989, S. 731 ff.; HWÖ, Stichwort Programmbudgetierung, 1989, Sp. 1320 ff.; Mattern [Hrsg.], 1994, S. 286 ff.):

1. Erarbeitung einer Abfolge von möglichst widerspruchsfreien, lang-, mittel- und kurzfristigen Plänen. Förderung des *zielgerichteten Handelns* in der Verwaltung im Rahmen einer exakt formulierten Regierungspolitik,
2. Aufbau einer *programmorientierten Betrachtungsweise* und funktionale Gliederung der Ausgaben. Keine Orientierung an der Gliederung der Ausgaben nach Institutionen oder Sachgruppen, sondern an der Aufgaben- bzw. Programmstruktur (outputorientierte Ergebnisplanung und -kontrolle). Alternative Möglichkeiten werden einer vergleichend ökonomischen Betrachtung unterzogen,

3. Anwendung des *Rationalprinzips* auf die Verwaltungstätigkeit (Wirtschaftlichkeitsprinzip, vgl. Rn 21–25). Über einzelne Vorhaben oder ganze Programme werden z. B. Nutzen-Kosten-Untersuchungen angestellt (vgl. 4. Kapitel).

Im Aufbau des mehrstufigen Programmbudgetierungssystems werden drei *Planungsebenen* unterschieden (Wild, Schmid, 1973, S. 154 ff.): **120**

1. langfristige *Planung* als Perspektivplanung und Aufstellung der Zielstruktur unter Berücksichtigung gesellschaftlicher Bedürfnisse und politischer Restriktionen,
2. mittelfristige *Programmierung* als Umsetzung von Zielen in Maßnahmen und Zusammenstellung von Maßnahmenbündeln zu outputorientierten Programmen unter Anwendung systemanalytischer Verfahren (z. B. Nutzen-Kosten-Analysen). Abstimmung von Aufgaben und Personen und Zusammenfassung im Programm- und Finanzplan (PFP),
3. *Budgetierung* als Umsetzung der Programme in Finanzmittelanforderungen durch Aufstellung mittelfristiger Finanzpläne und jährlicher Etats.

Häufig wird den drei genannten Stufen der Planung eine *vierte* Stufe als *Kontrollstufe* angeschlossen (vgl. auch Abschnitt Kontrolle in diesem Kapitel), die sich in Erfolgs- und Haushaltskontrollen niederschlägt und im Zuge von Abweichungsanalysen zu Korrekturen von Planung und Programmstruktur führt (zur Erfolgskontrolle vgl. Bohne, König, 1976, S. 19 ff.; Derlien, 1976).

Die Grobstruktur des Planungsprozesses im Programmbudgetierungssystem (Reichard, 1977, 1. Aufl., S. 106; vgl. auch Freudenberg, 1983, S. 175) zeigt das Schaubild 46.

Ursachen für das teilweise Scheitern des PPBS waren vor allem *methodische* Schwierigkeiten, wie z. B. begrenzte Programmierbarkeit öffentlicher Aufgaben und begrenzte Anwendbarkeit von Nutzen-Kosten-Analysen für sie sowie Probleme der *Kompetenzabgrenzung* zwischen den Fachministerien und dem zentralen Budget-Amt (vgl. Mattern [Hrsg.], 1994, S. 287).

Schaubild 46 Grobstruktur des Planungsprozesses im Programmbudgetierungssystem

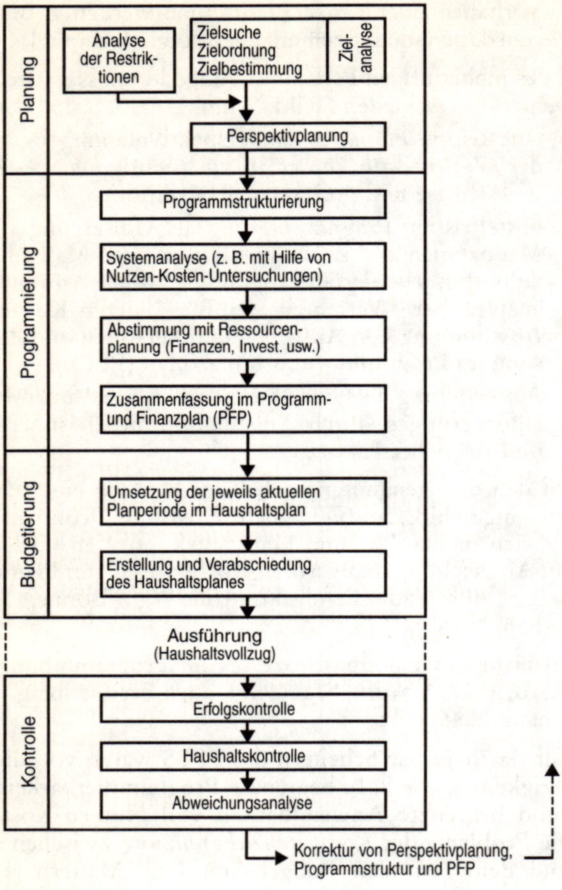

Zu den neueren, heute diskutierten Planungssystemen gehören das *Zero-Base-Budgeting* (ZBB, „from base zero" = von Grund auf), in dem *alle* Haushaltsansätze erneut geplant, begründet und geprüft werden müssen (vgl. Wille [Hrsg.], 1986, S. 309 ff.), das *Sunset (Sunset legislation* = „Sonnenuntergangs-Gesetzgebung"), in dem Programme und Maßnahmen grundsätzlich zeitlich limitiert sind und ohne ausdrückliches Plazet der Legislative über die Fortsetzung auslaufen, sowie die französische Konzeption *RCB (Rationalisation des Choix budgétaires)*, die eine Verbesserung von Entscheidungsvorbereitung und Verwaltungskontrolle durch Integration von Rahmenplanung (Planifikation) und der Planung staatlicher Aktivitäten anstrebt, indem Planung, Budget und Verwaltung in einem geschlossenen System zusammengeführt werden (vgl. Joerger, Geppert, Bd. 2, 1983, S. 92 f.; Becker, 1989, S. 733; Mattern [Hrsg.], 1994, S. 287).

In der Bundesrepublik sind eine Reihe von Planungskonzepten erwähnenswert (vgl. weiterführend: Pfohl, Rürup [Hrsg.], 1978, S. 219 ff.; Freudenberg, 1983, S. 156 ff.; Mattern [Hrsg.], 1994, S. 287 f.): **121**

1. Auf *Bundesebene:*
   die mittelfristige Finanzplanung, das Frühkoordinierungssystem der Bundesregierung, Teilplanungssysteme einzelner Bundesministerien (z. B. Landwirtschaft, Verteidigung, Bildung und Wissenschaft, wirtschaftliche Zusammenarbeit).
2. Auf *Länderebene:*
   lang- und mittelfristige Landesentwicklungsplanungen (Hessen, Niedersachsen, Nordrhein-Westfalen), Arbeitsprogramme der Landesregierungen (z. B. in Rheinland-Pfalz mit dem – inzwischen gescheiterten – „IPEKS" = Integriertes-Planungs-Entscheidungs-Kontroll-System).
3. Auf der Ebene der *Kommunen* wurden gesamtplanerische Konzeptionen vor allem auf der Grundlage kommunaler Entwicklungsplanungen in einigen Großstädten (z. B. Nürnberg, Bochum, Ludwigshafen) erarbeitet (vgl. König, Beck, 1997 a, S. 56 ff.).

Ein zukünftiges effizienteres Zusammenwirken von Aufgabenplanung und finanzieller Ressourcenplanung ist von der Lösung einiger *methodischer* und *organisatorischer* Probleme abhängig (vgl. Mattern [Hrsg.], 1994, S. 288 ff.), u. a. von

1. der Umsetzung langfristiger Zielrahmenplanung über Programmplanung in eine Maßnahmenplanung, die mit der Finanz- und Haushaltsplanung verknüpft ist,
2. der Leistungsbegrenzheit (horizontaler) Selbstkoordination dezentraler Planungen,
3. dem „Gegensatz" zwischen Ressortprinzip und Kollegialprinzip (Kabinettprinzip).

Trotz aller Probleme bleibt staatliche Planung unverzichtbar, sie muß allerdings an das politische Entscheidungsverfahren angepaßt sein (Reichard, 1987, S. 131); insofern gehen die Anforderungen an zukünftige Planungskonzepte über speziell verwaltungsbetriebliche Problembereiche weit hinaus.

Fragen zum Verständnis (2. Kapitel, Abschnitt III)

1. Was besagt der Begriff Planung?
   Worin liegt die Bedeutung der Planung? (Rn 81–85)
2. Zeigen Sie einzelne Planungsarten auf und nennen Sie die wichtigsten Planungsgrundsätze. (Rn 86–90)
3. Warum ist der Unterschied zwischen Aufgaben- und Ressourcenplanung für den Verwaltungsbetrieb besonders wichtig? (Rn 89)
4. Welche Auswirkungen hat das Ausgleichsgesetz der Planung im Verwaltungsbetrieb? (Rn, 91, 92)
5. Wie läuft der Planungsprozeß im Verwaltungsbetrieb grundsätzlich ab? Bilden Sie Beispiele für Planungsprozesse. (Rn 93)
6. Nennen und beschreiben Sie die Phasen der Bundeswehrplanung (Rn 95)
7. Welche Planungs-, Organisations- und Kontrolltechniken fallen Ihnen ein? (Rn 97)
8. Beschreiben Sie jeweils ein Beispiel einer Planungstechnik für den Zielbildungsprozeß, den Informationsbeschaffungsprozeß, den Informationsverarbeitungsprozeß und den Entscheidungsprozeß. (Rn 98–117)
9. Stellen Sie einen Zusammenhang zwischen Planungstechniken und Informationsmanagement her. (Rn 118)
10. Stellen Sie das Planungssystem des PPBS in den Grundzügen dar. (Rn 119, 120)
11. Welche weiteren Planungskonzepte kennen Sie? (Rn 120)
12. Warum sind die heute bekannten Planungskonzepte unzureichend? (Rn 121)

IV. Organisation im Verwaltungsbetrieb

1. Begriff der Organisation

Organisation ist einerseits Element des Führungssystems im Verwaltungsbetrieb (vgl. Rn 62, 68), zum anderen ein elementarer Bestandteil jeden Verwaltungshandelns, das sowohl auf die *Durchführung* oder Umsetzung von *Plänen* als auch auf die Erstellung einer *Ordnung,* in der bestimmte Aktivitäten realisiert werden sollen, gerichtet ist. Plandurchführung und Ordnungserstellung erfordern den Einsatz organisatorischer Regelungen, die im folgenden in Grundzügen dargestellt werden. Einem Überblick zu den *Organisationsbegriffen* in der Literatur schließen sich Ausführungen zu den wichtigsten *Organisationslehren* und zu den gebräuchlichsten *Organisationsgrundsätzen* an. Analog einer literarisch weitverbreiteten Unterscheidung des Aufbaus einer Organisation *(Aufbauorganisation)* und des Ablaufs in einer Organisation *(Ablauforganisation)* werden die verwaltungsbetriebliche Organisation in ihrem Aufbau und Ablauf analysiert sowie die wichtigsten *Organisationstechniken* (vgl. Rn 97) und *Organisationsmittel* kurz gestreift. Es folgen Ausführungen zu den Interdependenzen von neuen Technologien *(Informationstechnik)* und Organisation im Verwaltungsbetrieb und die Darstellung von Grundzügen der *Organisationsentwicklung* in öffentlichen Verwaltungen. Überlegungen zum *Führungsstil* als der typischen Art und Weise, wie auf Menschen in Organisationen zielorientiert eingewirkt wird, beschließen den Abschnitt Organisation. **122**

Im praktischen Sprachgebrauch hat der Begriff Organisation keinen eindeutig klar umrissenen Inhalt. Einige *Definitionsbeispiele* belegen die Vielfalt der Erklärungen für den Terminus Organisation (vgl. Becker, 1976, S. 3; vgl. auch Hoefert, 1985, S. 24 ff.; Schuster, Siemens, 1986, S. 1 ff.; Siepmann, Siepmann, 1996, S. 3 ff.):

- Einheitlich zusammengefaßte Willensverbindung von Menschen zur Verwirklichung bestimmter leitender Zwecke durch Anwendung der als zweckadäquat erachteten Mittel (Briefs, 1918)
- Inbegriff von Handlungen mit ihren Hilfsmitteln (Gütern), die aber als Handlungen nicht mechanisch, sondern sinnvoll, rangordnungsmäßig zusammenhängen (Spann, 1925)
- System geltender organisatorischer (betriebsgestaltender) Regelungen, deren Sinnzusammenhang durch die oberste Betriebsaufgabe gegeben ist (Nordsieck, 1934)
- Planvolle Zusammenfassung geeigneter Menschen und Sachdinge zur gemeinschaftlichen Lösung einer Aufgabe (Schramm, 1936)

- Zusammenfassung (Verknüpfung) von Teilen (Elementen, Gliedern) im Hinblick auf eine übergeordnete Zielsetzung zu einer neuen Einheit (System, Ganzheit) (Lehmann, 1959)
- Integrative Strukturierung von Ganzheiten (Kosiol, 1962)
- Multivariable Systeme, in denen mindestens vier interagierende Variable besonders ausgeprägt sind: Aufgaben, Struktur, Technik und Organisationsmitglieder (Leavitt, 1962)
- Dauerhaft wirksame Struktur von zielorientierten sozio-technischen Systemen (Schmidt, 1975)
- Soziale Gebilde, die dauerhaft ein Ziel verfolgen und eine formale Struktur aufweisen, mit deren Hilfe Aktivitäten der Mitglieder auf das verfolgte Ziel ausgerichtet werden sollen (Kieser, Kubicek, 1977).

123 Die erwähnten Organisationsbegriffe sind je nach wissenschaftlicher Ausrichtung der Autoren stärker betriebswirtschaftlich, soziologisch und (sozial)psychologisch oder disziplinär bzw. interdisziplinär geprägt (vgl. Literatur in Rn 122). Reduziert man die zahlreichen Definitionen der Organisation auf die zwei in der Literatur gebräuchlichsten Erklärungen, dann kann man den *funktionalen* und den *institutionalen Organisationsbegriff* unterscheiden (vgl. auch Schuster, Siemens, 1986, S. 1; Siepmann, Siepmann, 1996, S. 3 ff.; hier wird zusätzlich ein *instrumentaler* Organisationsbegriff verwendet). Im *funktionalen* Sinne des Wortes Organisation wird davon gesprochen, daß der *Verwaltungsbetrieb* eine *Organisation hat,* der institutionale Organisationsbegriff beinhaltet die Feststellung, daß der *Verwaltungsbetrieb* eine *Organisation ist.* Beide Verwendungsarten des Organisationsbegriffs sind richtig: Vor allem aus der Sicht der betriebswirtschaftlichen Organisationslehre organisieren sich Verwaltungen dadurch, daß sie sich Regeln für die Erfüllung ihrer Aufgaben geben. Als Ergebnis dieser Gestaltung *haben* Verwaltungen dann eine Organisation im Sinne eines Systems von Regeln zur Erfüllung ihrer Aufgaben (vgl. Kieser, Kubicek, 1977, S. 1). Im Hinblick auf die Erreichung ökonomischer Zielsetzungen stehen Fragen der Aufbau- und Ablauforganisation im Mittelpunkt des Interesses der funktionalen verwaltungsbetrieblichen Organisation. Insbesondere von der Organisationssoziologie wird der Organisationsbegriff zur Kennzeichnung u. a. von Verwaltungen benutzt (vgl. Mayntz, 1985, S. 82 ff.; Bosetzky/Heinrich, 1994, S. 45 f.). Verwaltungen sind zweckgerichtete soziale Gebilde mit einer formalen Struktur.

Diese Organisationsstruktur soll die arbeitsbezogenen Beziehungen zwischen Mitgliedern der Organisation festlegen. Verwaltungen als Organisationen sind zielgerichtete Sozialgebilde, die eine Struktur aufweisen, die also organisiert *sind* (Kieser, Kubicek, 1977, S. 2).

Da beim funktionalen *und* institutionalen Organisationsbegriff derselbe Sachverhalt, nämlich das Organisiertsein des Sozialgebildes Verwaltung im

Vordergrund steht, kann die Frage, ob die Verwaltung eine Organisation *hat* oder eine Organisation *ist*, wie folgt beantwortet werden: Die *Verwaltung ist eine Organisation*, weil sie eine *Organisation hat!*

Schaubild 47 Begriffe der Organisation

Unter Organisation sollen im folgenden soziale Gebilde verstanden werden, die dauerhaft ein Ziel verfolgen und eine formale Struktur aufweisen, mit deren Hilfe Aktivitäten der Mitglieder auf das verfolgte Ziel ausgerichtet werden (Kieser, Kubicek, 1977, S. 4; so in etwa auch Schuster, Siemens, 1986, S. 2: Sie verstehen kommunale Verwaltungsorganisation als „Zuordnung der Elemente des kommunalen Verwaltungsbetriebs im Hinblick auf die Erfüllung von Daueraufgaben".). Die Verwendbarkeit dieses Organisationsbegriffes für den Verwaltungsbetrieb wird mit Hilfe der Begriffsmerkmale und mit den Merkmalserläuterungen in Schaubild 48 belegt. **124**

Schaubild 48 Begriffsmerkmale und Merkmalserläuterungen des verwaltungsbetrieblichen Organisationsbegriffs

Begriffs-merkmal	Merkmalserläuterungen
Ziel	Vorstellung über den für die Zukunft anzustrebenden Zustand der Organisation, den die Mehrheit der Organisationsmitglieder festgelegt hat (Beispiele: Wirtschaftlichkeit, Bürgerfreundlichkeit, Produktivität, äußere, innere Sicherheit u. a. m. als Ziele des Verwaltungsbetriebs; vgl. Abschnitt II im 2. Kapitel).
dauerhaft	Der Bestand eines zielgerichteten Zusammenschlusses soll nicht von vornherein auf eine relativ kurze Dauer begrenzt sein (Ziele des Verwaltungsbetriebs sind z. B. die Gemeinwohlbefriedigung, die dauerhafte Beschaffung, Leistungserstellung und Leistungsabgabe an die Staatsbürger).
Mitglieder	Die Mitgliedschaft eines Individuums in einer Organisation bezieht sich auf Handlungen, die in einem Bezug zu den Organisationszielen stehen und für die die Organisation verpflichtende Regeln aufstellt. Werden diese Regeln vom Handlungsträger als legitim angesehen, wird er zu einem Organisationsmitglied (Beispiele: Angehörige eines Verwaltungsbetriebs handeln nach Geschäftsverteilungsplänen, Stellenbeschreibungen, nach Vorschriften zum Geschäftsgang, zum Vordruckwesen, zur Textverarbeitung, nach Geschäftsordnungen u. a. m.).
formale Struktur	Menge von Regelungen für die Aktivitäten der Organisationsmitglieder, die auf durch das Organisationsziel bestimmten und autorisierten Zweckmäßigkeitsüberlegungen beruhen (Beispiel: Für den Aufbau eines Rechenzentrums in der Verwaltung werden den Mitgliedern dieses Verwaltungsbetriebs Regeln [ADV-Anweisungen] für die Organisationsstruktur des Rechenzentrums und für den Arbeitsablauf bei automatisierter Aufgabenerfüllung mitgeteilt. Die Regeln beachten das Ziel verbesserter Wirtschaftlichkeit in der Verwaltung und sind von der einrichtenden Stelle, z. B. einem Bundes-, Landesressort oder Organisationsamt, verfügt worden).
Aktivitäten der Mitglieder	Gegenstand der Organisation sollen Aktivitäten sein, d. h. Tätigkeiten, die von den Bedingungen der Organisation (insbesondere von der formalen Organisationsstruktur) geprägt sind oder die Gestaltung der formalen Struktur beeinflussen (Beispiel: Von den Bedingungen der Organisation im Verwaltungsbetrieb ist das Verhalten seiner Mitglieder geprägt, die auf ein formales Einhalten des Dienstwegprinzips nach § 12, GGO I achten; die Gestaltung der formalen Struktur der verwaltungsbetrieblichen Organisation kann z. B. durch eine stärkere Einbeziehung des MbO-Konzepts in die GGO; vgl. Lepper, Reichmann, Reinermann, 1977, S. 144 ff., beeinflußt werden).

2. Überblick zu den Organisationslehren

In Schaubild 49 werden die wichtigsten Organisationslehren, ihre namhaf- 125
testen Vertreter und die den einzelnen Lehren zugrundeliegenden Kerngedanken skizziert (als weiterführende Speziallitertatur zu den Organisationslehren sind insbesondere empfehlenswert: Hill, Fehlbaum, Ulrich, Band 2, 1976, S. 405 ff.; Kieser, Kubicek, 1977, S. 25 ff.; vgl. auch Becker, 1989, S. 547 ff.; Remer, 1989; S. 91 ff.; Siepmann, Siepmann, 1996, S. 23 ff.; Schaubild 49 ist entnommen aus: Steinebach, 1979 a, S. 291).

Schaubild 49 Überblick zu den Organisationslehren

Bezeichnung der Organisationslehre	**Vertreter**	**Kerngedanken**
1. **Klassische Organisationslehre** a) wissenschaftl. Betriebsführung	Gantt, Taylor, Gilbreth	optimale Gestaltung repetitiver körperlicher und maschineller Produktionsvorgänge
b) betriebswirtschaftliche Organisationslehre	Fayol, Urwick, Gulick, Nordsieck, Kosiol	Erarbeitung formaler Organisationsstukturen und von Organisationsprinzipien
c) Bürokratiemodell	Max Weber	Etablierung legal-rationaler Herrschaft in arbeitsteiligen Institutionen
2. **Neoklassische Organisationslehre** a) Human-Relations-Bewegung	Dickson, Mayo, Roethlisberger	Behandlung des Sozialsystems der Organisation, Untersuchung der informellen Organisation
b) Machtausgleichsansätze	McGregor, Likert, Blake, Mouton	Verbindung der formalen Organisation mit dem Sozialsystem der Institution
3. **Verhaltenstheoretische Richtung** a) Individuelle Entscheidungsprozesse	Simon, Kirsch	Menschen werden als Entscheidungen treffende Wesen der Institutionen angesehen, nicht als funktionierende Glieder der Organisation. Je nachdem, ob die Entscheidungen individuell oder kollektiv getroffen werden, handelt es sich um entsprechende Entscheidungsprozesse
b) kollektive Entscheidungsprozesse	Barnard, March, Cyert	
4. **Situationstheoretischer Ansatz der Organisationslehre** (systemtheoretischer Ansatz)	Kieser, Child, Leavitt, Blau, Litwin, Fiedler	integrierender Ansatz unter Benutzung exakter wissenschaftlicher Methoden zur Entwicklung einer umfassenden Organisationstheorie

126 Die grundsätzliche Bedeutung der aufgeführten Organisationslehren für Verwaltungsbetriebe ergibt sich aus dem Schaubild 50.

Schaubild 50 Organisationslehren in ihrer grundsätzlichen Bedeutung für Verwaltungsbetriebe

Bezeichnung der Organisationslehre	Grundsätzliche Bedeutung für Verwaltungsbetriebe
1. **Klassische Organisationslehre** a) wissenschaftliche Betriebsführung	Grundgedanken der wissenschaftlichen Betriebsführung wie Arbeitszerlegung, Zeit- und Ablaufstudien (REFA) sowie leistungsabhängige Entlohnung (vgl. 3. Kapitel) sind wichtige organisatorische Instrumente im technisch-operativen Bereich der Verwaltungsbetriebe.
b) betriebswirtschaftliche Organisationslehre	Entwicklung von Organisationsprinzipien als gedankliches Ordnungsgerüst oder Organisationsgrundsätze (vgl. Abschnitt IV, Ziffer 3), von denen hier nur die Arbeitsteilung (Aufteilung der Arbeitsaufgaben auf Stellen, Dienstposten), die Einheit der Auftragserteilung (Einlinien- oder monokratisches System in Behörden) und die Entscheidungsdezentralisation (Delegationsproblematik in Verwaltungsbetrieben, vgl. auch Abschnitt VI in diesem Kapitel) genannt werden.
c) Bürokratiemodell	Exakte Festlegung der Zuständigkeiten in Verwaltungsbetrieben führt zur Stabilisierung der Arbeitsbeziehungen; Programmierung von Entscheidungen kann zur Entlastung von Zwischengliedern des hierarchischen Aufbaus führen; bürokratische Regeltreue hat Vorteile für den Bürger.
2. **Neoklassische Organisationslehre** a) Human-Relations-Bewegung	Berücksichtigung der menschlichen Bedürfnisse an den Arbeitsplätzen des Verwaltungsbetriebs. Die menschlich-soziale Gruppenumwelt wird wichtiger, die Arbeitsleistung im Verwaltungsbetrieb beeinflussender Faktor; der Verwaltungsbetrieb wird nicht wie in der klassischen Lehre als zweckgerichtetes Organisationsgefüge, sondern als soziales System verstanden.
b) Machtausgleichsansätze	Der Teamgedanke spielt in diesem Ansatz der Organisationslehre eine entscheidende Rolle (teamorientierte Organisationsformen in Verwaltungsbetrieben). Teamgeprägte Organisationselemente wie kooperativer Führungsstil (vgl. Abschnitt IV, Ziffer 10), Gruppenverantwortlichkeit, informelle Kommunikation, werden in ihren Anwendungsmöglichkeiten für Verwaltungsbetriebe diskutiert.
3. **Verhaltenstheoretische Richtung** (individuelle und kollektive Entscheidungsprozesse)	Beim entscheidungstheoretischen Ansatz der Organisationslehre steht der Ablauf des Entscheidungsprozesses im Verwaltungsbetrieb im Vordergrund. Die Entscheidungstheorie versucht die Entscheidungsprozesse in Verwaltungen transparenter zu machen und das tatsächliche Problemlösungs- und Entscheidungsverhalten von Individuen und Gruppen zu analysieren.
4. **Situationstheoretischer Ansatz** (systemtheoretischer Ansatz)	Die wesentlichen Kennzeichen des „Systemansatzes" sind seine empirische Ausrichtung, die Verwendung einer exakten Methodik und der Versuch, die Ursachen und Folgen einer bestimmten Organisation im Verwaltungsbetrieb mit Hilfe eines Systems situativer Variabler genauer zu erfassen. Mit Hilfe des Systemgedankens kann der Verwaltungsbetrieb als zielbezogenes, sozio-technisches System verstanden werden, das Leistungen für die Gesellschaft erbringt.

Die einzelnen Organisationslehren lassen verschiedene Einflüsse auf die Organisation des Verwaltungsbetriebs erkennen. Letztlich sind es nach Leavitt vier Dimensionen, mit denen organisatorische Zusammenhänge im sozio-technischen System Verwaltungsbetrieb dargestellt werden können: **127**

1. *Ziel, Aufgaben* und damit verbundene Umweltverflechtungen (vgl. Abschnitt II in diesem Kapitel)
2. *Gebilde-* und *Prozeßstruktur* (Aufbau- und Ablauforganisation) (vgl. Abschnitt IV, Ziffern 4 und 5)
3. *eingesetzte Techniken* (Organisationstechniken, Organisationsmittel) (vgl. Abschnitt IV, Ziffern 6, 7 und 8)
4. *Personal* (vgl. vor allem 2. Kapitel, Abschnitt I, Abschnitt IV, Ziffer 10, 3. Kapitel, Produktionsfaktor Arbeit und seine Problemfelder)

Den Zusammenhang der genannten vier Systemvariablen zeigt Schaubild 51.

Schaubild 51 Systemvariablen des Verwaltungsbetriebs

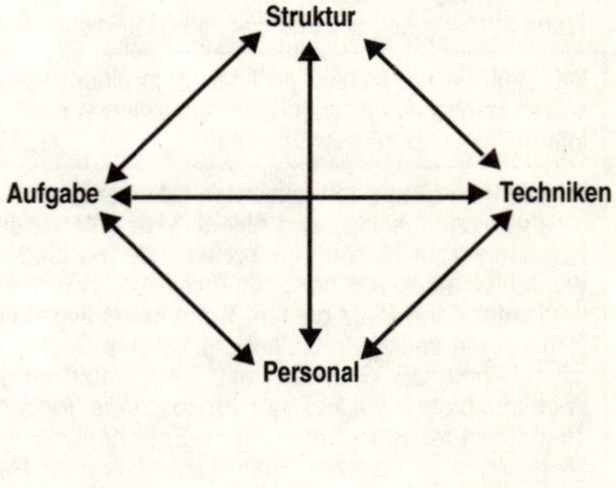

3. Organisationsgrundsätze

In der Organisationslehre sind eine Reihe allgemeiner *Organisationsgrundsätze* (häufig auch als Organisationsprinzipien bezeichnet) entwickelt worden, die für jede Organisation zu beachten sind. Organisationsgrundsätze geben keine konkreten Auskünfte darüber, *wie* organisiert werden muß, sondern verstehen sich eher als *Orientierungshilfen* für den Organisator. Die wichtigsten Organisationsgrundsätze für den Verwaltungsbetrieb werden in Schaubild 52 aufgeführt und kurz erläutert (vgl. Postleitfaden, 1982, S. 45 ff.; vgl. auch Meiners u. a., 1992, S. 49 ff.; Lutz, Pütter, 1992, S. 8 ff.). **128**

Schaubild 52 Benennung und Erklärung allgemeiner Organisationsgrundsätze

Organisationsgrundsatz	Erklärung
1. Zweckmäßigkeit	Die Organisation muß der Zielsetzung des Verwaltungsbetriebs entsprechen.
2. Einfachheit und Klarheit (Transparenz)	Aufgaben sind klar zu beschreiben und auf Organisationseinheiten zu verteilen.
3. Wirtschaftlichkeit	Bei Organisationsmaßnahmen ist eine optimale Relation von Kosten-Leistungs-Größen der Organisationsalternativen im Verwaltungsbetrieb anzustreben.
4. Gleichgewichtigkeit	Die Organisation des Verwaltungsbetriebs muß ein ausgewogenes Verhältnis zwischen Stabilität und Flexibilität (im Sinne der Anpassung an Änderungen) herstellen.
5. Kongruenz von Aufgabe, Verantwortung und Kompetenz	Aufgabenzuordnung bedeutet Verantwortung für die Aufgabenlösung. Verantwortliche Aufgabenerfüllung erfordert die Ausstattung des Aufgabenträgers mit Kompetenzen, d. h. mit Befugnissen, alle zur Aufgabenerfüllung notwendigen Anordnungen treffen zu können.
6. Delegation von Aufgaben und Kompetenzen	Aufgaben und Kompetenzen sollen dem Aufgabenträger übertragen werden, der der Sache am nächsten steht und zur Erfüllung der Aufgaben befähigt ist.
7. Einheit der Auftragserteilung	Jeder Aufgabenträger ist nur einem Vorgesetzten für die Aufgabenerfüllung verantwortlich.
8. Einhaltung der Leitungsspanne (Organisationsbreite)	Die Zahl der einem Vorgesetzten unterstellten Organisationseinheiten oder Mitarbeiter muß so bemessen sein, daß er bei der Wahrnehmung seiner Leitungsfunktionen nicht überfordert ist.
9. Einhaltung des kurzen Weges (Organisationstiefe)	Die Zahl der hierarchischen Ebenen in einem Verwaltungsbetrieb soll so gering wie möglich sein, um einen schnellen Informationsfluß zu gewährleisten.
10. Bevorzugung genereller Regelungen (Substitutionsgesetz der Organisation)	Regelungen bilden den konkreten Inhalt jeder Verwaltungsorganisation in Aufbau und Ablauf. Man unterscheidet generelle Regelungen für betriebliche Tatbestände mit großer Wiederholbarkeit und spezielle (fallweise, individuelle) Regelungen, die immer dann Platz greifen, wenn keine allgemeinverbindlichen Regelungen vorliegen. Gutenberg hat das Gesetz formuliert, daß mit zunehmender Gleichartigkeit, Regelmäßigkeit und Wiederholbarkeit betrieblicher Prozesse die Tendenz zunimmt, nach Möglichkeit fallweise Regelungen (Entscheidungen) durch generelle Regelungen zu ersetzen (Substitution fallweiser Regelungen durch generelle Regelungen; vgl. Gutenberg, 1968, S. 235 ff.).

129 Die Frage des Vorherrschens des *Substitutionsgrundsatzes* der Organisation im Verwaltungsbetrieb kann zunächst bejaht werden (vgl. Eichhorn, Friedrich, 1976 d, S. 249 ff.), weil (u. a.)

1. die Zahl von generellen Regelungen (Gesetze, Verordnungen, Erlasse u. a. m.) eher zunimmt (vgl. auch die aktuelle „Entbürokratisierungsdiskussion"),

2. die Aufgabenvielfalt der Verwaltungsbetriebe zunimmt und der formalisierte Koordinierungsbedarf ansteigt,

3. der Wunsch nach Verminderung organisatorischer Unsicherheiten vorherrscht,
4. die Tendenzen zur Zentralisierung von Verwaltungen mehr generelle interne Regelungen für die neu geschaffenen Verwaltungseinheiten bedingen,
5. durch den Einsatz von maschinellen Organisationsmitteln, z. B. der ADV und der Informationstechnik (vgl. Abschnitt IV, Ziffer 7 und 8), die Standardisierung von Verwaltungsabläufen und -verfahren möglich wird (vgl. zum Beispiel den wichtigen Problemkreis „automationsgerechte Gesetzgebung").

Es lassen sich allerdings auch Tendenzen zur Verstärkung fallweiser Regelungen aufzeigen, etwa bedingt

1. durch die wachsende Leistungsvielfalt der Verwaltungsbetriebe für individuelle Fälle,
2. durch fallweises Ausfüllen verwaltungsbetrieblicher Ermessensspielräume,
3. durch Einführung von Managementkonzeptionen, die verstärkt Verwaltungsangehörige am Entscheidungsprozeß beteiligen (vgl. Abschnitt VI in diesem Kapitel).

Von einer grundsätzlichen Übertragbarkeit des Substitutionsgesetzes auf Verwaltungsbetriebe kann also nicht gesprochen werden. Hier muß eine gesonderte Betrachtung jedes einzelnen Verwaltungsbetriebs und seiner speziellen Gegebenheiten weiterhelfen. Es ist nicht auszuschließen, daß in Verwaltungen fallweise und generelle Regelungen häufig auch komplementäre Beziehungen aufweisen (Komplementaritätsthese, vgl. Eichhorn, Friedrich, 1976 d, S. 251; vgl. auch die kritischen Ausführungen bei Kieser (Hrsg.), 1981, S. 69 ff.).

4. Aufbauorganisation des Verwaltungsbetriebs

a) Abgrenzung von Aufbau- und Ablauforganisation

Die Unterteilung der Organisation in *Aufbau- und Ablauforganisation* **130**
geschieht aus Gründen des arbeitsteiligen Vorgehens bei der Betrachtung des Organisationsphänomens im Verwaltungsbetrieb. Insbesondere unter Berücksichtigung systemtheoretischer Ansätze sind die Organisation des Aufbaus und des Ablaufs eng miteinander verbunden und lediglich verschiedene Sichtweisen des gleichen Gegenstandes, nämlich der Organisation. Während beispielsweise die Bundesbahn einerseits über eine Aufbauorganisation verfügt, die mit ihrem Streckennetz verglichen werden kann, muß andererseits eine Ablauforganisation bestehen, der der fahrplanmäßig und außerfahrplanmäßig ablaufende Zugverkehr über Schienen, Weichen und Stationen unter Berücksichtigung von Fahrgastzahlen, Zuglängen und

Geschwindigkeiten, Besetzungs- und Schichtplänen, Arbeits- und Betriebszeiten, Umsteigeverkehr, Abfahrts-, Ankunfts- und Wartezeiten entspricht.

131 Stellt man Aufbau- und Ablauforganisation in *Begriff, General-* und *Teilaufgaben* gegenüber, so gelangt man zu folgendem Schaubild (vgl. Kosiol, 1962; Eichhorn, Friedrich, 1976 d, S. 211 ff., S. 230 ff.; Steinebach, 1980 b, S. 34 ff., 1980 a, S. 57 ff.; Deckert, 1993, S. 99 ff., S. 171 ff.; Horváth u. a., 1996, Abschnitt C 3.1).

Schaubild 53 Begriffe, General- und Teilaufgaben der Aufbau- und Ablauforganisation

Organisation			
Aufbauorganisation		**Ablauforganisation**	
Begriff	Strukturregelungen für den Aufbau der Verwaltung	**Begriff**	Verfahrensregelungen für Arbeitsabläufe in der Verwaltung
Generalaufgabe	Gliederung der Verwaltung in aufgabenbezogene Einheiten (Aufgabenanalyse) und Koordinierung dieser Einheiten (Aufgabensynthese)	**Generalaufgabe**	raumzeitliche Strukturierung verwaltungsbetrieblicher Ablaufprozesse (Verfahrensanalyse und Verfahrenssynthese)
Teilaufgabe Aufgabenanalyse	1. Verrichtungsanalyse, 2. Objektanalyse, 3. Ressourcenanalyse, 4. raumbezogene Analyse, 5. zeitbezogene Analyse, 6. Beziehungsanalyse	**Teilaufgabe Verfahrensanalyse**	1. Verrichtungsanalyse, 2. Objektanalyse, 3. Ressourcenanalyse, 4. raumbezogene Analyse, 5. zeitbezogene Analyse, 6. Beziehungsanalyse
Teilaufgabe Aufgabensynthese	Zusammenfassung der Einzelaufgaben zu arbeitsteiligen Einheiten (Stellen, Dienstposten)	**Teilaufgabe Verfahrenssynthese**	1. personale Verfahrenssynthese (Arbeitsverteilung) 2. temporale Verfahrenssynthese (Arbeitsvereinigung) 3. lokale Verfahrenssynthese (Raumgestaltung) 4. kommutative Verfahrenssynthese (Verfahrensabschnittsbildung unter Berücksichtigung des Informationsaustausches) 5. Grad der Regelungen (einmalige, mehrfache Verfahrenssynthese)

b) Übersicht zur Aufbauorganisation

Da Verfahrensregelungen für Arbeitsabläufe im Verwaltungsbetrieb (Ablauforganisation) Gegenstand der Ausführungen in Ziff. 5 sind, sollen zunächst die Teilaufgaben der Aufbauorganisation kurz beschrieben werden. Dies geschieht in Schaubild 54. **132**

Schaubild 54 Kurzerklärungen zu den Teilaufgaben der Aufbauorganisation

Teilaufgaben der Aufbauorganisation	Kurzerklärungen
I. Aufgabenanalyse 1. Verrichtungsanalyse	Jede Aufgabe läßt sich nach ihrem *Inhalt* durch eine bestimmte Verrichtung (Tätigkeit, Leistung) beschreiben. Beispiele für Verrichtungen in Verwaltungsbetrieben: heilen in Krankenhausbetrieben, unterrichten in Schulbetrieben, bauen in Bauämtern, Steuern erheben in Finanzämtern, Personal verwalten in Personalabteilungen usw.
2. Objektanalyse	Die Aufgaben werden nach Verwaltungsgegenständen gegliedert. Objekte im Zusammenhang mit den unter 1. genannten Verrichtungen sind: Kranke (Krankenhausbetrieb), Kinder (Schulbetrieb), Straßen, Brücken usw. (Bauämter), Steuern (Finanzämter), Personal (Personalverwaltungen) usw.
3. Ressourcenanalyse	Klassifizierung der Aufgaben nach den beteiligten Produktionsfaktoren (Personal, Betriebsmittel, Werkstoffe, monetärer Faktor).
4. raumbezogene Analyse	Einteilung der Aufgaben nach Gebiet und Standort (z. B. für Beschaffung, Leistungserstellung und Leistungsabgabe).
5. zeitbezogene Analyse	Gliederung der Aufgaben nach zeitlichen Dimensionen (Zeitpunkten, Zeiträumen).
6. Beziehungsanalyse	Aufteilung der Aufgaben nach Zweckbeziehungen (Zweckbeziehungsanalyse), nach Unter- und Überordnungsverhältnissen (Ranganalyse) und nach Aufteilung auf die Planungs-, Realisations- und Kontrollphase (Phasenanalyse). Die Beziehungsanalyse ist lediglich eine Verfeinerung des Verrichtungsaspektes.
II. Aufgabensynthese	Die Aufgabenanalyse ist Voraussetzung jeder organisatorischen Gestaltung. Die Strukturierung beginnt mit der Aufgabensynthese, in der die Teilaufgaben zu arbeitsteiligen Einheiten, den *Stellen*, zusammengefaßt werden. Stellen sind Aufgaben- und Arbeitsbereiche einer gedachten Person, die über die für die Aufgabenerfüllung notwendigen Kenntnisse verfügt und eine durchschnittliche Arbeitskapazität aufweist. In der Verwaltung spricht man von *Dienstposten*. Die Dienstposten sind zur Ausführung bestimmter Teilaufgaben mit Befugnissen ausgestattet, wie z. B. Anordnungs-, Kontroll- und Zeichnungsbefugnissen und organisatorisch in den Verwaltungsbetrieb integriert. Man unterscheidet sachbezogene, personenbezogene und sachmittelorientierte Tätigkeitszuschnitte von Dienstposten.

c) Organisationsformen der Aufbauorganisation

Die eine Aufgabenanalyse bedingende Aufgabensynthese führt in der Regel zu wiederkehrenden *Organisationsformen.* Häufig werden auch Begriffe wie Organisationssysteme, Zuständigkeits- oder Kompetenzsysteme synonym gebraucht. Organisationsformen stellen die Organisation der Verkehrswege zwischen der Führungsspitze des Verwaltungsbetriebs und den einzelnen Verwaltungsbereichen sowie zwischen den Verwaltungsbereichen unterein- **133** ander dar. Sie verstehen sich als organisatorische Grundmodelle, kommen in der behördlichen Praxis nie in reiner Form vor, geben aber Orientierungshilfen für die organisatorische Gestaltung.

Die wichtigsten *klassischen Organisationsformen* (Einlinien-, Mehrlinien-, Stabliniensystem) und die *modernen Organisationsformen* (Sparten-, teamorientierte-, Projekt-, Matrixorganisation) werden in den wesentlichen Grundzügen dargestellt und mit stark vereinfachten Schaubildern verdeutlicht (zur Abhandlung der Organisationsformen benutzte Literatur: Joerger, Geppert [Hrsg.], Bd. 2, 1983, S. 312 ff.; Reinfried, Steinebach, 1983, S. 120 ff.; Schuster, Siemens, 1986, S. 129 ff.; Deckert, 1993, S. 110 ff.; Mattern [Hrsg.], 1994, S. 117 ff.; Siepmann, Siepmann, 1996, S. 42 ff.).

134 Aus den Schaubildern 55 und 56 sind das Schema eines *Liniensystems* und wesentliche Merkmale sowie Vor- und Nachteile dieses Systems ersichtlich.

Schaubild 55 Das vereinfachte Schema eines Liniensystems

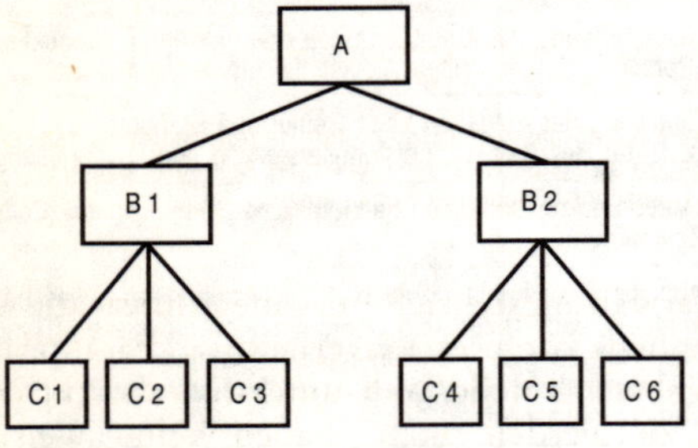

Schaubild 56 Die wichtigsten Merkmale des Liniensystems sowie seine Vor- und Nachteile

Merkmale	1. Einheitlicher Instanzenweg (Dienstweg) 2. Einheitlichkeit der Leitung ist gegeben 3. Dienstweg wird von unten nach oben und von oben nach unten eingehalten
Vorteile	1. Klare Abgrenzung von Rechten und Pflichten 2. Dienstwegprinzip garantiert Einheitlichkeit der Leitung und Einhaltung der Verwaltungsordnung
Nachteile	1. Starke Belastung der leitenden Personen und Zersplitterung ihrer Arbeit 2. Schwerfälligkeit durch die gegebene Verkehrswegregelung 3. Spezialisierung wird entgegengewirkt.

Die Schaubilder 57 und 58 zeigen das Schema eines *Mehrliniensystems* (auch funktionales System genannt), wichtigste Merkmale sowie Vor- und Nachteile dieses Systems. **135**

Schaubild 57 Schema des Mehrliniensystems

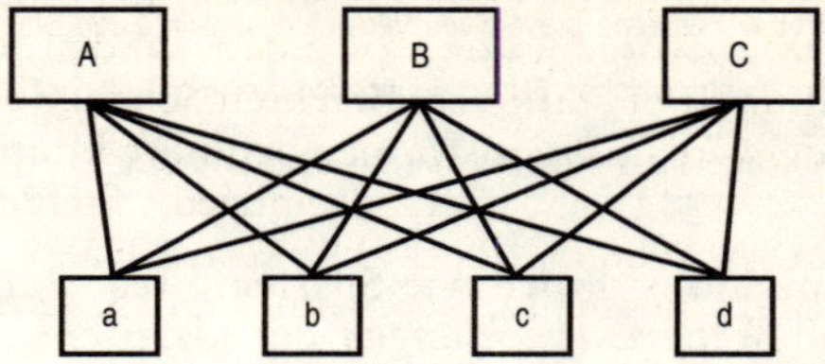

Schaubild 58 Merkmale des Mehrliniensystems und seine Vor- und Nachteile

Merkmale	1. Verkehrsweg wird durch Funktionen bestimmt 2. Anweisungen durch verschiedene vorgesetzte Stellen möglich 3. Einheitlichkeit der Leitung und Auftragserteilung nicht gegeben
Vorteile	1. Ausschaltung des schwerfälligen Instanzenweges 2. Direkte fachliche Anweisungen ersparen Leerlauf
Nachteile	1. Untergebene haben das Gefühl, mehreren Herren dienen zu müssen 2. Verstoß gegen den Grundsatz der Einheit der Auftragserteilung 3. Mögliche Überschneidungen der Kompetenzen

Während *Linien* im Verwaltungsbetrieb mit einem linear die Verwaltungshierarchie durchziehenden Vorgesetztenverhältnis charakterisierbar sind, haben *Stäbe* die Aufgabe, beratend und unterstützend, in der Regel für Leitungsstellen, tätig zu werden. Stäbe haben keine Weisungsbefugnis gegenüber den Stellen der Linie. Die Schaubilder 59 und 60 zeigen das Schema einer *Stablinienorganisation* und die wichtigsten Merkmale sowie Vor- und Nachteile dieser Organisationsform. **136**

Schaubild 59 Schema einer Stablinienorganisation

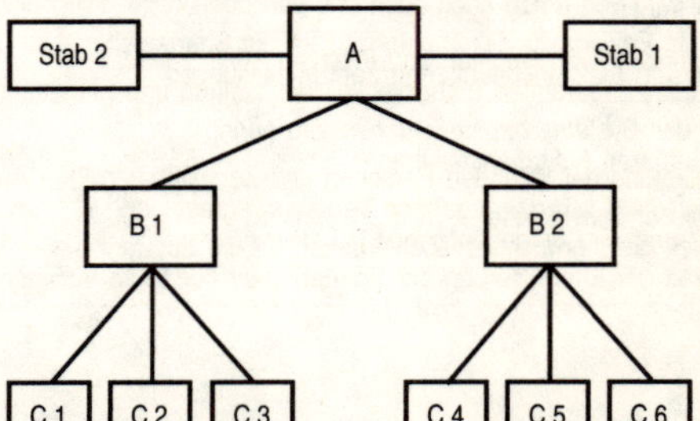

Schaubild 60 Merkmale des Stabliniensystems und seine wichtigsten Vor- und Nachteile

Merkmale	1. Erhaltung der Einheitlichkeit der Leitung durch die Linien 2. Einrichtung von Stäben zur Wahrnehmung bestimmter Funktionen
Vorteile	1. Entlastung der Instanzen durch Stabsarbeit 2. Spezialisierung von Linien und Stäben auf bestimmte Aufgaben (Arbeitsteilung) 3. Möglichkeit einer besseren präventiven Verwaltungspolitik durch Stabsarbeit
Nachteile	1. Zu starre Trennung zwischen Entscheidungsvorbereitung, Entscheidung und Entscheidungsdurchsetzung 2. Gefahr von Kompetenzstreitigkeiten zwischen Stab und Linie

137 Die moderneren Organisationsformen wie Sparten-, Team-, Projekt- und Matrixorganisation sind *Weiterentwicklungen* der klassischen Organisationsformen. So ist die Spartenorganisation (Divisionalisierung) eine spezielle Form der Linienorganisation. Schaubild 61 zeigt das Modell einer divisionalisierten Organisation, Schaubild 62 Merkmale, Vor- und Nachteile dieser Organisationsform.

Schaubild 61 Schema einer divisionalisierten Organisation

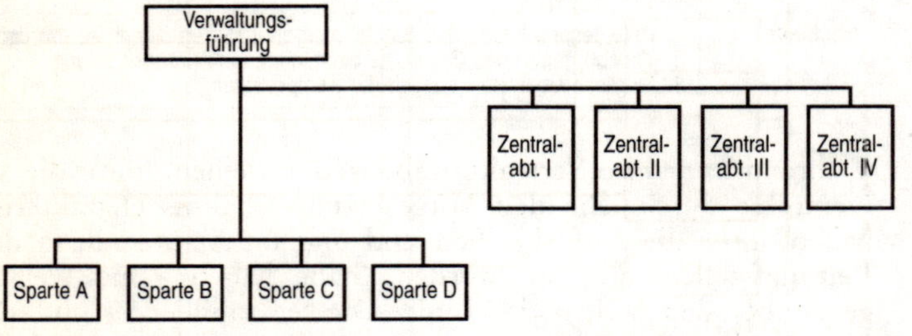

Schaubild 62 Merkmale, Vor- und Nachteile der Sparten- oder Divisionsorganisation

Merkmale	1. Organisation primär nach Divisionen (Sparten), nicht nach Funktionen (Verrichtungen) 2. Weitgehende Entscheidungskompetenzen für die Spartenleiter 3. Einrichtung von funktionsorientierten Zentralabteilungen
Vorteil	Flexibilität des Systems bei Neuerungen und gering prognostizierbaren Aufgabenstellungen
Nachteile	1. Konkurrenz der Spartenleiter 2. Schwierigkeit gleichgewichtiger Zielvorgaben für die Spartenleiter 3. Schwierigkeit der Koordinierung der Spartenarbeit durch die Verwaltungsführung

Aus der Diskussion um die Vor- und Nachteile einer funktionsorientierten (oder verrichtungsorientierten) und einer objektorientierten Organisation (vgl. Rn 137) entstand das Konzept der *Matrixorganisation.* Verknüpfungen und Beziehungen zwischen vertikalen (objektbezogenen) Bereichen und horizontalen (verrichtungsbezogenen) Bereichen werden durch ein zweidimensionales Strukturgebilde, das sogenannte Matrixfeld, zustande gebracht. Unterstellt man z. B. bei einem Liegenschaftsamt modellhaft als Objekte die Stadtteile A–D, für die jeweils ein Sachbearbeiter zuständig ist, und geht man von den Handlungen (Verrichtungen) Ankauf, Verkauf, Verwertung, Grundbuch des Grundstücksverkehrs aus, so kann die Matrixorganisation des Liegenschaftsamtes so dargestellt werden (vgl. Becker, Thieme [Hrsg.], 1978, Abschnitt Aufbauorganisation, S. 17 ff., S. 32 f.): **138**

Schaubild 63 Matrixorganisation eines Liegenschaftsamtes

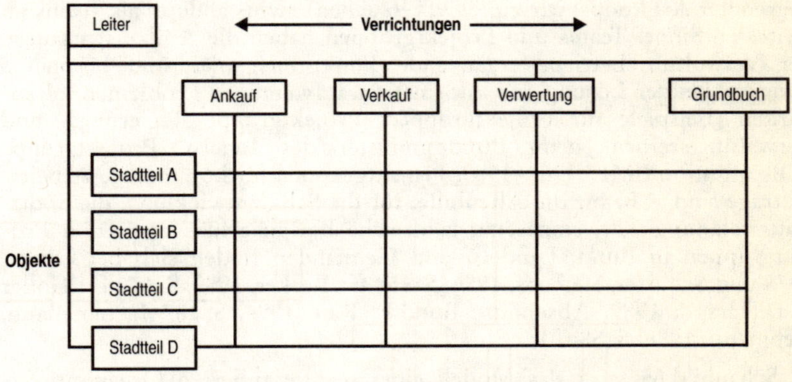

Die wesentlichen Merkmale, Vor- und Nachteile der Matrixorganisation ergeben sich aus Schaubild 64 (vgl. auch Strutz [Hrsg.], 1982, S. 344 f.; Dekkert, 1993, S. 112 ff.; Mattern [Hrsg.], 1994, S. 122 ff.; Rau, 1994, S. 184 ff.):

Schaubild 64 Merkmale, Vor- und Nachteile der Matrixorganisation

Merkmale	1. Verbindung der Vorteile von verrichtungs- und objektbezogener Organisation 2. Herstellung eines „Gleichgewichts" zwischen den Objekten (Sparten) und den Verrichtungsarten
Vorteile	1. Verbindung integrativer Objektlenkung mit spezialisierten Verrichtungen 2. Höhere Arbeitsmotivation der Sachbearbeiter, die ihre Objekte durch alle Verrichtungen begleiten können 3. Qualitative Verbesserung der Informations- und Entscheidungsprozesse 4. Zweidimensionales Denken fördert Organisationsflexibilität und Mitarbeiterkreativität
Nachteile	1. Kompetenz- und Verantwortungsabgrenzung zwischen Objekt- und Verrichtungsverantwortlichen schwierig 2. Autoritätskonflikte von Mitarbeitern in den Matrix-Schnittfeldern 3. Höhere Mitarbeiteranforderungen und Koordinationskosten

139 Die *Team- und Projektorganisation* können zusammenfassend dargestellt werden, weil sie unter die betriebswirtschaftliche Sammelbezeichnung des *Kollegiums* fallen. Kollegien sind in der Verwaltungspraxis unterschiedlich ausgeprägte Kooperationsgremien, die mit Begriffen wie *Ausschüsse* (z. B. Amtsleitersitzungen, Untersuchungsausschüsse, Investitions- und Rationalisierungsausschüsse), *Kommissionen* (z. B. Studienkommission zur Reform des öffentlichen Dienstrechts), *Beiräte* (z. B. wissenschaftliche Beiräte bei Bundes-, Landesministerien), *Arbeitsgruppen* (eingesetzt bei Koordination fachübergreifender Daueraufgaben, wie z. B. bei kommunaler Entwicklungsplanung, im Zivil- und Katastrophenschutz, im Umweltschutz u. a. m.), aber auch mit *Teams* oder *Projektgruppen* belegt werden können.

Dabei sind Projektgruppen (Personengruppen, die in sich geschlossene Aufgaben = Projekte, meist komplexerer sowie zeitlich und sachlich begrenzter Art kooperativ zu lösen versuchen) nichts anderes als Teams im weitesten Sinne. Teams und Projektgruppen haben die Aufbaustrukturen der Verwaltungsbetriebe ergänzende Funktionen und sind besonders geeignet, bei der Lösung von informationsaufwendigen Problemen mitzuwirken (Beispiele für Projektgruppen: Projektgruppe Regierungs- und Verwaltungsreform beim Bundesminister des Innern, Projektgruppe „Organisation BMI" 1968–1969; Projektgruppen für kommunale Arbeitsaufträge sind z. B. für die Altenhilfe, für die Schulentwicklung, die Sportstättenplanung usw. eingesetzt; zahlreiche Beispiele für Teams und Projektgruppen in Bund, Ländern und Gemeinden finden sich bei Oliver, 1978 und Schuster, Siemens, 1986, S. 154 ff.; Becker, 1989, S. 672 ff.; Goller u. a. [Hrsg.], 1989, Abschnitte Bund E; Rau, 1994, S. 187 ff.; Siepmann, Siepmann, 1996, S. 58 ff.).

In Schaubild 65 wird das Modell einer teamorientierten Organisationsstruktur vorgestellt, in der als besondere Form der Teamorganisation eine Projektgruppe auftritt (vgl. Kübler, 2. Aufl., 1976, S. 65).

Schaubild 65 Teamorientierte Organisationsstruktur

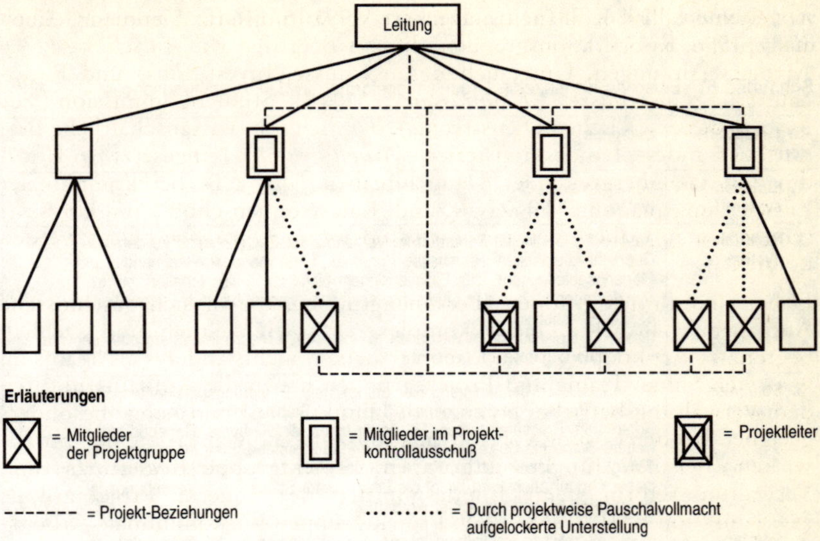

Schaubild 66 stellt Vor- und Nachteile der Teamorganisation gegenüber (vgl. Wunderer, Grunwald, Bd. 2, 1980, S. 375; Reichard, 1987, S. 197; Rau, 1994, S. 187 f.)

Schaubild 66 Ausgewählte Vor- und Nachteile der Teamorganisation

Vorteile	1. Verbesserung von Informations- und Entscheidungsprozessen 2. Enthierarchisierung, Entbürokratisierung 3. Größere Zielbezogenheit der Mitglieder 4. Leistungssteigerung durch Teamwettbewerb 5. Risiko- und Fehlerausgleich zwischen Gruppenmitgliedern 6. Flexibilität bei Zieländerungen
Nachteile	1. Hoher Informationsaufwand 2. Kompromißdenken oder Minderheitsunterdrückung möglich 3. Kontaktschwierigkeiten mit der Linie möglich 4. Rekrutierung der Teammitglieder aus der Linie und Rückkehr in die Linie häufig schwierig 5. Unerwünschte Eigendynamik von Teams

140 Die verschiedenen Organisationsformen in der öffentlichen Verwaltung sollen abschließend mit einigen Beispielen belegt werden (vgl. auch Schuster, Siemens, 1986, S. 151 ff.; Deckert, 1993, S. 116 ff.; Siepmann, Siepmann, 1996, S. 47 ff.).

Schaubild 67 Beispiele für einzelne Organisationsformen in der Verwaltungspraxis

Organisations-form	Beispiele
1. Einlinien-system	Vorherrschende Organisationsform in der Verwaltungspraxis (vgl. z. B. § 12 GGO I).
2. Mehrlinien-system	Ausgeprägt bei vielen Behörden im Verhältnis der Facheinheiten zu den Querschnittseinheiten (Haushalts-, Personal-, Organisations-, Rechnungs- und Planungsabteilungen). Das Einliniensystem bleibt im Prinzip erhalten, nur in Spezialfragen stehen den Querschnittseinheiten gegenüber den Facheinheiten Weisungsrechte zu. (Diese Organisationsform wird auch asymetrisches Mehrliniensystem oder unechte funktionale Organisation genannt.)
3. Stablinien-system	Stäbe existieren bei Ministern, Regierungschefs, Regierungspräsidenten, Stadt- und Kreisdirektoren, Polizeipräsidenten. Typische „Stabsleute" sind persönliche Referenten, Pressereferenten, Mitglieder eines Ministerbüros. Daneben gibt es weitere Stäbe mit Spezialaufgaben, wie Planungsstäbe, Führungsstäbe (z. B. im BMVg), Organisationsstäbe, Kabinetts- und Parlamentsreferenten. Vorherrschend in dieser Organisationsform bleibt die Linie, zumal Stäbe in der Verwaltungspraxis zunehmend kritisch betrachtet werden.
4. Sparten- (Divisions-) Organisation	In der öffentlichen Verwaltung lassen sich nur wenige Aufgaben von der unmittelbaren politischen Führung „abkoppeln", wie das in Großunternehmen durch die Bildung eigenständig wirtschaftlich handelnder Sparten geschieht. Man könnte sich vorstellen, daß einzelne Verwaltungszweige mit geschlossenen betrieblichen Aufgabenbereichen (z. B. Stadtreinigung) zu nicht-rechtsfähigen, wirtschaftlich selbständigen Betriebseinheiten umgeformt werden.
5. Matrix-Organisation	Alle Verhältnisse von Facheinheiten zu Querschnittseinheiten sind Arten von Matrixorganisationen; in Krankenhausbetrieben werden mit der Matrixorganisation betriebliche, medizinische und pflegerische Aufgaben verbunden; weitere Anwendungen im Rüstungsbereich des BMVg, in der Kulturverwaltung.
6. Team- und Projekt-Organisation (vgl. Rn 139)	Diese Organisationsformen sind mit Erfolg benutzt worden zur Erarbeitung von Entscheidungsvorschlägen, z. B. Untersuchung organisatorischer Verbesserung einer Großstadtpolizei, bei der Entwicklung neuer Organisationsmodelle für Verwaltungen; weitere Verwendungen bei Einrichtung von Verwaltungszentren, bei der Einsetzung von Projektbeauftragten für die Einführung und Kontrolle von Waffensystemen im BMVg (z. B. für das MRCA-Projekt, für Fregattenprojekte etc.).

d) Ausgewählte Einzeltatbestände und Probleme der verwaltungsbetrieblichen Aufbauorganisation

141 Bei der Darstellung der wichtigsten Organisationsformen ging es überwiegend um modellhafte Erklärungen von *Aufbaustrukturen,* innerhalb deren sich Entscheidungen und Anordnungen im Verwaltungsbetrieb vollziehen können. Im folgenden sollen einige *Einzeltatbestände* und *Probleme* des verwaltungsbetrieblichen Aufbaus skizziert werden: Die wichtigsten *Leitungsebenen des Verwaltungsbetriebs,* die *Organisationsformen der obersten Leitungsebene,* die *Gliederungsbreite und Gliederungstiefe in Verwal-*

*tungs*betrieben, die *Leitungsspanne* und die für die Verwaltungspraxis wesentlichen *Darstellungsformen* der *Aufbauorganisation.*

In den jeweiligen Organisationsformen, die Verwaltungsbetriebe verwenden, bedarf es zur Aufgabenerfüllung ständiger Verkehrs- oder Verbindungsäußerungen. Diese können in drei Arten unterteilt werden: *Befehle* (verbindliche Weisungen, die von Befehlsempfängern befolgt werden müssen), *Vorschläge* (Anregungen, die der Empfänger zu unverbindlicher Prüfung entgegennimmt), *Mitteilungen* und *Informationen* (Nachrichten, die zur Orientierung des Empfängers dienen). Der für den organisatorischen Aufbau wichtigste Weg ist der Befehlsweg. Aus seiner Regelung ergibt sich die hierarchische Rangordnung der Organisationsstellen, der *Instanzenaufbau. Instanzen* sind Stellen mit Befehlsgewalt über andere Stellen; sie sind mit *Kompetenzen* ausgestattet, d. h. mit dem Recht, alle zur Aufgabenerfüllung notwendigen Entscheidungen und Anordnungen zu treffen. Als *Grundfunktionen* der Instanzen werden auch die Entscheidungs-, Anordnungs- und Initiativfunktion (Kosiol) genannt. **142**

Der Instanzenaufbau eines Verwaltungsbetriebs wird in der Regel durch vier Ebenen charakterisiert: **143**

1. die *oberste Ebene* (top management) mit der Hauptaufgabe, *Führungsaufgaben* wahrzunehmen
2. die *mittlere Ebene* (middle management) mit der Hauptaufgabe, *Leitungsaufgaben* wahrzunehmen
3. die *untere Ebene* (lower management) mit der Hauptaufgabe, *Steuerungsaufgaben* wahrzunehmen
4. die *ausführende Ebene* (exekutive) mit der Hauptaufgabe, *einfache Entscheidungen* zu treffen und im wesentlichen *ausführende Arbeiten* zu übernehmen.

Dieses auf den Verwaltungsbetrieb übertragbare Schema wird in Schaubild 68 modellhaft dargestellt und in Schaubild 69 auf eine Standortverwaltung (Unterbehörde im BMVg-Bereich) übertragen (vgl. Steinebach, 1978 a, S. 167 f.).

Beschränkt man sich auf die oberste, mittlere und untere Instanz, so können nach dem staatsrechtlichen Aufbauschema in Bund, Ländern und Gemeinden ausgewählte Beispiele für mit diesen Instanzen vergleichbare Behörden und für Repräsentanten dieser behördlichen Instanzen gefunden werden (vgl. Schaubild 70).

Schaubild 68 Allgemeines Schema des Instanzenaufbaus in Verwaltungsbetrieben

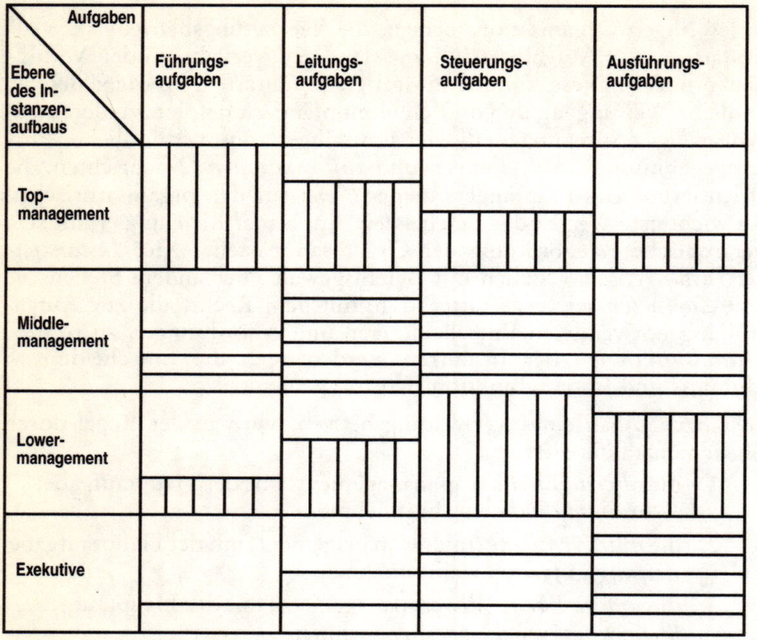

Schaubild 69 Vereinfachtes Schema des Instanzenaufbaus bei einer Standortverwaltung

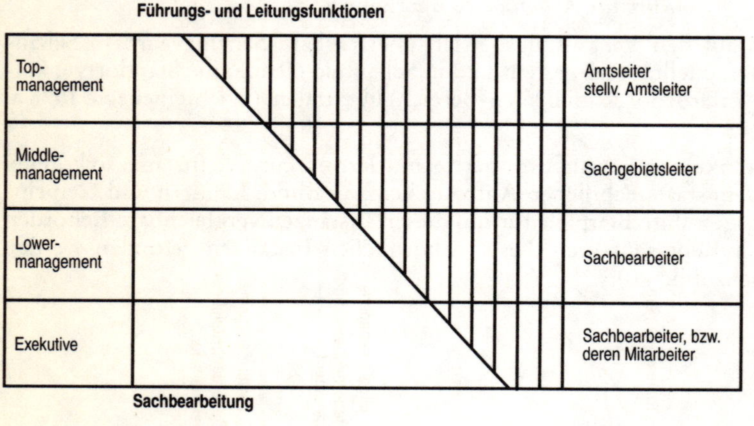

Schaubild 70 Instanzenaufbau in Bund, Ländern und Gemeinden

Instanz	**Behördenart**				
	Oberstbehörden des Bundes, der Länder und Stelleninhaber	Oberbehörden des Bundes, der Länder und Stelleninhaber	Mittelbehörden des Bundes, der Länder und Stelleninhaber	Unterbehörden des Bundes, der Länder und Stelleninhaber	Gemeindeverwaltungen und Stelleninhaber
I. Topmanagement	Ministerien; Senatsverwaltungen (Minister, Senatoren, Staatssekretäre, Abteilungsleiter)	Statistisches Bundesamt, Bundesverwaltungsamt, Bundesamt für Wehrtechnik und Beschaffung; Landesversicherungsanstalten, Landesvermessungsämter (Präsidenten, Vizepräsidenten, Abteilungspräsidenten)	Oberfinanzdirektionen, Bezirksregierungen (Oberfinanz-, Regierungspräsidenten, Vizepräsidenten, Abteilungsleiter)	Standortverwaltungen, Hauptzollämter, Forstämter (Amtsleiter und ihre Stellvertreter)	Kreisstädte, Verbandsgemeinden (Oberbürgermeister, Verbandsbürgermeister als Verwaltungsleiter und deren Stellvertreter)
II. Middlemanagement (Behördenbezeichnung wie unter I.)	Unterabteilungsleiter, Gruppenleiter, Referatsleiter in Unterabteilungen und Referaten	Gruppenleiter, Direktoren, Referatsleiter (z. B. in Gruppen oder Referaten)	Gruppenleiter, Referatsleiter, Dezernatsleiter (z. B. in Referaten, Dezernaten)	Sachgebietsleiter, Sachbearbeiter (z. B. in Sachgebieten)	Amtsleiter (z. B. Stadt-, Gemeinde-, Verwaltungsdirektoren)
III. Lowermanagement (Behördenbezeichnung wie unter I.)	Referenten, Sachgebietsleiter (in Referaten)	Referenten, Sachgebietsleiter (z. B. in Gruppen oder Referaten)	Referenten, Dezernenten (z. B. in Referaten und Dezernaten)	Sachbearbeiter (z. B. in Sachgebieten)	Sachgebietsleiter, Sachbearbeiter (z. B. in Sachgebieten)

144 Grundsätzlich kann die *Führungsspitze des Verwaltungsbetriebs* nach dem Zustandekommen der obersten Entscheidungen eine *Singular-* oder eine *Pluralinstanz* sein. Singularinstanzliches Hauptprinzip ist das *Direktorialprinzip* (in Behörden auch *monokratisches Prinzip* genannt), pluralinstanzliche Prinzipien können sowohl das *Direktorial-* als auch das *Kollegialprinzip* sein. Eine Übersicht zu diesen beiden Organisationsformen der Führungsspitze sowie deren Vor- und Nachteile finden sich in den Schaubildern 71 und 72 (vgl. Steinebach, 1978 a, S. 172 ff.).

Schaubild 71 Organisationsformen der Führungsspitze in Verwaltungsbetrieben

	Singularinstanz	**Pluralinstanz**
Merkmal	Führungsspitze **eine** Person	Führungsspitze **mehrere** Personen
	Direktorialprinzip in Form des **monokratischen Prinzips** (**einer** entscheidet, **einer** verantwortet)	1. **Direktorialprinzip** (**einer** entscheidet bei gemeinsamer Verantwortung in einer Führungs**gruppe** = **mehrere**) 2. **Kollegialprinzip** (alle entscheiden **gleichberechtigt,** jeder führt seinen Teilbereich selbständig; es können die Formen Primat-, Abstimmungs-, Kassations- und Ressortkollegialität auftreten)

Schaubild 72 Vor- und Nachteile des Direktorial- und Kollegialprinzips

	Direktorialprinzip	**Kollegialprinzip**
Vorteile	1. Entscheidungskontinuität 2. Entscheidungsschnelligkeit 3. einheitliche Entscheidungsrichtung	1. kritische Durcharbeitung eines Problems durch mehrere 2. größerer Erfahrungsschatz von mehreren an der Entscheidung Beteiligten 3. Aufteilung der Entscheidungsmacht auf mehrere
Nachteile	1. zu große Machtkonzentration 2. in allen Alleinentscheidungen können sich eher Informations- bzw. Wissens- und Erklärungsmängel auswirken!	1. Möglichkeiten von Spannungen und Rivalitäten 2. Entscheidungsfindung erfordert in der Regel mehr Zeit und ist damit kostenaufwendiger

145 Ein weiteres wichtiges Problem verwaltungsbetrieblicher Aufbauorganisation resultiert aus der Entscheidung über *Gliederungsbreiten* und *Gliederungstiefen* von Aufbaustrukturen. Während die Gliederungsbreite auf die Zahl der Organisationseinheiten in der gleichen Organisationsstufe (Instanz) Bezug nimmt (*horizontale* Sicht der Aufbauorganisation), bezieht sich die Gliederungstiefe der Organisation auf die Zahl der Organisationsstufen in einer Aufbaustruktur *(vertikale* Sicht der Organisation). Die Tendenz, auf einer Stufe möglichst wenig, dafür aber größere Organisationseinheiten mit gleichartigen Aufgabengebieten zu bilden, nennt man auch *Minimumprinzip der Organisation.* Die Verfolgung dieser Prinzipien – Minimum- und Minimalebenenprinzip – kann für den Verwaltungsbetrieb Vor- und Nachteile haben (vgl. Kübler, 1978, S. 73 ff.; Becker, 1989, S. 602 ff.; Deckert, 1993, S. 107 f.; Eilsberger, Leipelt, 1994, S. 18 f.):

Schaubild 73 Vor- und Nachteile des organisatorischen Minimumprinzips für den Verwaltungsbetrieb

Vorteile	**Nachteile**
1. leichterer Ausgleich von Personalausfällen 2. besserer Ausgleich von Arbeitsspitzen und Arbeitsflauten 3. verbesserte Querinformation und Querabstimmung, Koordination und Kooperation 4. dem Parkinsonschen Gesetz wird mit größeren Organisationseinheiten entgegengewirkt	1. Gefahr der organisatorischen, fachlichen und personellen Unübersichtlichkeit 2. Mängel der inneren Organisation sind leichter kaschierbar

Schaubild 74 Vor- und Nachteile des organisatorischen Minimalebenenprinzips für den Verwaltungsbetrieb

Vorteile	**Nachteile**
1. Arbeitsgang durch Verkürzung des Dienstwegs straffer 2. Gefahr der Informationsverzerrung durch kürzeren Instanzenweg geringer 3. Aufbauorganisation wird übersichtlicher	1. Aufstiegsmöglichkeiten für Mitarbeiter werden geringer 2. Anreize zur Leistungsmotivation werden geringer 3. Manövrier- und Personalplanungsmöglichkeiten der Personalbewirtschaftung werden geringer

Der Größenzuschnitt der einzelnen Organisationseinheiten wird durch die **146** *Leitungsspanne* begrenzt. Dadurch ergeben sich Auswirkungen auf die Befolgung der angeführten Prinzipien sowie auf die Gliederungsbreite und Gliederungstiefe einer Organisation. Unter Leitungsspanne (häufig auch in unpräziser Form unter Anlehnung an das angelsächsische Schrifttum – span of control – Kontrollspanne genannt) versteht man die Anzahl von Stellen, die ein qualifizierter Leiter einer Organisationseinheit überschauen und verantwortlich leiten kann. Die Vorstellungen über die Zahl der Mitarbeiter oder Stellen, die ein Vorgesetzter leiten kann, differieren sehr stark, weil die Leitungsspanne u. a. von folgenden Faktoren abhängt (vgl. Schuster, Siemens, 1986, S. 164 f.; Siepmann, Siepmann, 1996, S. 50 ff.):

1. Aufgabencharakter (z. B. gleichartige Massenvorgänge, Entscheidungsspielräume der Mitarbeiter)
2. Art der Führung des Vorgesetzten (Umfang der Delegation)
3. persönliche Eigenschaften und Fähigkeiten der Vorgesetzten und Mitarbeiter (z. B. unklare Anordnungen erhöhen die Arbeitsbelastung; verantwortungsscheue Mitarbeiter haben häufigen Leitungskontakt)
4. Einsatz von Organisationsmitteln und Informationstechnik (z. B. ADV, vgl. Ziff. 7 und 8 in diesem Abschnitt).

Auswirkungen auf eine angemessene Leitungsspanne im Sinne ihrer Verringerung oder Erweiterung haben folgende Faktoren (vgl. Strutz [Hrsg.], 1982, S. 36 f.; Rau, 1994, S. 118 f.; Eilsberger, Leipelt, 1994, S. 227 ff.):

Schaubild 75 Auswirkungen auf die Leitungsspanne des Verwaltungsbetriebs

Die angemessene Leitungsspanne wird	
erweitert durch	**verringert durch**
1. Aus- und Fortbildung des Vorgesetzten 2. Fähigkeiten, Ausbildungsstand der Mitarbeiter 3. Initiative und Eigenverantwortung der Mitarbeiter 4. räumliche Nähe der Mitarbeiter 5. Delegation von Aufgaben und Kompetenzen 6. Aufgabenerfüllung durch generelle Regelungen 7. horizontale Information, Querbeziehungen 8. personelle und technische Führungshilfen (z. B. Stäbe, Kollegien, ADV)	1. Eigenarbeit und Abwesenheit des Vorgesetzten 2. Verschiedenartigkeit, Komplexität und Schwierigkeit der Aufgaben 3. Aufwand für: Zielsetzung, Planung und Koordination, Dienstaufsicht und Erfolgskontrolle, vertikale Information, Organisation des Arbeitsablaufs, Anleitung und Unterweisung der Mitarbeiter 4. häufigen Aufgabenwandel, Innovation 5. die Höhe der Instanz

147 Empirisch abgesicherte Leitungsspannen sind in der Verwaltung kaum anzutreffen. Häufig wird die Zahl von 7 Mitarbeitern genannt (vgl. Postleitfaden, 1982, S. 52; Kreuser, Friedrich, 1990, S. 44). Für Ministerien wird davon ausgegangen, daß ein Referatsleiter 4 bis 10 Mitarbeiter beaufsichtigen und führen kann. Diese Spanne kann bei den Streitkräften, im Gebührniswesen oder bei Finanzämtern ganz anders aussehen. Daß *große Leitungsspannen* in der Regel zu einem tendenziell flachen Organisationsaufbau *(große Gliederungsbreite, kleine Gliederungstiefe)* und *kleine Leitungsspannen* in der Regel zu einem tendenziell tiefen Organisationsaufbau *(große Gliederungstiefe, kleine Gliederungsbreite)* führen, kann mit Hilfe eines einfachen Rechenbeispiels belegt werden, bei dem von einem gleichbleibenden Bedarf von 250 Sachbearbeitern ausgegangen wird (vgl. Becker, Thieme [Hrsg.], 1978, Abschnitt Aufbauorganisation, S. 23):

Schaubild 76 Rechenbeispiele für zwei Leitungsspannen in einem Verwaltungsbetrieb

Wirkungen / **Leitungsspanne**	1 : 4	1 : 3
Sachbearbeiterstellen	250	250
Leitungsstellen	84	125
Zahlenverhältnis Vorgesetzte (insgesamt) zu Sachbearbeitern	1 : 3	1 : 2
Zahl der Instanzen	4	5
Schematische Andeutung des Organisationsaufbaus		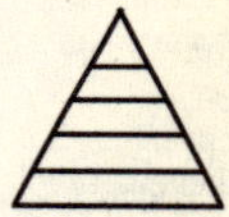

Eine kurze Übersicht zu den wesentlichen *Darstellungsformen* der *Aufbauorganisation* in der öffentlichen Verwaltung soll die Ausführungen zur Organisationsstruktur abrunden. Für umfassendere Ausführungen zu diesem Thema wird auf die Spezialliteratur verwiesen (vgl. insbesondere: Schuster, Siemens, 1986, S. 37 ff.; Becker, 1989, S. 589 ff.; HWÖ, Stichwort Verwaltungsorganisation, 1989, Sp. 1697 ff.; Lutz, Pütter, 1992, S. 15 ff.; Meiners u. a., 1992, S. 101 ff.; Deckert, 1993, S. 123 ff.; Siepmann, Siepmann, 1996, S. 39 ff.). **148**

Bezeichnungen und wichtige Aufgaben der überwiegend aufbauorganisatorisch bedeutsamen Regelungen in der Verwaltung enthält Schaubild 77.

Schaubild 77 Organisationsregelungen für die öffentliche Verwaltung und ihre Hauptaufgaben

Bezeichnung der Regelungen	**Hauptaufgaben**
1. **Aufgabengliederungsplan**	Nach sachlichen Gesichtspunkten geordneter Aufgabenkatalog. Er dient der Erfassung sämtlicher Aufgaben zur eindeutigen Bestimmung des Verwaltungszwecks, als Ansatz für die Aufgabenkritik, zur Vermeidung von Aufgabenüberschneidungen, zur Erfassung des Aufgabenwandels, als Grundlage weiterer Organisationspläne (z. B. Verwaltungsgliederungs-, Geschäftsverteilungs-, Stellen-, Aktenplan). Der Aufgabengliederungsplan der KGSt enthält z. B. acht Aufgabenhauptgruppen: 1. Allgemeine Verwaltungsaufgaben, 2. Finanzen, 3. Recht, Sicherheit und Ordnung, 4. Schule und Kultur, 5. Sozial- und Gesundheitswesen, 6. Bauwesen, 7. öffentliche Einrichtungen, 8. Wirtschaft und Verkehr.
2. **Verwaltungsgliederungsplan**	Er enthält eine Grobgliederung der Verwaltungsaufgaben und die Organisationseinheiten, die diese Aufgaben wahrnehmen. Er dient der Gliederung der Behörde in einzelne Organisationseinheiten, der Zuordnung der Aufgaben zu den Organisationseinheiten, der Abgrenzung der Aufgaben der einzelnen Organisationseinheiten.

Schaubild 77 (Fortsetzung)

Bezeichnung der Regelungen	Hauptaufgaben
3. **Geschäftsverteilungsplan**	Zentraler Plan der Aufbauorganisation von Verwaltungen. Er verteilt die Aufgaben auf die Arbeitsgebiete (Stellen) in den Organisationseinheiten und grenzt alle Arbeitsgebiete ab. Sachliche Zuständigkeiten und Funktionen in Behörden sind eindeutig festzulegen. Der Geschäftsverteilungsplan enthält: Beschreibung der Aufgabengebiete, Bearbeiterzeichen, Bewertung der Stelle, Name des Stelleninhabers, Besoldungs-, Vergütungs- oder Lohngruppe des Stelleninhabers, die Vertretungsregelung.
4. **Stellenplan**	Verzeichnis der in der Verwaltung in einem bestimmten Zeitabschnitt für notwendig gehaltenen Stellen nach Art, Zahl und Bewertung. Er hat außer organisatorischer rechtliche und personalwirtschaftliche Bedeutung.
5. **Aktenplan**	Eine an Sachgesichtspunkten orientierte Gliederung der Akten und Grundlage für die Aktenbildung. Der Aktenplan hat neben aufbauorganisatorischen ablauforganisatorische Zwecke, z. B. schnelles Auffinden benötigter Akten.
6. **Stellenbeschreibungen**	Sie dienen u. a. der Festlegung von Tätigkeiten für den Dienstposteninhaber, der exakten Abgrenzung von Funktionen, der Festlegung des Verantwortungsbereichs, der Stellenbewertung.
7. **Stellenbedarfsplan**	Er dient der Stellenbemessung und -bewertung, ist Hilfsmittel der Personalbedarfsplanung und erforderlich für die gleichmäßige Aufgabenauslastung der Bediensteten sowie die sachgerechte Zuordnung zu Besoldungs-, Vergütungs- und Lohngruppen.
8. **Raumbedarf**	Die Feststellung des Raumbedarfs sichert die funktionsgerechte Ausstattung der einzelnen Arbeitsplätze und ist damit ein Beitrag zur Steigerung der Wirtschaftlichkeit in der Verwaltung.
9. **Haushaltsplan**	Organisatorisches Mittel zur Darstellung der Finanzausstattung von Verwaltungsbetrieben.

5. Ablauforganisation des Verwaltungsbetriebs

a) Übersicht zur Ablauforganisation

149 Während der bisher behandelten Aufbauorganisation, unter der begrifflich Strukturregelungen für den Aufbau des Verwaltungsbetriebs verstanden wurden, die Generalaufgabe der Verwaltungsgliederung in aufgabenbezogene Einheiten (Aufgabenanalyse) und deren Koordinierung (Aufgabensynthese) zufiel, soll die *Ablauforganisation Verfahrensregelungen* für Arbeitsabläufe im Verwaltungsbetrieb bereithalten und die Hauptaufgabe *raumzeitlicher Strukturierung* verwaltungsbetrieblicher Ablaufprozesse *(Verfahrensanalyse* und *Verfahrenssynthese)* erfüllen (Rn 130, 131). Analog zu der Kurzdarstellung der Teilaufgaben der Aufbauorganisation sollen im folgenden zunächst die *Teilaufgaben der Ablauforganisation* erklärt werden (Rn 132) und daran anschließend ausgewählte *Einzeltatbestände* und *Probleme* verwaltungsbetrieblicher *Ablauforganisation* zur Diskussion gestellt werden.

Unter Verwendung des in Schaubild 53 (Rn 131) abgedruckten Schemas zur Ablauforganisation lassen sich die Teilaufgaben *Verfahrensanalayse* und *Verfahrenssynthese* mit Kurzerklärungen belegen. Der Ausdruck „Verfahren" wird in der betriebswirtschaftlichen Organisationsliteratur häufig durch „Arbeit" ersetzt. Kosiol spricht von Arbeitsanalyse und Arbeitssynthese (vgl. Kosiol, 1962, S. 189 und 190). Da als Ordnungskomponenten der Ablauforganisation nicht nur arbeitende Personen, sondern auch Betriebsmittel und Werkstoffe anzusehen sind, werden hier die Bezeichnungen Verfahrensanalyse und -synthese gebraucht (vgl. dazu und zu den folgenden Ausführungen Becker, Thieme [Hrsg.], 1978, Abschnitt Ablauforganisation, S. 4 ff.; Steinebach, 1983 a, S. 149 ff.; S. 265 ff.; Schuster, Siemens, 1986, S. 179 ff.; Remer, 1989, S. 59 ff.; Deckert, 1993, S. 171 ff.; Siepmann, Siepmann, 1996, S. 62 ff.). 150

Schaubild 78 Kurzerklärungen zu den Teilaufgaben der Ablauforganisation

Teilaufgaben der Ablauforganisation	**Kurzerklärungen**
I. **Verfahrensanalyse** 1. Verrichtungsanalyse	Verrichtungs- oder Arbeitsvorgänge werden in ihre Teile zerlegt (Arbeitsganganalyse). Beispiele für Arbeitsvorgänge in Verwaltungsbetrieben: Baugenehmigungen erteilen, Reisepässe, Personalausweise ausstellen, Steuerbescheide erteilen, Rentenberatung vornehmen. Teile der Arbeitsvorgänge sind Arbeitszyklus, Arbeitsreihe, Arbeitsstufe und Arbeitselement (Kosiol, 1962, S. 204).
2. Objektanalyse	Nach den Gegenständen der Verfahrensanalyse werden materielle und informationelle Prozesse unterschieden. Schwerpunkt in der Verwaltung bilden informationelle Prozesse zur Gewinnung, Verarbeitung, Speicherung und Übermittlung von Daten (z. B. im Meldewesen, in der Kraftfahrzeugzulassung als Arbeitsleistungen der Ordnungsverwaltung oder in den zahlreichen Aufgabenfeldern der Antragsbearbeitung mit dem Ziel, Entscheidungen in Form von Bescheiden, Genehmigungen, Bewilligungen, Urteilen, zustande zu bringen). Häufig richten sich Arbeitsleistungen auf den „Gegenstand" Mensch, es handelt sich dann um personenbezogene Prozesse (Beispiele: Bildungswesen, Heime, Krankenhäuser, Schulen, Kindergärten, Polizei, Gerichte, Strafvollzug).
3. Ressourcenanalyse	Besteht meistens aus groben Schätzungen der benötigten Produktionsfaktorenmengen: benötigtes Personal, Betriebsmittel, Werkstoffe, Finanzmittel.
4. raumbezogene u. zeitbezogene Analyse	Lokalisierung der Verfahrensschritte und ihre Einteilung nach Zeitfolgen, Zeitdauer, Zeitpunkten und Zeitabständen (näheres unter Verfahrenssynthese).
5. Beziehungsanalyse	Gliederung des Verfahrens nach den Zwecken der einzelnen Vorgänge. Die Zweckrichtungen der einzelnen Vorgänge müssen sich an den allgemeinen Zweckrichtungen der Ablauforganisation orientieren: Arbeitsgüte (gesetzgemäß, zielgerecht, richtig, vollständig, formal einwandfrei), zeitgerechte Erledigung (termingerecht, kontinuierlich), Bürgerorientiertheit (übersichtlich, bürgernah, Beratung, Information gewährleistend), Wirtschaftlichkeit (auch als Hauptzweck bezeichnet; kostengünstig, voll genutzte Kapazitäten), Mitarbeiterfreundlichkeit (leistungsgerecht, motivationsfördernd).

Schaubild 78 (Fortsetzung)

Teilaufgaben der Ablauforganisation	Kurzerklärungen
II. **Verfahrenssynthese**	Im Mittelpunkt der Verfahrenssynthese steht die Zuordnung einzelner Verfahrensbestandteile zu Verfahrensabschnitten bzw. zu Arbeitsgängen. Die Verbindung der Verfahrensabschnitte kann nach personellen, zeitlichen und räumlichen Gesichtspunkten sowie nach der Kommunikation und dem Grad der Regelungen vorgenommen werden.
1. personale Verfahrenssynthese	Im Mittelpunkt der personalen Verfahrenssynthese (Arbeitsverteilung) steht die Zuordnung der Verfahrensabschnitte auf einzelne Stellen (Arbeitsteilung) und ihre Inhaber (Arbeitsbesetzung). Die Zuordnung zu Personen orientiert sich im allgemeinen an den Berufsbildern und den Möglichkeiten zur personellen Besetzung der Arbeitsplätze. Insoweit handelt es sich nur um eine andere Betrachtung der aufbauorganisatorischen Stellenbildung, die weiter präzisiert wird. Die an den Arbeitsplätzen tätigen Personen werden als Arbeitsträger bezeichnet.
2. temporale Verfahrenssynthese	Sie legt die zeitliche Abfolge der Verfahrensabschnitte (Gangfolge), die Zeitspannen der Abschnittsabfolge (Taktabstimmung), die Leistungen in den Zeitspannen (Rhythmenabstimmung) und die zeitliche Verschiebung von Verfahrensabschnitten (Ruhezeitenabstimmung) fest. Grundsätzliche Möglichkeiten zeitlicher Verknüpfung von Verfahrensabschnitten sind die Reihenschaltung (Arbeitsgegenstände durchlaufen nacheinander die einzelnen Verarbeitungsstationen bis zur Fertigstellung der Verwaltungsleistung) und die Parallelschaltung (sie liegt z. B. vor, wenn mehrere Eingangsstellen für das Arbeitssystem eingerichtet werden, so bei Annahmestellen nach Buchstaben oder Straßen bei Fahrkartenschaltern, bei Finanzämtern usw.). Beispiele für weitere zeitlich bedingte Verfahrensabstimmungen: Müllabfuhr (wöchentliche Taktzeit), Erklärungsfristen zu Bauanzeigen, zur Abgabe von Steuererklärungen u. a. m.
3. lokale Verfahrenssynthese	Bei der Raumgestaltung werden Verfahrensabschnitte Räumen und Arbeitsplätzen zugewiesen. So kann festgelegt werden, in welchem Arbeitsbereich, d. h. in welcher räumlichen Abgrenzung, die Arbeiten zu erledigen sind (örtliche Zuständigkeit, z. B. Polizeistreifendienst in einem bestimmten Stadtteil, Bundesgrenzschutzstreife an einem Abschnitt der Grenzen zur Bundesrepublik). Weiterhin können Transportwege verbindlich vorgegeben sein (Botenumlauf in einer Behörde, Fahrtroute eines Schulbusses). Die Arbeit kann auch auf einen bestimmten Ort bezogen sein (polizeiliche Verkehrsregelung an einer Straßenkreuzung, regelmäßige Lebensmittelkontrollen in bestimmten Geschäften eines Bezirks).
4. kommutative Verfahrenssynthese	Abstimmung von Verfahrensabschnitten und Informationsaustausch. Dazu gehören die für die Kommunikation benutzte Sprache (Zeichen, Symbole, Signale), die Kommunikationsmittel (Fernsprecher, Konferenzen, Rufanlagen, Akten, Register, Diktiergeräte, Rechenanlagen). Bei der Wahl der Verfahrensabschnitte spielen z. B. die Kapazitäten (Nachrichten- oder Informationsmenge pro Zeiteinheit) der Kommunikationsmittel eine Rolle. Die Informationswege der Verwaltung erstrecken sich entweder auf den festgelegten Dienstweg oder auf die informalen (nicht festgelegten) Kommunikationsmöglichkeiten.
5. Grad der Regelungen	Die Verfahrensabschnitte können entweder generell oder fallweise geregelt sein. Bei einer generellen Regelung wird die Verfahrenssynthese einmalig vollzogen (u. a. Regelungen zum Geschäftsgang, zur Stellvertretung, zur Textverarbeitung, zur Textspeicherung), bei einer fallweisen Regelung (bei ungleichartigen Dienstgeschäften notwendig) wird die Verfahrenssynthese wiederholt.

b) Ausgewählte Einzeltatbestände und Probleme der verwaltungsbetrieblichen Ablauforganisation

Die Aufgabenvielfalt der Verwaltungsbetriebe erschwert generalisierende Aussagen zur Ablauforganisation. Wegen der großen Zahl ablauforganisatorischer Fragestellungen empfiehlt sich eine Beschränkung auf einige grundsätzliche Anmerkungen. (Literatur zu Rn 151, 152: Becker, Thieme [Hrsg.], 1978, Abschnitt Ablauforganisation; Kübler, Band 1, 1978, S. 113 ff.; Schuster, Siemens, 1986, S. 180 ff.; Kreuser, Friedrich, 1990, S. 54 ff.; Deckert, 1993, S. 171 ff.). **151**

Die in Verfahrensanalyse und -synthese anfallenden Probleme der Ablauforganisation lassen sich vereinfacht mit vier Ordnungskomponenten darstellen, die einen Arbeitsablauf bestimmen:

1. *Arbeitsinhalt* (Was? Warum? Wie? Woran?)
2. *Arbeitszeit* (Wann? Wie lange? Wie oft?)
3. *Arbeitszuordnung* (Wer? Womit?)
4. *Arbeitsraum* (Wo? Woher? Wohin?)

Aus der Zusammenschau dieser Komponenten gelangt man zu einigen Organisationskriterien, die für verwaltungsbetriebliche Ablaufuntersuchungen bedeutsam sein können (vgl. Becker, Thieme [Hrsg.], 1978, Abschnitt Ablauforganisation, S. 15 ff. und Schaubild 79).

Bei dem Versuch einer *Optimierung* der *raumzeitlichen Strukturierung* verwaltungsbetrieblicher Ablaufprozesse, die eine gleichzeitge Beachtung aller ablauforganisatorischen Kriterien bedeuten würde, kommt es naturgemäß zu *Zielkonflikten,* von denen einige angedeutet werden sollen (vgl. Strutz [Hrsg.], 1982, S. 4 f.; Rau, 1994, S. 150 ff.): **152**

1. Die Forderung nach kurzen Arbeitszeiten kann zu Lasten der Qualität verwaltungsbetrieblicher Leistung gehen.
2. Spezialisierte Arbeitsplätze erbringen einen Zeitgewinn für Einweisung und laufende Bearbeitung, führen aber zu engeren Arbeitsgebieten, u. U. zu längeren Durchlaufwegen und zu größeren Wartezeiten für die Bürger (Spezialisierung an Postschaltern: an einem Schalter können z. B. nicht gleichzeitig Eintragungen ins Postsparbuch vorgenommen werden und Briefmarken gekauft werden).
3. Methoden der technischen Rationalisierung wie Normung, Typisierung, Mechanisierung und Automation, bringen häufig einseitige Bedienungsfunktionen für das Personal mit sich, lassen sich z. T. nur im Schichtdienst auslasten (z. B. ADV-Anlagen) und verschlechtern damit die zeitlichen Arbeitsbedingungen.

Schaubild 79 Ablauforganisatorische Kriterien, Kurzerklärungen und Beispiele

Ablauforganisatorische Kriterien		Kurzerklärungen und Beispiele
I. Arbeits-inhaltlich-zeitliche Kriterien	1. Durchlauf-zeiten	Zeitliche Beanspruchung durch Menschen und Sachmittel (z. B. Verweildauer im Krankenhaus) und allgemein durch Verwaltungsverfahren. Grundlage für Kapazitäts-, Termin- und Kostenplanungen. Durchlaufzeit setzt sich aus Bearbeitungs-, Transport-, Liege- und Kontrollzeiten zusammen.
	2. Einhaltung von Terminen und Fristen	Bei zeitlichen Abweichungen von der durchschnittlichen Durchlaufzeit Maßnahmen zur Beschleunigung (z. B. Erweiterung personeller und technischer Kapazitäten) einleiten.
II. Arbeitsin-haltlich- und personal-räumliche Kriterien (Transport-wege)	1. Durchlauf- und Arbeitswege	Festlegung der für eine Arbeit innerhalb einer Fläche oder eines Raumes zurückzulegenden Wege nach Länge, Verlauf, Richtung (z. B. Posteingang bis Absenden eines Bescheides).
	2. Wege-spezifizierung	Regelung der Arbeitswege bei wiederkehrender Wegbenutzung (z. B. für Fahrzeuge der Müllabfuhr).
	3. Prinzip des kürzesten Weges	Transportwege so kurz wie möglich halten (z. B. Posteingang direkt beim Sachbearbeiter).
	4. Arbeitsfluß	Bei wiederholter Benutzung räumlich begrenzter Wege kommt es zum Arbeitsfluß (Materialfluß, Datenfluß); z. B. Aktentransportwege, Zubringerdienste.
III. Personal-zeitliche Kriterien	1. Leistungs-abgabe und ihre Einfluß-faktoren	Leistungsabgabe hängt von Leistungsfähigkeit, -bereitschaft, -anreiz, -bedingungen ab. Beispiel: Leistungskurvendarstellung (vgl. auch Produktionsfaktor Arbeit im 3. Kapitel).
	2. Beschäftigung und Ruhezeiten	Ziel: qualitativ und quantitativ gleichmäßige Beschäftigung mit einem ausgewogenen Verhältnis von Tätigkeits- und Ruhezeiten.
	3. Arbeitszeit-verteilung	Sie geschieht nach dienstlichen Notwendigkeiten (insbes. bei Polizei, Feuerwehr, Hafendienst, Stördiensten der Post).
	4. Leistungs-steigerung oder Humanisierung	Stärker mitarbeiterorientierte Arbeitsgestaltung (vgl. Führungsstile), z. B. durch Sicherung einer optimalen Aufgabenvarietät, optimale Länge des Arbeitsvollzugs.
	5. Leistungs-abstimmung	Teilprozesse so abstimmen, daß Personen und Sachmittel ausgelastet sind, Leistungen zügig erstellt werden und Engpässe (Warteschlangen) vermieden werden (z. B. Aktenstapel, Wartezeiten an Schaltern).
IV. Personal-räumliche Kriterien	1. Arbeitswege	vgl. II
	2. Räumliche Zuordnung	Stellen mit gleichen Verrichtungen können räumlich zusammengefaßt werden (Verrichtungsprinzip), z. B. bei zentralen Schreibdiensten in einer Kanzlei.

Schaubild 79 (Fortsetzung)

Ablauforganisatorische Kriterien		Kurzerklärungen und Beispiele
V. Sachmittel-zeitliche Kriterien	1. Bereitstellung von Sachmitteln	Auswahl und Beschaffung von Sachmitteln hängen von ablauforganisatorischen Anforderungen ab, z. B. die ADV-Einführung kann die Ablauforganisation beeinflussen.
	2. Optimale Auslastung	Nutzungsmöglichkeit von Anlagen hängt u. a. vom Modernitäts- und Abnutzungsgrad sowie der Betriebsfähigkeit ab (vgl. Produktionsfaktor Betriebsmittel im 3. Kapitel).
	3. Flexibilität	Universelle und spezielle Sachmittel mit ihren Vor- und Nachteilen (Trend zu dezentralen mittleren technischen Lösungen).
	4. Gebäude und Räume	Zeitliche Inanspruchnahme von Gebäuden und Räumen ist u. a. von Personalbestand, Arbeitsplatztypen, Besucherzahl und -häufigkeit abhängig.
VI. Sachmittel-räumliche Kriterien	1. Standorte	Standortwahl bestimmt sich nach Spezialisierung und Auslastung der Mittel, Entfernungen und baulichen Gegebenheiten.
	2. Raumverteilung	Entscheidungen, wie die Räume innerhalb eines Verwaltungsgebäudes verwendet werden; zweckmäßige Räume für Archive, Materiallager.
	3. Arbeitsplatzgestaltung	Die am Arbeitsplatz benötigten Mittel funktionsgerecht auswählen und aufstellen (Beispiele: Operationsräume, Büro-Schreibplätze).
	4. Transportmittel	Einzelfördermittel (Aktenwagen, Krankenbetten), Förderanlagen (Rohrpost, Bahnen), automatisierte Leitungssysteme (Transferstraßen, automatisierte Briefsortierung und -verteilung bei der Post).

4. Dem beherrschenden Prinzip der Ablauforganisation, der Verkürzung der Durchlaufzeiten, steht die Forderung gegenüber, die Arbeit so zu verteilen, daß Menschen und Sachmittel ausgelastet sind. Häufig muß entweder ein Kapazitätsüberhang oder aber ein Arbeitsrückstand in Kauf genommen werden (spezielle Tätigkeitsbereiche in der Verwaltung wie bei Feuerwehr, Polizei, im Rettungswesen, involvieren dieses Dilemma der Ablaufplanung und -organisation).

Die *Organisation* der *Ablauforganisation* in der öffentlichen Verwaltung spiegelt sich vor allem in den folgenden Darstellungsformen wider (zu ausführlicheren Überlegungen vgl. Kübler, 1978, Bd. 1, S. 113 ff.; Tarrach, 1983, S. 46 ff.; Becker, 1989, S. 617 ff., S. 652 ff.; Kreuser, Friedrich, 1990, S. 54 ff.; Meiners u. a., 1992, S. 125 ff.; Lutz, Pütter, 1992, S. 35 ff.): **153**

1. Regelungen zum *Geschäftsgang* und *Geschäftsbetrieb* (Grundsätze für den inneren Dienstbetrieb, mündlicher Geschäftsver-

kehr, schriftlicher Geschäftsverkehr, z. B. Regelungen zum Posteingang, zur sachlichen Bearbeitung der Eingänge, zur Mitzeichnung, Schlußzeichnung).

2. Regelungen zur *Schriftgutverwaltung* oder *Textspeicherung* (Ablagesysteme, Ordnungssysteme, Aktenpläne, Aktenführung, Schriftgutarten, Aktenausscheidung, Geschäftsgang im Aktenwesen, Mikroverfilmung, Bibliothekswesen).
3. Regelungen zur *Textverarbeitung* (Zentralisierung oder Dezentralisierung der Schreibdienste, automatisierte Textverarbeitung, Vordruckwesen, z. B. Entwicklung von Vordruckmustern in Form von Abgabeverfügungen, Abgabenachrichten, Zwischenbescheiden usw., Vervielfältigungsverfahren).
4. Regelungen zur *Information* und *Kommunikation* (z. B. Informationsverarbeitung in Gruppen durch Mitarbeiterbesprechungen, Rundgespräche, Konferenzen, Rollenspiele, Verwaltungsplanspiele usw.).

Die wichtigsten ablauforganisatorischen Regelungen der öffentlichen Verwaltung ergeben sich aus *Geschäftsordnungen* (allgemeine Geschäftsordnungsanweisungen), die auch Regelungen zur Aufbauorganisation enthalten. Grundmuster für die Geschäftsordnung von Bundesbehörden ist die Gemeinsame Geschäftsordnung der Bundesministerien, Allgemeiner Teil (GGO I).

6. Organisationstechniken

154 Bei Organisationsuntersuchungen und bei der Darstellung von Aufbau- und Ablauforganisationen in Verwaltungsbetrieben findet eine Reihe von *Organisationstechniken* Verwendung. Organisationstechniken sind wie Planungstechniken und Kontrolltechniken Teilbereiche der Führungs- oder Managementtechniken (vgl. Rn 96, 97). Mehrere bereits im Zusammenhang mit den Planungstechniken erörterte Verfahren (wie z. B. die Netzplantechnik) können auch für die Organisationsarbeit Verwendung finden (Rn 97). Die Fülle der möglichen Organisationstechniken zwingt zu einer konzentrierten Darstellung und zu einer Beschränkung auf die wichtigsten Ausgestaltungsformen. (An Spezialliteratur kann empfohlen werden: Müller-Pleuss, 1974; Schmidt, 1975, S. 57 ff.; Hub, Fischer, 1977; Refa [Hrsg.], Bd. 2, 1985, S. 12 ff.; Wittlage, 1986, S. 43 ff.; Deckert, 1993, S. 216 ff.; Siepmann, Siepmann, 1996, S. 99 ff.). Eine Übersicht zu den wichtigsten Organisationstechniken vermittelt Schaubild 80.

Schaubild 80 Übersicht zu den Organisationstechniken

Gruppe der Organisationstechniken	Einzelne Arten
I. **Erhebungstechniken** (für Organisations-untersuchungen)	1. Befragung (mündliche Befragung – Interview; schriftliche Befragung – Fragebogen) 2. Beobachtung (Beobachtungsformen, z. B. offene, verdeckte; direkte, indirekte Beobachtung; strukturierte Beobachtung, z. B. Multimomentstudien, Zeitaufnahme, unstrukturierte Beobachtung) 3. Selbstaufschreibung (Tagesberichte, Mängel-, Wunschlisten)
II. **Darstellungstechniken der Aufbauorganisation** A. Verbale Darstellungstechniken	1. Aufgabengliederungsübersichten 2. Stellenbeschreibungen 3. Verzeichnisse, Organisationsanweisungen (vgl. Schaubild 77)
B. Graphische und tabellarische Darstellungstechniken	1. Organigramme 2. Funktionsdiagramme (Aufgabenbeziehungsdiagramme) 3. Kommunikationsbeziehungen (Kommunikationstabellen, -diagramme, -matrizen, -netzwerke) 4. soziale Beziehungen (Soziogramme, Soziomatrix)
III. **Darstellungstechniken der Ablauforganisation**	1. Ablaufkarten (konventionelle, moderne Ablaufkarten) 2. Balkendiagramme (Gantt-Diagramme) 3. Blockdiagramme 4. Vordruckstammbäume und Vordruckdurchlaufplan 5. Methode Jordt-Gscheidle 6. Netzplantechnik (vgl. Rn 112) 7. Blockschaltbildmethode 8. Entscheidungstabellen (vgl. Rn 105)
IV. **Kritiktechniken**	1. Prüfmatrix 2. Prüffragenkatalog

Die in Schaubild 80 aufgeführten Organisationstechniken können nicht alle erläutert werden (es wird auf die Literatur in Rn 154 verwiesen). Dennoch sollen einige Einzelbeispiele auf Verwendungsmöglichkeiten dieser Techniken in Verwaltungsbetrieben hinweisen. **155**

Die *Selbstaufschreibung* kann neben Befragung und Beobachtung als Erhebungstechnik bei Organisationsuntersuchungen herangezogen werden. Ein typisches Beispiel der Selbstaufschreibung ist der *Tagesbericht.* Für Tagesberichte könnte ein Formblatt analog zu Schaubild 81 angefertigt werden.

Schaubild 81 Formblatt für Tagesberichte

<table>
<tr><td colspan="3" rowspan="2">Tagesbericht</td><td>Name:</td><td colspan="3">Vorname:</td><td colspan="2">Amtsbezeichnung:</td></tr>
<tr><td colspan="6">Referat, Dezernat, Gruppe . . .</td></tr>
<tr><td rowspan="2">Datum</td><td colspan="2" rowspan="2">Unterschrift</td><td colspan="2">Dienstpostenbezeichnung:</td><td colspan="4">Dienstpostennummer:</td></tr>
<tr><td colspan="2">Raum:</td><td colspan="4">Telefon:</td></tr>
<tr><td colspan="3">Zeit</td><td rowspan="2">Tätigkeit (Kurzbeschreibung)</td><td rowspan="2">Aufg.-Nr.</td><td colspan="2">Telefon</td><td rowspan="2">Besprechung</td><td rowspan="2">Zusammenarbeit mit</td></tr>
<tr><td>von</td><td>bis</td><td>Min.</td><td>Ein</td><td>Aus</td></tr>
<tr><td>a</td><td>b</td><td>c</td><td>d</td><td>e</td><td>f</td><td>g</td><td>h</td><td>i</td></tr>
<tr><td colspan="3"></td><td></td><td></td><td></td><td></td><td></td><td></td></tr>
<tr><td colspan="4">Zeichen Vorgesetzter</td><td colspan="5">Blatt</td></tr>
</table>

156 Als Beispiel aus dem Bereich graphischer und tabellarischer Darstellungstechniken der Aufbauorganisation wird auf das in Behörden sehr verbreitete *Organigramm* eingegangen. In Organigrammen wird die bestehende Aufgabenverteilung auf Stellen und die hierarchische Verknüpfung dieser Stellen abgebildet (vgl. Schaubild 82).

Schaubild 82 Vereinfachtes Organigramm des Bundesministeriums des Innern *(nach Becker, 1989, S. 643)*

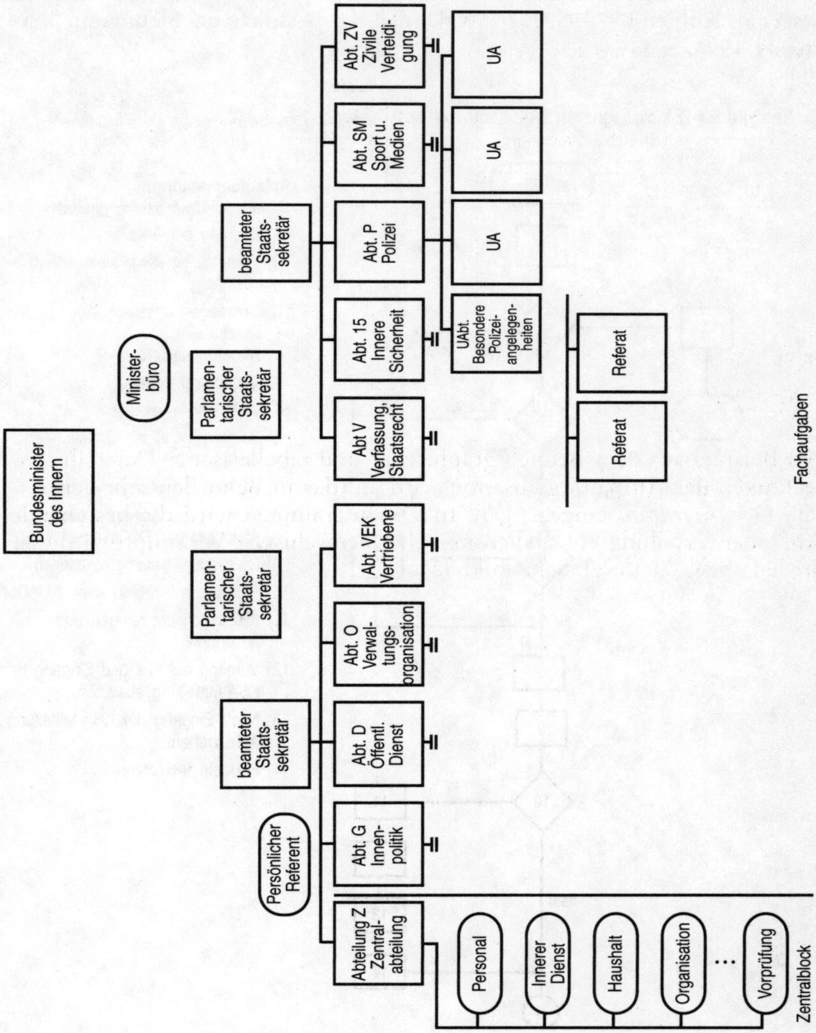

157 Aus den Darstellungstechniken der Ablauforganisation wird ein *Blockdiagramm* in der Form eines einfachen Arbeitsablaufplans wiedergegeben, hier: der Arbeitsablauf zur Bearbeitung von Verkehrsordnungswidrigkeiten (vgl. Kübler, 1978, S. 137 f.; vgl. auch die Beispiele bei Siepmann, Siepmann, 1996, S. 146 ff.).

Schaubild 83 Blockdiagramm (Arbeitsablaufplan) – *Auszug* –

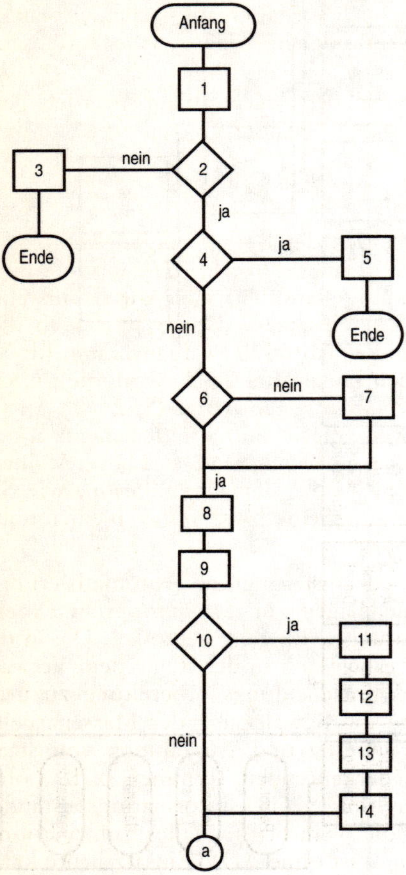

Ablaufdarstellung: Verkehrsordnungswidrigkeiten

1) Eingang der Anzeige
2) Prüfung, ob Dienststelle örtlich zuständig
3) Unterlagen an zuständige Dienststelle und Abgabenachricht
4) Verjährung prüfen
5) Verfahren einstellen
6) Vollständigkeit der Ermittlungen prüfen
7) Weitere Ermittlungen einholen
8) Vermerk zur Anzeige über Abschluß der Ermittlungen
9) Bußgeld lt. Katalog feststellen
10) Prüfen, ob Bußgeld über 40,– DM
11) KBA-Nachricht fertigen und absenden
12) Vorgang auf Wv. und Eingang der KBA-Mitteilung abwarten
13) Nach Eingang der KBA-Mitteilung Akte ziehen
14) Bußgeld festsetzen

Für die tägliche Organisationsarbeit sind Blockdiagramme in einfacher Form sehr nützlich. Die einzelnen Symbole des Diagramms bedeuten:

Tätigkeiten aller Art (ohne Entscheidungen)

Zwischenentscheidung, die mit ja oder nein zu beantworten ist und zu einer jeweils verschiedenen Fortsetzung des Arbeitsablaufs führt

Grenzstellen (Anfang, Ende, Zwischenhalt des Arbeitsablaufs)

Kleine Kreise kennzeichnen Übergangsstellen (Ablaufdarstellung kann aus Platzgründen an anderer Stelle fortgesetzt werden.)

Verbale Erläuterungen des Arbeitsablaufs werden nach den Ziffern in den Symbolen (vgl. Ziffern 1–14) am Rand des Schaubilds aufgeführt.

7. Organisationsmittel

Aus terminologischer Sicht läßt sich der Begriff *Organisationsmittel* mit **158**
den in einer Organisation eingesetzten *technischen Hilfsmitteln* umschreiben. Würde man unter Organisationsmitteln alle Mittel verstehen, die Organisatoren bei ihrer Tätigkeit einsetzen, dann wären auch die oben angeführten Organisationstechniken Mittel der Organisation. Im Rahmen der hier dargestellten technischen Hilfsmittel der Organisation interessiert lediglich eine Übersicht zu ihren wichtigsten Arten. (Spezielle Ausführungen zu Aufbau und Funktionsweise dieser Mittel finden sich u. a. bei Kübler, Bd. 1, 1978, S. 163 ff.; Kreuser, Friedrich, 1990, S. 244 ff.; Meiners u. a., 1992, S. 230 ff.). Nichttechnische Mittel der Organisation, wie Schreibtischutensilien, Stempel, Papier- und Schreibwaren u. a. bleiben unberücksichtigt.

Im Zeitalter fortschreitender Mechanisierung und Automatisierung haben vor allem elektronische Rechenanlagen zur *automatisierten Datenverarbeitung* (ADV) auch in Verwaltungen Eingang gefunden. Die in der Verwaltung anfallenden ADV-Aufgaben sind in der Regel dem Verwaltungsvollzug oder der Planung und Entscheidungsvorbereitung zuzurechnen. Klassische ADV-Aufgaben sind die Bewältigung der Massenarbeiten des Verwaltungsvollzugs. Die Berechnung und Auszahlung von staatlichen Leistungen zu bestimmten wiederkehrenden Terminen (z. B. Lohn- und Gehaltszahlungen), die Aufbereitung großer Informationsbestände (z. B. für Statistiken und Wahlen), die Verarbeitung aller Informationen des Rechnungswesens (vgl. 4. Kapitel) ist ohne ADV-Einsatz heute kaum vorstellbar. Besondere Bedeutung hat die ADV im Bereich des Bibliothekwesens sowie bei allen Verwaltungsverfahren erlangt, die Verwaltung und Auswertung von Informationen und Dokumentationen betreiben (vgl. z. B. Reinermann, H., Die Informations- und Dokumentationsstelle „Verwaltung und Verwaltungswissenschaften", erste Überlegungen zur Aufgabe und Gestaltung, Speyerer Forschungsberichte Nr. 5, März 1979). Die zahlreichen Einzelfragen des ADV-Einsatzes in der Verwaltung wie Komponenten des ADV-Systems, der Aufbau von ADV-Maschinen, die Methoden, Verfahrenstechniken und Programme, die ADV-Aufgaben und Zielvorstellungen, die funktionelle ADV-Organisation (Arbeitsablauf, Verfahrensentwicklung und Planung der Automation bei automatisierter Aufgabenerfüllung), die institutionelle ADV-Organisation (Aufbau von Rechenzentren und Datenzentralen), die Beziehungen zwischen Recht und Automation sowie die Probleme des Datenschutzes in der öffentlichen Verwaltung, werden in speziellen Publikationen behandelt (vgl. Luhmann, 1966 a; Olivet, 1978; Fuchs, Kiefer, 1979; Krause, 1979, S. 108 ff.; Ballewski, Wilke, 1986, S. 59 ff.; HWÖ, Stichwort Datenschutz, 1989, Sp. 249 ff.; Lutz, Pütter, 1992, S. 45 ff.).

Schaubild 84 Übersicht zu den wichtigsten Organisationsmitteln im Verwaltungsbetrieb

Gruppe der Organisationsmittel	Einzelne Arten
I. Geräte und Maschinen zum Diktieren, Schreiben, Vervielfältigen	1. Diktiermaschinen 2. Schreibmaschinen 3. Schreibautomaten 4. Adressiermaschinen 5. Vervielfältiger 6. Lichtpausgeräte 7. Fotokopiergeräte 8. Mikrofilmgeräte 9. Druckmaschinen
II. Geräte, Maschinen, Mittel zum Zählen, Buchen, Rechnen und Fakturieren	1. Zählgeräte 2. Meßgeräte 3. Ladenkassen 4. Aufrechnungskassen 5. Registrierkassen 6. Rechenmaschinen und -geräte 7. Buchungs- und Fakturiermaschinen 8. Lochstreifenmaschinen 9. Lochkartenmaschinen 10.Lochbandgeräte
III. Sonstige Geräte und Büromaschinen	1. Postbearbeitungsmaschinen (Kuvertiermaschinen, Adressiermaschinen, Frankiermaschinen) 2. Papierbearbeitungsmaschinen 3. Etikettiermaschinen 4. Graviermaschinen 5. Endlos-Vorrichtungen
IV. Nachrichten- und Fördermittel	1. Fernsprechanlagen 2. Fernschreibanlagen 3. Signalanlagen 4. Förderanlagen (Rohrpost, Aktenförderanlagen) 5. Fernsehgeräte

Die allgemeinen Auswirkungen neuer Technologien, insbesondere der Informationstechnik, auf die Organisation der Verwaltungsbetriebe sind den nachfolgenden Ausführungen (Ziffer IV, 8) vorbehalten. Die neuen Organisationsmittel im Sinne neuer *Kommunikationstechniken* des Informationssystems Verwaltungsbetrieb von morgen zeigt die Systematik in Schaubild 85 (vgl. Hermanns [Hrsg.], 1986, S. 2 f.).

Schaubild 85 Systematik neuer Kommunikationstechniken

Gruppen der Kommunikationstechnik	Einzelne Arten
I. **Übertragung von Texten, Daten und Testbildern**	1. Telefax 2. Teletex 3. Videotext 4. Bildschirmtext 5. Computerkonferenz 6. Mobile Kleincomputer und Datenterminals 7. Telebox-System
II. **Übertragung von Ton**	1. Fernsprechkonferenz 2. Satellitenhörfunk
III. **Übertragung von Bewegtbildern in Kombination mit Ton, Texten, Daten und Festbildern**	1. Bildfernsprecher 2. Videokonferenz 3. Kabelfernsehen 4. Satellitenfernsehen 5. Videosysteme 6. Bildplattensysteme

8. Informationstechnik und Organisation

Die moderne *Informationstechnik* (vgl. auch Rn 71–73) *kann* beträchtliche Veränderungen der Organisation im Verwaltungsbetrieb zur Folge haben (vgl. zu den nachstehenden Überlegungen Kreuser, Friedrich, 1990, S. 238 ff.; außerdem Garstka, Schneider, u. a. [Hrsg.], 1980; Grimmer [Hrsg.], 1986; Reinermann, 1987, S. 15 ff., S. 52 ff.; Lenk, 1990; Fischer, 1991; Fuchs, Landgraf, 1992, S. 100 ff.). **159**

Vor dem Technikeinsatz ist u. a. zu fragen, ob durch die Informationstechnik Arbeitsergebnisse verbessert, Mitarbeiter entlastet oder Kosten eingespart werden können. Bedeutsam ist auch die Frage der Interdependenzen von technischen Möglichkeiten der Informationstechnik und organisatorischen Notwendigkeiten sowie des Verhältnisses Verwaltungsbetrieb – Bürger (z. B. Standardisierung der Verwaltungsabläufe zu Lasten des Bürgers?).

Die gegenwärtige Diskussion zu den Auswirkungen der modernen Informationstechnik auf die Arbeitsorganisation wird durchaus kontrovers geführt, wie das folgende Schaubild nachzuweisen versucht.

Schaubild 86 Vorteile, Nachteile (Gefahren) moderner Informationstechnik für den Verwaltungsbetrieb

Moderne Informationstechnik	
Vorteile	**Nachteile**
1. Unverzichtbares Hilfsmittel für den Verwaltungsbetrieb (Beispiele: bei statistischen Erhebungen, Planungsinformationssystemen, Frühwarnsystemen für den Umweltschutz). 2. Rationalisierungsmittel (Wirtschaftlichkeit!) 3. Verbesserung der Aufgabenerfüllung (Beispiele: Fahndungsarbeit der Polizei, Informationen zur Rentenversicherung). 4. Steigerung der Arbeitsautonomie und Qualifikation der Mitarbeiter, weil der Zerlegung von Arbeitsabläufen entgegengewirkt wird. 5. Erhaltung der Innovationsfähigkeit der Verwaltungsbetriebe (nicht nur Verbesserung von Verwaltungsverfahren, sondern auch Überdenken von Verwaltungsstruktur, -programmen und -zielen).	1. Rationalisierungserfolge werden mit dem Nachteil hochkomplexer, zentraler Verfahren erreicht (Reaktion auf individuelle Erfordernisse schwerfällig?) 2. Bei Fehlern ergibt sich ein „Multiplikatoreffekt" zentraler automatisierter Verfahren: Beanstandungsfälle müssen kosten- und zeitaufwendig ausgeräumt werden. 3. Mögliche Verfälschung von Verwaltungsprogrammen und -zielen: „Computerhafte" Reaktion der Verwaltung auf computergesteuerte Anträge der Bürger? 4. Negative Auswirkungen auf den Staatsbürger und seine Persönlichkeitssphäre. Folge: Kostspielige Weiterentwicklung des Datenschutzes? 5. Abhängigkeit der Verwaltungsbetriebe von moderner Informationstechnik: Insbesondere radikale Einführungsstrategien („Bombenwurfstrategie") schließen die Rückkehr zu manueller Informationsverarbeitung aus. Deswegen: Anwendung situationsangepaßter Änderungsstrategien – Organisationsentwicklung!

9. Organisationsentwicklung

160 „Organisationsentwicklung (OE) ist ein längerfristig angelegter, organisationsumfassender Entwicklungs- und Veränderungsprozeß von Organisationen und der in ihnen tätigen Menschen. Der Prozeß beruht auf dem Lernen aller Betroffenen durch direkte Mitwirkung und praktische Erfahrung. Sein Ziel besteht in einer gleichzeitigen Verbesserung der Leistungsfähigkeit der Organisation und der Qualität des Arbeitslebens" (Refa [Hrsg.], Bd. 3, 1985, S. 213).

Der in der Privatwirtschaft und in den letzten Jahren verstärkt auch in der öffentlichen Verwaltung benutzte Begriff der Organisationsentwicklung darf nicht gleichgesetzt oder verwechselt werden mit traditionellen personenbezogenen Verfahren der *Weiterbildung*, Management- oder Personalentwicklung oder mit klassischen Formen der Organisationsarbeit als *Organisationsplanung*, -untersuchung oder -revision (Reorganisation) (vgl. dazu u. a. folgende Literatur: Reder, 1977; Koch, 1982; Glasl [Hrsg.], 1983; Staehle, 1991, S. 846 ff.; Siepmann, Siepmann, 1996, S. 231 ff., S. 243 ff.).

Schaubild 87 Abgrenzung Organisationsentwicklung – Weiterbildung – Organisationsplanung *(vgl. Steinebach, 1985, S. 103)*

	Organisationsentwicklung (OE)	**übliche Formen der Weiterbildung**	**traditionelle Organisationsplanung**
warum	Organisationsgestaltung im Sinne aktiver Umweltanpassung und Einstellung auf künftige Entwicklungen: – Leistungsfähigkeit der Organisation (Produktivität) – Organisationsklima – Qualität des Arbeitslebens (Humanisierung)	Steigerung der Effizienz des einzelnen Mitarbeiters. Aufbau von Wissen und Fertigkeiten ohne Berücksichtigung gegebener organisatorischer Strukturen und Abläufe	Organisationsgestaltung im Sinne passiver Umweltanpassung; Steigerung der Effizienz der Organisation ohne Berücksichtigung der Bedürfnisse, Einstellungen und Verhaltensweisen der Menschen
wer	Organisationseinheiten (Gruppen, Abteilungen, Organisationen)	Mitarbeiter als Individuen, die i. d. R. sonst wenig miteinander zu tun haben	Beratungsfirmen, Geschäftsleitung, Organisationsstelle, Mischung davon
was	konkrete Probleme der täglichen Zusammenarbeit und der gemeinsamen Zukunft: – Sach- und Beziehungsebene – interne und externe Beziehungen	theoretischer Wissensstoff	Aufbau- und Ablauforganisation
wie	durch offene Information und aktive Beteiligung der Betroffenen	vorgegebener Lehrplan, Vorträge, Fallstudien	Eingriffe durch hierarchische Entscheidungen
wann	fortlaufend, regelmäßig als kontinuierlicher Prozeß	punktuelle Veranstaltungen mit relativ geringen Transferchancen	plötzlich und unvorhersehbar und für die Mitarbeiter meist undurchschaubar
wo	i. d. R. am Arbeitsplatz als integrierter Bestandteil der täglichen Arbeit	i. d. R. außerhalb der eigenen Institution	im stillen Kämmerlein von Chefetagen und an Schreibtischen interner und externer Experten

Von den vielen Modellen und Verfahren der OE soll im folgenden das am **161**
meisten gebräuchliche, aus der Führungstheorie von Blake und Mouton (vgl. Abschn. IV, Ziff. 10) entwickelte Grid-OE-Modell („Verhaltensgitter" – „Managerial grid") kurz beschrieben werden (vgl. Refa [Hrsg.], Bd. 3, 1985, S. 216 ff.; Staehle, 1991, S. 889 ff.). Ziel dieses Verfahrens ist es, mit Hilfe eines systematisierten Führungskräftetrainings einen Führungsstil anzustreben, der der Organisationseinheit in einem mehrjährigen Prozeß höhere Effizienz und ein besseres Arbeitsklima ermöglicht. Grid-OE läuft in sechs Phasen ab:

Schaubild 88 Phasen und Erläuterungen zum Grid-OE

Phase	Erläuterung
1. Einführungstraining	– Kennenlernen der Grid-Methode – Annäherung an den im Verhaltensgitter optimal beschriebenen Führungsstil
2. Teamentwicklung	– Analyse und Verbesserung der Zusammenarbeit in bestehenden Arbeitsgruppen
3. Entwicklung der Beziehungen zwischen den Gruppen	– Aufdecken von kommunikativen Schwachstellen in sogenannten Konfrontationssitzungen – Erarbeiten eines idealen Verhaltensmodells
4. Entwicklung eines strategischen Idealmodells der Organisationseinheit	– Durchführen eines Soll-Ist-Vergleichs – Entwurf einer langfristigen Änderungsstrategie
5. Realisierung des strategischen Idealmodells	– Erarbeiten konkreter Anpassungspläne durch Planungsteams mit Unterstützung des Koordinators – Realisierung der Pläne
6. Erfolgskontrolle	– Bewertung des Erfolgs bzw. Mißerfolgs – Stabilisierung des erreichten Zustandes oder – Planung von Maßnahmen zur Beseitigung von Störfaktoren

162 Obwohl an der Realisierung von OE in Verwaltungsbetrieben inzwischen Kritik geübt wurde (vgl. u. a. Thieme, 1984, S. 159 f.; Kübler, 1987, S. 130 f.), werden für Änderungen in der öffentlichen Verwaltung zur Entwicklung günstigerer Situationen für evolutorische *OE-Strategien* folgende *Ansätze* gesehen (vgl. Wunderer, 1982, S. 290:)

1. Stärkere *Klienten-*, *Bürgerorientierung,* um die Beziehung zwischen Leistungsempfängern, Verwaltungskunden und Verwaltungsbetrieben zu verbessern und die „Innenorientierung" abzubauen.
2. *Abbau* von Anreiz- und Selektionssystemen, die Sicherheits- und Autonomiemotivation („Sandburgenbauer") fördern.
3. Kooperative Entwicklung der Zusammenarbeit (vgl. Abschn. VI in diesem Kapitel) und *Dezentralisierung* zur Erhöhung der Identifikation mit dem Leistungsbereich.
4. Selektion von *lernfähigen, entwicklungsfähigen* und *lernmotivierten* Organisationsmitgliedern, vor allem im Führungskräftebereich, und Bestrebungen zur Personalentwicklung (vgl. Abschn. VI).
5. Langsame, aber stetige Veränderung der *Führungs- und Arbeitsorganisation* in Richtung *offenerer, weniger monokratischer* Strukturen.
6. *Abbau kameralistischer Budgetorientierung* und *Aufbau* von Beurteilungssystemen zur *Wirtschaftlichkeitsmessung (vgl. 4. Kapitel).*

Inzwischen werden im Rahmen der Planung und Durchführung von neuen Steuerungskonzepten für die öffentliche Verwaltung Veränderungsstrategien über den „ökonomischen" Hebel Organisationsentwicklung trotz aller Widerstände umgesetzt (vgl. Bayerische Verwaltungsschule [Hrsg.], 1996, S. 174 ff.; Damkowski, Precht, 1995, S. 205 ff.; Siepmann, Siepmann, 1996, S. 297 f.).

10. Führungsstil und Organisation im Verwaltungsbetrieb

Da Führungsstil und Organisation im Verwaltungsbetrieb in einem Wech- **163**
selverhältnis stehen (vgl. auch Rn 160–162), sollen an dieser Stelle lediglich die wichtigsten *Arten* der *Führungsstile* und ihre *Effektivität* einer kurzen Betrachtung unterzogen werden. (dazu haben sich in der Literatur u. a. geäußert: Neuberger, 1976, S. 13 ff.; Neuberger, 1977, S. 81 ff.; Wunderer, Grunwald, Bd. 1, 1980, S. 225 ff.; Höhn, 1989, S. 157 ff.; Rosenstiel, v., Regnet u. a., 1995, S. 256 ff.). Die geläufigste Unterteilung der Führungsstile nach dem Grad der Beteiligung der Mitarbeiter an aufgaben- und personenorientierten Entscheidungen, ist die in *autoritäre* und *kooperative Führungsstile.* Während bei der autoritären Führung Entscheidungen überwiegend vom Vorgesetzten getroffen werden, beteiligt der Vorgesetzte im kooperativen Führungsstil seine Mitarbeiter soweit wie möglich am Willensbildungs- und Entscheidungsprozeß. Die verschiedenen Ausprägungen ergeben sich aus dem Verhaltensgitter von Blake und Mouton (zitiert nach Kübler, 2. Band, 1978, S. 134; Wunderer, Grunwald, Bd. 1, 1980, S. 225 ff.; Staehle, 1991, S. 772 ff.).

Schaubild 89 Das Verhaltensgitter

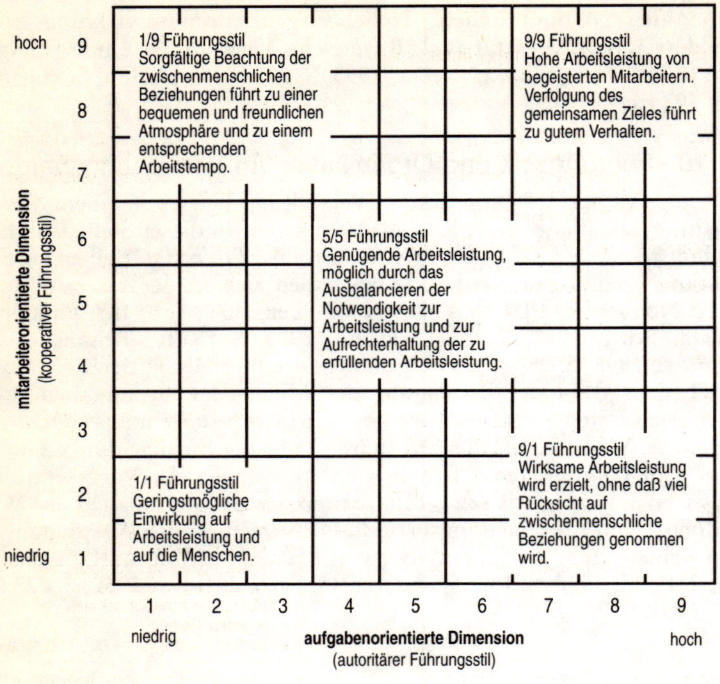

Eine Übersicht zu den Funktionsweisen der genannten Führungsstile zeigt Schaubild 90 (vgl. Meyer, Stopp, 1976, S. 77).

Schaubild 90 Funktionsweise der Führungsstile

Kriterien	Autoritäre Führung	Kooperative Führung
1. Grundvoraussetzungen	a) Starkes Bildungsgefälle zwischen Vorgesetzten und Mitarbeitern b) Materielle Motivationsstruktur der Mitarbeiter c) Routineaufgaben	a) Gleiches Bildungsniveau zwischen Vorgesetzten und Mitarbeitern b) Immaterielle Motivationsstruktur der Mitarbeiter c) Kreative Arbeitsinhalte
2. Anforderungen an den Vorgesetzten	a) Hohe Selbstverantwortung b) Hohe Selbstkontrolle c) Weite Voraussicht d) Gute Entscheidungsfähigkeit e) Durchsetzungsvermögen	a) Aufgeschlossenheit b) Vertrauen in die Mitarbeiter c) Verzicht auf persönliche Vorrechte d) Delegationsfähigkeit und -willigkeit e) Dienstaufsicht und Erfolgskontrolle
3. Anforderungen an den Mitarbeiter	a) Anerkennung des Vorgesetzten als alleinige Instanz b) Akzeptierung und Ausführung der Anweisungen des Vorgesetzten c) Keine Geltendmachung von Kontrollrechten gegenüber dem Vorgesetzten	a) Verantwortungswille und -fähigkeit b) Selbstkontrolle c) Geltendmachung von Kontrollrechten gegenüber dem Vorgesetzten
4. Vorteile	a) Klarheit über Entscheidungsbefugnis b) Hohe Entscheidungsgeschwindigkeit c) Hohe Produktivität bei Routineaufgaben	a) Fachgerechte Entscheidung b) Hohe Motivation der Mitarbeiter c) Krisenfestigkeit auch bei Abwesenheit des Vorgesetzten d) Natürliche Auslese des Führungsnachwuchses aus den eigenen Reihen e) Entlastung der führenden Mitarbeiter
5. Nachteile	a) Fehlentscheidungen b) Verfall der Gruppe bei Abwesenheit des Vorgesetzten c) Züchtung von abhängigen, unselbständigen Mitarbeitern d) Unzufriedenheit der Untergebenen e) Behinderung der Entwicklung von Führungskräften aus den eigenen Reihen	a) Langsame Entscheidungen, vor allem bei komplizierten Entscheidungssituationen b) Mitarbeiter ohne erforderliche Selbstdisziplin verzögern anstehende Entscheidungen

Die Frage, welcher Führungsstil dem anderen überlegen ist, kann nicht generell beantwortet werden, wie die Untersuchungen von Neuberger (vgl. Neuberger, 1976, S. 15) zeigen, der die Zusammenhänge zwischen Führungsstil und den Wirksamkeitskriterien Leistung (z. B. Produktivität, Qualität), Einstellung (Veränderung von Einstellungen) und Verhalten (Veränderung von bestimmten Verhaltensweisen) in 30 experimentellen Führungsstil-Studien getestet hat. **164**

Zu ähnlichen Ergebnissen kommen Wunderer, Grunwald, die empirische Befunde über die Beziehung zwischen kooperativer Führung, *Leistung* und Zufriedenheit zusammengefaßt haben. Bei den kooperativen Führungsstilen zeigen 47 Studien eine positive und 14 Studien eine negative Korrelation mit

Arbeitsleistungen. Bei den nicht-kooperativen Führungsstilen zeigen ebenfalls 47 Studien eine positive Korrelation mit Arbeitsleistungen und nur sieben eine negative. Kein ausgeprägter Zusammenhang zwischen Führungsstil und Leistung zeigt sich bei insgesamt 58 Studien (32 bei kooperativen, 26 bei nicht-kooperativen Führungsstilen).

Schaubild 91 Zusammenhang zwischen Führungsstil und Kriteriumsmaßen. Ergebnisse von 30 experimentellen Führungsstil-Studien *(die Zahlen addieren sich nicht zu 30, weil in vielen Studien mehrere Kriteriumsmaße erhoben wurden)*

	Überlegenheit des autoritären/kooperativen Führungsstils		Keine eindeutige Überlegenheit eines Führungsstils
Leistungsdaten	9	8	6
Einstellungsmaße	6	17	5
Verhaltensänderungen	1	3	–

Fazit: Kooperative Führungsformen zeigen in Bezug auf *Arbeitsleistung* nicht häufiger einen positiven Zusammenhang als nichtkooperative Führungsformen (Wunderer, Grunwald, Bd. 2, 1980, S. 435). Dieses Ergebnis überrascht nicht, weil „ein monokausale Erklärung der Leistung ... durch kooperative Führungsformen ... schon aus theoretischen Gründen höchst fragwürdig (ist), da menschliches Verhalten grundsätzlich multikausal determiniert bzw. teleologisch zu erklären ist ..." (Wunderer, Grunwald, 1980, Bd. 2, S. 437), und weil kooperative Führung von situationalen Faktoren (u. a. von Eigenschaften, Erwartungen, Qualifikation der Organisationsmitglieder, Technologiestand, Organisationsklima, Zeitdruck etc.) abhängig ist, die Leistungen sowohl *erhöhen* wie *verringern* können (Wunderer, Grunwald, 1980, Bd. 2. S. 438; vgl. auch HWÖ, Stichwort Führungskonzeptionen und -stile, 1989, Sp. 410 ff.).

165 Bestandsaufnahmen zu den *Schwachstellen der Organisation* in Verwaltungsbetrieben lassen allerdings vermuten, daß sich in der Zukunft der kooperative Führungsstil stärker durchsetzen wird. Als Mängel der derzeitigen Verwaltungsorganisation werden u. a. aufgezählt (vgl. Laux, 1975, S. 82 ff.; König, 1979 a, S. 77 ff.; Remer, 1982, S. 115; Becker, 1989, S. 258 ff.):

1. Zu weitgehende Zentralisierung der Entscheidungsbefugnisse und nicht ausreichende Delegation von Kompetenzen und Verantwortung,
2. zu starke Hierarchisierung der Organisation und daraus folgende Koordinationsprobleme,
3. ungenügende Regelungen zur Kooperation,

4. unzureichende Überlegungen, durch Änderung des Führungsstils eine bessere Motivierung der Mitarbeiter zu erreichen,
5. Informationsüberlastung und Fehlinformation der Behördenspitze.

Eines der möglichen Mittel zur Verbesserung der Aufbau- und Ablauforganisation in Verwaltungsbetrieben ist die Verstärkung kooperativer Formen innerhalb des Organisationsprozesses. Der kooperative Führungsstil kann in Verwaltungen dienen zur:

1. Verbesserung des Willensbildungsprozesses in der Führungsorganisation
2. Entlastung der Führungsorganisation von Routineentscheidungen
3. Verstärkung der Delegation unter Beachtung der Leitungsspanne
4. Vereinfachung des hierarchischen Aufbaus
5. Verbesserung der Motivation, Initiative und Kreativität der Mitarbeiter.

Der Trend zur kooperativen Führung und deren Auswirkungen auf die Organisation zeichnet sich in zahlreichen Veröffentlichungen zur Organisationsänderung in Verwaltungen ab (vgl. u. a. Klages, Schmidt, 1978; Laux, Kaufmann, 1978; Ordemann, 1978, S. 792 ff.; Plamper, 1979, S. 513 ff.; Höhn, 1989, S. 157 ff.; Klages [Hrsg.], 1990, S. 78 ff., S. 95 ff.; vgl. auch die Überlegungen zum Stellenwert kooperativer Führungsstile in Führungskonzeptionen und Führungsrichtlinien in Abschnitt VI dieses Kapitels).

Fragen zum Verständnis (2. Kapitel, Abschnitt IV)

1. Belegen Sie den Begriff Organisation mit einigen Beispielen aus der Literatur. Was verstehen Kieser und Kubicek unter Organisation? (Rn 122–124)
2. Schildern Sie die Bedeutung der wichtigsten Organisationslehren für den Verwaltungsbetrieb. (Rn 125–127)
3. Welche Auswirkungen haben von Ihnen ausgewählte Organisationsgrundsätze für die verwaltungsbetriebliche Arbeit? (Rn 128, 129)
4. Grenzen Sie Aufbau- und Ablauforganisation voneinander ab. (Rn 130, 131)
5. Versuchen Sie Kurzerklärungen zu den Teilaufgaben der Aufbauorganisation abzugeben. (Rn 132)
6. Nennen Sie die klassischen Organisationsformen der Aufbauorganisation; führen Sie kennzeichnende Merkmale und Vor- sowie Nachteile an. (Rn 133–136)
7. Erklären Sie die modernen Organisationsformen und stellen Sie ihre Vor- und Nachteile gegenüber. (Rn 137–139)
8. Wo kommen die einzelnen Organisationsformen in der verwaltungsbetrieblichen Praxis vor? (Rn 140)
9. Wie sieht der typische Instanzenaufbau des Verwaltungsbetriebs aus? Bringen Sie Beispiele für diesen Instanzenaufbau aus verschiedenen Behördenarten. (Rn 143)
10. Merkmale und Vorteile bzw. Nachteile des Direktorial- und Kollegialprinzips? (Rn 144)
11. Welche Vor- und Nachteile haben das organisatorische Minimumprinzip und das Minimalebenenprinzip für den Verwaltungsbetrieb? (Rn 145)
12. Von welchen Faktoren hängt die Leitungsspanne ab, wodurch wird die Leitungsspanne erweitert bzw. verringert? (Rn 146)
13. Erklären Sie die Hauptaufgaben von aufbauorganisatorischen Regelungen im Verwaltungsbetrieb. (Rn 148)
14. Was verstehen Sie unter Verfahrensanalysen und -synthesen sowie deren Teilaufgaben? (Rn 150)
15. Erklären Sie einige wichtige ablauforganisatorische Kriterien des Verwaltungsbetriebs. (Rn 151)
16. Welche Zielkonflikte der Ablauforganisation sind Ihnen bekannt? (Rn 152)
17. Darstellungsformen der Ablauforganisation im Verwaltungsbetrieb? (Rn 153)

18. Vermitteln Sie eine Übersicht zu den bekanntesten Organisationstechniken. (Rn 154)
19. Welche Organisationsmittel sind Ihnen bekannt? (Rn 158)
20. Welche Kommunikationstechniken kennen Sie? (Rn 158)
21. Welche Vor- und Nachteile hat die moderne Informationstechnik für die Organisationseinheit Verwaltungsbetrieb? (Rn 159)
22. Was ist Organisationsentwicklung? Abgrenzung zur Weiterbildung und Organisationsplanung? (Rn 160)
23. In welchen Phasen läuft Grid-OE ab? (Rn 161)
24. Nennen Sie Ansätze für OE-Maßnahmen im Verwaltungsbetrieb. (Rn 162)
25. In welcher Beziehung stehen Führungsstil und Organisation? Nehmen Sie Stellung zu Funktionsweise und Wertigkeit der Führungsstile. (Rn 163, 164)
26. Schwachstellen der Organisation im Verwaltungsbetrieb? (Rn 165)

V. Kontrolle im Verwaltungsbetrieb

1. Begriff und Aufgaben der Kontrolle

166 Kontrolle ist einerseits Element des Führungssystems (Rn 62, 63, 68) im Verwaltungsbetrieb, zum anderen elementarer Bestandteil jeden Verwaltungshandelns, unabhängig von einer hierarchischen Zuordnung. Während die *Planung* ein systematisch-methodischer Prozeß der Erkenntnis und Lösung von Zukunftsproblemen ist (Wild, 1974, S. 13; Rn 81, 82), die *Organisation* (Planungsdurchführung und Ordnungserstellung) Regelungen für den verwaltungsbetrieblichen Aufbau und Ablauf (Rn 122) trifft, soll die *Kontrolle* feststellen, ob und wie das Geplante realisiert worden ist. Kontrolle steht deswegen in engem Zusammenhang mit der Planung und Organisation (Rn 69), wie das folgende vereinfachte Regelkreisschema zeigt.

Schaubild 92 Vereinfachtes Regelkreisschema zu Planung, Organisation und Kontrolle

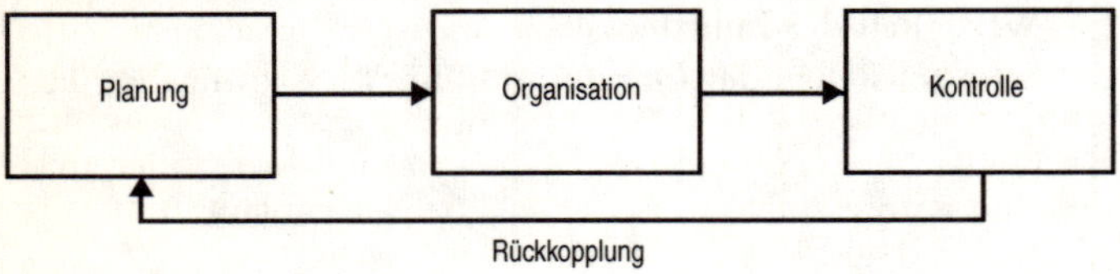

Im Rahmen eines einführenden Überblicks zur verwaltungsbetrieblichen Kontrolle werden *Begriff* und *Aufgaben* der Kontrolle, *Kontrollarten, Kontrollverfahren* und *Kontrolltechniken* abgehandelt. Einer detaillierteren Betrachtung unterliegt die *verwaltungsinterne Kontrolle,* der eine kurze Zusammenfassung der wichtigsten Gegebenheiten *verwaltungsexterner Kontrolle* vorausgeht. Abschließend wird der aktuelle Stand eines Controlling für Verwaltungsbetriebe dargestellt (Rn 178). Die Bemühungen um theoretische Konzepte und praktische Anwendungen des Verwaltungscontrolling haben sich – auch im Kontext mit neuen Steuerungskonzepten für öffentliche Verwaltungen – in den letzten Jahren außerordentlich verstärkt.

In der Literatur finden sich die unterschiedlichsten *Begriffe* für Vorgänge, die Kontrollcharakter im weitesten Sinne haben (vgl. u. a.: Eichhorn, Friedrich, 1976 d, S. 251; Blohm, 1977, S. 211 ff.; Horváth, 1979, S. 704 ff.; Wöhe, 1996, S. 198 ff.; König, Siedentopf [Hrsg.], 1997 b, S. 663 f.): Kontrolle, Überwachung, Prüfung, Beobachtung, Steuerung, Vergleich, (Nach)Rechnung, Aufsicht, Revision. Die Begriffsinhalte sind je nach Betrachtungsgesichtspunkt ökonomisch, soziologisch, psychologisch, politologisch usw. geprägt, unterschiedlich und häufig widersprüchlich. Während die Planung als geistige Vorwegnahme zukünftiger verwaltungsbetrieblicher Ereignisse die *Sollwerte* für das Verwaltungshandeln festlegt, die Organisation als Gesamtheit der Regelungen zur Realisierung verwaltungsbetrieblicher Zielsetzungen die *Istwerte* des verwaltungsbetrieblichen Handelns aufzeigt, reduziert sich die

Kontrolle in der einfachsten begrifflichen Erklärung auf einen *Soll-Ist-Vergleich* (Steinebach, 1978 a, S. 196 f.; Kübler, Band 2, 1978, S. 167 f.). Unter betriebswirtschaftlichen Gesichtspunkten interessieren vor allem die Ergebnisse (Leistungen) des Verwaltungsbetriebs, deswegen ist die *Ergebnisfeststellung* und *-analyse* Hauptanliegen jedes Kontrollvorgangs. Als *Hauptaufgabe* der Kontrolle können Feststellungen darüber, *ob* und *wie* Geplantes realisiert wurde, bezeichnet werden.

Daß die Bereiche Planung, Organisation und Kontrolle in einem Regelkreis **167**
gesehen werden können, machen die Schaubilder 13 und 92 deutlich. Die Kontrolle überprüft nicht nur die Abweichungen des Planungs- vom Durchsetzungsvorgang, sondern sie beeinflußt auch den nächsten Planungsvorgang durch Rückkopplung und Verwertung der Abweichungsergebnisse. Außerdem unterliegen Planung und Organisation für sich betrachtet bereits der Kontrolle: Der Planungsprozeß enthält Plankontrollen (Rn 93 und Programmevaluation, Rn 119, 120), aufbau- und ablauforganisatorische Regelungen enthalten Kontrollmechanismen (z. B. der hierarchische Instanzenaufbau, vgl. Rn 143; die Leitungsspanne, vgl. Rn 146, 147; die Zeit- und Leistungskontrollen, vgl. Rn 151; die Regelungen zur Ablauforganisation, vgl. Rn 153 usw.). Auch die Kontrolle selbst muß Kontrollen unterworfen werden und wird erst dadurch möglich, daß sie geplant und realisiert wird (vgl. Mattern [Hrsg.], 1994, S. 319 ff.).

Da im Mittelpunkt des Abschnitts Kontrolle die *Feststellung* und *Analyse* der *Abweichungen* und Rückkopplungen der Analyseergebnisse auf die Planung stehen, soll ein Grundschema eines derartigen Kontrollmodells, das der Regelkreislehre (Kybernetik) entnommen ist, kurz erläutert werden. Das Prinzip der Regelung und Rückkopplung zeigt sich deutlich an einem Beispiel zur öffentlichen Auftragsvergabe (das Beispiel ist entnommen bei Eichhorn, Friedrich, 1976 d, S. 41):

Schaubild 93 Prinzip der Regelung der Rückkopplung bei öffentlicher Auftragsvergabe

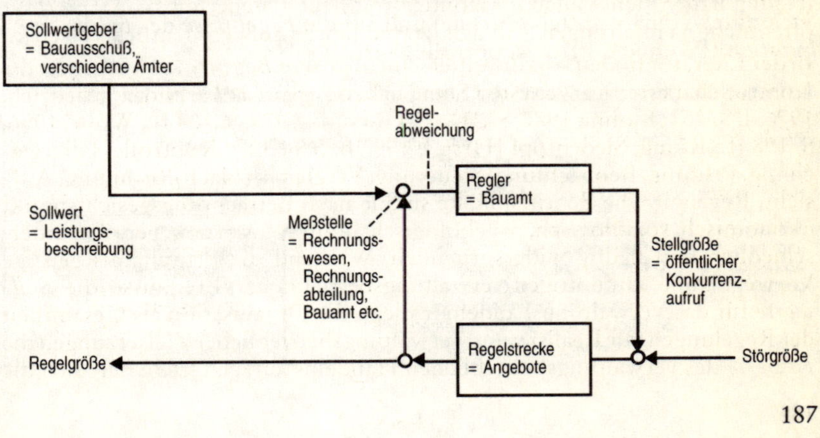

Der Gemeinderat einer Gemeinde hat einen Vermögenshaushalt beschlossen, in dem eine bestimmte Summe für einen Schulbau veranschlagt ist. Der Bauausschuß und die zuständigen Ämter (Bauamt, Schulamt, Ordnungsamt, Gesundheitsamt usw.) erarbeiten eine Leistungsbeschreibung für die öffentliche unbeschränkte Ausschreibung, die zusammen mit dem entsprechenden Haushaltsansatz die *Sollgrößen* bilden, denen die Angebote der Bauunternehmer genügen müssen. Ein *Regler,* hier das zuständige Gemeindeorgan (Bauamt), legt eine *Stellgröße* fest, die aus dem öffentlichen Konkurrenzaufruf besteht. Als *Störgrößen* kommen etwaige aus der Umwelt stammende Einflüsse (z. B. in Form von fehlerhaften und unzureichenden Angeboten bei zu hohen Preisen oder bei vermuteten Preisabsprachen) in Betracht.

Nach Eingang der Angebote nimmt ihre Bearbeitung, die *Regelstrecke,* ihren Fortgang. Da Nachverhandlungen ausgeschlossen sind, endet die Regelstrecke mit der *Öffnung der Angebote.* Diese werden in der *Meßstelle* daraufhin geprüft, ob sie mit den *Sollwerten* übereinstimmen. Ist dies der Fall, dann erfolgt der Zuschlag *(Regelgröße).* Liegt kein Angebot vor, das den Stellgrößen entspricht, so kann der Regler die Stellgröße neu setzen. Die *Regelstrecke* ist also das zu *kontrollierende Realisationsergebnis,* während der Regler den *planverändernden Kontrolleur* darstellt (vgl. zu diesen Ausführungen Eichhorn, Friedrich, 1976 d, S. 40 ff.).

Aus der Generalaufgabe der Kontrolle (Feststellung, *ob* und *wie* Geplantes realisiert wurde) lassen sich einzelne wichtige *Teilaufgaben* der *Kontrolle* deduzieren: die Kontrolle erstreckt sich auf *Quantität* und *Qualität* verwaltungsbetrieblicher Prozesse und auf die *Abweichungen* der Prozesse in Quantität und Qualität, auf Analyse der *Kontrollergebnisse* und *Rückkopplung* zur Planung (vgl. Rn 167). Die Teilaufgaben der Kontrolle wirken sich auf die *Leistungssphäre* der Verwaltung (Beschaffungs-, Erstellungs- und Abgabekontrollen), auf den *Finanzbereich* der Verwaltung (Finanzkontrolle), auf die Einsätze an *Produktionsfaktoren* (Personal-, Sachmittel-, Finanzmittelkontrolle) und auf die *Ergebnisse* der *Faktorkombination* (Produkt-, Erfolgskontrolle) aus.

Schaubild 94 Übersicht zu Begriff, Aufgaben und Auswirkungsbereichen der Kontrolle

Begriff	Kontrolle ist der Vergleich von Plangrößen (Sollwerten) mit Istgrößen, die nachher ermittelt werden (Soll-Ist-Vergleich)	
Hauptaufgabe	Feststellung, ob und wie Geplantes realisiert wurde	
Teilaufgaben und ihre Auswirkungsbereiche	1. Quantitätskontrolle 2. Qualitätskontrolle 3. Kontrolle der Abweichungen von Quantität und Qualität 4. Analyse der Kontrollergebnisse 5. Rückkopplung der Kontrollergebnisse zur Planung	Auswirkungen auf: 1. Leistungssphäre 2. Finanzsphäre 3. Produktionsfaktoreneinsatz 4. Faktorkombination

2. Kontrollarten im Verwaltungsbetrieb

Einen umfassenden Überblick zu den Arten der Kontrolle vermitteln Eichhorn und Friedrich (vgl. diese Autoren, 1976 d, S. 252 ff.). Schaubild 95 enthält einige ausgewählte Kontrollarten sowie entsprechende Kurzerklärungen (vgl. Steinebach, 1978 a, S. 200, S. 204 ff.; Thieme, 1981, S. 117 ff., 1984, S. 330 ff.; Mattern [Hrsg.], 1994, S. 325 ff.; König, Siedentopf, 1997 b, S. 665 ff.; Hahn, 1997, S. 307 f.). 168

Schaubild 95 Ausgewählte Kontrollarten und ihre Kurzerklärungen

Kontrollarten	Kurzerklärungen
1. Externe Kontrolle	Kontrollträger kommen von Bereichen außerhalb der kontrollierten Institution (Beispiele: Parlamente, Regierungen, Öffentlichkeit, Gerichte, Rechnungshöfe, vgl. Abschnitt V, Ziffer 6; auch externe Beratereinsätze fallen unter die externe Kontrolle).
2. Interne Kontrolle	Kontrollträger finden sich im Verwaltungsbetrieb selbst (Beispiele: Instanzen, Stäbe, Kommissionen, Projektgruppen). Interne Kontrolle ist die verwaltungsbetrieblich wichtigste Kontrollart und schlägt sich u. a. in Qualitäts-, Quantitäts-, Leistungs- und Erfolgskontrollen nieder (vgl. Abschnitt V, Ziffer 5).
3. Laufende Kontrolle	Die laufende Kontrolle begleitet das verwaltungsbetriebliche Handeln. Sie hat den Vorteil, daß sie Fehler präventiv verhindern kann, den Nachteil, daß ein Verwaltungsvorgang nicht umfassend gewürdigt werden kann, weil er noch nicht abgeschlossen ist.
4. Nachträgliche Kontrolle	Die Nachträglichkeit erfolgt nach Vollzug der Verwaltungshandlungen. Sie hat den Vorteil, daß sie alle Faktoren sorgfältig ermitteln und sodann einen abgeschlossenen Vorgang einer Totalwürdigung unterziehen kann. Nachteilig ist, daß sie der Situation, in der sich die Verwaltung zum Zeitpunkt ihres Handelns befand, nur schwer gerecht werden kann und daher häufig keine sinnvollen Hinweise für zukünftiges Handeln zuläßt. Angestrebt werden muß eine Verbindung von 3. und 4.
5. Stichprobenkontrolle	Die Stichprobe ist eine vom Umfang der Kontrolle bestimmte Kontrollart, die sich nur auf einen Teil der Gesamtkontrollmenge bezieht (Stichprobe). Die Stichprobe muß repräsentativ für die unkontrollierte Restgesamtheit sein. Hauptprobleme der Stichprobenkontrolle: 1. Eigenschaften der Gesamtmenge sind nicht immer Eigenschaften der Stichprobe, 2. Fehler werden erst festgestellt, wenn sie schon eingetreten sind (Ergänzung durch laufende Kontrollen wird notwendig).
6. Lückenlose Kontrolle	Lückenlose Kontrolle ist Voll- oder Gesamtkontrolle. Sie garantiert bei Ausführung durch Menschen keine Fehlerlosigkeit (Ermüdung, mangelnde Konzentration u. a. m.). Sie muß unter den Gesichtspunkten des hohen Zeit-, Kapital- und Kostenaufwands beurteilt werden, sollte aber dort angewandt werden, wo die Merkmale einer zu kontrollierenden Menge so kritisch sind, daß ein Versagen Menschen gefährden könnte (z. B. bei der Erstellung von Wehrmaterial mit kritischen Merkmalen). Im Zuge der Mechanisierung und Automatisierung werden maschinelle Prüfmittel und -einrichtungen durch vorgegebene Programme auf automatische Kontrollsteuerungen ausgerichtet (vgl. auch Kybernetik und Rn 159).

3. Kontrollverfahren im Verwaltungsbetrieb

169 Aus betriebswirtschaftlicher Sicht läßt sich jedes Kontrollverfahren in vier Verfahrensstufen abwickeln (vgl. Kübler, Bd. 2, 1978, S. 167; Steinebach, 1978, S. 208 f.; Thieme, 1981, S. 127 f.; Thieme, 1984, S. 331 f.; Mattern [Hrsg.], 1994, S. 321):

1. Übernahme der *Plan- oder Sollwerte* aus der Planungsphase des Verwaltungsbetriebs. Jede Kontrolle hat nur dann einen Sinn, wenn man von Plan- oder Soll-Werten ausgeht.
2. Übernahme der *Ist-Werte* (der realisierten Werte) aus der Vollzugs- oder Realisationsphase der Verwaltung.
3. Feststellung der *Abweichungen* der *Planwerte* von den *Ist-Werten.*
4. *Analyse der Abweichungsursachen,* wenn die tatsächlich ermittelten Werte mit den Sollwerten nicht übereinstimmen und Konsequenzen der Analyse für die folgenden Planungs- und Durchführungsphasen (Regelkreis!).

Unterschiede zwischen Soll und Ist (Stufe 4), deren Analyse im Kontrollverfahren zentrale Bedeutung zukommt, können auf *quantitative* und *qualitative Einflußfaktoren* zurückgeführt werden. Quantitative Einflußfaktoren liegen z. B. vor, wenn im Planungsprozeß nicht alle Einflußfaktoren erfaßt wurden; qualitative Abweichungen liegen dann vor, wenn qualitative Auswirkungen einer oder mehrerer Auswirkungsgrößen bei der Planung falsch beurteilt wurden, z. B. die Qualität der in der Leistungserstellung einzusetzenden Produktionsfaktoren.

170 Ein stark vereinfachtes Beispiel aus dem Bereich der Bundeswehrverwaltung (hier bezogen auf die Unterbehörde Kreiswehrersatzamt) soll das o. a. Kontrollverfahren verdeutlichen (vgl. Steinebach, 1978 d, S. 210).

Annahme: Ein *Kreiswehrersatzamt* plante für das Jahr 1999 eine Musterungszahl von Wehrpflichtigen in Höhe von 5000 Mann. Im Jahre 1999 werden tatsächlich 4000 Wehrpflichtige gemustert.

Kontrollverfahren:

1. *Planwert:* 5000 Mann
2. *Istwert:* 4000 Mann
3. *Abweichung:* 1000 Mann
4. *Ursachenanalyse:*
   - *quantitativ*

     personeller Engpaß (1 Mitglied des Musterungsausschusses mußte wegen Krankheit zwei Monate ersetzt werden; der Vertreter mußte sich erst einarbeiten)

     Betriebsmittelengpaß (EDV-Anlage hatte wegen eines Systemfehlers für verschiedene Wehrpflichtige falsche

Musterungsbescheide ausgedruckt, die auch verschickt worden waren)

– *qualitativ*
Musterungsvorgänge dauerten zu lange, Personal war nicht genügend vorbereitet auf Einwendungen von Wehrdienstverweigerern, Arbeitsablauf war durch Fehlorganisation gehemmt, technische Hilfsmittel konnten durch Materialfehler nicht mit voller Kapazität genutzt werden, eine stärkere personale Kontrolle wurde notwendig.

4. Kontrolltechniken

Die Abhandlung der *Kontrolltechniken* kann aus verschiedenen Gründen **171**
gekürzt werden:

1. Die meisten der im Rahmen der Planungs- und Organisationstechniken erörterten Verfahren sind auch für die verwaltungsbetriebliche Kontrolle verwendbar (z. B. die Netzplantechnik, Verfahren der Operations Research, vgl. Rn 97, Rn 112 ff., Rn 154 ff.).
2. Die kameralistische Haushaltsrechnung als Diagnosetechnik und das umfassende Gebiet der Wirtschaftlichkeitsrechnungen (z. B. Investitionsrechnungen, Nutzen-Kosten-Analysen) werden als wichtige Kontrolltechniken im 4. Kapitel behandelt. Aufgabe des betrieblichen Rechnungswesens ist ja gerade die *Kontrolle* der Wirtschaftlichkeit.

U. a. im Rahmen zwischenbetrieblicher Vergleiche und innerbetrieblicher Vergleiche (Zeitvergleiche, Soll-Ist-Vergleiche, Verfahrensvergleiche, vgl. 4. Kapitel), dienen *Kennzahlen* der verwaltungsbetrieblichen Kontrolle. Die Entwicklung von Kennzahlen als *Kontrolltechnik* und als Verfahren der behördlichen Statistik soll hier kurz gestreift werden (zur Anwendung statistischer Verfahren in öffentlichen Verwaltungen vgl. Röck, Locher, Loos, 1990; vgl. auch die Bedeutung von Kennzahlen für das Controlling bei Küpper, 1995, S. 317 ff.; Horváth u. a., 1996, Abschnitt G 6.3).

Die Bildung von Kennzahlen kann in Form von *Gliederungs-*, *Meß-* und **172**
Beziehungszahlen erfolgen. *Gliederungszahlen* ergeben sich dadurch, daß Teilgrößen einer Gesamtheit auf diese übergeordnete Gesamtheit bezogen werden (Frage: wieviel Prozent einer Gesamtheit entfallen auf eine bestimmte Teilgröße?).

Beispiele: $\frac{\text{Pkw-Bestand}}{\text{gesamter Kfz-Bestand}} \times 100$

$$\frac{\text{Studenten an Fachhochschulen}}{\text{Gesamtzahl der Studenten an Hochschulen}} \times 100$$

$$\frac{\text{Investitionsausgaben}}{\text{Gesamtausgaben}} \times 100$$

Meßzahlen ergeben sich dadurch, daß gleichartige Teilgrößen zueinander in Beziehung gesetzt werden (Frage: Wieviel Prozent einer bestimmten Teilgröße beträgt eine andere Teilgröße?).

Beispiele: $$\frac{\text{Personalausgaben eines Ressorts}}{\text{Investitionsausgaben eines Ressorts}} \times 100$$

$$\frac{\text{Gesamtkosten eines Regierungspräsidenten in Köln}}{\text{durchschnittl. Gesamtkosten der Regierungspräsidenten}} \times 100$$

$$\frac{\text{Anzahl der Beamten im Verteidigungsbereich}}{\text{Anzahl der Arbeiter u. Angest. im Verteidigungsbereich}} \times 100$$

Beziehungszahlen ergeben sich dadurch, daß zwei verschiedenartige, aber in sachlich sinnvoller Beziehung stehende Größen zueinander ins Verhältnis gesetzt werden (Frage: wie kann eine sinnvolle Beziehung zwischen zwei verschiedenartigen statistischen Größen hergestellt werden?).

Beziehungszahlen werden generell unterteilt in *Dichteziffern, Häufigkeitsziffern* und *Quoten.*

Beispiele für *Dichteziffern:*

$$\text{Telefondichte} = \frac{\text{Zahl der Telefone}}{\text{Zahl der Haushalte}}$$

$$\text{Kraftfahrzeugdichte} = \frac{\text{Zahl der Kraftfahrzeuge}}{\text{Zahl der Einwohner}}$$

Beispiele für *Häufigkeitsziffern:*

$$\text{Unfallziffer} = \frac{\text{Verkehrsunfälle}}{\text{Zahl der Jahre}}$$

$$\text{Krankheitshäufigkeit in einem Verwaltungsbetrieb} = \frac{\text{Zahl der Krankheitsfälle}}{\text{Zahl der Bediensteten}}$$

Beispiele für *Quoten:*

$$\text{Verschuldungsquote} = \frac{\text{Schuldenstand einer Gebietskörperschaft}}{\text{Zahl der Einwohner}}$$

$$\text{Arbeitslosenquote} = \frac{\text{Zahl der Arbeitslosen}}{\text{Zahl der Erwerbspersonen}}$$

173 Als weitere Kontrolltechnik kann das statistische Verfahren der *Stichprobe* (vgl. Rn 168) bezeichnet werden (Röck, Locher, Loos, 1990, S. 113 ff.). Immer dann, wenn Vollerhebungen u. a. aus Zeit- und Kostengründen nicht empfehlenswert sind, werden Stichprobenkontrollen vorgenommen. Beispiele: Nutzung von Räumen einer Akademie im Verlauf eines Jahres, um eine Kapazitätsausnutzungskontrolle zu ermöglichen und eine Verbesserung der Raumauslastung anzustreben; Zeitstudien über mehrere Wochen und Arbeitsplätze, um die Arbeitsauslastung zu kontrollieren und eine optimale Arbeitsverteilung zu erreichen; Arbeitsplatzanalysen bei vielen gleichartigen Arbeitsplätzen, um eine leistungsgerechte Bezahlung zu erreichen; Schriftgutanalysen zum Zwecke der Einrichtung eines zentralen Schreibdienstes oder des Einsatzes eines Schreibautomaten in einer Behörde. Als Arten der Stichproben unterscheidet man die *Stichprobe nach Beurteilung* (judgement sample) und die *Zufallsstichproben* (random sample). Letztere treten in den Formen uneingeschränktes und geschichtetes Stichprobenverfahren, Klumpenauswahlverfahren und kombiniertes Stichprobenverfahren auf. Bei der Stichprobe nach Beurteilung werden aus einer Grundgesamtheit gleichartiger Elemente (z. B. Arbeitsplätze in einer Baubehörde) diejenigen ausgewählt, die typisch oder repräsentativ für alle Elemente der Grundgesamtheit sind. Bei Zufallsstichproben wird aus einer Grundgesamtheit von Elementen (z. B. kommunale Verwaltungsbetriebe in einem Bundesland) nach dem Zufallsprinzip die erforderliche Anzahl von Elementen gezogen. (Weitere Erklärungen zu Stichproben bei Röck, Locher, Loos, 1990, S. 113 ff.). Abschließend sei vermerkt, daß von statistischen Methoden für Kontrollzwecke (aber auch für Planungs- und Entscheidungszwecke) in Verwaltungsbetrieben noch zu wenig Gebrauch gemacht wird. Daher muß die Anwendung der Statistik, z. B. für Arbeits- und Anwesenheitskontrollen, vor allem für die Qualitätskontrolle in der verwaltungsbetrieblichen Beschaffungs-, Leistungserstellungs- und Leistungsabgabesphäre forciert werden. Daß Kontrolltechniken durch Kontrollmittel (vgl. auch Organisationsmittel in Rn 158) unterstützt werden, wie z. B. durch Arbeitsaufzeichnungen, Checklisten, Plantafeln, Stechuhren, EDV-Anlagen, bedarf keiner weiteren Erklärung.

5. Die externe Kontrolle des Verwaltungsbetriebs

Externe Interessengruppen nehmen häufig Einfluß auf das innerbetriebliche Geschehen in Verwaltungen. Darauf wurde bei der Entwicklung eines Zielsystems des Verwaltungsbetriebs verwiesen (Rn 74 ff.). Bei aller Dominanz des verwaltungsbetrieblich-internen Kontrollaspekts für diese Untersuchung, kann deswegen auf eine zusammenfassende Darstellung der *verwaltungsexternen Kontrolle,* die im wesentlichen von *Parlamenten, Gerichten, Öffentlichkeit* und *Rechnungshöfen* (aber auch z. B. von den Regierungen, den Personalausschüssen, dem Bundesbeauftragten für Datenschutz, dem Wehrbeauftragten u. a. m.) ausgeübt wird, nicht verzichtet werden (Schaubild 96). Verwaltungsexterne Kontrolleinrichtungen selbst sind Verwaltungsbetriebe, in denen interne Kontrollen unter Beachtung der hier im Vordergrund stehenden ökonomischen Gesichtspunkte durchgeführt werden müssen (Literatur zur verwaltungsexternen Kontrolle: Fuchs, 1966; Reding, 1981, insbes. S. 193 ff.; Thieme, 1984, S. 340 ff.; **174**

Bulling [Hrsg.], 1985, S. 57 ff., S. 79 ff.; v. Arnim [Hrsg.], 1989; König, Siedentopf [Hrsg.], 1997 b, Abschnitt Kontrolle, S. 663 ff.).

Schaubild 96 Übersicht zur verwaltungsexternen Kontrolle

Kontrollträger	**Möglichkeiten der Kontrolle bzw. Kontrollgegenstände**
I. Parlamente	1. Neben der Legislative haben Parlamente auch Aufgaben als Kontrollorgane der Exekutive. Jedoch ist die Verwaltung nur *mittelbar* Gegenstand der Kontrolle des Parlaments, da die Verwaltungsführung *auch* eine politische Frage ist. 2. Die Kontrolle der Parlamente wird ausgeübt durch: das *Plenum*, die *Ausschüsse* (bei Beratung von Gesetzentwürfen werden auch Fragen der Verwaltungsführung erörtert), die *Untersuchungsausschüsse*, die *Parlamentarische Opposition*, die *Parlamentsbeauftragten* (z. B. Wehrbeauftragter zur Kontrolle der Streitkräfte), die *Abgeordneten* (durch Kontakte der Abgeordneten mit der Verwaltung sind mittelbar Kontrollwirkungen gegeben). 3. Wege zur Ausübung der Kontrolle sind: *große und kleine Anfragen, Fragestunde, Vertrauensfrage, Haushaltsfeststellung* (in Ausschußberatungen und Plenardebatten befaßt sich das Parlament mit der Verwaltung), *Petitionswesen* (Petitionen haben lediglich Informationswirkung).
II. Gerichte	Kontrolle der Rechtmäßigkeit des Verwaltungshandelns durch *Strafgerichte* (Amtsdelikte), *Disziplinargerichte, Zivilgerichte* (Amtshaftungsklagen, enteignungsgleiche Eingriffe, Ansprüche aus öffentlich-rechtlicher Verwahrung), *Verfassungsgerichte* (z. B. bei Verfassungsbeschwerden Rechtskontrolle gegenüber der Verwaltung), *Verwaltungsgerichte* (allgemeine Verwaltungsgerichte, Sozial-, Finanzgerichte; vor allem die allgem. Verwaltungsgerichte haben eine besondere Bedeutung bei der Nachprüfung des rechtmäßigen Verwaltungsvollzugs).
III. Öffentlichkeit	Öffentlichkeit übt Verwaltungskontrolle aus durch die *öffentliche Meinung* (über Kommunikationsmittel und -wege wie Presse, Rundfunk, Fernsehen). Die Verwaltung verkehrt mit der Presse über Pressestellen oder *Pressereferenten.* Auch *Verbände* sind Träger kontrollierender Kritik.
IV. Rechnungshöfe	Wichtige verwaltungsexterne Kontrolleinrichtungen sind die Rechnungshöfe. Ihre Prüfung umfaßt die *Gegenstände:* Rechnungen über die Ausführung des Haushaltsplans; außerplanmäßige *Einnahmen* und *Ausgaben;* die *Vermögensrechnung;* die Rechnungen der *Betriebe des Staates,* der *Sondervermögen, Anstalten, Stiftungen;* die juristischen Personen des öffentlichen Rechts u. a. m. Die Prüfung ist einmal *Ordnungsprüfung* (z. B. Einhaltung des Haushaltsplans, der vorgeschriebenen Formen für die Ausführung des Haushaltsplans), zum anderen Prüfung der *Wirtschaftlichkeit* und *Sparsamkeit.* Hier sollte der Schwerpunkt der Tätigkeit der Rechnungshöfe liegen.

6. Die interne Kontrolle im Verwaltungsbetrieb

175 In den Punkten 1 bis 4 dieses Abschnitts wurden bereits wesentliche Probleme der verwaltungsinternen Kontrolle angesprochen, so daß hier eine Beschränkung auf die wesentlichen *Grundsätze der internen Kontrolle* und der *Organisation der Kontrolle* möglich ist (zur verwaltungsinternen Kontrolle vgl. Eichhorn, Friedrich, 1976 d, S. 257 ff.; Kübler, Band 2, 1978, S. 167 ff.; Thieme, 1984, S. 334 ff.; Becker, 1989, S. 874 ff.; Püttner, 1989, S. 348 ff.; Mattern [Hrsg.], 1994, S. 330 ff.; König, Siedentopf [Hrsg.], 1997 b, S. 668 ff.). Für die Kontrolle wurden allgemeine *Kontrollgrundsätze* entwickelt, die zur ordnungsgemäßen Abwicklung des Kontrollverfahrens im Verwaltungsbetrieb beitragen sollen. Diese Grundsätze helfen bei der Erreichung allgemeiner Kontrollziele wie der Kostenminimierung, der Personal- und Zeiteinsparung. Im einzelnen werden als Prinzipien (Grundsätze) der Kontrolle u. a. genannt (vgl. Eichhorn, Friedrich, 1976 d, S. 276): die Minimierung der Anzahl der Kontrollen, die Dominanz von Selbstkontrollen, die Einrichtung personeller und institutioneller Kontrollhierarchien, die Einordnung von Kontrollen in die Organisation, die Benutzung von Kontrollstandards (vgl. Rn 171), die Ausrichtung der Kontrollen auf kritische Tatbestände, die Ausrichtung der Kontrollen auf Abweichungen (vgl. Rn 167, 169). Je nach Untersuchungsgegenstand, auf den sich die Kontrolle bezieht, lassen sich spezifische Grundsätze der Kontrolle entwickeln. So läßt sich am Beispiel der *Rechnungsprüfung* zeigen, daß sich Kontrollen in *formelle Kontrollen* (Ordnungskontrollen, überwiegend auf die Quantität der Verwaltungsleistung bezogene Kontrollen) und in *materielle Kontrollen* (überwiegend Kontrolle der Qualität von Verwaltungsleistungen) unterteilen lassen (vgl. v. Arnim, Lüder [Hrsg.], 1993, s. 97 ff.; König, Siedentopf [Hrsg.], 1997 b, S. 698 f.). Die Ordnungskontrolle läßt sich weiter unterteilen in die *förmliche Kontrolle* (z. B. Vollständigkeit von Rechnungen), die *rechnerische Kontrolle* (z. B. Korrektheit von Übertragungen) und die *sachliche Kontrolle* (z. B. Richtigkeit des Ausweises von Ausgaben bei bestimmten Haushaltsstellen). Die materielle Kontrolle schlägt sich nieder in der Wirtschaftlichkeitskontrolle (z. B. Befolgung der Grundsätze der Sparsamkeit und Wirtschaftlichkeit) und der Organisationskontrolle (z. B. Überprüfung von Dienstvorschriften, der personellen Besetzung, der maschinellen Ausstattung, der räumlichen Verhältnisse).

Außer dem Grundsatz der Kontrolle von Verwaltungsinputs und -outputs **176**
nach der *Quantität,* ist der Grundsatz verwaltungsbetrieblicher Kontrollen nach der *Qualität* von besonderer Bedeutung. Bei der Qualitätskontrolle (vgl. Thieme, 1984, S. 332 f.; v. Arnim, Lüder [Hrsg.], 1993, S. 87 ff.) geht es um alle Eigenschaften, die die Qualität von Ergebnissen der Verwaltungsarbeit ausmachen, wie z. B. Rechtmäßigkeit, Zweckmäßigkeit, Schnelligkeit, Termingerechtigkeit, Wirtschaftlichkeit. Ein weiterer Grundsatz der Kontrolle lautet: Zur Kontrolle gehört die *Aufsicht* (vgl. Becker, 1989, S. 875 ff.; Mattern [Hrsg.], 1994, S. 84 f.). Aufsichten können in folgende Hauptarten gegliedert werden: Dienstaufsicht (z. B. durch Geschäftsprüfungen, Arbeitsplatzüberprüfungen), Fachaufsicht (Rechts-, Sonder-, Vorbehaltsaufsicht; Fachaufsichten werden in Form von Wirtschaftsprüfungen und Bestandsprüfungen ausgeübt), dienstrechtliche Aufsicht (durch den Dienstvorgesetzten) und Amtsaufsicht (durch den Behördenleiter über das Personal seiner Behörde). Verwaltungsinterne Kontrolle muß auch den Grundsatz der *Leistungs- oder Erfolgskontrolle* beachten (vgl. Kandutsch, 1965, S. 104 ff.; in't Veld, 1965, S. 363; Bohne, König, 1976, S. 19 ff.; Eichhorn, v. Kortzfleisch [Hrsg.], 1986, S. 13 ff., S. 103 ff.). Sie bezieht sich auf das Leistungsergebnis der Verwaltung und hängt eng

mit der Qualitätskontrolle zusammen. *Leistungskontrollen* können erfolgen durch:

1. *Umlaufkontrollen* (Hauptziel: Verringerung der Durchlaufzeiten beim Erstellen von Verwaltungsleistungen, vgl. auch Ablauforganisation, Abschnitt IV, 5),
2. *Schreibleistungskontrollen* (Kontrollen vorgeschriebener Normleistungen, z. B. beschriebene Seiten pro Person etc.),
3. Erarbeitung von *Meß-, Gliederungs- und Beziehungszahlen* sowie *Vergleichsrechnungen* (vgl. Rn 171, 172 und 4. Kapitel),
4. *Arbeits- und Zeitkontrollen* im allgemeinen (Grundlagen für diese Kontrollen sind Arbeitsplatz- und Tätigkeitsbeschreibungen nach Mengen und Zeiten, Arbeits- und Zeitstudien etc.)

177 Ein weiterer Grundsatz der Kontrolle lautet: Kontrolle ist ohne Organisation undenkbar (vgl. Rn 69). Deswegen abschließend einige Überlegungen zur Organisation der verwaltungsinternen Kontrolle (vgl. Becker, 1989, S. 875 ff.; Püttner, 1989, S. 349 ff.; Mattern [Hrsg.], 1994, S. 330 f.).

Wichtiges Element der Organisation verwaltungsinterner Kontrolle ist der hierarchische Instanzenaufbau (vgl. Abschnitt IV, 4). Eine übersichtliche und gut gegliederte Aufbauorganisation ist eine der Voraussetzungen für das Funktionieren der Kontrolle durch Vorgesetzte. Hierarchische Kontrollmöglichkeiten werden grundsätzlich stärker eingeschränkt in dezentralisierten Organisationssystemen, die eine vermehrte Delegation von Aufgaben, Kompetenz und Verantwortung vorsehen und damit eine wesentliche Forderung vieler Führungskonzeptionen (vgl. Abschnitt VI in diesem Kapitel) nach der Erhöhung der Eigenverantwortlichkeit der Mitarbeiter (Selbstkontrolle!) erfüllen.

Eine der wichtigsten organisatorischen Regelungen, die Kontrollen in der Verwaltung ermöglichen, ist das *Zeichnungsrecht.* Die Mitzeichnung, z. B. durch verschiedene Referate (Abteilungen, Dezernate usw.), hat deswegen Kontrollwirkung, weil die zu entscheidende Frage unter zusätzlichen Gesichtspunkten betrachtet wird und u. U. keine Billigung durch eine mitzeichnungsberechtigte Stelle erhält. Die Schlußzeichnung (vgl. z. B. entsprechende Vorschriften in der GGO I) bestimmt sich nach dem Prinzip des Rechts der Schlußzeichnung durch den Referatsleiter (Dezernatsleiter, Sachgebietsleiter), der die Angelegenheit federführend bearbeitet hat, sofern ein Zeichnungsvorbehalt einer berechtigten übergeordneten Instanz fehlt. Dieser *Unterschriftenvorbehalt* in der Schlußzeichnung hat *in erster* Linie *Kontrollcharakter.* Auch die verwaltungsinterne Kontrolle nach dem Grundsatz der *Aufsicht* setzt entsprechende organisatorische Regelungen voraus. Hierzu einige Beispiele aus dem Bundeswehrverwaltungsbereich:

Das Bundesministerium der Verteidigung (Oberstbehörde) übt grundsätzlich die *Fach- und Dienstaufsicht* über die Wehrbereichsverwaltungen aus (Ausnahme: z. B. die Fachaufsicht über die dezentrale Beschaffung der Wehrbereichsverwaltung (Mittelbehörde) obliegt dem Bundesamt für Wehrtechnik und Beschaffung (Oberbehörde), die Fachaufsicht über das Wehrersatzwesen dem Bundesamt für Wehrverwaltung); die *dienstrechtliche Aufsicht* übt z. B. der Präsident einer Wehrbereichsverwaltung als Dienstvorgesetzter über die Beamten seines Geschäftsbereichs sowie aller übrigen im Wehrbereich ständig eingesetzten Beamten aus, soweit keine Ausnahmen bestehen (vgl. Reinfried, Steinebach, 1983, S. 138 ff.; Kirchhoff [Hrsg.], 1986, S. 1052 ff.). Eine besondere Funktion im Kontrollsystem haben Organisationseinheiten, die für *Finanz-*, *Organisations-* und *Personalangelegenheiten* zuständig sind. Diese Organisationseinheiten haben zwar kein allgemeines Kontrollrecht, trotzdem erwachsen ihnen aus den mit Ressourcenentscheidungen verbundenen Steuerungseffekten Möglichkeiten der internen Verwaltungskontrolle (vgl. Thieme, 1984, S. 336; Bekker, 1989, S. 877 f.; König, Siedentopf [Hrsg.], 1997 b, S. 668 ff.).

Wie die *innere Kontrolle* im Bereich der *Finanzen* organisiert ist, ersieht man z. B. an der Unterteilung in:

1. Kassenkontrolle
2. Teilung von Kassenanordnung und Ausführung der Anordnung
3. Visakontrolle (Ausgabeanordnung darf von der Kasse nur ausgeführt werden, wenn sie von einem Beamten der Rechnungskontrolle gegengezeichnet ist)
4. Vorprüfung der von der Kasse gelegten Rechnung (vgl. Thieme, 1984, S. 338).

In Schaubild 97 werden die wichtigsten Grundsätze der verwaltungsinternen Kontrolle und ihre Anwendungsmöglichkeiten wiedergegeben (vgl. Steinebach, 1978 a, S. 218).

Schaubild 97 Grundsätze und Anwendungsmöglichkeiten der verwaltungsinternen Kontrolle

Grundsätze	Anwendungsmöglichkeiten
I. Quantitätskontrolle	Z. B. in der Rechnungsprüfung Ordnungskontrolle (förmliche, rechnerische, sachliche Kontrolle).
II. Qualitätskontrolle	Gerichtet auf Rechtmäßigkeit, Zweckmäßigkeit, Schnelligkeit, Termingerechtheit, Wirtschaftlichkeit, z. B. in der Rechnungsprüfung materielle Kontrolle (Wirtschaftlichkeitsprüfung, Organisationsprüfung).
III. Keine Kontrolle ohne Aufsicht	Dienstaufsicht, Fachaufsicht, dienstrechtliche Aufsicht, Amtsaufsicht. Beispiele zur Fachaufsicht: Wirtschaftsprüfungen, Bestandsprüfungen.
IV. Leistungs-, Erfolgskontrolle	Z. B. Umlaufkontrollen, Schreibleistungskontrollen, Kontrolle durch Meß-, Gliederungs-, Beziehungszahlen, durch Vergleichsrechnungen (Wirtschaftlichkeitsanalysen), durch Arbeits- und Zeitkontrollen.
V. Keine Kontrolle ohne Organisation	Kontrolle z. B. durch organisatorische Regelung des Zeichnungsrechts (Mitzeichnung, Schlußzeichnung) der verschiedenen Aufsichtsarten (vgl. III); Kontrolle durch Organisationseinheiten (Finanzen, Personal, Organisation).

Sind im Rahmen einer Kontrolle Mängel aufgetreten, so muß dies den Mitarbeitern in einem *Kritikgespräch* klargelegt werden. Grundregeln für dieses Gespräch ergeben sich aus Schaubild 98 (vgl. Kübler, Bd. 2, 1978, S. 174, und Althoff, Thielepape, 1993, S. 212 ff.).

Schaubild 98 Wie übt man Kritik?

SACHLICH	**SCHONEND**
– keine Verärgerung oder Erregung zeigen – die Arbeit – nicht den Mitarbeiter kritisieren – keine Übertreibungen des Tatbestandes – *sachbezogene* Kritik wird in der Regel akzeptiert	– Kritik möglichst unter vier Augen – nicht nur Mängel kritisieren, sondern auch das Positive anerkennen – Mitarbeitern Gelegenheit zur eigenen Stellungnahme geben – Kritik *ohne Verletzung des Selbstwertgefühls* ist erfolgreicher
KONSTRUKTIV	**POSITIV**
– Fehlerursachen analysieren – überlegen, wie weitere Fehler zu verhindern sind – Mitarbeiter helfen, Fehler zu erkennen und zu vermeiden – *aufbauende* Kritik wird als Hilfe empfunden	– Kritik mit versöhnlichen Worten beenden – Vertrauen erkennen lassen, daß Fehler nicht mehr vorkommt – Kritik soll keinen bitteren Nachgeschmack zurücklassen – *ermutigende* Kritik verstärkt die Leistungsbereitschaft

7. Controlling im Verwaltungsbetrieb

In der jüngsten Zeit wird dem aus den USA stammenden *Controlling-Konzept* „sowohl bei der praktischen Problemanalyse als auch in der Fachdiskussion um die Steuerung öffentlicher Aufgabenwahrnehmung zunehmend Aufmerksamkeit beigemessen" (Koch [Hrsg.], 1987, S. 105). Der Begriff *Controlling* geht über den Begriffsinhalt der *Kontrolle* (vgl. Rn 166) weit hinaus, obwohl man vom Wortstamm her eine ähnliche Bedeutung vermuten könnte (Wöhe, 1996, S. 200; Küpper, 1995, S. 165 ff.). Controlling ist eine Entscheidungs- und Führungshilfe durch ergebnisorientierte Planung, Steuerung und Überwachung (Kontrolle) in allen (unternehmerischen) Bereichen und Ebenen (Wöhe, 1996, S. 200; vgl. auch Horváth, 1979, S. 35, 125, 163; Weber, Tylkowski [Hrsg.], 1988, S. 22 ff.; Brüggemeier, 1997, S. 12 ff. und Rn 120). **178**

Eine Systematisierung der *Controlling-Ansätze* in der Literatur läßt tendenziell folgende Grundrichtungen erkennen (vgl. Koch [Hrsg.]), 1987, S. 111 ff.; Weber, Tylkowski [Hrsg.], 1988; Goller u. a. [Hrsg.], 1989, Abschnitt B 2; Weber, Tylkowski [Hrsg.], 1989; Braun, Bozem [Hrsg.], 1990; Weber, Tylkowski [Hrsg.], 1990; Schmidberger, 1993 a, S. 34 ff.; Küpper, 1995; insb. Brüggemeier, 1997, S. 35 ff.):

1. den *rechnungswesenorientierten Ansatz.* Aufgabe des Controlling ist hierbei der Ausbau einzelner Subsysteme des Rechnungswesens im Rahmen des Kosten-, Erfolgs-, Finanz- oder Investitions-Controlling zur Verbesserung der Informationssituation von Entscheidungsträgern im Verwaltungsbetrieb;
2. den *sachfunktionsorientierten Ansatz.* Aufgabe des Controlling ist dabei sowohl die Entwicklung sachfunktionsspezifischer Informationssysteme für verwaltungsbetriebliche Teilbereiche wie Beschaffung, Lagerung, Leistungserstellung, Leistungsabgabe, als auch die Wahrnehmung und Steuerung der Führungsfunktionen Planung und Kontrolle für diese einzelnen verwaltungsbetrieblichen Teilbereiche;
3. den *managementprozeßorientierten Ansatz.* Hierbei wird Controlling als Instrument und/oder integraler Bestandteil der Führung bzw. im Zusammenhang mit der Wahrnehmung von Führungsfunktionen diskutiert. Controlling ist Ansatzpunkt zur Verbesserung der Steuerung des gesamten Verwaltungsbetriebs sowohl über *operatives* Controlling (Verbesserung der Systemsteuerung über eine Verbesserung der Führungsfunktion Planung. Grundlage: der Regelkreis, vgl. Rn 166, 167) als auch über *strategisches* Controlling (Erfassung und Analyse systemrelevanter *Umwelt*entwicklungen, um eine der Planung *vor*gelagerte strategische Steuerung zu ermöglichen).

179 Essentielle, vor allem *betriebswirtschaftlich* determinierte *Anforderungen* an ein *Verwaltungscontrolling* sind u. a. (vgl. insb. Brüggemeier, 1997, S. 303 ff.; außerdem v. Arnim, Lüder [Hrsg.], 1993, S. 215 ff.; Lüder, 1993, S. 268 ff.; Schwarze, 1997, S. 153):

1. Eindeutige operationale Zielvorgaben und bewertbare Leistungsergebnisse des Verwaltungsbetriebs, d. h. es müssen die Voraussetzungen geschaffen werden, um z. B. Kennzahlen zu bilden, als Steuerungsgrößen zu nutzen, Zielerreichung zu verifizieren und damit die Wirtschaftlichkeit des Verwaltungsbetriebs dokumentieren zu können;
2. ein an kaufmännischen Grundsätzen orientiertes öffentliches Rechnungswesen (vgl. 4. Kapitel), das als Instrument des Controlling auch nicht-monetäre Leistungs- und Wirkungsinformationen bereitstellt, um Grundlagen für entsprechende Planungs-, Kontroll- und Entscheidungsrechnungen bereitzuhalten. Ein derartiges controlladäquates öffentliches Rechnungssystem sollte verfügen über Subsysteme wie Verwaltungskosten-, Ergebnis-, Vermögensrechnungen, eine nicht-monetäre Leistungsrechnung und eine Haushaltsrechnung, die als Finanzrechnung wie die Kostenrechnung in die Vermögens- und Ergebnisrechnung integriert werden kann;
3. die Fähigkeit und Bereitschaft der Führungskräfte und ihrer Mitarbeiter, in wirtschaftlichen Kategorien zu denken *und* zu handeln. Gefordert sind hierbei besonders die für Personalplanung und -wirtschaft Verantwortlichen. Sie sollten über entsprechende Anreize Qualifikationen schaffen, um Controllingaktivitäten wirksam werden zu lassen;
4. die Existenz von Spielräumen für eine am Wirtschaftlichkeitsprinzip orientierte Wahrnehmung von Führungsfunktionen und die Etablierung integrierter Verantwortungsbereiche, d. h. Schaffung organisatorischer Rahmenbedingungen (z. B. über Delegation, Dezentralisierung), die Konsequenzen aus Controlling-Informationen und detailliertere Ergebnisverantwortung ermöglichen.

Verwaltungscontrolling erfordert darüber hinaus eine Implementationsstrategie, die auf die jeweilige Verwaltungssituation zugeschnitten ist und die konkreten Macht- und Handlungskonstellationen berücksichtigt. Insofern ist die Realisierung von Controllingkonzepten auch von den für die politischen Prozesse Verantwortlichen abhängig.

Empirische Untersuchungen zum Verwaltungscontrolling und Beispiele aus dem Bereich der Verwaltungspraxis geben den gegenwärtigen *Entwicklungsstand* und die *Zukunftsaussichten* des Controllingkonzepts wieder (vgl. Schmidberger, 1990, S. 115 ff.; Goller u. a. [Hrsg.], 1989, Abschnitt

B 2 mit einer Fülle praktischer Beispiele; Schmidberger, 1993 a, S. 91 ff.; Strehl [Hrsg.], 1993, S. 89 ff.; Bayerische Verwaltungsschule [Hrsg.], 1996, S. 144 ff.; Horváth u. a. [Hrsg.], 1996, Abschnitt C 6.1; Brüggemeier, 1997, S. 138 ff.):

1. Controlling wird aus der Sicht der befragten Verwaltungen nicht nur benötigt, sondern wird sich auf längere Sicht etablieren. Die feststellbaren internationalen Reformtrends (New Public management) haben einen beträchtlichen Nachholbedarf zum Controlling in den Verwaltungsbetrieben der Bundesrepublik Deutschland ausgelöst.
2. Eine Vorreiterrolle haben – wie so häufig im Rahmen der Umsetzung betriebswirtschaftlichen Denkens und Handelns auf Verwaltungsbetriebe – die *Kommunen.* Bereits im Herbst 1987 legte ein Arbeitskreis der Schmalenbach-Gesellschaft ein Controllingkonzept vor, die KGSt schuf für bestimmte Problemfelder kommunaler Verwaltungssteuerung (Bauinvestitions- und Beteiligungscontrolling) tragfähige Konzeptionen, die Ausgangspunkt für weitere Initiativen und Projekte im Zusammenhang mit Controlling und dezentraler Ressourcenverantwortung unter dem Schlagwort „Neues Steuerungsmodell" waren. Im Herbst 1991 startete die Bertelsmann-Stiftung in Kooperation mit dem Deutschen Beamtenbund das Reformprojekt „Grundlagen einer leistungsfähigen Kommunalverwaltung". Kommunale Controlling-Konzepte wurden in Osnabrück, Saarbrücken, Karlsruhe, Hannover, Gütersloh, Mannheim, Duisburg und Wiesbaden geplant und realisiert.
3. Auf *Länderebene* haben Baden-Württemberg (Reformvorhaben „Verwaltung 2000"), Rheinland-Pfalz (hier werden vor allem für die Hochschulen Controllingprojekte vorangetrieben), die Freie und Hansestadt Hamburg (Fachpromotoren für Controlling sind vor allem das Senatsamt für den Verwaltungsdienst und der Landesrechnungshof) und Berlin (u. a. Controlling zur Verbesserung des [politischen] Berichtswesens) das Verwaltungscontrolling eingeführt.
4. Auf *Bundesebene* hat das Bundesministerium der Verteidigung als erstes Ressort mit einem ganzheitlichen Konzept zur Kosten- und Leistungsverantwortung (KLV) auf sich aufmerksam gemacht. Im Januar 1997 hat die Ressortleitung nach positiv verlaufenen Pilotprojekten entschieden, KLV in die Bundeswehr einzuführen, um betriebswirtschaftliche Grundsätze und Methoden stärker anzuwenden und den Führungsvorgang um betriebswirtschaftliche Aspekte zu erweitern. Kern des KLV-Konzepts ist ein *betriebswirtschaftliches Con-*

trolling für Dienststellen der Bundeswehr (vgl. Schimkus, Walther, 1994, S. 407 ff.; Uhl, Hubbert, 1997, S. 229 ff.).

Die wesentlichen *Aufgaben des Controlling* in der Bundeswehr sind:

- Unterstützung der Führung bei der Planung und Kontrolle strategischer und operativer Leistungs- und Kostenziele,
- unmittelbare und termingerechte Information über Leistungen (einschließlich Ergebnisqualitäten) und Kosten,
- Unterstützung bei Haushaltsplanung und -vollzug,
- Unterstützung der Vorhaben- und Auftragskontrolle im Rüstungsbereich,
- Erstellen von Analysen zur Unterstützung des Führungsprozesses,
- Erarbeiten von Empfehlungen für korrigierende Maßnahmen bei Soll-Ist-Abweichungen,
- Erfolgskontrolle und Erfolgssicherung,
- Entwicklung von Kostenbewußtsein durch Information und Motivation der Mitarbeiter.

Die Bundesakademie für Wehrverwaltung und Wehrtechnik in Mannheim hat auf der Grundlage eines im Mai 1997 vom Bundesministerium der Verteidigung erlassenen KLV-Ausbildungskonzepts die herausfordernde Aufgabe übernommen, das gesamte Unterstützungs- und Controllerpersonal auszubilden und damit zielgerichtet auf ihre Aufgaben vorzubereiten.

Das KLV-Konzept und das darin integrierte Controlling könnte Modellcharakter für Verwaltungsbetriebe in der Bundesrepublik bekommen, zumal sich die Controlling-Aktivitäten der Verwaltungspraxis bislang auf inputorientierte Informationssysteme für differierende operative „Controlling-Inseln" konzentriert haben und ein einheitliches Controlling-Konzept für Kommunen, Länder und Bund zukünftigen Entwicklungen vorbehalten ist.

Fragen zum Verständnis (2. Kapitel, Abschnitt V)

1. Was können Sie zu Begriff und Aufgaben der Kontrolle aussagen? (Rn 166, 167)
2. Erklären Sie mindestens vier Arten der Kontrolle. (Rn 168)
3. Welche Stufen enthält grundsätzlich jedes Kontrollverfahren? Erläutern Sie das Kontrollverfahren mit Hilfe eines praktischen Beispiels. (Rn 169, 170)
4. Nehmen Sie Stellung zu den Ihnen bekannten Kontrolltechniken. (Rn 171–173)
5. Welche verwaltungsexternen Kontrollträger können Sie anführen? Welche Aufgaben nehmen sie wahr? (Rn 174)
6. Welche Grundsätze der verwaltungsinternen Kontrolle sollen im Verwaltungsbetrieb Beachtung finden? (Rn 175–177)
7. Wie übt man bei nachgewiesenen Mängelerscheinungen sachlich, schonend, konstruktiv und positiv Kritik? (Rn 177)
8. Kennzeichnen Sie den Unterschied zwischen Kontrolle und Controlling. (Rn 178)
9. Welche Grundrichtungen des Controlling finden sich in der Literatur? (Rn 178)
10. Was wissen Sie über grundsätzliche betriebswirtschaftliche Anforderungen an ein Verwaltungscontrolling? (Rn 178)
11. Wie beurteilen Sie den Entwicklungstrend und die Zukunftsaussichten des Verwaltungscontrolling? (Rn 179)
12. Welche Aufgaben fallen dem Controlling in der Bundeswehr zu? (Rn 179)

VI. Überblick zu Führungskonzeptionen für den Verwaltungsbetrieb

180 Werden die *Elemente* des *Verwaltungsmanagements,* die in den vorangegangenen Abschnitten ausführlich erörtert wurden (Ziele des Verwaltungsmanagements, Planung, Organisation und Kontrolle einschließlich der dazugehörigen Planungs-, Organisations- und Kontrolltechniken sowie die Führungsstile (vgl. Rn 68), in ihren gegenseitigen Abhängigkeiten gesehen, so beschäftigt man sich mit *Führungskonzeptionen,* Managementmodellen oder Führungsmodellen. Derartige Konzeptionen, die in den letzten Jahren vermehrt auf ihre Anwendungsfähigkeit für Verwaltungsbetriebe untersucht wurden, stellen in der Regel formale Gedankengerüste für die Umsetzung von Führungsfragen in die Praxis dar, dienen Lehr- und Lernzwecken und sollen Impulse für eine Verbesserung des Verwaltungsmanagements vermitteln. Im folgenden soll ein grober Überblick zu den wichtigsten Führungskonzeptionen für die öffentliche Verwaltung gegeben werden. Einen umfassenderen Einblick in Gegenstand und Aufbau von Managementmodellen gewährt die in den letzten Jahren ständig angewachsene Spezialliteratur (vgl. insbesondere: Senatsamt für den Verwaltungsdienst Hamburg, 1973; Reichard, 1973; Wild, Schmid, 1973 a, S. 145 ff.; Wild, 1973 b, S. 283 ff.; Böhret, Junkers, 1976; Eichhorn, Friedrich, 1976 d, S. 360 ff.; Lepper, Reichmann, Reinermann, 1977, S. 144 ff.; Reinermann, Reichmann, 1978; Remer [Hrsg.], 1982; S. 109 ff.; Wunderer [Hrsg.], 1983; Kempf, 1987, S. 31 ff.; Steinebach, 1987 c, S. 221 ff.; HWÖ, Stichwort Führungskonzeptionen und -stile, 1989, Sp. 406 ff.; Steinebach, 1991, S. 12 ff.; Althoff, Thielepape, 1993, S. 182 ff.; außerdem die vorangegangenen Ausführungen in Abschnitt I, insbesondere Rn 71–73, Abschnitt IV, Rn 160–165, Abschnitt V, Rn 179).

181 Aus der Vielzahl der von der Betriebswirtschaftslehre für Privatbetriebe entwickelten Führungskonzepte werden hier nur diejenigen berücksichtigt, die den Anspruch erheben, auf die öffentliche Verwaltung anwendbar zu sein.

Hierzu zählen insbesondere das „*Harzburger Modell*" und das „*Management by Objectives*" (Führung durch Zielvorgabe und Zielvereinbarung), die auch in der Privatwirtschaft weitgehend Anerkennung und Anwendung gefunden haben. Führungsmodelle, die für die öffentliche Verwaltung selbst entwickelt wurden, sind das *Modell der KGSt* (Kommunale Gemeinschaftsstelle für Verwaltungsvereinfachung) und das vom Senatsamt des Landes Hamburg entwickelte *Hamburger Zeichnungsrecht.* Schaubild 99 vermittelt einen Überblick über wichtige Merkmale der genannten Führungskonzepte (vgl. Böhret, Junkers, 1976, S. 84 f.; vgl. auch Wunderer, Grunwald, Bd. 1, 1980, S. 288 ff., S. 305 ff.). Die wichtigsten Leistungen und Mängel der genannten Führungskonzepte sind in Schaubild 100 festgehalten (vgl. Böhret, Junkers, 1976, S. 107; vgl. auch Wunderer, Grunwald, 1980, S. 290). Nach einer in der Wissenschaft weit verbreiteten Meinung könnten sich die zukünftigen Möglichkeiten der Weiterentwicklung verwaltungsadäquater Führungskonzepte am ehesten auf das KGSt/Hamburger Modell sowie das MbO-Konzept Management durch Zielvereinbarung stützen (vgl. Böhret, Junkers, 1976, S. 106 ff.). Alle Führungskonzepte haben Fortschritte zur Verbesserung des verwaltungsbetrieblichen Handelns erbracht, ohne daß ein einzelnes Konzept generalisiert und uneingeschränkt für Verwaltungsbetriebe verwendungsfähig wäre (vgl. Strutz [Hrsg.], 1982, S. 145 f.; Laux, 1984, S. 789 f.). Dies zeigt sich u. a. bei der Überprüfung der *Übertragbarkeit des MbO-Konzepts auf Verwaltungsbetriebe* (vgl. Lepper, Reichmann, Reinermann, 1977; Reinermann, 1978; Reinermann, Reichmann, 1978; Wunderer, Grunwald, Bd. 1, 1980; S. 419 ff.).

Eine Fülle von Restriktionen und Konflikten zwischen den Geschäftsordnungen, dem Haushaltsrecht, dem Personalrecht, den Aufgabentypen u. a. einerseits und dem MbO-Modell andererseits müssen beachtet bzw. ausgeräumt werden. So weist die geltende GGO im Vergleich zu dieser Führungskonzeption folgende Lücken auf (vgl. Lepper, Reichmann, Reinermann, 1977, S. 153 f.; Reinermann, Reichmann, 1978, S. 73 ff.; Steinebach, 1987 c, S. 226):

1. keine Regelungen zu Zielvereinbarung und Erfolgskontrolle
2. keine Institutionalisierung der Informationsvermittlung
3. keine Regelungen für die Personalentwicklung (z. B. für Aus- und Fortbildung)
4. keine Regelungen für die Integration der verschiedenen Führungsaspekte (Integration von Zielsetzung, Planung, Organisation, Kontrolle, vgl. Abschnitte I bis V in diesem Kapitel).

Schaubild 99 Überblick zu den Merkmalen von Führungskonzepten

	Überblick über wichtige Merkmale der Führungskonzepte	
	Harzburger Modell	**Führungsmodell der KGSt**
Entstehung	– Entwicklung Ende der fünfziger Jahre durch Reinhard Höhn und – Vermittlung des Modells in weite Teile der Wirtschaft durch die Bad Harzburger „Akademie für Führungskräfte der Wirtschaft" – seit 1970 Bemühen um Übertragung des Harzburger Modells auf die öffentliche Verwaltung	– Entwicklung 1971 in Reaktion auf die Bemühungen, das Harzburger Modell in der öffentlichen, insbesondere kommunalen Verwaltung, einzuführen
Wichtige Elemente	– Führungsstil der „Führung im Mitarbeiterverhältnis" – Kernstück: Delegation von Aufgaben und Verantwortung – Verbot der Rückdelegation der Verantwortung von Seiten der Mitarbeiter – Verbot des Eingriffs von Vorgesetzten in Aufgabenbereiche des Mitarbeiters – Festlegung der Delegationsbereiche durch Behördenleiter in Form von Stellenbeschreibungen – Kontrolle der Mitarbeiter über Dienstaufsicht und Erfolgskontrolle – Strikte Regeln für den Informationsfluß	– Delegation der Entscheidungsbefugnisse – Ausnahmeregelungen für bestimmte Arbeitsbereiche – keine Rückdelegation von Einzelentscheidungen an Vorgesetzte – aber: Eingriffsmöglichkeit des Vorgesetzten in besonderen Fällen
Anspruch	– Initiative, Mitdenken und Mithandeln der Mitarbeiter soll auf allen Stufen der Unternehmung systematisch nutzbar gemacht werden – rationelle Gestaltung des Verwaltungsablaufs	– Delegation von Entscheidungsbefugnissen realisieren ohne Schaffung eines starren Systems mit komplizierten organisatorischen Regelungen
Bisherige Anwendungs-bereiche	– größere Anzahl von Wirtschaftsunternehmen, darunter: Kaufhof, Köln Hettlage, Münster Agfa, Gevaert, Leverkusen – Öffentliche Verwaltung: Forstverwaltung Baden-Württemberg und Bayern, Landratsämter in Rheinland-Pfalz	– In den Kommunalverwaltungen ergänzt mit einer Fülle von Einzelempfehlungen durch KGSt-Berichte seit 1971

Schaubild 99 (Fortsetzung)

	Überblick über wichtige Merkmale der Führungskonzepte		
	Hamburger Regelung des Zeichnungsrechts	**Führung durch Zielvorgabe**	**Führung durch Zielvereinbarung**
Entstehung	– Einführung 1972 nach mehrjähriger Vorarbeit durch das Senatsamt für den Verwaltungsdienst/ Organisationsamt	– Einführung Anfang der sechziger Jahre in den USA, ca. 1965 in der BRD	– erste Konzepte für die Anwendung im öffentlichen Bereich ca. 1972
Wichtige Elemente	– Delegation von Entscheidungsbefugnissen grundsätzlich an den jeweiligen Sachbearbeiter – Ausnahmekatalog festgelegt – Abweichungen hiervon bedürfen besonderer Festlegung	– partizipativer Führungsstil – Delegation von Entscheidungsbefugnissen – System der Zielbildung und Zielerreichung – Zieladäquate Organisation – Zielbeschreibung, Leistungsstandards – regelmäßige Erfolgskontrolle – Motivation durch operationale Zielbildung – objektive Beurteilung, leistungsgerechte Zahlung und Beförderung aufgrund klarer Leistungsstandards	– wie „Führung durch Zielvorgabe", außerdem: – Betonung der kooperativen Zielbildung – Verknüpfung von Planungs- und Zielbildungsprozeß – periodischer kybernetischer Managementzyklus – Personalentwicklungssystem
Anspruch	– Freistellung der leitenden Mitarbeiter für ihre eigentlichen Führungsfunktionen – verantwortliche Mitwirkung und größere Leistungsbereitschaft aller Mitarbeiter	– Anleitung zu einer modernen Führungsorganisation, mit der eine Identifizierung aller Funktionsträger im Betrieb mit dem Unternehmensziel erreicht werden kann – als Folge hiervon: höhere Motivation und größere Leistung	– größere Leistung durch höhere Leistungsmotivation und Zufriedenheit der Mitarbeiter
Bisherige Anwendungsbereiche	– Verwaltung Hamburg	– Privatunternehmen	– Privatunternehmen – Stadtverwaltung Duisburg – Bundeswirtschaftsministerium (Referat)

182 In der *Praxis* der Verwaltungsbetriebe finden überwiegend *Führungsrichtlinien* oder *Führungsgrundsätze* Anwendung, die sich hauptsächlich auf die Zusammenarbeit zwischen den Bediensteten bzw. auf Anwendung von *Führungsstilen,* insbesondere des *kooperativen* Führungsstils, konzentrieren (vgl. Wunderer, 1997, S. 287 ff. und Abschnitt IV, 10). Führungsrichtlinien sollen im wesentlichen

1. die Motivation der Mitarbeiter und deren Identifikation mit ihrem (Verwaltungs-)Betrieb steuern,
2. einen Ausgleich zwischen unterschiedlichen Interessengruppen ermöglichen,
3. das Verhalten der Mitarbeiter steuern/kontrollieren,
4. einen richtigen Personaleinsatz bewirken oder
5. die Kommunikation und Kooperation fördern (vgl. Wunderer, Grunwald, Bd. 1, 1980, S. 424 ff.; Kempf, 1987, S. 31).

Beispiele für gültige Führungsrichtlinien (Führungsgrundsätze) in öffentlichen Verwaltungen sind:

1. Richtlinien für die Verwaltungsführung im Bunde (Schweiz, 1975),
2. Richtlinien für die Zusammenarbeit und den Personaleinsatz im Bundesministerium des Innern (1978),
3. Richtlinien für die Zusammenarbeit und den Personaleinsatz im Bundesverkehrsministerium (1978),
4. Grundsätze über die Zusammenarbeit aller Mitarbeiter im Bundesministerium für Jugend, Familie und Gesundheit (1980),
5. Leitlinien für die Führung und Zusammenarbeit in der Verwaltung des Landes Baden-Württemberg (1980),
6. Richtlinien für die Zusammenarbeit im Bundesministerium für Arbeit und Sozialordnung (1981),
7. Führungsgrundsätze des Deutschen Beamtenbundes für die öffentliche Verwaltung (1982),
8. Grundsätze für die Führung und Zusammenarbeit im Bundesministerium der Verteidigung (1986).

Empirische Befunde aus Führungsrichtlinienanalysen in Wirtschaft und Verwaltung vermitteln ein konsistentes, keineswegs erfreuliches Bild: Deutsche Unternehmen und Öffentliche Verwaltungsbetriebe in Bund, Ländern und Gemeinden haben Führungsprobleme.

„Die kooperative Führung wird zwar vielfach propagiert und wird wohl auch Erwartungshaltungen bei den Mitarbeitern erzeugt haben. Im alltäglichen Arbeitsleben besitzt sie aber überwiegend nur eine geringe bis gar keine Bedeutung. Die Führung gehört (insbesondere) zum Kompetenzbereich der Führungskräfte und sollte ihre Hauptaufgabe sein. Daher müssen sie erhebliche Anstrengungen unternehmen, um dieses Defizit abzubauen" (Meyer, 1985, S. 375; ergänzend: Einsiedler, 1986; Steinebach, 1987 c, S. 221 ff.; Piel, 1987; Höhn, 1989, S. 157 ff.; Klages [Hrsg.], 1990, S. 78 ff., S. 153 ff.; Rosenstiel, v. Regnet, 1995, S. 641).

Angesichts wachsender Herausforderungen an die öffentliche Verwaltung (vgl. 1. Kapitel, Abschnitt I) sind insbesondere die Kreativität, die Flexibilität und die Innovationskraft des *Verwaltungsmanagements* der Zukunft bedeutsam. Erweiterte Bildung und Managementbefähigung sind *„Innovationskerne"* dieser Gesellschaft (Böhret). **183**

Anforderungen an das Verwaltungsmanagement der *Zukunft* werden u. a. sein (vgl. Böhret, 1987 b; Böhret, Klages u. a., [Hrsg.], 1987 b, insbes. S. 623 ff.):

1. Ausschöpfung von Führungskonzepten, Führungsrichtlinien und Führungsgrundsätzen im Sinne kooperativeren Führungsverhaltens,
2. Verbesserung der Kenntnisse von Verwaltungsangehörigen, insbesondere Führungskräften, in rationalen Management- und Führungstechniken einschließlich moderner Informations- und Kommunikationstechniken,
3. vorausschauende Problemerkennung und Planung durch Einsatz von Planungskonzepten und -instrumenten einschließlich der Verbesserung von Ergebniskontrollen,
4. flexible, aufgabenadäquate, dezentrale und bürgernahe Gestaltung der Organisation,
5. ständige Lern- und Fortbildungsbereitschaft von allen Verwaltungsangehörigen, einschließlich praxisorientierter Schulung und Rekrutierung von Führungskräften sowie Auf- und Ausbau von Leistungsanreizsystemen zur Verbesserung der Motivationsstruktur des Verwaltungspersonals,
6. Verbesserung der Interdependenzen der einzelnen Elemente des Verwaltungsmanagements (wie sie im 2. Kapitel dargestellt wurden), nämlich der Ziele, der Planung, der Organisation und Kontrolle. Die Managemententwicklung in Verwaltungsbetrieben sollte also mit der Entwicklung von Ziel-, Planungs-, Organisations- und Kontrollsystemen besser abgestimmt und koordiniert werden.

Im Rahmen *neuer Steuerungsmodelle* für Verwaltungsbetriebe gewinnen Führungsaufgaben auf allen Stufen an Bedeutung, häufig flankiert durch eine notwendige adäquate Führungskräftefortbildung (vgl. Quiskamp, 1991; Göck, 1993; Steinebach, 1993, S. 272 ff.; Endres, 1993, S. 18 ff.; Müller, 1996, S. 43 ff.). So bilden von Führungskräften genutzte Kosten-Leistungsrechnungen (vgl. Rn 179) die Voraussetzung für integrierte Delegationsmodelle, die Motivation der Mitarbeiter und die Intensivierung des verwaltungsexternen und -internen Wettbewerbs.

Eine derart wirkungsorientiert arbeitende Verwaltungsführung wird zukünftig vermehrt durch folgende betriebswirtschaftliche Merkmale charakterisiert sein (vgl. BAKöV [Hrsg.], 1995, S. 46 ff., S. 59 f.; König, Siedentopf [Hrsg.], 1997 b, S. 641 ff.):

1. Kunden- und Bürgerorientierung (Total Quality Management)
2. Kostensenkungs- und Effizienzdruck (Lean Production)
3. Wirkungs- statt Inputsteuerung
4. Trennung strategischer und operativer Kompetenzen
5. Trennung von Leistungsträgern und -finanzierern
6. Schaffung konzernähnlicher Strukturen
7. Wettbewerb über interne Märkte, Vergabe von Aufträgen nach außen, Privatisierung
8. Förderung nichtmonetärer Leistungsanreize und der Leistungsentgeltung

Schaubild 100 Leistungen und Mängel von Führungskonzepten

	Harzburger Modell	**Konzepte aus dem Bereich der öffentlichen Verwaltung**	**Management by objectives**
Leistungen	– Förderung der Diskussion um „zeitgemäße" Führungsformen – Betonung der Information und Beratung – Delegation *ständiger* Aufgabenbereiche auf den Mitarbeiter – Forderung nach einer Dezentralisierung der Entscheidungsbefugnisse	a) Modell der KGSt – Besonderheiten der öffentlichen Verwaltung werden berücksichtigt – praxisorientiert, daher größere Durchsetzungschancen b) für „Hamburger Regelung" zusätzlich: organisatorisch einfacher, da keine umfangreichen Kataloge von Entscheidungsbefugnissen aufgestellt werden müssen	– verbindliche Formulierung einer Zielstruktur – stärkere Erfolgsorientierung – kybernetischer Managementzyklus – teilweise Integration von Planung in den Führungsprozeß – begrenzte Anregung zur Mitwirkung (insbesondere bei „Zielvereinbarung")
Mängel	– Verabsolutierung von Delegation zum einzigen Organisationsprinzip – Formalismus und bürokratische Starre – keine Anwendbarkeit bei innovativen Tätigkeiten aufgrund statischen Denkansatzes – kein Raum für Mitbestimmung der Arbeitnehmer – Verkennung der Unterschiede zwischen Privatwirtschaft und öffentlicher Verwaltung – Motivationsaspekte unzureichend berücksichtigt – Zielbildungsprozesse vernachlässigt – Querkoordination ungenügend beachtet	– kein ausgearbeitetes Führungsmodell – zu starke Orientierung an gegenwärtigen Restriktionen der Verwaltungspraxis – wenig Raum für innovative Lösungen	– Besonderheiten der Zielstruktur der öffentlichen Verwaltung nicht genügend berücksichtigt, z. B.: Schwierigkeiten bei Zielabhängigkeiten über Ressortgrenzen hinweg – Gefahr der Überbetonung von quantifizierbaren Standards zu messen – Gefahr überhöhten Leistungsdrucks aufgrund eines Belohnungs-/Sanktionsmechanismus – politischer Aspekt der Verwaltung ausgeklammert

Fragen zum Verständnis (2. Kapitel, Abschnitt VI)

1. Was versteht man unter Führungskonzeptionen? (Rn 180)
2. Nennen Sie wichtige Führungskonzepte für Wirtschaft und Verwaltung. (Rn 181)
3. Welche Schwierigkeiten können sich ergeben, wenn privatwirtschaftliche Managementkonzepte auf öffentliche Verwaltungen übertragen werden? (Rn 181)
4. Wichtige Elemente des Harzburger Modells? (Rn 181)
5. Wesentliche Merkmale des KGSt-Modells, des Hamburger Zeichnungsrechts und des MbO? (Rn 181)
6. Welche Anwendungsbereiche können Sie zu den genannten Modellen nennen? (Rn 181)
7. Welche Aufgaben sollen Führungsrichtlinien erfüllen? (Rn 182)
8. Wie beurteilt die empirische Forschung die Akzeptanz kooperativer Führung? (Rn 182)
9. Welche Anforderungen werden an das Verwaltungsmanagement der Zukunft gestellt? Können Sie die vorliegende Aufzählung ergänzen? (Rn 183)
10. Wodurch ist eine wirkungsorientiert führende Verwaltung charakterisiert? (Rn 183)

3. Kapitel Das Leistungssystem des Verwaltungsbetriebs

I. Der Produktionsfaktor Arbeit im Verwaltungsbetrieb

1. Die herausragende Bedeutung des Produktionsfaktors Arbeit in Verwaltungsbetrieben

Im *2. Kapitel* wurde das *Führungssystem* der Verwaltungsbetriebe in den **184** Grundzügen behandelt. Es schafft die Voraussetzungen für die Kombination der Produktionsfaktoren, um verwaltungsbetriebliche Leistungen zustandebringen zu können. Während im Führungssystem der dispositive Faktor dominiert, stehen in einem zweiten Schwerpunktbereich, dem im *3. Kapitel* erörterten *verwaltungsbetrieblichen Leistungssystem,* Einsatz und Kombination der Elementarfaktoren ausführende Arbeit, Betriebsmittel, Werkstoffe und monetärer Faktor im Vordergrund. Da im *1. Kapitel* das Faktorensystem des Verwaltungsbetriebs (Rn 49–54), die Leistungen („Produkte") des Verwaltungsbetriebs (Rn 55) und die Schwerpunktbereiche des Verwaltungsbetriebs (Führungs-, Leistungs- und Rechnungssystem) in ihrem Zusammenhang dargestellt wurden (Rn 56–59), beginnt das Kapitel Leistungssystem mit einer Erörterung der wichtigsten *Einzelprobleme der Produktionsfaktoren* im Verwaltungsbetrieb (Abschnitte I–IV). Es folgen grundsätzliche Überlegungen zum *verwaltungsbetrieblichen Beschaffungswesen* (Abschnitt V), zum Prozeß der eigentlichen *Leistungserstellung* („Produktion von Verwaltungsleistungen", Abschnitt VI) und zur *Leistungsabgabe* der erstellten Leistungen an die Leistungsempfänger (Abschnitt VII). Das Grundmuster des *materiellen* Leistungsprozesses (Beschaffungs-, Leistungserstellungs- und Leistungsabgabebereich), das für die *privatbetriebliche Sachgüterproduktion* charakteristisch ist, wird hier analog auf die *verwaltungsbetriebliche Dienstleistungsproduktion* übertragen und von den stärker *formalen* Prozessen (Zielsetzungs-, Planungs-, Organisations-, Kontrollprozesse), die in Kapitel 2 vorherrschten, unterschieden (zur Interdependenz von Führungs- und Leistungssystem vgl. Schaubild 10).

Auf die besondere Bedeutung des *Produktionsfaktors Arbeit* im Verwal- **185** tungsbetrieb wurde bereits eingangs dieser Abhandlung hingewiesen (Rn 2, 52). Einige Zahlenangaben unterstreichen die besondere Stellung der öffentlichen Verwaltung als personalintensivem Dienstleistungsbereich in der Bundesrepublik Deutschland. Dem öffentlichen Dienst gehörten 1993 rund

5,4 Millionen vollzeitbeschäftigte Beamte (einschließlich Richter und Soldaten), Angestellte und Arbeiter an (vgl. zu den Zahlen Almanach der Bundesregierung 1995/1996, Bonn 1995, S. 366). Der zahlenmäßige Anteil dieser drei *Statusgruppen,* für die unterschiedliche rechtliche Normen gelten, sieht wie folgt aus: Beamte, Richter und Soldaten 1,99 Millionen, 36,9 v. H., Angestellte 2,31 Millionen, 42,8 v. H., Arbeiter 1,10 Millionen, 20,3 v. H. Neben einer Aufteilung in Statusgruppen wird das Personal im öffentlichen Dienst in *Laufbahngruppen* unterteilt (einfacher, mittlerer, gehobener, höherer Dienst für Beamte, Angestellte lassen sich vergleichbaren Gruppen zuordnen). Die Anteile der Beamten (Angestellten) an den Laufbahngruppen sehen etwa so aus: einfacher Dienst 11 v. H. (5 v. H.), mittlerer Dienst 33 v. H. (69 v. H.), gehobener Dienst 36 v. H. (19 v. H.), höherer Dienst 20 v. H. (7 v. H.). In den letzten Jahrzehnten haben sich die Anteile an den Laufbahngruppen vor allem zuungunsten des einfachen Dienstes und zugunsten des gehobenen und höheren Dienstes verändert (vgl. Meixner, 1987, S. 40 ff.; König, Siedentopf [Hrsg.], 1997, S. 507 ff.). Der größte Arbeitgeber in der Bundesrepublik Deutschland ist nach der Privatisierung von Bundespost und Bundesbahn der Bundesminister für Verteidigung.

Der Anteil der Personalausgaben an den Gesamtausgaben der öffentlichen Hände wird auf rund ein Drittel beziffert (vgl. Stargardt, 1992, S. 6 f.). Personalstand – trotz Tendenzen zu seiner schrittweisen Reduzierung – und die damit verbundenen finanziellen Belastungen des Staates unterstreichen die Dominanz des Produktionsfaktors Arbeit im Leistungssystem der Verwaltungsbetriebe und rechtfertigen eine grundsätzliche Erörterung derjenigen Probleme, die von besonderer betriebswirtschaftlicher Relevanz sind.

186 Für darüber hinausgehende, verwaltungs- und sozialwissenschaftlich fundierte und an Bedeutung gewinnende Betrachtungen zum *Gestaltungsfeld Personal* im öffentlichen Dienst wird auf die ständig anwachsende Spezialliteratur verwiesen. Sie beschäftigt sich im wesentlichen mit der *Personalpolitik* (ihre Aufgaben besteht im effizienten Einsatz der Mitarbeiter nach Zahl, Qualifikation, zeitlicher und räumlicher Verteilung in der Verwaltung sowie in der Erhaltung eines formalstrukturellen Rahmens einer auf langfristiges Funktionieren ausgerichteten Personalstruktur), mit der *Personalplanung* (sie strebt eine Deckungsgleichheit zwischen quantitativen und qualitativen zukünftigen Arbeitsanforderungen und dem adäquat einsetzbaren Personal nach Zahl und Qualifikation an), mit der *Personalführung* (deren Aufgaben u. a. eine Pflege von Anreizsystemen zur Mitarbeitermotivation durch Ausgestaltung von Belohnungssystemen oder durch Erweiterung von Entscheidungs- und Kontrollspielräumen sind) sowie der *Personalverwaltung* (Aufgabe: Bewältigung aller verwaltungstechnischen Funktionen, so z. B. die Bildung, Bearbeitung, Auswertung, Archivierung von Belegen, Zahlung von Bezügen und sozialen Leistungen etc.) (vgl. Meixner, 1982; Baetge, Wagner [Hrsg.], 1983; Steinebach, 1984 d, S. 436 ff.; Meixner, 1987; Becker, 1989,

S. 808 ff.; Goller u. a. [Hrsg.], 1989, Abschnitt C; Strutz [Hrsg.], 1989; Scholz, 1991; Stargardt, 1992).

Wegen der zunehmenden Bedeutung der Personalentwicklung im Rahmen neuer Steuerungsmodelle für Bund, Länder und Gemeinden ist für diesen wichtigen Teilbereich des Personalwesens eine gesonderte Darstellung erforderlich (vgl. Abschnitt F, 4).

2. Bestimmungsfaktoren der menschlichen Arbeitsleistung

Unter *menschlicher Arbeitsleistung* versteht man den Einsatz der physi- **187**
schen und psychischen Fähigkeiten eines Menschen zur Realisierung betrieblicher Zielsetzungen (Wöhe, 1996, S. 255). Die Determinanten der Arbeitsleistung werden in Schaubild 101 dargestellt (vgl. Wagner, 1975, Sp. 1181 ff.; außerdem Meixner, 1987, S. 24 ff.; Oechsler, 1988, S. 208 ff.; Stargardt, 1992, S. 237 ff.).

Arbeitsergebnis ist die nach Qualität und Quantität bestimmte Leistung eines Menschen in einer Zeiteinheit, gleichgültig, ob es sich um dispositive oder ausführende Arbeitsleistungen handelt. Beschränkt man sich auf die Leistungsabgabe des Bediensteten und unterstellt die technischen und organisatorischen Bedingungen des Leistungsprozesses (Leistungsabgabe der übrigen Produktionsfaktoren) als Datum, so sind die *Arbeitsanforderungen* an den Bediensteten und sein *Leistungsangebot* Determinanten der abgegebenen Leistung. Die Anforderungen einer Tätigkeit, die nach *Anforderungsarten* (qualitativ) und *Anforderungshöhen* (quantitativ) unterschieden werden müssen, ermitteln sich durch Arbeitsbewertung bzw. Arbeitsstudien (vgl. Abschnitt I, 3). Eine den Anforderungen adäquate Leistungsabgabe kommt dann zustande, wenn vom Bediensteten ein Fähigkeitspotential zur Verfügung gestellt wird, das qualitativ und quantitativ den Anforderungen entspricht. Bestimmungsfaktoren des Leistungsangebots sind einmal das *Leistungsvermögen,* zum anderen der *Leistungswille.* Die Menge der psychophysischen Energien, die ein Bediensteter in einer Zeiteinheit für nach außen gerichtete Aktivitäten zur Verfügung hat, wird als Leistungsvermögen bezeichnet. Die Arbeitsphysiologie und -psychologie als Hilfswissenschaften der Betriebswirtschaftslehre im Rahmen der Erforschung des Produktionsfaktors Arbeit, nennen vor allem zwei Determinanten des Leistungsvermögens: die *Leistungsfähigkeit* (Maximalkapazität psychophysischer Energien) und die *Leistungsdisposition* (Verfügung über die Teile der Leistungsfähigkeit, die nach außen abgegeben werden oder als Leistungsreserve zurückbehalten werden). Die Leistungsfähigkeit der Angehörigen von Verwaltungsbetrieben hängt von den Anlagen der Bediensteten ab; sie können vom Verwaltungsbetrieb nicht beeinflußt werden und finden bei der Personalauswahl, z. B. im Zusammenhang mit Eignungstests bzw. -prüfungen, Berücksichtigung. Die Aus- und Fortbildung nimmt allerdings in der öffentlichen Verwaltung einen hohen Stellenwert ein, insofern wird auf die Entwicklung der Anlagen der Bediensteten innerbetrieblich Einfluß genommen (vgl. Studienkommission, 1973, S. 242 ff.; Gaugler [Hrsg.], 1987; Müller, 1996, S. 120 ff.). Die Leistungsdisposition weist im Arbeitsablauf rhythmische Schwankungen auf (Biorhythmik). Sie wird durch Ermüdungsprozesse verringert und durch Regenerationsprozesse erhöht. Betriebliche Maßnahmen zur Beeinflussung der Leistungsdisposition sind u. a. Arbeitszeitregelungen.

Schaubild 101 Das System der Leistungsdeterminanten

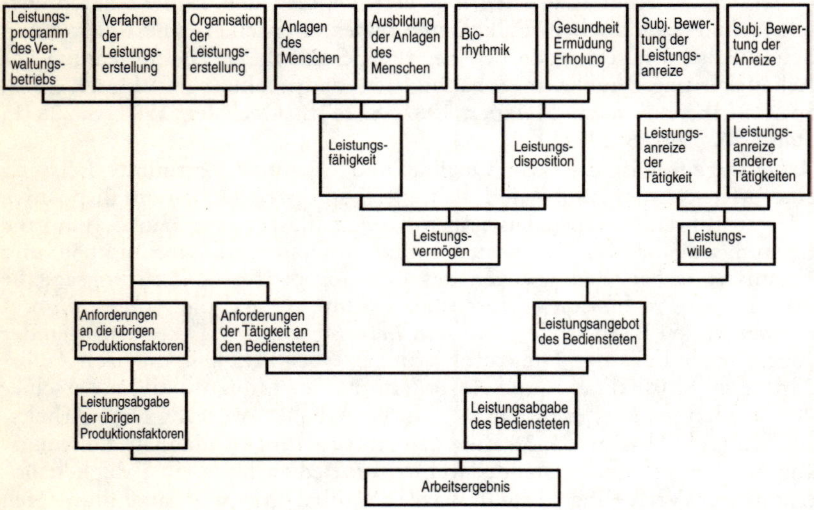

Der *Leistungswille* als Steuerungsinstrument bestimmt, welcher Teil des Leistungsvermögens in der verwaltungsbetrieblichen Leistungserbringung aktiviert wird. Das Ausmaß des Leistungsvermögens in einer Tätigkeit hängt von einer Vielzahl von Faktoren ab, die man als *Leistungsanreize* bezeichnet. Je nachdem, welche Leistungsanreize die Tätigkeit bietet, in welchem Maße diese Anreize den persönlichen Motiven entsprechen und eine Befriedigung von Bedürfnissen ermöglichen, und wie hoch in der persönlichen Bedürfnishierarchie die Befriedigung dieser Bedürfnisse rangiert, wird der Leistungswille hoch oder niedrig sein. Außerdem muß zu den Anreizen aus anderen möglichen Einsatzarten der Leistung ein relatives Gleichgewicht hergestellt werden können.

188 Über die Wirkung von Leistungsanreizen existiert eine Vielzahl von Theorien. Einige aus empirischer und theoretischer Forschung bekanntgewordene Thesen lauten (vgl. Fürstenberg, 1975, Sp. 1164 ff.; Wagner, 1975,

Sp. 1189; außerdem Hoefert, Reichard [Hrsg.], 1979, S. 119 ff.; S. 127 ff.; S. 159 ff.; S. 174 ff.; Oechsler, Steinebach, 1983; Schanz, G. [Hrsg.], 1991, S. 1103 ff., S. 1147 ff.; Lüder [Hrsg.], 1997, S. 455 ff.):

1. Die menschlichen Bedürfnisse und Motive weisen eine gewisse hierarchische Strukturierung auf; physiologische Bedürfnisse, Sicherungsmotiv, soziale Bedürfnisse, Egobedürfnisse, Verwirklichungsmotiv (Maslow).
2. Befriedigte Bedürfnisse verlieren als Motivatoren (z. B. interessante Arbeit, Anerkennung der Leistung durch Zunahme des Einkommens, der Verantwortung, der Schwierigkeit der Aufgaben) an Wirkung. Sie stellen aber Hygienefaktoren dar (z. B. Lohn, Status, Betriebsklima), deren Befriedigung Voraussetzung für die Wirkung von Motivatoren ist (Herzberg).
3. Die Leistung hängt vom Führungsstil (vgl. 2. Kapitel, Abschnitt IV, 10) und von Gruppennormen ab (Likert, Roethlisberger).
4. Sichtbarer Erfolg ist stark leistungsfördernd, Leistung kann in einer geeigneten Umwelt zum Selbstzweck werden (Mc Clelland, Atkinson).
5. Autoritäre Führung, strikte Weisungen und Kontrollen verhindern Kreativität und Verantwortungsbereitschaft und wirken leistungshemmend (Mc Gregor).

Aktuelle *praktische Gestaltungsmöglichkeiten* zur Motivation des Personals in Verwaltungsbetrieben durch Leistungsanreize werden u. a. gesehen in (vgl. Lüder [Hrsg.], 1997, S. 476):

1. Verstärkung immaterieller vor materiellen Leistungsanreizen
2. Forderung nach bedarfsorientierter Weiterbildung (vgl. Rn 187)
3. Verbesserte Möglichkeiten zur Flexibilisierung der Arbeitszeit, Ausweitung des Angebots an Teilarbeitsplätzen und Förderung des Teamworks
4. Verstärkte Delegation von Funktionen auf die Mitarbeiter mit ausgeweiteter Ressourcen- und Ergebnisverantwortung
5. Erhöhung der Selbständigkeit in der Arbeitsgestaltung
6. Integration der Mitarbeiter in die Prozesse der Entscheidungsvorbereitung
7. Förderung der Flexibilität und Mobilität durch Personalentwicklungsplanung
8. Präferierung des Modells „Führungskräfte auf Zeit" statt „Führungskräfte auf Probe"
9. Sicherstellung eines leistungsfördernden Führungsstils (vgl. Rn 163 ff.).

3. Personalbemessungs- und Arbeitsbewertungsprobleme

189 Das System der Leistungsdeterminanten (Schaubild 101) vermittelte einen Überblick zu den das Arbeitsergebnis im Verwaltungsbetrieb zustandebringenden Faktoren, gab aber noch keinen Hinweis auf die *Beurteilung der Arbeitsleistung. Personalbemessung* und *Arbeitsbewertung* sind ökonomisch besonders wichtige Probleme des Personalwesens in Verwaltungsbetrieben. Sie sollen im folgenden in den Grundzügen dargestellt werden (weiterführende Literatur zur Personalbemessung; Kübler, Bd. 2, 1978, S. 44 ff.; Siepmann, 1982, S. 135 ff.; Becker, 1989, S. 835 ff.; Drumm, 1989, S. 122 ff.; König, Siedentopf [Hrsg.], 1997 b, S. 561 ff.; weiterführende Literatur zur Arbeitsbewertung: Studienkommission 1973, S. 264 ff.; Bloch, 1975, Sp. 1164 ff.; Siedentopf [Hrsg.], 1978; Hoefert, Reichard [Hrsg.], 1979, insbes. S. 26 ff., S. 79 ff.; S. 103 ff.; S. 200 ff.; Oechsler, Steinebach, 1983; Scholz, 1991, S. 455 ff.; Stargardt, 1992, S. 153 ff.).

190 Bestimmungsfaktoren des Personalbedarfs (Stellenbedarfs) sind Art und Umfang der Aufgaben, die generellen Arbeitsbedingungen der Bediensteten und die Gestaltung des Leistungsprozesses. Bei der Ermittlung des *Stellenbedarfs* für einen Verwaltungsbetrieb geht es häufig um die Berechnung von Personalbedarfsrichtwerten, die besonders bei unmittelbaren Dienstleistungen am Menschen durch politische Entscheidungen beeinflußt oder vorweggenommen werden. Solche *konzeptionellen Schlüsselzahlen* (vgl. Stargardt, 1992, S. 245 ff.; Horváth u. a. [Hrsg.], 1996, Abschnitt C 2.4) zur Personalbemessung finden sich in Schulen (Schüler/Lehrer-Relationen), in Wohngeldstellen (Wohngeldfälle pro Sachbearbeiter), im Bereich der Sozialarbeit (Zahl der Sozialarbeiter pro 10 000 Einwohner), im Erziehungsbereich (Kindergärtnerin/Kindergruppe), im Bereich der Krankenpflege (Zahl der Betten pro Pflegekraft, Arzt) u. a. m. (zur Technik der Gliederungs-, Meß- und Beziehungszahlen vgl. Rn 171, 172).

191 In neuerer Zeit versucht man den Personalbedarf, der nicht durch politische Entscheidungen vorgegeben ist, *analytisch* zu ermitteln. Als Elemente für die Berechnung des notwendigen Personals bei gleichartigen Daueraufgaben in Verwaltungsbetrieben werden gesondert untersucht (vgl. Kübler, Bd. 2, 1978, S. 75; Becker, 1989, S. 839 ff.; Stargardt, 1992, S. 257 ff.):

1. der Arbeitsvorgang,
2. die Fallzahl je Vorgang pro Jahr,
3. die mittlere Bearbeitungszeit in Minuten pro Vorgang und
4. die Netto-Arbeitszeit einer Normalarbeitskraft in Minuten pro Jahr.

Diese Elemente werden zu einer Berechnungsformel zusammengefaßt.

Sie lautet:

$$P = \frac{Z\,(V \cdot Tv)}{JAM}$$

(Erläuterungen: P = Personalbedarf; Z = Zuschlagsfaktor für nichterfaßte Tätigkeiten; V = Zahl der Vorgänge pro Jahr; Tv = mittlere Bearbeitungszeit in Minuten pro Vorgang; JAM = Nettoarbeitszeit einer Normalarbeitskraft in Minuten pro Jahr; Beispiele für Berechnungen des Personalbedarfs nach der analytischen Methode finden sich bei: Kübler, Bd. 2, 1978, S. 76 ff; Becker, 1989, S. 839 ff.; Rau, 1994, S. 226 ff.). Analytische Personalbedarfsrechnungen sind nur dann sinnvoll, wenn die Aufbau- und Ablauforganisation (vgl. 2. Kapitel) methodisch rationalisiert worden sind. Sie finden ihre Grenzen bei innovativen, qualitativ hochwertigen Arbeitsprozessen (Beispiele: Entwicklungsplanungen, Stabsarbeiten), lassen sich aber bei schematischen, repetierenden Arbeitsabläufen (z. B. bei Schreibdiensten, im Gebührniswesen) für die Lösung personal-organisatorischer Fragestellungen sehr gut verwenden.

Während die Personalbemessung den *quantitativen* Personalbedarf für Verwaltungsbetriebe z. B. durch Schätzung, Schlüsselzahlen u. ä. analytisch zu ermitteln sucht, ist die *Arbeitsbewertung* ein qualitatives Verfahren der Bewertung von Anforderungen und Leistungen des Personals. Anforderungen an Bedienstete können grundsätzlich durch zwei Verfahren bewertet werden: **192**

1. durch die *summarische Methode*
2. durch die *analytische Methode.*

Die summarische Methode ist dadurch gekennzeichnet, daß die Arbeitsverrichtungen als Ganzes bewertet werden, d. h. es wird eine Gesamtbeurteilung vorgenommen. Dabei werden die einzelnen Anforderungsarten *summarisch* (global) berücksichtigt. Die jeweilige Struktur der Einzelanforderungen bleibt weitgehend außer Betracht. Trotzdem sind summarische Verfahren in der öffentlichen Verwaltung (z. B. Lohngruppenverfahren, Vorschriften zum „Stellenkegel") vorherrschend. Bei der analytischen Methode werden die Arbeitsverrichtungen in die einzelnen Anforderungsarten aufgegliedert. Für jede Anforderungsart wird eine Wertzahl ermittelt. Aus der Summe der Einzelwerte ergibt sich der Arbeitswert der einzelnen Verrichtungen.

Auf die Darstellung einzelner Methoden der Quantifizierung von Arbeitsschwierigkeiten (Prinzipien der Reihung und Stufung) wie dem Rangfolge- und Lohngruppenverfahren bei der summarischen Arbeitsbewertung und dem Rangreihen- und Stufenwertzahlverfahren bei der analytischen Arbeitsbewertung, muß hier verzichtet werden (Literatur: Bloch, 1975, Sp. 1164 ff.; Kübler, Bd. 2, 1978, S. 84 ff.; vgl. auch weiterführende Literatur bei Oechsler, Steinebach, 1983; Steinebach, 1984 e, S. 372 ff.; Stargardt, 1992, S. 173 ff.).

Da seit Erscheinen des Berichts der Studienkommission zur Reform des öffentlichen Dienstrechts die Einführung einer *analytischen Dienstpostenbewertung* in die verwaltungsbetriebliche Praxis heftig diskutiert wird, sollen die wesentlichen Tatbestände und Probleme dieses Verfahrens kurz gestreift werden (vgl. Studienkommission, 1973, S. 268 ff.; Siedentopf [Hrsg.], 1978, S. 93 ff.; S. 112 ff.; Siepmann, 1982, S. 135 ff.; Baetge, Wagner [Hrsg.], 1983, S. 9 ff., S. 33 ff.; Stargardt, 1992, S. 186 ff.).

193 In Verwaltungsbetrieben setzt die Einführung einer analytischen Arbeitsbewertung für die personalbearbeitenden Stellen Informationen voraus, die sich auf die Funktionen und ihre Anforderungen *(Anforderungsprofil)*, die Mitarbeiter und ihre Befähigungen *(Eignungs- oder Befähigungsprofil)* und die Arbeitsergebnisse am derzeitigen Arbeitsplatz *(Leistungsbewertung)* beziehen.

Der Zusammenhang dieser Komponenten in der analytischen Arbeitsbewertung ergibt sich aus Schaubild 102 (vgl. Bericht des Arbeitskreises zur Bewertung von Eignung und Leistung, Studienkommission für die Reform des öffentlichen Dienstrechts, Band 10, 1973, S. 254; vgl. auch Steinebach, 1984 e, S. 372 ff.).

Schaubild 102 Das System der analytischen Leistungsbewertung

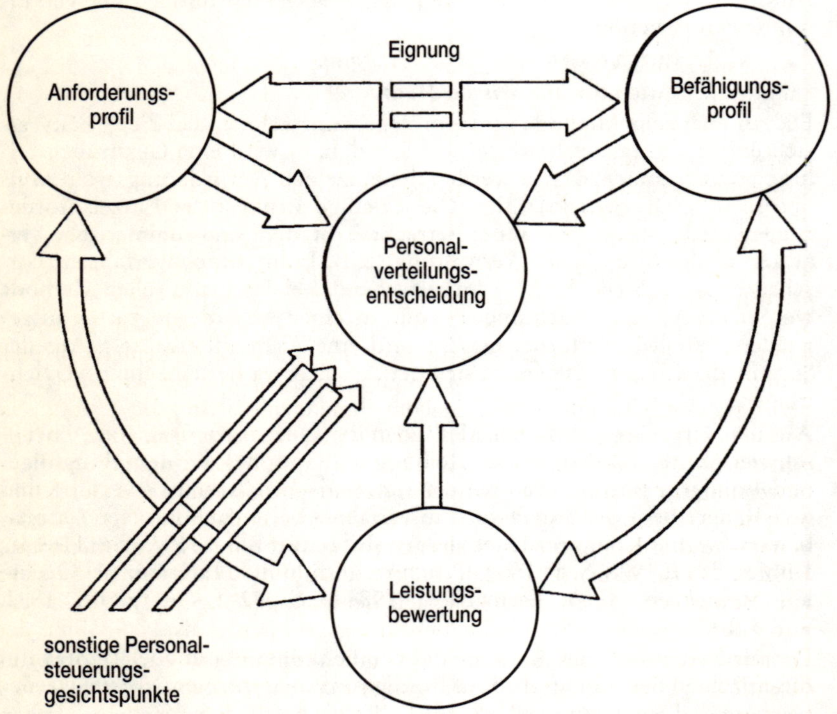

Informationen über Anforderungen von Funktionen können durch Tätigkeitsanalysen erarbeitet werden. Aus dem Bereich der Arbeitswissenschaften ist das „Genfer Schema" bekannt geworden, das grundlegende Bewertungsmerkmale nach Fachkönnen und Belastung unterscheidet und diese vier Anforderungsfeldern zuordnet (vgl. Schaubild 103 nach Kirchhoff [Hrsg.], 1986, S. 39 ff.; Stargardt, 1992, S. 159 ff.).

Schaubild 103 Genfer Schema

Anforderungen	Fachkönnen	Belastung
1. Geistige Anforderungen	Fachwissen, Fertigkeit im fachlichen Denken	aktive Denktätigkeit, Beanspruchung der Aufmerksamkeit, Betätigung der Sinne
2. Körperliche Anforderungen	Geschicklichkeit, Handfertigkeit	aktive Betätigung der Muskeln
3. Verantwortung		Verantwortung für Gesundheit anderer, Arbeitsablauf, Betriebsmittel
4. Arbeitsbedingungen		Beanspruchung durch Ertragen von Temperatur, Staub, Lärm, Erkältungsgefahr, Unfallgefährdung u. a. m.

Als Beispiel für die Ausfüllung des Genfer Schemas mit konkreten Anforderungsmerkmalen kann der Systemvorschlag der Deutschen Bundespost angesehen werden (nach Seewald, 1973, S. 246, vgl. Schaubild 104).

Liegen die Anforderungsmerkmale fest, so müssen diese im Hinblick auf die **194**
zusammenfassende Bewertung (z. B. zuzuordnende Besoldungsstufe) gewichtet werden. Hier ergeben sich eine Reihe von Schwierigkeiten, die u. a. in den gesellschaftlichen und persönlichen Wertvorstellungen liegen, die jede Dienstpostenbewertung widerspiegelt; auch die in § 26 Bundesbesoldungsgesetzes geforderten Stellenobergrenzen stehen einer analytischen Dienstpostenbewertung entgegen (vgl. Hoefert, Reichard, Hrsg., 1979, S. 96 ff.; Steinebach, 1984 e, S. 373 f; Stargardt, 1992, S. 204 ff.). Dennoch kann die analytische Dienstpostenbewertung mit dem Ziel einer Entsprechung von Anforderungs- und Befähigungsprofilen sowie einer auf Anforderungen und Befähigungen Rücksicht nehmenden Leistungsbewertung, ein nützliches Instrument für *Personalverteilungsentscheidungen* bzw. *funktionsgerechte Personalsteuerung* sein. Dies wird u. a. belegt durch die Stellenbewertung für Beamte, die – vom Bundesinnenministerium und der Kommunalen Gemeinschaftsstelle für Verwaltungsvereinfachung (KGSt) erarbeitet – in den Kommunalverwaltungen weit verbreitet ist (vgl. Siepmann, 1982, S. 135 ff.; Stargardt, 1992, S. 192 ff.; Schaubild 105 zeigt eine Übersicht zum Bewertungssystem der KGSt nach Siepmann, 1982, S. 137). Die Zuordnung der bewerteten Stellen zu Besoldungsgruppen – als Maßnahme der Personalsteuerung – geschieht hier über eine Dienstpostentabelle, indem für die einzelnen Besoldungsgruppen bestimmte Punktspannen gebildet werden (Näheres bei Siepmann, 1982, S. 141 f.; Stargardt, 1992, S. 196 ff.).

Schaubild 104 Systemvorschlag der Deutschen Bundespost zur Ausfüllung des Genfer Schemas

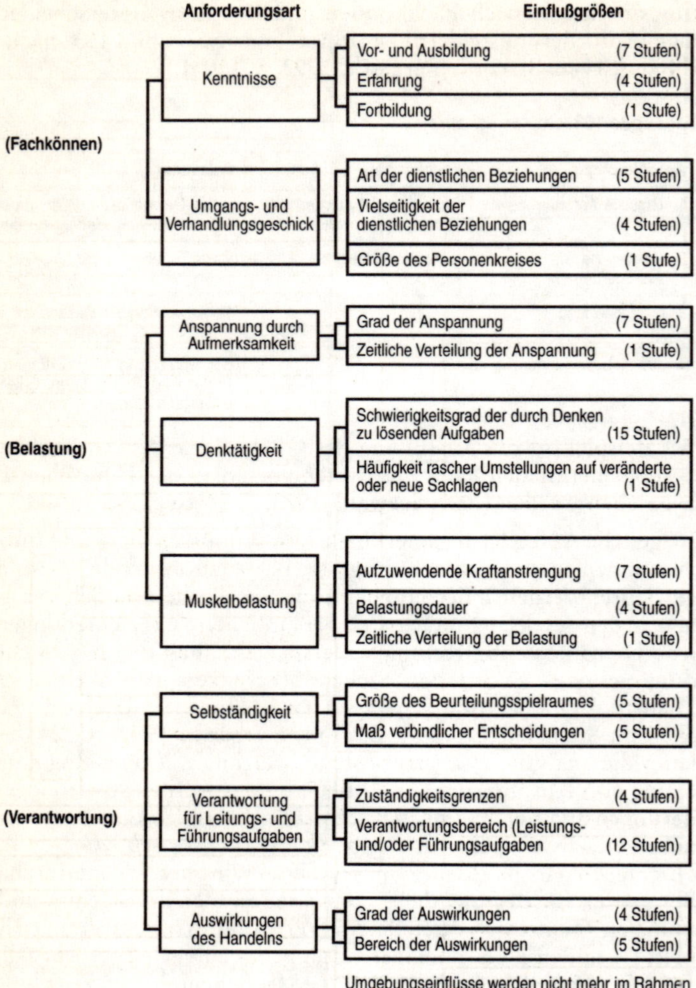

Umgebungseinflüsse werden nicht mehr im Rahmen der Dienstpostenbewertung berücksichtigt

Schaubild 105 Übersicht zum Bewertungssystem der Kommunalen Gemeinschaftsstelle für Verwaltungsvereinfachung (KGSt)

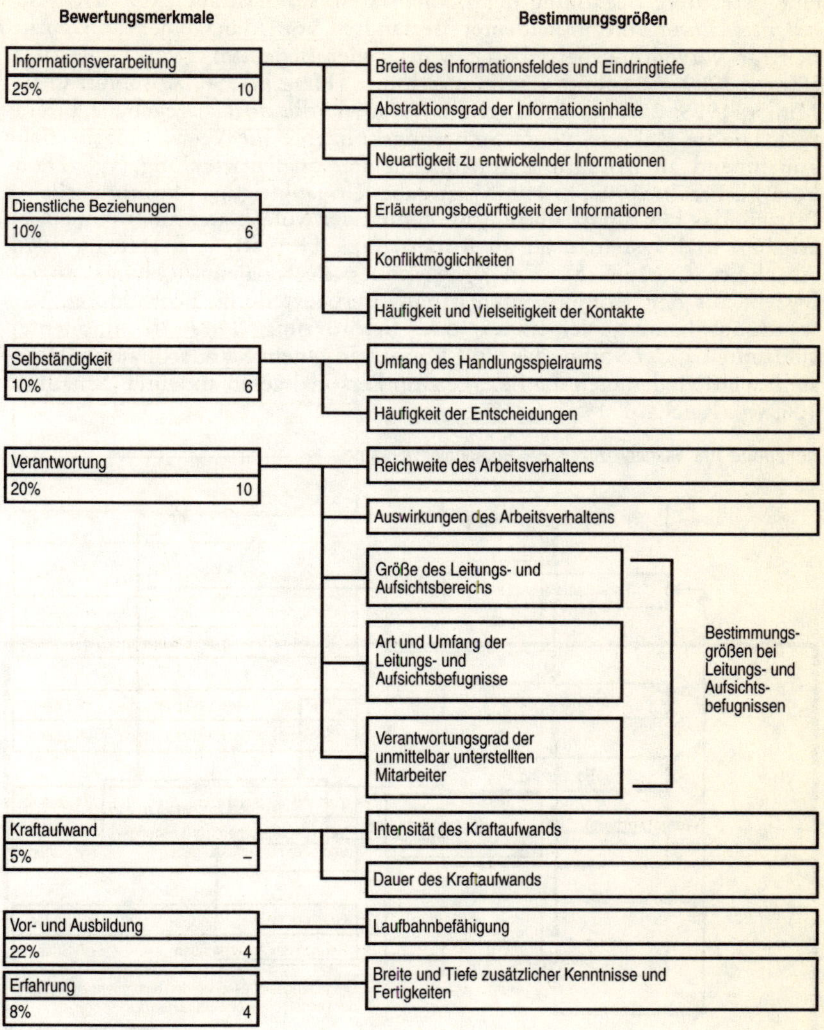

4. Personalentwicklung im Verwaltungsbetrieb

195 Eine transparente und befriedigende Leistungsbewertung ist nicht nur für eine gerechtere Bezahlung der Bediensteten, sondern auch für die *Personalentwicklung*, die immanenter Bestandteil von Managementkonzeptionen für Verwaltungsbetriebe ist, von großer Bedeutung (vgl. Goller u. a. [Hrsg.] 1989, Abschnitt C 6; Horváth u. a. [Hrsg.], 1996, Abschnitt C 2.1; Müller, 1996; 2. Kapitel, Abschnitt VI sowie die dort angegebene Literatur). Die im Rahmen neuer Steuerungskonzepte für Verwaltungsbetriebe zunehmend an Bedeutung gewinnende Personalentwicklung (vgl. Damkowski, Precht, 1995, S. 219 ff.) ist dabei ein langfristiger, kontinuierlicher Prozeß, das Leistungs- und Lernpotential der Mitarbeiter zu erkennen, zu erhalten und systematisch zu fördern (vgl. Horváth u. a. [Hrsg.], 1996, Abschnitt C 2.1, S. 5). Ein umfassendes Personalentwicklungskonzept besteht aus den Komponenten Mitarbeiterbeurteilung, Fortbildung, Verwendungsplanung, Versetzung und Beförderung. Diese Komponenten sind miteinander verbunden und können in einem Standardzyklus dargestellt werden, der auch die Bezüge zum Personalwesen andeutet (Schaubild 106, vgl. Reichard, 1987, S. 267).

Schaubild 106 Standardzyklus der Personalentwicklung

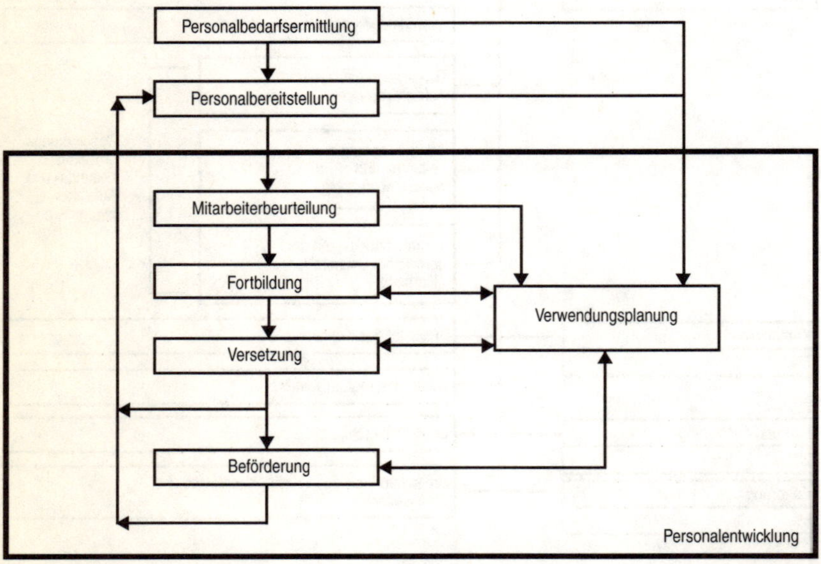

Personalentwicklung entfaltet nur dann ihre volle Wirksamkeit, wenn die dargestellten Teilelemente integriert angewendet werden. Mitarbeiterbeurteilung muß z. B. so mit der Fortbildung oder der Verwendungsplanung verbunden werden, daß aus ihr die jeweils mitarbeiterbezogenen Konsequenzen für die anderen Teilelemente (z. B. die Versetzung und Beförderung) gezogen werden können.

Als einziges Ressort auf Bundesebene verfügt das Bundesministerium der Verteidigung seit Januar 1996 über ein umfassendes Personalentwicklungskonzept, das als verwaltungspraktisches Beispiel nachfolgend in den wesentlichen Grundzügen dargestellt werden soll (vgl. BMVg [Hrsg.], 1996).

Die *Personalentwicklungskonzeption* des Bundesministeriums der Verteidigung verfolgt das Generalziel, Leistungsfähigkeit, Leistungsbereitschaft und Motivation der Mitarbeiterinnen und Mitarbeiter zu steigern. Die mit der Konzeption beabsichtigte Zusammenführung und Harmonisierung bisheriger Instrumente der Personalplanung und Personalführung soll folgende Einzelziele erreichen helfen:

1. verbesserte Entwicklung der Fähigkeiten und Stärken des einzelnen Mitarbeiters,
2. vertrauensvolle Zusammenarbeit zwischen Vorgesetzten und Mitarbeitern nach den Grundsätzen des kooperativen Führungsstils,
3. gezielte Auswahl und Entwicklung von besonders leistungsfähigen und leistungsbereiten Mitarbeitern zu Führungskräften,
4. Konzentration der Fortbildungsziele auf die Vermittlung von Fach- und Führungskompetenz,
5. differenzierte und aussagekräftige Bewertung des Leistungs- und Befähigungsbildes des Mitarbeiters durch dienstliche Beurteilungen,
6. Verbesserung des Verfahrens zur mittel- und langfristigen Planung für die Besetzung von Spitzendienstposten.

Aus der Konzeption sind folgende Instrumente und Verfahrensweisen zur Realisierung dieser Ziele hervorhebenswert:

1. Die Grundsätze für die Führung und Zusammenarbeit (kooperativer Führungsstil), jährliche Mitarbeitergespräche zwischen unmittelbaren Vorgesetzten und Mitarbeitern, Personalentwicklungsgespräche der Personalabteilung, i. d. R. alle zwei Jahre, um z. B. Verwendungsplanungen und Maßnahmen der Führungskräftefortbildung zu initiieren,
2. Auswahlgrundsätze und Verfahren für die Einstellung von Nachwuchskräften des höheren Dienstes (vorgesehen sind die Phasen Personal-Marketing, Festlegung allgemeiner Auswahl-

kriterien [Vorauswahl] und persönliche Vorstellung im Rahmen eines Auswahlverfahrens),

3. Verwendungsplanung in den Laufbahnen des gehobenen und höheren Dienstes
(hier werden verschiedene Phasen unterschieden: in der Beobachtungsphase soll der Mitarbeiter in wechselnden Verwendungen und Arbeitssituationen von verschiedenen Vorgesetzten auf mögliche Führungseignung beobachtet werden, in der Identifizierungsphase wird die erkennbare Führungskraft auf die Übernahme von Führungsverantwortung vorbereitet. In einer weiteren Entwicklungsphase, die nur für Mitarbeiter im höheren Dienst gilt (vgl. Schaubild 106a und Lorse, 1996, S. 193 ff.), werden Mitarbeiter mit festgestellter Führungseignung auf die Übernahme höherer Führungsverantwortung bis zur Führungsebene II vorbereitet. Für die Besetzung von zivilen Spitzenpositionen werden Personalberatungskonferenzen institutionalisiert).
4. Im Rahmen der Verwendungsplanung sind Führungsebenen und Schlüsselqualifikationen für Führungsdienstposten festgelegt (Führungsebene I z. B. Referenten im Ministerium, Dezernatsleiter in der Mittelbehörde, STOV-Leiter; Führungsebene II z. B. Referatsleiter im Ministerium, Abteilungspräsidenten in der Mittelbehörde; Führungsebene III z. B. Abteilungsleiter im Ministerium, Präsidenten einer Mittelbehörde; Schlüsselqualifikationen orientieren sich an fachlicher, methodischer, sozialer und persönlicher Kompetenz).
5. Verknüpfung von Personalplanung und Fortbildungsplanung (Zweck ist, Mitarbeiter aufgabengerecht einzusetzen; dazu muß der Fortbildungsbedarf ermittelt, die einzelne Fortbildungsmaßnahme in die Verwendungsplanung eingefügt, der Nutzen der Maßnahme bewertet und beim zukünftigen Fortbildungsbedarf in den Kategorien Einführungs-, Fach-, Führungsfortbildung berücksichtigt werden).
6. Die dienstliche Beurteilung als Personalauswahlmittel und die Stellenausschreibung als Instrument von Auswahlentscheidungen (dabei soll die Beurteilung als Voraussetzung einer realistischen Personalentwicklungsplanung ein aussagefähiges Leistungs- und Befähigungsbild und einen Leistungsvergleich zwischen Mitarbeitern einer Laufbahn und Besoldungsgruppe gewährleisten; die Stellenausschreibung unterstützt die Ziele der Personalentwicklung, um über einen möglichst transparenten Eignungswettbewerb den Grundsatz der Bestenauslese zu fördern).

Schaubild 106a Personalentwicklungskonzeption im BMVg

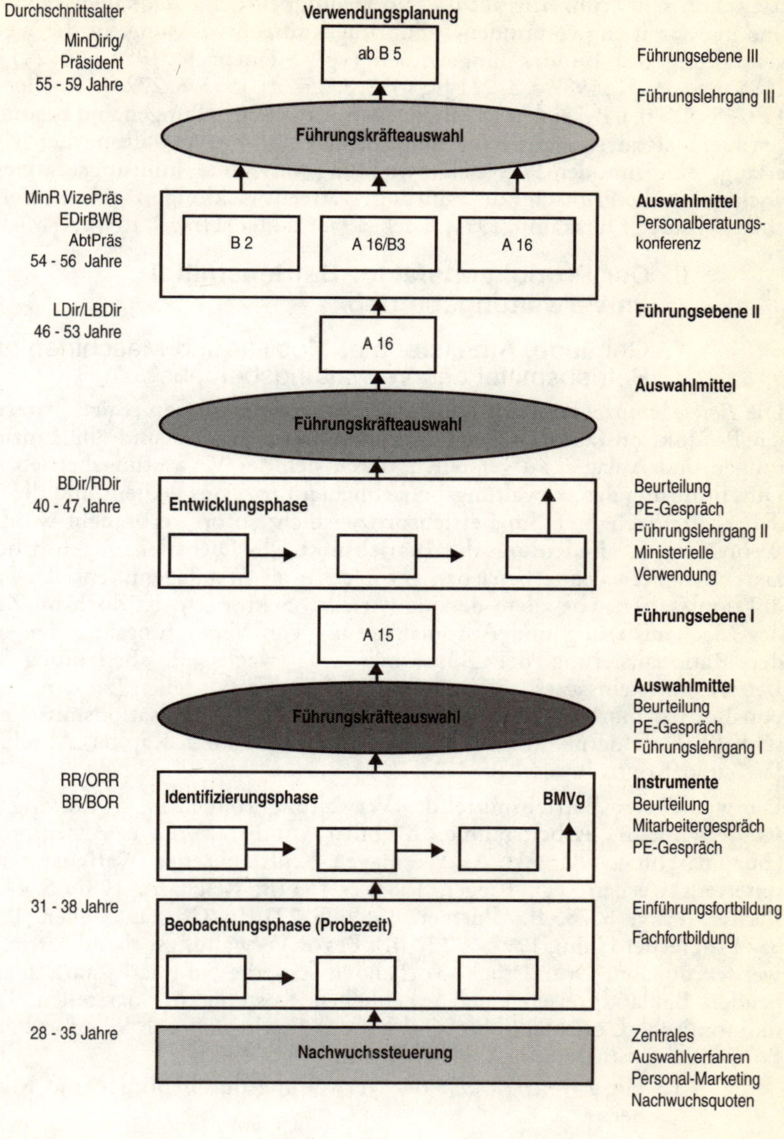

Die Bundesakademie für Wehrverwaltung und Wehrtechnik in Mannheim hat schon sehr frühzeitig auf die Notwendigkeit der Personalentwicklung und der damit eng verbundenen Führungskräfteentwicklung für die Wehrverwaltung des Bundes hingewiesen (vgl. Steinebach, 1984 a, S. 241 ff.; 1984 d, S. 436 ff.; 1987 c, S. 221 ff.; 1990, S. 257 ff.; 1993, S. 272 ff.; Roellecke, 1997, S. 127 ff.). Bei sich rasch ändernden Aufgabenstellungen und besonderen Herausforderungen an die Innovationskraft von Verwaltungsbetrieben erlangt eine mit der Personalentwicklung verzahnte Führungskräfteentwicklung hohe Priorität (zur Führungskräfteentwicklung in anderen Bereichen vgl. auch Quiskamp, 1991; Göck, 1993; Lüder [Hrsg.], 1997, S. 477 ff.).

II. Der Produktionsfaktor Betriebsmittel im Verwaltungsbetrieb

1. Gebäude, Arbeitsräume, Mobiliar und Maschinen als Betriebsmittel des Verwaltungsbetriebs

196 Die *Betriebsmittel* im Verwaltungsbetrieb gehören zu den realen materiellen Produktionsfaktoren (Rn 51). Unter Betriebsmittel sind alle Einrichtungen und Anlagen zu verstehen, deren sich der Verwaltungsbetrieb zur Durchführung des verwaltungsbetrieblichen Prozesses bedient und die (als dauerhafte Sachgüter) im Betriebsprozeß nicht sofort verbraucht werden. Wenn auch die Bedeutung der Betriebsmittel in Dienstleistungen produzierenden Verwaltungsbetrieben geringer ist als in anlagenintensiven Produktionsstätten, vor allem des industriellen Sektors, so ist doch im Zuge der Mechanisierung und Automatisierung von Verwaltungsabläufen und der Rationalisierung der Büroarbeit eine wachsende Bedeutung des Betriebsmitteleinsatzes im Verwaltungsbetrieb festzustellen (zu den Arten von Betriebsmitteln in Verwaltungen vgl. Rn 51, Organisationsmittel einschließlich moderner Kommunikationstechniken im 2. Kapitel, Abschnitt IV, 7 und Kontrollmittel Rn 173).

Die wichtigsten Betriebsmittel der Verwaltung können in *Verwaltungsgebäude* (Boden, Arbeitsräume, Mobiliar) und *technische Arbeitsmittel* (Büromaschinen aller Art, ADV-Anlagen, Kraftfahrzeuge, Waffensysteme) unterteilt werden (vgl. Rieger, 1983, S. 165 ff.; Reichard, 1987, S. 44 ff.; Becker, 1989, S. 755 ff.; Püttner, 1989, S. 221 ff.; Gornas, Beyer, 1991, S. 74 ff.; ferner Hahn, 1997, S. 127 ff.). Bevor Verwaltungsgebäude errichtet werden, müssen Grundstücke vorhanden sein, die bei relativ stark ansteigenden Baulandpreisen einen erheblichen Kostenfaktor darstellen. Drei ökonomische Gesichtspunkte sind bei der Festlegung von Standorten der Behörden von Bedeutung (vgl. Thieme, 1984, S. 443 ff.):

1. Die *Erreichbarkeit* der Verwaltung durch Bürger und Mitarbeiter.
   Je stärker der Besucherverkehr ist und je größer die Behörde ist, je zentraler sollte sie liegen (Beispiel: Rathäuser, die häufig

in unmittelbarer Nähe des gesellschaftlichen Schwerpunkts der Gemeinde liegen).

2. Die *Infrastruktur* der Verwaltungsbetriebe.
   Größere Behörden sind z. B. für eine Kommune ein erheblicher Wirtschaftsfaktor (Arbeitskräftebedarf, Gehaltszahlungen stärken die Wirtschaftskraft des Behördenstandorts).
3. Die *Kommunikation* mit anderen Behörden sowie mit nichtstaatlichen Dienststellen.
   Soweit der Informations- und Kommunikationsfluß für die Behördenarbeit von großer Bedeutung ist, ist ein gemeinsamer Behördensitz zweckmäßig, z. B. das Finanzamt am Sitz der Kreisverwaltung.

Auch der nicht mit Verwaltungsgebäuden bebaute Boden kann als Betriebsmittel Bedeutung erlangen (z. B. öffentliche Grünflächen, öffentliche Parkplätze, Naturschutzgebiete, Wasserschutzgebiete, Deichanlagen, Gewerbeansiedlungsflächen; vgl. Rieger, 1983, S. 255 ff., zum Problem Verwaltung und Raum vgl. Mäding, 1974).

In Verwaltungsbauten verschiedenster Art (z. B. Rathäuser, Stadthäuser, **197**
Kreishäuser, Landratsämter, Verwaltungsbauten für Bezirksverwaltungsstellen, Verwaltungszentren) sowie in Sozialverwaltungsbauten (z. B. Schulbauten, Theater, Museen, Kfz.-Zulassungsstellen, Gesundheitsämter, Krankenhäuser, Kasernen, Großmarkthallen) spielt die *Ausgestaltung der Arbeitsräume* und das *Mobiliar* eine wichtige Rolle. Bei der Ausstattung der Arbeitsräume sind organisatorische (vgl. Rn 151 bis 153), arbeitsmedizinische und wirtschaftliche Anforderungen zu beachten (vgl. Kübler, Bd. 1, 1978, S. 150 ff.; Thieme, 1984, S. 446 ff.; Deckert, 1993, S. 71 ff.). Für Lage und Anordnung der Arbeitsräume gelten u. a. folgende Mindestnormen:

1. Arbeitsmäßig zusammengehörende Organisationseinheiten sollen räumlich zusammenliegen (Vermeidung unnötiger Wegstrecken, Verkürzung der Laufzeit von Geschäftsvorgängen und Verkürzung von Besucherwegen),
2. Räume mit Besucherverkehr sollen möglichst im Erdgeschoß liegen (Bürgerfreundlichkeit),
3. Steigerung der Leistung und Arbeitskraft durch psychologisch und physiologisch günstige Gestaltung (Beleuchtung, Raumklima, Farbe, Sozialräume, Lärm-, Schallschutz usw.).

Für die bürotechnische Ausstattung mit Mobiliar werden u. a. folgende Forderungen aufgestellt:

1. *Arbeitstische* sollen eine bequeme Körperhaltung erlauben und bezüglich ihrer Abmessungen eine richtige Anordnung der erforderlichen Arbeitsmittel und -geräte erlauben, um Ver-

lustzeiten auszuschalten (empfohlen werden häufig Organisationsschreibtische, die kürzere Zugriffszeiten, mehr Ablageraum und eine planmäßigere und dauerhaftere Ordnung der Arbeitsunterlagen als herkömmliche Schreibtische erlauben).

2. *Arbeitsstühle* sollen körpergerecht sein, um vorzeitige Ermüdungen und Leistungsminderungen zu vermeiden. Der zweckmäßige Büroarbeitsstuhl soll nach arbeitsphysiologischen und -medizinischen Gesichtspunkten, z. B. auf die individuelle Körpergröße einstellbar sein, das Stuhloberteil muß drehbar sein, bewegliche Rollen sollten den Bewegungsbereich vergrößern u. a. m.

2. Bestimmungsfaktoren der Leistung von Betriebsmitteln

198 Im Zusammenhang mit dem Einsatz von *Maschinen* und *maschinellen Hilfsmitteln* in Verwaltungsbetrieben können einige Probleme angesprochen werden, die in öffentlicher Verwaltung und Privatwirtschaft gleichermaßen relevant sind und grundsätzlich auch für die bereits besprochenen Betriebsmittel gelten (vgl. Gutenberg, 1968, S. 70 ff.; Wolff, 1983, S. 92 ff.; Schierenbeck, 1995, S. 191 ff.; Wöhe, 1996, S. 309 ff.; speziell zur Leistung von militärischen Betriebsmitteln vgl. Hahn, 1997, S. 145 ff.). Im allgemeinen hängt die Leistung eines Betriebsmittels von seiner *technischen Beschaffenheit* und von seiner *Eignung* für die Aufgabenerfüllung ab. Unabhängig vom Einsatz eines Betriebsmittels in einem konkreten Fall wird seine Leistungsfähigkeit bestimmt durch die qualitative Be- bzw. Verarbeitung des Betriebsmittels, den Grad seiner Modernität (Betriebsmittel auf höherem Stand der Technik lassen eine höhere Leistungsfähigkeit erwarten), den Grad seines Verschleißes (Verschleißstärke hängt vom Alter und der Abnutzung des Betriebsmittels ab) und den Zustand der Betriebsbereitschaft, in dem sich das Betriebsmittel befindet (unzureichende Betriebsbereitschaft kann die Leistungsfähigkeit mindern bzw. zum Ausfall des Betriebsmittels führen). Die *Eignung* eines Betriebsmittels im Hinblick auf konkrete Aufgaben stellt sich als Verhältnis der vom Betriebsmittel verlangten und von ihm tatsächlich erbrachten Leistung dar. Dieser Eignungsgrad hängt von der *quantitativen* und *qualitativen Kapazität* sowie der *Elastizität* des Betriebsmittels ab (vgl. auch Becker, 1995, S. 254 ff.).

199 Im Zusammenhang mit der quantitativen Kapazität werden die Begriffe *Maximalkapazität* (größtmögliche Menge an Leistungseinheiten, die ein Betriebsmittel während einer Zeiteinheit hervorbringen kann; z. B. haben Verwaltungsgebäude maximale Nutzungsflächen für Büros, ADV-Anlagen maximale Speicherkapazitäten bzw. maximale Verarbeitungsgeschwindigkeiten für anfallende Rechenoperationen, Telephonanlagen maximale Anschlußzahlen) und *Minimalkapazität* (Mindestausbringungsmenge, die bei Nutzung des Betriebsmittels in jedem Fall auftritt bzw. bei wirtschaftlicher Ausnutzung des Betriebsmittels nicht unterschritten werden darf; z. B. bei Fotokopiermaschinen müssen mindestens bestimmte Fotokopiezahlen erreicht sein; bei ADV-Anlagen müssen mindestens bestimmte Zahlen an Operationen vorliegen) gebraucht. Maximal- und Minimalkapazität geben die Kapazitätsgrenzen eines Betriebsmittels an und vermitteln einen Aufschluß darüber, ob die jeweilige Aufgabenstellung der Verwaltung von der quantitativen Kapazität her erfüllt werden kann. Bei einer beabsichtigten Leistungsmenge ist das Betriebsmittel auszuwählen, das die geringsten Stückkosten aufweist. Von den technisch bestimmten Minimal- und Maximalkapazitäten gelangt man damit zur *Optimalkapazität*, die wirtschaftlich determiniert ist. Sie liegt dann vor, wenn eine Ausbringungsmenge erreicht ist, die pro Zeiteinheit zu den geringsten Stückkosten führt. Das Verhältnis von technischer Kapazität (Maximalkapazität) und tatsächlicher Ausnutzung der Kapazität bezeichnet man als *Kapazitätsausnutzungsgrad*, der häufig auch Beschäftigungsgrad genannt wird. Der Kapazitätsausnutzungsgrad wird in Prozent der gleich 100 gesetzten Maximalkapazität ausgedrückt:

$$\text{Kapazitätsausnutzungsgrad} = \frac{\text{Ist-Leistung}}{\text{Maximalkapazität}} \times 100\ (\%)$$

Da Verwaltungen häufig Tendenzen zu Kapazitätsüberhängen aufweisen (vgl. Rn 152), sind Kapazitätsberechnungen wichtige Hilfsmittel der verwaltungsbetrieblichen Planung, Steuerung und Kontrolle (vgl. Rn 112 ff., 173), die auf dem Wege zu einer wirtschaftlicher arbeitenden Verwaltung noch zu wenig benutzt werden (vgl. auch Kostenrechnung im 4. Kapitel und die seit Ende 1978 erscheinende VOP, die sich im Rahmen der Abhandlung praktischer Organisationsfälle auch vermehrt mit Kapazitätsberechnungen in der Verwaltung beschäftigt, z. B. Fuß, VOP, 4/1979, S. 247 ff.; Vervielfältigen – Kostenrechnungen für Bürooffsetdruckmaschinen). Einfache Beispiele für die Berechnung von Kapazitätsausnutzungsgraden:

1. Eine Fotokopiermaschine kann maximal 1000 Fotokopien pro Stunde fertigen, wird aber nur mit 200 Fotokopien durchschnittlich (pro Stunde) belastet.

   $$\text{Kapazitätsausnutzungsgrad} = \frac{200}{1000} \cdot 100 = 20\ \%.$$

2. Die Lehrgangsteilnehmerkapazität einer Akademie beträgt 5000 Bedienstete pro Jahr. Die tatsächliche Auslastung belief sich auf 4000 Lehrgangsteilnehmer.

   $$\text{Kapazitätsausnutzungsgrad} = \frac{4000}{5000} \cdot 100 = 80\ \%.$$

Neben der quantitativen gibt es eine *qualitative Kapazität* von Betriebs- **200**
mitteln. Sie zeigt sich im Gütegrad der vom Betriebsmittel abgegebenen Leistungen. Übersteigt der Gütegrad des Betriebsmittels die gestellten Anforderungen, so entstehen Kosten nichtgenutzter qualitativer Kapazitäten, die auch als *Leerkosten* (im Gegensatz zu den *Nutzkosten*) bezeichnet werden. Beispiel: Eine ADV-Anlage, die für die Abwicklung hochkompli-

zierter Programme angeschafft wurde, wird nur für einfache Rechenoperationen genutzt. Die qualitative Anforderung an das Gerät bei Beschaffung war höher als der Gütegrad der bei Benutzung gestellten Anforderungen. Die Eignung eines Betriebsmittels ist schließlich von seiner *Elastizität* (Anpassungsfähigkeit des Betriebsmittels an ein sich quantitativ und qualitativ änderndes Leistungsprogramm) abhängig. Universelle, d. h. für verschiedene Leistungen einsetzbare Betriebsmittel, sind in der Regel bei Änderungen von Leistungsprogrammen leichter auszulasten als spezielle Betriebsmittel, die auf bestimmte Leistungsarten fixiert sind. Deshalb wird in der Bürotechnik der Verwaltungen häufig dezentralen mittleren technischen Lösungen der Vorzug gegeben, wie z. B. der „mittleren Datentechnik". Sie ist angesiedelt zwischen den konventionellen Büromaschinen und der automatisierten Datenverarbeitung und kann mehrere Verrichtungskombinationen nach vorgegebenen Programmen ausführen. Diese Sachmittelgruppe ermöglicht auch im Bürobereich für die Verarbeitung mittlerer Datenmengen umfassendere technische Rationalisierungsansätze (z. B. programmierte Textverarbeitung, Dokumentation, Abrechnungen), die schließlich zur kostengünstigeren Aufgabenerfüllung beitragen.

3. Technische Lebensdauer und wirtschaftliche Nutzungsdauer von Betriebsmitteln

201 Neben der Kapazität und der Kapazitätsausnutzung stellt sich für den Einsatz jeden Betriebsmittels die Frage nach der *technischen Lebensdauer* und der *wirtschaftlichen Nutzungsdauer.* Da die Betriebsmittel (im Unterschied zu Werkstoffen, vgl. Abschnitt III) eine sich i. d. R. über mehrere Jahre erstreckende Lebensdauer aufweisen, spricht man von der technischen Lebensdauer oder technischen Nutzungsdauer als dem Zeitraum, in dem diese Betriebsmittel Leistungen an den Verwaltungsbetrieb abgeben können. Der Zeitraum der technischen Nutzungsdauer wird vom Verschleiß (Gebrauchs-, Zeit- und Katastrophenverschleiß) und von den verschleißhemmenden Maßnahmen (Pflege, Wartung, Inspektionen, Reparaturen) beeinflußt. In seltenen Fällen wird ein Betriebsmittel bis zur Beendigung der technischen Lebensdauer benutzt. Die tatsächliche Nutzungsdauer (auch wirtschaftliche Nutzungsdauer genannt) ist der Zeitraum, in dem ein Betriebsmittel unter betriebswirtschaftlichen Gesichtspunkten die beste Alternative zur Erfüllung bestimmter Aufgaben darstellt. Die wirtschaftliche Nutzung eines Betriebsmittels ist u. a. von der technischen Leistungsfähigkeit möglicher alternativer Betriebsmittel, von den Anschaffungskosten möglicher Alternativen, von den Kosten für verschleißhemmende Maßnahmen, von finanzwirtschaftlichen Überlegungen (Finanzierung durch Fremdkapitalaufnahme führt zu Schuldzinsen!) und vom Verkaufspreis, der für das alte Betriebsmittel noch erzielbar ist, abhängig.

202 Da im Zusammenhang mit der Nutzung von Betriebsmitteln Wertminderungen auftreten, dürfen *Abschreibungen* vorgenommen werden.

Abschreibungen sind auf Grund planmäßiger Rechnung ermittelte Beträge, die der Erfassung von Wertminderungen dienen; sie stellen in Form der bilanziellen Abschreibungen (für die Privatunternehmen) und in Form der kalkulatorischen Abschreibungen in den Kostenrechnungen privater Unternehmen und von Verwaltungsbetrieben ein wichtiges Problem des betrieblichen Rechnungswesens dar (vgl. 4. Kapitel, Kostenrechnung). Auch der Verwaltungsbetrieb kann grundsätzlich (wie bei anderen kalkulatorischen Kostenarten) die Wertminderungen seiner Betriebsmittel einem Leistungsempfänger in Rechnung stellen, damit dieser seinen Beitrag für eine notwendige Ersatzbeschaffung leistet. Abschließend sei bereits hier zu Einsatzüberlegungen und Verwendungen von Betriebsmitteln auf die Möglichkeit von Investitionsrechnungen und Verfahrensvergleichen hingewiesen (vgl. 4. Kapitel).

III. Der Produktionsfaktor Werkstoffe im Verwaltungsbetrieb

Es wurde bereits erwähnt, daß *Werkstoffe* als materielle Produktionsfaktoren im Unterschied zu den Betriebsmitteln im Leistungsprozeß verbraucht werden und daß sie in Form der *Roh-, Hilfs- und Betriebsstoffe* im Rahmen der verwaltungsbetrieblichen Dienstleistungsproduktion nicht die Rolle wie in der industriellen Produktion spielen (Rn 51, 201). Im Verwaltungsbetrieb finden relativ selten materielle Be- und Verarbeitungsprozesse statt. So ist der Einsatz von Rohstoffen typisch für die Sachgüterproduktion, nicht aber für die Dienstleistungsproduktion (vgl. Maleri, 1973, S. 99 ff.; Rieger, 1983, S. 166; Gornas, 1992, S. 46 f.). Hilfs- und Betriebsstoffe werden bei der Dienstleistungsproduktion in Form von Energieträgern aller Art (Betriebsstoffe für Land-, Wasser-, Luftfahrzeuge) und von Energie für Heizung, Beleuchtung und den Betrieb von Aggregaten eingesetzt. Daneben können Papier, Schreibgeräte, Heilmittel, Verbandsstoffe, Farbbänder u. a. m. als Hilfs- oder Betriebsstoffe in die Dienstleistungserstellung eingehen. Das „Trägermedium Papier" (Maleri, 1973, S. 100) wird in Verwaltungsbetrieben heute zunehmend von Mikrofilmen, Lochstreifen, elektromagnetischen Bändern und Speicherwerken, in denen Informationen aufbewahrt oder verarbeitet werden, verdrängt. Die überragende Bedeutung der Informationen in Dienstleistungsbetrieben führt häufig zu der Forderung, Informationen als „Verwaltungswerkstoff" anzusehen bzw. als Produktionsfaktor zu bezeichnen (Reichard, 1987, S. 46; Becker, 1989, S. 754 f. und Rn 71). **203**

In der Sachgüterproduktion werfen Werkstoffe zwei wesentliche wirtschaftliche Probleme auf (vgl. Schierenbeck, 1995, S. 196 ff.; Wöhe, 1996, S. 315 ff.): **204**

1. Das *Zeitproblem*, d. h. vor allem die Frage der Lagerdauer vor Beginn der Verarbeitung und der Liegezeit während der einzelnen Phasen des Produktionsprozesses. Für Produktionsbe-

triebe ist es von großer Bedeutung, die Zeitspanne zwischen der Beschaffung der Werkstoffe und der Erstellung und dem Verkauf der Endprodukte möglichst gering zu halten. Dieses Problem wird durch die relativ geringe „Marktbezogenheit" der Verwaltungsbetriebe in diesen nicht aufgeworfen, bzw. modifiziert: auch von Verwaltungsbetrieben darf man erwarten, daß durch die Staatsbürger finanzierte Werkstoffe (Steuergelder!) möglichst schnell als Bestandteile produzierter Dienstleistungen an die Bürger weitergegeben werden.

2. Das *Materialausbeuteproblem*, d. h. die Frage der Materialverluste durch Ausschuß (Bearbeitungs- und Materialfehler) oder Materialabfälle. Dieses Problem stellt sich grundsätzlich auch in Verwaltungsbetrieben, vor allem bezüglich der möglichst wirtschaftlichen Nutzung von Hilfs- und Betriebsstoffen. Obwohl sich Materialabfälle (verschriebenes Papier, zerbrochene Bleistifte, u. a. m.) auch bei „überwiegender Bürofertigung" nicht ganz vermeiden lassen, muß durch Einwirkung auf die Bediensteten immer wieder an den sparsamen *und* wirtschaftlichen Umgang mit Werkstoffen erinnert werden (u. a. könnte man an Weiterentwicklungen des betrieblichen Vorschlagswesens denken, indem Vorschläge zur verbesserten Ausnutzung von Werkstoffen prämiert würden; zum Vorschlagswesen vgl. Kübler, Band 2, 1978, S. 174 ff.).

IV. Der monetäre Faktor im Verwaltungsbetrieb

1. Begriff und Aufgaben der Finanzwirtschaft

205 Im Zusammenhang mit dem Einsatz des *monetären Faktors* im Verwaltungsbetrieb ergeben sich einige betriebswirtschaftliche Probleme, die vor allem durch einen Vergleich mit der Finanzwirtschaft der Privatunternehmen in den Grundzügen erarbeitet werden sollen. Dabei wird auf *Begriff* und *Aufgaben* der Finanzwirtschaft, die *Hauptformen der Finanzierung* und *die Besonderheiten der Finanzierung in Verwaltungsbetrieben* Bezug genommen. Die Frage, ob der monetäre Faktor (Geld) als Produktionsfaktor angesehen werden kann, wurde bereits ausführlich diskutiert (vgl. Rn 53 und die Bejahung des Geldes als Produktionsfaktor in der Dienstleistungsproduktion bei Maleri, 1973, S. 102 f.; Rieger, 1983, S. 170 f.; Gornas, 1992, S. 47 f.). In der bisherigen Untersuchung wurde auch das Liquiditätsziel als eine der wesentlichen ökonomischen Zielsetzungen des Verwaltungsbetriebs angesprochen (vgl. Rn 76). Schließlich wurde die Notwendigkeit der Zusammenführung von Finanz- und Aufgabenplanung der Verwaltungsbetriebe am Beispiel der Programmbudgetierung dargestellt (vgl. Rn 119–121).

206 Das betriebswirtschaftliche Gebiet der Finanzwirtschaft hängt eng zusammen mit dem volkswirtschaftlichen Lehrgebiet *Finanzwissenschaft,* in dem makroökonomisch-finanzwirtschaftliche Fragestellungen, wie z. B. öffentliches Einnahmen- und Ausgabegebaren, Staatshaushaltsreform, horizontaler und vertikaler Finanzausgleich angeschnitten werden, mit dem *Staatsrecht* (die Finanzpolitik des Staates wird im Abschnitt X des Grundgesetzes behandelt, vgl. Art. 104a–115 GG) und dem in Aus- und Fortbildung der Verwaltungsangehörigen vertretenen Querschnittsgebiet des *Haushalts-, Kassen- und Rechnungswesens,* in dem die Techniken der Verwaltung von Finanzmitteln des Staates erörtert werden. Für diese Gebiete wird auf die umfangreiche Spezialliteratur verwiesen (vgl. Becker, 1989, S. 680 ff.; Goller u. a. [Hrsg.], 1989, Abschnitt F).

Unter *betrieblicher Finanzierung* wird im Schrifttum überwiegend die Beschaffung des auf Grund einer Kapitalbedarfsrechnung benötigten Kapitals verstanden, unter *Investition* ist die Anlage des beschafften Kapitals in Vermögenswerte der finanzierenden Institution zu verstehen. Der *Kapitalverwaltung* oder betriebswirtschaftlichen Finanzverwaltung werden alle verwaltungstechnischen Maßnahmen zur Durchführung des Zahlungs- und Kreditverkehrs übertragen. (Die Probleme der Kapitalverwaltung werden hier vernachlässigt, vgl. Rn 206, ebenso ein näheres Eingehen auf Investitionen; letztere sind in Form der für Verwaltungen wichtigen Investitionsrechnungen Bestandteil der Betrachtungen zu den Wirtschaftlichkeitsberechnungen im 4. Kapitel). Diese *Einzelaufgaben* ergeben sich aus der *Hauptaufgabe* jeder betrieblichen Finanzwirtschaft, die auf die Erhaltung des *finanziellen Gleichgewichts (Liquidität)* ausgerichtet ist. Unter der Liquidität wird im allgemeinen die Zahlungsfähigkeit von Betrieben verstanden, d. h. die Fähigkeit, allen Zahlungsverpflichtungen und Zahlungsnotwendigkeiten zu jedem Zeitpunkt fristgerecht nachkommen zu können. *Begriff, Haupt-* und *Einzelaufgaben* der Finanzwirtschaft sind in Schaubild 107 zusammengefaßt (zu Begriff und Aufgaben der Finanzwirtschaft vgl. folgende Standardliteratur: Büschgen [Hrsg.], 1975, Sp. 413 ff., Sp. 828 ff.; Hahn, 1975; Kutyniok, 1982; Veit, Straub, 1983; Gornas, Beyer, 1992, S. 116 ff.; Schierenbeck, 1995, S. 297 ff.; Wöhe, 1996, S. 737 ff.). **207**

Schaubild 107 Übersicht zu Begriff und Aufgaben der betrieblichen Finanzwirtschaft

	Finanzwirtschaft
1. Begriff	Die betriebliche Finanzwirtschaft umfaßt die Ermittlung des Kapitalbedarfs, die Beschaffung, Verwaltung und Verwendung des benötigten Kapitals
2. Hauptaufgabe	Erhaltung des finanziellen Gleichgewichts (Liquidität)
3. Einzelaufgaben	1. *Finanzierung:* Beschaffung des Kapitals auf Grund einer Kapitalbedarfsrechnung 2. *Investition:* Anlage des beschafften Kapitals in Vermögen 3. *Kapitalverwaltung:* Alle verwaltungstechnischen Maßnahmen zur Durchführung des Zahlungs- und Kreditverkehrs

2. Überblick zu den Hauptformen der Finanzierung

208 In der betrieblichen Finanzwirtschaft können die *Hauptformen der Finanzierung* nach der *Herkunft* des Kapitals unterschieden werden (vgl. Schaubild 108 in Anlehnung an Schierenbeck, 1995, S. 396 ff.).

Schaubild 108 Hauptform der Finanzierung

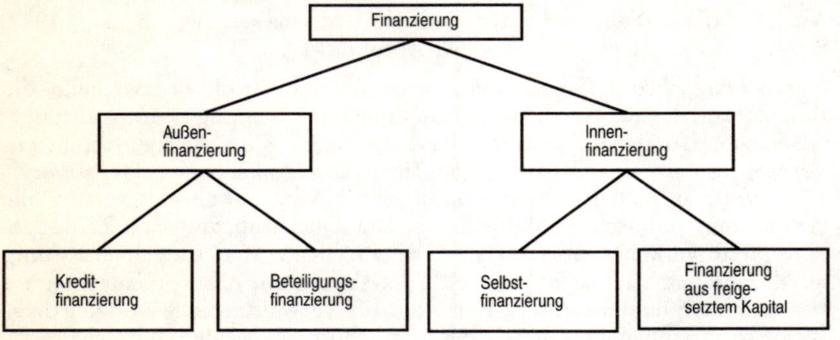

Außenfinanzierung bedeutet, daß dem Betrieb Kapital von außen zugeführt wird. Sie tritt in den Formen *Beteiligungsfinanzierung* (Zuführung von Eigenkapital in den Betrieb, z. B. durch Unternehmer und Gesellschafter in Einzel- und Personenunternehmen oder durch Ausgabe von Beteiligungspapieren, wie GmbH-Anteilen, Aktien usw.) und *Kreditfinanzierung* (Zuführung von Kapital durch langfristige Kredite, wie z. B. Hypothekarkredite, Schuldverschreibungen, Anleihen oder Obligationen oder durch kurzfristige Kredite, wie z. B. Lieferantenkredite, Kontokorrentkredite, Wechsel-, Lombard-, Aval-, Rembourskredite) auf. Stammen die finanziellen Mittel aus dem Betrieb selbst, so spricht man von *Innenfinanzierung*. Sie kann durch *Selbstfinanzierung* (offene Selbstfinanzierung, wenn Gewinne, z. B. in einer AG, in die gesetzliche oder freie Rücklage überführt werden; stille Selbstfinanzierung, wenn stille Rücklagen, z. B. durch überhöhte Abschreibungen oder überhöhte Rückstellungen, insbesondere bei Überbewertung von Schulden, gebildet werden), oder *durch Finanzierung aus freigesetztem Kapital* erfolgen. Wenn durch Abschreibungen nicht nur die Reininvestitionen, sondern auch zusätzliche Investitionen (Nettoinvestitionen) durchgeführt werden, werden Abschreibungen zu einem Mittel der Kapitalbeschaffung. Der gleiche Effekt tritt ein, wenn es dem Betrieb gelingt, das gleiche Produktionsvolumen mit einem geringeren Kapitaleinsatz als bisher zu fertigen (Kapitalfreisetzung durch Rationalisierungsmaßnahmen).

3. Besonderheiten der Finanzierung in Verwaltungsbetrieben

Verwaltungsbetriebe finanzieren sich durch ihre *Haushalte.* Für die Wahrung des *finanziellen Gleichgewichts* in Verwaltungsbetrieben sind deren (öffentliche) Haushalte zuständig. Auch in den Haushalten als Teilbereichen der Verwaltungsbetriebe muß das Gebot wirtschaftlichen Handelns bzw. das Wirtschaftlichkeitsprinzip befolgt werden (Eichhorn, 1974 b, S. 217). In der Hauptaufgabe der Finanzierung, der Erhaltung des finanziellen Gleichgewichts, und im Generalziel betriebswirtschaftlichen Arbeitens, der Wirtschaftlichkeit, ist eine formale Übereinstimmung von Privatunternehmungen und Verwaltungsbetrieben feststellbar. Die *Unterschiede* der *Finanzierung* in beiden Bereichen ergeben sich zunächst aus folgendem Tatbestand (zu den betriebswirtschaftlichen Besonderheiten der Finanzierung in Verwaltungsbetrieben vgl. Schnettler, 1964, S. 148 ff.; Eichhorn, 1974; Oettle, 1976, S. 17 ff.; Budäus, 1982; Jünger, Walter, 1987; Sander, 1987, S. 138 ff.; Gollner u. a. [Hrsg.], 1989, Abschnitt F.; Gornas, Beyer, 1992, S. 122 ff.; Kirchhoff, Müller-Godeffroy, 1993; Rau, 1994, S. 495 ff.; Hahn, 1997, S. 221 ff.): Die Verwaltungsbetriebe entnehmen dem Markt Arbeitsleistungen, Betriebsmittel, Werkstoffe und Teile des monetären Faktors (vor allem Kreditkapital) gegen Entgelt. Diese Faktoren werden im Verwaltungsbetrieb durch den dispositiven Faktor mit dem Ziel der Leistungserstellung kombiniert. Die Leistungsabgabe der Verwaltungsbetriebe unterscheidet sich vom Absatz eines Privatbetriebes aber dadurch, daß die produzierten Leistungen überwiegend *ohne* finanzielle Gegenleistung angeboten werden, d. h. eine über den Verkauf der Produkte getätigte Leistungsverwertung, die zu direkten monetären Rückflüssen in den Betrieb führt, findet grundsätzlich nicht statt (Ausnahmen: Abgabe gebühren-, beitrags- oder tarifpflichtiger Leistungen, vgl. Rn 252–255). **209**

Die öffentlichen Haushalte finanzieren ihre Ausgaben aus folgenden *Einnahmequellen:* **210**

1. Einnahmen aus *privatrechtlichen Erträgen,* z. B. Erträge aus öffentlichen Betrieben in Form von ausgeschütteten Gewinnen, Zinsen und ähnlichen Einkünften aus Geld- und Kapitalvermögen der öffentlichen Haushalte, so aus Guthaben bei Banken. Führen die Gewinne bei den Verwaltungsbetrieben als Trägerkörperschaften der öffentlichen Betriebe zu Erhöhungen des Reinvermögens, so handelt es sich um eine Art Selbstfinanzierung.
2. Einnahmen aus *hoheitsrechtlichen Leistungen* der öffentlichen Einrichtungen, Anstalten etc. (Gebühren, einschließlich Betriebs- und Konzessionsgebühren, z. B. für die Benutzung von Verkehrswegen, für Kanalbenutzung zur Abwässerbeseitigung und Beiträge, wie z. B. Anliegerbeiträge der Gemein-

den). Hier liegt eine Finanzierung vor, die am ehesten mit der Beteiligungsfinanzierung der Privatbetriebe vergleichbar ist.

3. Einnahmen aus *Steuern* und *steuerähnlichen Leistungen* (Beispiele: direkte Steuern wie Lohnsteuer, Einkommensteuer, Gewerbe-, Vermögenssteuer; indirekte Steuern, wie z. B. Umsatz- und Verbrauchssteuern). Für diese Finanzierungsquelle findet sich kein Pendant in den privatwirtschaftlichen Finanzierungsarten. Steuern sind die wichtigste Einnahmequelle der öffentlichen Haushalte.
4. Einnahmen von *anderen öffentlichen Haushaltswirtschaften* (Beispiel: Mittel des Finanzausgleichs, Umlagen, individuelle Finanzhilfen anderer öffentlicher Körperschaften). Auch hier liegt eine Art Beteiligungsfinanzierung vor.
5. Einnahmen durch *Aufnahme von Fremdkapital* (Beispiele: Anleihen, verzinsliche und unverzinsliche Schatzanweisungen, Schatzwechsel, Schuldscheindarlehen). Hier liegt der klassische Fall der Kreditfinanzierung vor.

Die Kreditfinanzierung ist für Verwaltungsbetriebe von großer Bedeutung, sowohl in Form *kurzfristiger Kredite* (Kassenkredite, Geldmarktpapiere wie Schatzwechsel und Schatzanweisungen, Lieferantenkredite; Factoring als Verkauf von Forderungen an Finanzierungsinstitute mit Bevorschußung der verkauften Forderungen, hat bisher lediglich beim Gebühren-Factoring im kommunalen Bereich eine gewisse Bedeutung erlangt) als auch im besonderen in Form *langfristiger Kredite* (festverzinsliche Wertpapiere, u. a. in Form von Anleihen, Obligationen, Schatzbriefen, Schuldbuchforderungen). Als Spezialfall der langfristigen Kreditfinanzierung sei noch auf den vermehrten Einsatz von *Leasingverfahren* als Finanzierungsalternative in Verwaltungsbetrieben verwiesen (vgl. Budäus, 1982, S. 181 ff.; Steinebach, 1986 d, S. 140 f.; Steinebach, 1986 c, S. 343 ff.; Jünger, Walter, 1987, S. 87 ff.; Kirchhoff, Müller-Godeffroy, 1993, S. 46 ff.; Horváth u. a. [Hrsg.], 1996, Abschnitt C 4.2). Leasing (aus dem Amerikanischen: to lease = mieten) bedeutet mittel- und langfristige Vermietung von beweglichen und unbeweglichen Wirtschaftsgütern durch Produzenten oder durch spezielle Miet- und Pachtgesellschaften (Leasing-Gesellschaften). Die Leasingrate, also das Entgelt für die Nutzung des Leasing-Gegenstandes, setzt sich aus Abschreibungen, Kapitalzinsen, Risikoprämie und Verwaltungskosten der Produzenten oder Leasing-Gesellschaften zusammen.

Leasing-Verfahren, insbesondere das *Finanzierungs-Leasing* (hier wird in der Regel das volle Investitionsrisiko auf den Leasingnehmer übertragen), werden vor allem in der kommunalen Praxis (z. B. bei Veräußerungen und anschließendem Leasing eines Rathausgebäudes), bei kommunalen Verkehrs- und Versorgungsbetrieben, bei Rechenzentren auf Landes- und Kommunalebene, bei öffentlichen Krankenhäusern, bei Bundesbahn, Bundespost und Bundeswehr angewandt. Grundsätzlich ist die Frage der Vorteilhaftigkeit von Leasing oder Kauf am Einzelfall zu beantworten (vgl. Gabele, Weber, 1985, S. 91; Steinebach, 1986 a, S. 141). Die Handhabungspraxis des Leasing ist in den Bundesländern und Behörden unterschiedlich (vgl. Hesse, Bott [Hrsg.], 1983, S. 210 ff.; Jünger, Walter, 1987, S. 91 f.; Kirchhoff, Müller-Godeffroy, 1993, S. 82 ff.). Außerdem müssen Leasing-Geschäfte aufsichtsbehördlich genehmigt werden (vgl. Jünger, Walter, 1987, S. 94 f.; Goller u. a. [Hrsg.], 1989, Abschnitt F 3.2). Dies gilt auch für eine andere häufig diskutierte Form kommunaler Sonderfinanzierung: die *kommunalen Immobilienfonds* (vgl. Budäus, 1982, S. 194 ff.; Jünger, Walter, 1987, S. 94 ff.; Gornas, Beyer, 1992, S. 135 f.).

Schaubild 109 Hauptformen der Finanzierung in öffentlichen Haushalten und Unterschiede der Finanzierung in Privatbetrieben und öffentlichen Haushalten

Hauptformen der Finanzierung in öffentlichen Haushalten	**Unterschiede in der Finanzierung in Privatbetrieben und öffentlichen Haushalten**	
	Privatbetriebe	**öffentliche Haushalte**
1. Einnahmen aus privatrechtlichen Erträgen 2. Einnahmen aus hoheitsrechtlichen Leistungen 3. Einnahmen aus Steuern und steuerähnlichen Erträgen 4. Einnahmen von anderen öffentlichen Haushaltswirtschaften 5. Einnahmen durch Aufnahme von Fremdkapital	1. Einnahmen und Ausgaben berühren Vermögen 2. keine formalen Vorschriften für Finanzierung, materiell Privatrecht 3. auf Eigen- und Fremdkapital (Schulden!) in der Finanzierung angewiesen 4. schwächere Stellung bei Einnahmeerzielung 5. kein weitergehendes Rechnen mit vorausschätzbaren Einnahmen 6. Liquiditätssteuerung unbedingt erforderlich	1. Einnahmen und Ausgaben berühren Vermögen nur bedingt 2. formelle und materielle Vorschriften 3. Beschaffung von Kapital durch Steuern ohne Schuldentstehung 4. wirtschaftlich und formalrechtlich stärkere Stellung bei Einnahmeerzielung 5. weitergehendes Rechnen mit vorausschätzbaren Einnahmen 6. Liquiditätssteuerung unzureichend, kaum Liquiditätsrisiken

Im *einzelnen* können die wichtigsten Unterschiede in der Finanzierung **211**
von Privatbetrieben und öffentlichen Haushalten wie folgt charakterisiert werden (vgl. Schnettler, 1964, S. 149; Rieger, 1983, S. 459 ff.):

1. Bei Betrieben sind nicht nur Einnahmen, sondern auch Ausgaben wirtschaftliche Vorgänge, die das Vermögen unmittelbar berühren. Für öffentliche Haushalte trifft dies nur sehr bedingt zu (vgl. 4. Kapitel, Vermögensrechnung).
2. Für die Finanzierung von Betrieben gibt es keine Vorschriften formaler Art, materiell gilt das Privatrecht, während in Verwaltungsbetrieben detaillierte formelle und materielle Vorschriften existieren.
3. In den Betrieben kann nur das zur Finanzierung verwendet werden, was sie besitzen oder in Form von Fremdkapital von

anderen bekommen. Öffentliche Haushalte können sich Finanzierungsmittel, insbes. durch Steuererhebung beschaffen, ohne daß dadurch Schulden entstehen.

4. Bei vielen Einnahmen haben die öffentlichen Hände wirtschaftlich und formalrechtlich gesehen eine ungleich stärkere Stellung (z. B. durch Monopolstellungen) als Privatbetriebe. (Anm.: Ohne die Arbeit des Kapitalmarktausschusses als dem Koordinierungsgremium für private und öffentliche Emissionen, mit dem Ziel der Abstimmung der Emissionen nach Volumen, zeitlicher Folge und Konditionen, würde die Wettbewerbsposition der Privatbetriebe im Vergleich zu den öffentlichen Haushalten noch ungünstiger ausfallen).
5. Die öffentlichen Haushalte können weitergehend als die privaten Betriebe mit vorausschätzbaren Einnahmen zur Finanzierung ihrer Ausgaben rechnen. Diese Tatsache findet ihren Niederschlag in Haushaltsplänen und der seit 1967 eingeführten mittelfristigen Finanzplanung.

212 An die *Finanzplanung* in öffentlichen Haushalten lassen sich abschließend einige Bemerkungen anfügen, die auf weitere Besonderheiten und Probleme verwaltungsbetrieblicher Finanzierung hinweisen. Zunächst involviert die Finanzplanung ebenso wie in Privatunternehmen eine *Investitionsplanung.* Während der Finanzplanung die systematische Erfassung und Gegenüberstellung der innerhalb eines bestimmten Zeitraums zu erwartenden Einnahmen und der voraussichtlichen Ausgaben sowie der finanziellen Maßnahmen zu ihrem Ausgleich obliegt, hat die Investitionsplanung die Aufgabe der gedanklichen Vorwegnahme dispositiver Maßnahmen, die bei Beschaffung, Ergänzung und Erhaltung, insbesondere der Betriebsmittelausstattung, ergriffen werden sollen. Da Größe und Art der geplanten Investitionen vom Kapitalbedarf abhängen, ist die Investitionsplanung ein Teil der Finanzplanung. Als Hauptziel der Finanzplanung war das finanzielle Gleichgewicht (die Liquidität) genannt worden. Finanzplanung bedeutet deswegen auch Liquiditätsplanung, d. h. eine Rechnung, die die Gewähr bietet, daß die *realisierten* Zahlungsströme der Zahlungsperiode (Einnahmen und Ausgaben) hinsichtlich Höhe und zeitlicher Fälligkeit mit den *erwarteten* Zahlungsströmen übereinstimmen. Da Haushaltsplan und mittelfristige Finanzplanung nicht detailliert genug über die zeitliche Verteilung von Ausgaben und Einnahmen informieren, wird zusätzlich zum Haushaltsplan die Aufstellung eines *betriebswirtschaftlich orientierten Finanzplanes* empfohlen (Eichhorn, 1974 b, S. 150 ff.; S. 229 ff.). Mit Hilfe eines Liquiditätsplanungsmodells soll nicht nur Zahlungsfähigkeit zu jedem Zeitpunkt erreicht werden, sie soll auch möglichst wirtschaftlich erreicht werden. Durch eine mehrstufige Steuerung des Zahlungsflusses im Verwaltungsbetrieb soll das Ziel einer Minimierung der Differenz zwischen Finanzierungskosten und -erlösen verwirktlicht werden. Dieses Planungsverfahren, das eine Trennung von feststehenden und disponiblen Zahlungen, die Terminplanung von Verwaltungsmaßnahmen mittels Netzplantechnik und eine optimale Verteilung der disponiblen Zahlungen vorsieht, soll mehrfach im Haushaltsjahr als überlappende flexible Planung angewendet werden. Der Beitrag Eichhorns „zum Einsatz betriebswirtschaftlicher Instrumente in der Finanzwirtschaft staatlicher und insbesondere kommunaler Verwaltungen" (vgl. Untertitel des Buches, Eichhorn, 1974 b) unterstreicht einmal mehr die Möglichkeit und Notwendigkeit betriebswirtschaftlicher „Aufbereitung" der öffentlichen Verwaltungen. Ein Satz aus dem einschlägigen Schrifttum soll dies bezüglich der Finanzierung erhärten (vgl. Mertens, 1975, S. 27 f.): „Nicht viele Worte braucht man über die Bedeutung der betrieblichen Finanzierungslehre für den öffentlichen Sektor zu verlieren, wobei ... an eine ... zu optimalen Finanzstrukturen hinstrebende Lehre gedacht ist, die klar über das traditionelle öffentliche Haushaltswesen hinausführt ... Ich will hier nur beispielhaft die Frage anschneiden, ob die Vor- und Nachteile des Gebäude-Leasings ... schon genügend wissenschaftlich analysiert sind oder ob man den Gedanken schon nach dem ersten Hinweis der Juristen auf haushaltsrechtliche Schwierigkeiten wieder verwirft."

Seit dieser Überlegung eines an der Verwaltung interessierten Betriebswirts sind viele Jahre vergangen. Die Ausführungen zum Leasing in Rn 211 zeigen, daß sich Tendenzen zu einer modernen Finanzierungslehre der Verwaltungsbetriebe durchaus erkennen lassen. Sie müssen weiterentwickelt und ausgebaut werden (vgl. Sander, 1987, S. 238 ff., S. 371 ff.).

So sind durch den Zwang leerer Kassen in den letzten Jahren die Diskussionen zur Zweckmäßigkeit „klassischen" behördlichen Haushalts- und Finanzgebarens wieder verstärkt worden. Die besonders auf kommunaler Ebene bereits praktizierten Neuerungen sind konzeptionell lange bekannt und werden in zahlreichen Ländern unter den verschiedensten Bezeichnungen angewendet (z. B. Budgetierung, d. h. Festsetzung von Netto-Ausgaben-Höchstgrenzen für einzelne Organisationsbereiche, Produktorientierung, d. h. Planung von Leistungen für einzelne Aufgabenbereiche, Ressourcenverbrauchs-Orientierung des Haushalts, d. h. z. B. die Verbräuche nicht unmittelbar zahlungswirksamer sachlicher Ressourcen werden erfaßt; vgl. dazu König, Siedentopf [Hrsg.], 1997 b, S. 431; Damkowski, Precht, 1995, S. 145 ff. und weitere Ausführungen im Rahmen des 4. Kapitels).

Fragen zum Verständnis (3. Kapitel, Abschnitte I bis IV)

1. Wodurch erhält der Produktionsfaktor Arbeit seine besondere Bedeutung im Verwaltungsbetrieb? (Rn 185)
2. Welche Bereiche umfaßt das Gestaltungsfeld Personal? (Rn 186)
3. Welche Bestimmungsfaktoren der menschlichen Arbeitsleistung sind Ihnen bekannt? (Rn 187)
4. Was wissen Sie über Leistungsanreize und ihre Wirkung? (Rn 188)
5. Erläutern Sie ökonomisch besonders wichtige Probleme der Personalbemessung und Arbeitsbewertung im Verwaltungsbetrieb (Rn 190–192)
6. Welche Unterschiede bestehen zwischen Anforderungs- und Befähigungsprofilen? (Rn 193)
7. Was sagt Ihnen das „Genfer Schema"? (Rn 193)
8. Wie sieht ein Standardzyklus der Personalentwicklung aus? Nennen Sie die wichtigsten Instrumente der Personalentwicklungskonzeption im Bundesministerium der Verteidigung (Rn 195)
9. Nennen Sie wichtige Betriebsmittel in Verwaltungsbetrieben (Rn 196)
10. Welche ökonomischen Gesichtspunkte sind bei der Festlegung von Behördenstandorten, der Ausgestaltung der Arbeitsräume und beim Mobiliar in Verwaltungsbetrieben zu beachten? (Rn 196, 197)
11. Welche Kapazitätsbegriffe sind Ihnen geläufig? (Rn 199, 200)
12. Formulieren Sie ein Beispiel für die Berechnung eines Kapazitätsausnutzungsgrades (Rn 199)
13. Worin liegt der Unterschied zwischen technischer Lebensdauer und wirtschaftlicher Nutzungsdauer von Betriebsmitteln? (Rn 201)
14. Gehen Sie auf Begriff und Probleme der Werkstoffe im Verwaltungsbetrieb ein (Rn 203, 204)
15. Was wissen Sie über Begriff, Haupt- und Einzelaufgaben der Finanzwirtschaft? (Rn 207)
16. Welche Hauptformen der Finanzierung gibt es in Privatbetrieben? (Rn 208)
17. Wie finanzieren sich öffentliche Haushalte? (Rn 210)
18. Gehen Sie auf die Unterschiede der Finanzierung in Privatbetrieben und öffentlichen Haushalten ein (Rn 211)
19. Was ist Leasing? Wie kann Leasing in Verwaltungsbetrieben angewendet werden? (Rn 210)
20. Welche Anforderungen muß ein betriebswirtschaftlich orientierter Finanzplan erfüllen? (Rn 212)

V. Die Beschaffung als Teilbereich des verwaltungsbetrieblichen Leistungssystems

1. Begriff, Aufgaben und Arten der Beschaffung in Verwaltungsbetrieben

Voraussetzung für eine Produktion von Dienstleistungen im Verwaltungsbetrieb ist die Existenz von Produktionsfaktoren (vgl. „Das Faktorensystem des Verwaltungsbetriebs" Rn 49–54). Die Ergebnisse des Produktionsprozesses – „die Leistungen des Verwaltungsbetriebs" – weisen spezifische Eigenarten auf und werden durch Eigenerstellung oder vermittelnde Bereitstellung hervorgebracht (Rn 55). In Verfolgung der gesetzten Leistungsziele kann der Verwaltungsbetrieb dem Staatsbürger in der Regel erst dann Leistungen anbieten, wenn u. a. das *Beschaffungsziel* erfüllt ist (Rn 76), d. h. wenn die für den Leistungserstellungsprozeß erforderlichen Einsatzfaktoren beschafft wurden. Auch der Verwaltungsbetrieb ist wie ein Privatbetrieb grundsätzlich in doppelter Weise mit anderen Wirtschaftseinheiten verbunden: einmal als Nachfrager von Produktionsfaktoren (Arbeit, Betriebsmittel, Werkstoffe, monetärer Faktor) über den *Beschaffungsmarkt,* zum anderen als Anbieter von Leistungen über den *Absatzmarkt* (vgl. dazu Abschnitt VII in diesem Kapitel und Rn 209). **213**

In einer auf das *Grundsätzliche* beschränkten Übersicht zu den Gegebenheiten verwaltungsbetrieblicher Beschaffung sollen zunächst *Begriff* und *Arten* der *Beschaffung,* die wichtigsten *Beschaffungsvorschriften* für Verwaltungsbetriebe in ihren wesentlichen betriebswirtschaftlichen Inhalten und einige Probleme des betriebswirtschaftlichen „Funktionsbereiches" Beschaffung angesprochen werden, die auch in Privatwirtschaften auftreten: die *optimale Bestellmenge* und die *Lagerhaltung.* Es folgt eine Zusammenfassung zum gegenwärtigen Stand der Entwicklung eines *Beschaffungsmarketing* in Verwaltungsbetrieben. Ein Überblick zu den wichtigsten *Rechtsformen* der *Betriebe* und zu den *Betriebszusammenschlüssen,* die wesentliche Teile der Beschaffungsumwelt des Verwaltungsbetriebs repräsentieren, beschließt den Abschnitt Beschaffung.

Der *Begriff Beschaffung* kann das Verfügbarmachen aller benötigten verwaltungsbetrieblichen Produktionsfaktoren bedeuten (vgl. Rn 213). Dann würde die Beschaffung alle Tätigkeiten einschließen, die die Gewinnung der Mittel zum Ziele hat, deren sich der Verwaltungsbetrieb zur Realisierung seiner gesetzten Ziele bedient. Diese Beschaffung im weiteren Sinne kann umfassen: **214**

1. die Beschaffung von Anlagegütern, Roh-, Hilfs- und Betriebsstoffen, von Dienstleistungen und Rechten (Patente, Konzessionen, Lizenzen, Beteiligungen u. a. m.) durch die Beschaffungsabteilungen der Verwaltungsbetriebe auf den *Waren- und Dienstleistungsmärkten,*

2. die Einstellung von Arbeitskräften durch die *Personalabteilungen* über die *Arbeitsmärkte,*
3. die Beschaffung von Kapital (Eigen- und Fremdkapital) auf *Geld- und Kapitlmärkten* durch die für *Finanzen* und *Haushalte* zuständigen Stellen der Verwaltungsbetriebe.

In der Betriebswirtschaftslehre wird der Begriff Beschaffung überwiegend im Sinne von 1. gebraucht und dann häufig mit dem Begriff Einkauf (Beschaffung von Betriebsmitteln, Werkstoffen, Diensten und Rechten) belegt. Diese Vorgehensweise empfiehlt sich auch beim Verwaltungsbetrieb, da die Beschaffung von Kapital und Personal organisatorisch und sachlich vom Einkauf weitgehend differiert, außerdem u. a. bereits in der Analyse einzelner Probleme der Produktionsfaktoren angeschnitten wurde (vgl. Rn 189 bis 191 und die dort angegebene Literatur; zur Kapitalbeschaffung vgl. Rn 209–212; einführende Literatur zum betrieblichen Beschaffungswesen findet sich bei: Weinhold [u. a.], 1964; Müller, 1970, Theisen, 1970; Dostal, 1983, S. 252 ff., S. 338 ff.; Sacher, 1992; Schierenbeck, 1995, S. 185 ff.; Wöhe, 1996, S. 539 ff.;)

215 Die wichtigsten, zeitlich geordneten *Aufgaben* der Beschaffung im engeren Sinne, in die auch die Lagerung miteinbezogen werden kann, da die beschafften Güter nun selten im Leistungsprozeß sofort verbraucht werden, sind im wesentlichen (vgl. Löffelholz, 1975, S. 393):

1. Analyse des Beschaffungsmarktes
2. Prüfung und Klarstellung der Angebote
3. Einholung der Angebote
4. Preisermittlung und Wahl der Lieferanten
5. Abstimmung der richtigen Liefertermine
6. Einkaufsbudgetkontrolle
7. Bestellung
8. Terminüberwachung, Mahnwesen und Lieferkontrolle
9. Warenannahme, Prüfung und Beanstandung
10. Rechnungskontrolle und Vorbereitung der Verbuchung
11. Frachtenkontrolle
12. Einkaufsstatistik und Einkaufsregistratur
13. Lagerverwaltung
14. Lagerabrechnung und Lagerstatistik
15. Altmaterial- und Restbeständeerfassung und -verwertung
16. Behandlung von Leergut und Verpackungsmaterial

Bei der Beschaffung von Investitionsgütern muß geprüft werden, ob diese durch Kauf oder Miete (Leasing) beschafft werden sollen (vgl. Rn 210; verwiesen sei hier auch auf die Notwendigkeit von Investitionsrechnungen, insbes. bei Beschaffung von finanziell aufwendigen Bauten, Maschinen, Anlagen, vgl. Wirtschaftlichkeitsrechnungen im 4. Kapitel).

Für Verwaltungsbetriebe ergeben sich im Rahmen der Beschaffung folgende wichtige Problemstellungen (vgl. Rieger, 1983, S. 437 ff.; ferner Dostal, 1982, S. 76 ff.; Dostal, 1983, S. 252 ff., S. 338 ff.; Berndt, 1988, S. 42 ff.; HWÖ, Stichwort Beschaffungswesen öffentlicher Verwaltungen, 1989, Sp. 102 ff.; Sacher, 1992, S. 15 ff.):

1. Die *organisatorische* Eingliederung der Beschaffung (zentrale oder dezentrale Beschaffung).
2. Die Bestimmungsgründe der *Beschaffungspolitik* (Beschaffungsziele: kostenwirtschaftliche Ziele, Sicherheitsziele, Beachtung wirtschaftspolitischer Einflüsse; Umweltbedingungen; Marktgegebenheiten bei öffentlicher Beschaffung, öffentlich-rechtliche Bestimmungen des Vergaberechts und des Haushaltsrechts).
3. Der Einsatz *beschaffungspolitischer Mittel* (z. B. Ausschreibung als Beschaffungsmethode; die Qualitätspolitik, z. B. durch Leistungsbeschreibungen; die Entgelts- und Mengenpolitik, z. B. durch Mengenfestlegung, aber i. d. R. keine aktive Entgeltspolitik; die Auswahl der Güterabgeber, z. B. nach Leistungsfähigkeit, Preisforderung und Zuverlässigkeit sowie nach wirtschaftlichen Gesichtspunkten, z. B. im Rahmen der Strukturpolitik und -förderung u. a. m.).

Die bekanntesten *Arten* der Beschaffung in Verwaltungen sind die *zentralisierte* und die *dezentralisierte* Beschaffung. Ohne Zweifel ist eine optimale Beschaffungsorganisation, die im Rahmen der genannten Beschaffungsmöglichkeiten gefunden werden muß, zur Verbesserung der Wirtschaftlichkeit im Verwaltungsbetrieb von besonderer Bedeutung: Rund ein Fünftel des Bruttosozialprodukts beträgt das Nachfragevolumen des Staates für Werkstoffe und Betriebsmittel (Müller, 1970, S. 23; Dostal, 1983, S. 252, Berndt, 1988, S. 21 ff.; Sacher, 1992, S. 82 ff.). Damit wird der öffentliche Einkauf auch zu einem wichtigen Mittel staatlicher Wirtschafts- und Konjunkturpolitik (Stichwort: „antizyklische Beschaffungspolitik"! Vgl. z. B. Grosser [Hrsg.], 1985, S. 219 ff., S. 375 ff.; Möllhoff, 1985, S. 86 ff.; Püttner, 1989, S. 176 ff.; Sacher, 1992, S. 67 ff., S. 98 ff.). In dieser Untersuchung interessieren vor allem die einzelwirtschaftlichen Aspekte der Beschaffung. Zentraler und dezentraler Einkauf der Verwaltungsbetriebe können folgende Vor- und Nachteile haben (vgl. Welter, 1960, S. 65 ff.; Fricke, 1961, S. 16 ff.; Wissing, 1967, S. 89 ff.; Müller, 1970, S. 19 ff.; Reinfried, Steinebach, 1983, S. 77 ff.; Berndt, 1988, S. 94 ff.; Hahn, 1997, S. 206 ff.): **216**

Schaubild 110 Vor- und Nachteile zentraler und dezentraler Beschaffung

Zentrale Beschaffung	Dezentrale Beschaffung
Vorteile: 1. niedrige Beschaffungspreise bei großen Aufträgen 2. bessere Kapazitätssteuerung beim Produzenten durch größere Aufträge und gleichmäßigere Auftragsverteilung 3. wachsende Auftragsgröße vermehrt das Interesse der Anbieter und verstärkt den Wettbewerb 4. bessere Marktübersicht durch „Spezialbeschaffer" in Beschaffungszentralen 5. bei Beschaffung technisch komplizierten Geräts (Beispiel: Waffensysteme) 6. geringere Verwaltungskosten für den Einkaufsvorgang 7. Förderung der Standardisierung (je geringer die Zahl der Güter, desto weniger Einkaufsakte sind erforderlich) **Nachteile:** 1. Lagerhaltung bei größeren Mengen kann zu hohen Lager- und Kapitalbindungskosten führen 2. langer Instanzenweg von der Bedarfsermittlung bis zur Ausgabe der Güter kann zu Verwaltungsmehrarbeit führen	**Vorteile:** 1. geringere Lager- und Kapitalbindungskosten bei kleineren Bestellmengen möglich 2. bessere Marktübersicht des Beschaffers bei Märkten mit örtlichen Besonderheiten 3. bei Beschaffung handelsüblicher, genormter, typisierter Gegenstände **Nachteile:** 1. stoßartige Auftragserteilungen für meist kleinere Bestellmengen erhöhen die Stückkosten pro Beschaffungsgut 2. Gefahr des protektionistischen Verhaltens öffentlicher Auftraggeber (kaufen im eigenen „Bezirk") 3. „Universaleinkäufer" in einzelnen Beschaffungsstellen haben geringere Markttransparenz 4. höhere Verwaltungskosten beim Einkaufsvorgang

217 Die Frage nach der zweckmäßigsten Art der Einkaufsorganisation für öffentliche Bedarfsgüter ist nicht *generell* zu beantworten, wenn auch eine Tendenz zu *zentralen Beschaffungsstellen* unverkennbar ist. Bei einer ganzen Anzahl von Gütern bietet der Zentraleinkauf gegenüber der dezentralen Beschaffung spürbare Vorteile: niedrigere Beschaffungspreise, geringere Verwaltungskosten, bessere Qualität der Erzeugnisse durch bessere Markttransparenz der Beschaffer usw. In anderen Fällen werden diese Vorteile durch neu entstehende Kosten oder sonstige Nachteile überkompensiert. Vor- und Nachteile des dezentralen und zentralen Einkaufs müßten daher für jedes einzelne Bedarfsgut und für jede Leistung gegenübergestellt werden. Beim größten Auftraggeber der Bundesrepublik, der Bundeswehr, wird der weit überwiegende Teil des Beschaffungsvolumens durch zentrale Beschaffung gedeckt (vor allem durch das Bundesamt für Wehrtechnik und Beschaffung in Koblenz; vgl. Reinfried, Steinebach, 1983, S. 78; Kirchhoff [Hrsg.], 1986, S. 108 ff.; S. 115 ff.; Anspach, Walitschek, 1986, S. 53 f.; Hahn, 1997, S. 206 f.).

2. Überblick zu den betriebswirtschaftlichen Inhalten von Beschaffungsvorschriften für Verwaltungsbetriebe

Außer den grundsätzlichen Bestimmungen der Bundeshaushaltsordnung zur Beschaffung (z. B. schreibt § 55 Abs. 1 BHO vor, daß dem Abschluß von Verträgen über Lieferungen und Leistungen normalerweise eine öffentliche Ausschreibung vorauszugehen hat), die richtungsweisenden Charakter für die Beschaffung haben, gibt es eine Reihe von einzelnen Beschaffungsvorschriften, die bei Beschaffungen der öffentlichen Hand relevant werden (vgl. Berndt, 1983, S. 11 ff.; Breuning, 1985, S. 418 ff.; Berndt, 1988, S. 25 ff.; Müller, 1991, S. 15 ff.; Sacher, 1992, S. 111 ff.). **218**

1. Die *Verdingungsordnung für Leistungen* (VOL). Sie enthält in der VOL Teil A allgemeine Bestimmungen für die *Vergabe* von Leistungen (VOL/A) und in der VOL Teil B allgemeine Bedingungen für die *Ausführung* von Leistungen (VOL/B).
2. Die *Verdingungsordnung für die Bauleistungen* (VOB). Sie enthält in der VOB Teil A allgemeine Bestimmungen für die *Vergabe* von Bauleistungen (VOB/A) und in der VOB Teil B allgemeine Vertragsbedingungen für die Ausführung von Bauleistungen (VOB/B).
3. Die *Verordnung PR 30/53* über die Preise bei öffentlichen Aufträgen (VOPR 30/53).
4. Die *Leitsätze für die Preisermittlung auf Grund von Selbstkosten* (LSP).
5. Die *Verordnung PR Nr. 1/72* und die PR Nr. 1/84 (vgl. Breuning, 1985, S. 419; Müller, 1991, S. 16 ff.) über die Preise für Bauleistungen bei öffentlichen oder mit öffentlichen Mitteln finanzierten Aufträgen.
6. Die *Leitsätze für die Ermittlung von Preisen für Bauleistungen* auf Grund von Selbstkosten (LSP-Bau).

Zunächst geht es hier um die wichtigsten betriebswirtschaftlichen Gegebenheiten der Verdingungsordnungen für Bauleistungen (VOB) und sonstige Leistungen (VOL) (vgl. Welter, 1960, S. 178 ff.; Gandenberger, 1961; Ebisch, Gottschalk, 1977, S. 11 ff.; S. 641 ff.; S. 675 ff.; S. 712 ff.; Berndt, 1988, S. 28 ff.; Sacher, 1992, S. 113 ff.). Die genannten Verdingungsordnungen erhalten als wesentliches Institut der öffentlichen Auftragsvergabe die *öffentliche Ausschreibung.* Man unterscheidet die öffentliche Ausschreibung in Form der *offenen* Ausschreibung und in Form der *beschränkten* Ausschreibung. Außerdem ist eine freihändige Vergabe der Aufträge ohne Ausschreibung möglich. Grundsätzlich sind folgende „Spielregeln" der Ausschreibung zu beachten (vgl. Gandenberger, 1961, S. 36 ff.; Berndt, 1988, S. 29 ff.; Sacher, 1992, S. 121 ff.): **219**

1. Die Offerten werden bis zum Ende der Anbietungsfrist geheimgehalten.
2. Nachverhandlungen sind ausgeschlossen.
3. Den Zuschlag erhält das jeweils wirtschaftlichste Angebot.

Auffallendes Kennzeichen der Ausschreibung im öffentlichen Einkauf ist die verschlossene Aufbewahrung der Angebote bis zum Ablauf der Angebotsfrist. Die wirtschaftliche Wirkung dieser Formalvorschrift besteht darin, daß kein Anbieter etwas von den Offerten seiner Konkurrenten erfährt, solange er sein Angebot noch ändern kann. Vom wirtschaftlichen Standpunkt bedeutsam ist auch die Forderung, nach Ablauf der Anbietungsfrist nicht mehr über die Angebotspreise verhandeln zu dürfen. Der Ausschreibungsverantwortliche verzichtet damit auf Versuche, Bewerber zu Angebotsänderungen zu bewegen. Bei Angebotseröffnung wird eine Niederschrift gefertigt, in die Namen und Preisvorstellungen der Anbieter eingetragen werden. Auch die Anbieter haben zur Änderung ihrer Angebote – selbst zum Vorteil des öffentlichen Beschaffers – nach Angebotseröffnung keine Möglichkeit mehr. Nur in besonderen Fällen, z. B. bei Feststellung schwerer Kalkulationsfehler im Angebot, kann ein Rücktritt vom Angebot eingeräumt werden. Im Rahmen der Ausschreibung wird jedes Angebot eines leistungsfähigen Bieters akzeptiert und mit den übrigen Angeboten verglichen. Die Ausschreibung schließt ihrer Konstruktion nach eine langfristige engere Kundenbindung für Staatsaufträge aus, weil bei jedem einzelnen Auftrag erneut die Frage nach dem günstigsten Angebot gestellt wird.

220 Die *Beschaffungsverfahren* der öffentlichen Hand können in *offene* und *beschränkte* Verfahren unterteilt werden. Zu den offenen Verfahren gehören die öffentliche Ausschreibung und der Annoncenkauf, der auch als offene Vergabe bezeichnet wird. Zu den beschränkten Verfahren zählen die beschränkte Ausschreibung und die freihändige Vergabe. Nur bei den offenen Verfahren ist der freie Zugang zum Wettbewerb gesichert. Abgesehen von gesamtwirtschaftlichen Auswirkungen der Ausschreibung (z. B. Beeinflussung von Marktform und Marktverhalten auf der Anbieterseite, Marktverhalten des Nachfragers usw.) gibt es eine Fülle von einzelwirtschaftlichen Aspekten, die beim Einkaufsverfahren der öffentlichen Hand im Zusammenhang mit der Wirtschaftlichkeit des Einkaufs beachtet werden müssen. Eine öffentliche Ausschreibung lohnt sich erst (auch wegen der Ausschreibungskosten!), wenn eine gewisse Auftragsgröße überschritten ist. Kleine Aufträge werden in einem vereinfachten Vergabeverfahren freihändig erteilt, vollständige Leistungsbeschreibungen der Anbieter müssen – zumindest bei öffentlichen und beschränkten Ausschreibungen – vorliegen; eine Aufhebung der Ausschreibung kann erforderlich werden, wenn auf der Anbieterseite kein hinreichender Wettbewerb besteht. Vergleicht man Anbieter- und Nachfragerseite bei öffentlichen Ausschreibungen, so kann davon ausgegangen werden, daß den Anbietern Kosten für das Anknüpfen und die „Pflege" von Kundenbeziehungen erspart werden, dem Nachfrager werden Kosten für Einkaufswerbung und Markterkundung erspart. Auf der anderen Seite verursacht die Ausschreibung höhere Kosten für die Beschreibung der Leistungen, für Angebotserstellung, Angebotsbearbeitung, unter Umständen auch für die Leistungskontrolle und -abnahme. Die Kosten der Ausschreibung sind in der Regel höher als bei vergleichbarer freihändiger Vergabe. Die Tatsache, daß bei der Ausschreibung auf eine engere Lieferantenbeziehung verzichtet wird, führt zu der Forderung nach einer besonderen *Qualitätssicherung* für die Beschaffungen der öffentlichen Hände. Sie kann erreicht werden durch Einkaufsschulungen, durch zutreffende Leistungsbeschreibungen und zutreffende Beurteilung der Leistungsfähigkeit der Anbieter, durch Leistungskontrollen und gründliche Abnahmekontrolle (vgl. Abschnitt V im 2. Kapitel). Werden diese Gesichtspunkte nicht beachtet, so können bei Ausschreibungen größere wirtschaftliche Nachteile auftreten als bei freihändigem Einkauf. Die prozentuale Aufteilung der Vergabearten ist von Verwaltungsbetrieb zu Verwaltungsbetrieb unterschiedlich und von den spezifischen Gegebenheiten in ihnen abhängig; so werden z. B. im Rahmen der Bundeswehrbeschaffung nur 20 % der Aufträge öffentlich, der Rest beschränkt ausgeschrieben oder freihändig vergeben (vgl. Reinfried, 1978, S. 88).

Die Verdingungsordnungen (VOL und VOB) sollen die Grundlage dafür **221**
schaffen, daß der Wettbewerb für die Bedarfsdeckung der öffentlichen Hand genutzt wird. Die Besonderheiten der staatlichen Bedarfsdeckung, wie z. B. Zwangsbedarf (Nachfragemonopole, z. B. bei der Bundeswehr), fehlendes finanzielles Risiko bei der Vergabe öffentlicher Aufträge u. a. m., machen zum Ausgleich von Nachteilen für den Staat nicht nur die genannten *formellen* Vorschriften erforderlich, sondern auch *materielle* Vorschriften, die über die Ausgestaltung der Vergabe hinaus unmittelbar auf die Preise bei öffentlichen Aufträgen Einfluß nehmen. Für eine *staatliche Preislenkung* bei öffentlichen Aufträgen stellen sich grundsätzlich zwei Probleme (vgl. Vorschriften unter Ziffern 3–6 in Rn 218 und folgende Literatur: Altmann, 1960; Welter, 1960, S. 233 ff.; Diederich, 1961; Ebisch, Gottschalk, 1977; Breitenstein, 1977, S. 52, S. 74; Müller, 1991, S. 21 ff.):

1. Der öffentliche Auftraggeber, dessen Beschaffungen vielfach auf einem Zwangsbedarf beruhen, ist vor der Zahlung überhöhter Forderungen von seiten der Auftragnehmer zu schützen.
2. Dem Mißbrauch der starken wirtschaftlichen Stellung der öffentlichen Hand muß im Interesse der Auftragnehmer vorgebeugt werden.

Schaubild 111 zeigt eine Übersicht zu den wichtigsten *Preistypen* und **222**
Preisbildungsgrundsätzen nach den Preisverordnungen (vgl. Müller, 1991, S. 21 ff.).

Schaubild 111 Preistypen und Preisbildungsgrundsätze nach den Preisverordnungen

Preistypen		Preisbildungsgrundsätze
VOPR 30/53	VOPR 1/72	VOPR 30/53 und VOPR 1/72
1. staatlich gebundene Preise 2. Marktpreise (abgeleitete und modifizierte Marktpreise) 3. Selbstkostenpreise (Selbstkostenfestpreise, Selbstkostenrichtpreise, Selbstkostenerstattungspreise, Preise nach Nr. 22 der Richtlinien, beachte auch Nr. 22 b der Richtlinien)	1. Wettbewerbspreise 2. Listenpreise 3. Selbstkostenpreise (Selbstkostenfestpreise, Selbstkostenerstattungspreise, Stundenlohnabrechnungspreise, kombinierte Selbstkostenpreise)	1. Vorrang der Marktpreise (Wettbewerbspreise) 2. Grundsatz der festen Preise 3. Grundsatz der Höchstpreise (Höchstpreissystem)

223 Mit der inhaltlichen Erklärung der Preisbildungsgrundsätze lassen sich die wesentlichen wirtschaftlichen Gesichtspunkte der Preisverordnungen andeuten. Für ausführlichere Kommentierungen wird auf die umfangreiche Fachliteratur verwiesen (z. B. Ebisch, Gottschalk, 1977; Berndt, 1988, S. 33 ff.; Müller, 1991). Öffentliche Aufträge sind durch den *Vorrang der Marktpreise* in der VOPR 30/53 und den Vorrang der Wettbewerbspreise durch die VOPR 1/72 in die marktwirtschaftliche Preisbildung eingeordnet. Im Bereich der VOPR 30/53 ist auch bei nichtmarktgängigen Leistungen, die mit marktgängigen Erzeugnissen im wesentlichen vergleichbar sind, die Bildung von abgeleiteten Marktpreisen zu erwägen. Marktpreise sind darüber hinaus bei sogenannten Anschlußaufträgen anzustreben, die einem zu Selbstkostenpreisen vergebenen Auftrag folgen. Eine Preisbildung auf Grund von *Selbstkosten* kommt nur in den Fällen in Betracht, bei denen der Wettbewerb als Preisregulator versagt. Dem Vorrang der Marktpreise muß auch dann entsprochen werden, wenn zwar Selbstkostenpreise vereinbart werden, aber im Rahmen des Auftrags für Teilleistungen Marktpreise festgestellt werden. Die Regelung der Selbstkostenpreise ist so ausgestaltet, daß für den Auftragnehmer wenig Anreize bestehen, zu einem Abschluß auf der Grundlage dieses Preistyps zu kommen. Dies gilt insbesondere bei den LSP-Bau. Außerdem ergeben sich bei Selbstkostenpreisen für den Auftragnehmer erhebliche Preisnachweispflichten gegenüber den zuständigen Preisbehörden.

224 Neben dem Marktpreisvorrang wird das Preisrecht vom *Grundsatz fester Preise* bestimmt. Hiernach kann der ausgehandelte Preis nach Vertragsabschluß nicht mehr einseitig durch einen der Vertragspartner abgeändert werden. Den Gegensatz bilden vorläufige Preise, die erst auf Grund von späteren Abmachungen in einen festen Abrechnungspreis umgewandelt werden, wie z. B. Selbstkostenrichtpreise. Durch feste Preise sollen öffentliche Auftraggeber den Nachteilen von Kostenschwankungen entzogen werden, während die Auftragnehmer die sich aus der feststehenden Vergütung ergebenden Marktchancen (erhöhte Gewinne durch Kostensenkung) nutzen können. Feste Preise sollen sowohl bei Markt- oder Wettbewerbspreisen als auch bei Selbstkostenpreisen zugrundegelegt werden.

Durch den dritten Preisbildungsgrundsatz des Preisrechts für öffentliche Aufträge, den *Grundsatz der Höchstpreise,* werden Preisobergrenzen festgesetzt, die von öffentlichen Auftraggebern und Auftragnehmern bei ihren Preisvereinbarungen nicht überschritten werden dürfen. Unterschreitungen der Höchstgrenzen sind (mit Ausnahme von Festpreisen) zulässig.

Werden wegen fehlender Marktpreise Selbstkostenpreise vereinbart, so muß das aus den LSP (§ 10 LSP) ersichtliche Mindestgliederungsschema der Preiskalkulation angewendet werden:

	Fertigungsstoffkosten
+	Fertigungskosten
+	Entwicklungs- und Entwurfskosten
+	Verwaltungskosten
+	Vertriebskosten
=	Selbstkosten
+	kalkulatorischer Gewinn
=	Selbstkostenpreis

Die Grundzüge der Kostenrechnung, die für das Verständnis der LSP unentbehrlich sind, werden im 4. Kapitel behandelt. Die Vorschriften der LSP tragen betriebswirtschaftlichen Überlegungen weitgehend Rechnung.

Sie betonen z. B. das Tageswertprinzip, beziehen die kalkulatorischen Zinsen in die Kosten ein und erkennen grundsätzlich die Aufwendungen für Werbung und Repräsentation als Kosten an. Zusammenfassend kann festgestellt werden, daß das Preisrecht für öffentliche Aufträge geschaffen wurde, um

1. Beeinträchtigungen des Preisniveaus zu verhindern
2. entsprechend der Wirtschaftsordnung auch bei öffentlichen Aufträgen den Marktpreisen Vorrang vor Selbstkostenpreisen zu verschaffen
3. den öffentlichen Auftraggeber vor überhöhten Preisforderungen zu schützen
4. dem Auftragnehmer die Möglichkeit zu geben, durch die Einschaltung neutraler Stellen (Länderpreisdienststellen) einen objektiven Maßstab für seine Preisforderung gegenüber dem Auftraggeber zu gewinnen
5. bei Selbstkosten einheitliche Grundsätze für die Gestaltung des Rechnungswesens und der Preiskalkulation durchzusetzen.

Das Beschaffungsvolumen zu Marktpreisen (Wettbewerbspreisen) oder Selbstkostenpreisen ist zwischen den einzelnen Verwaltungsbetrieben sehr unterschiedlich.

Im Rüstungsbereich der Bundeswehr ergibt sich die spezifische Situation, daß 37,4 % der Rüstungsaufträge Marktpreise, 62,6 % Selbstkostenpreise sind (darunter Festpreise 12,3 %, Richtpreise 22,1 %, Erstattungspreise 11,0 %) (vgl. Reichelstein, Reichelstein, 1987, S. 44 ff.). Um Kosten zu sparen, wird für diesen Bereich u. a. vorgeschlagen, Selbstkostenricht- oder -erstattungspreise mit Anreizgewinnklauseln zu versehen und gleichrangig neben Selbstkostenpreise zu stellen (vgl. Reichelstein, Reichelstein, 1987, S. 47; Müller, 1991, S. 187 ff.).

Andere Vorschläge zur Verbesserung der Preisbildung bei öffentlichen Aufträgen, die nicht nur für den Rüstungsbereich diskussionswürdig sind, bestehen in der Gewinnregelung bei Selbstkostenerstattungspreisen (Grundsatz: Gewinne als festen Betrag vereinbaren, um den Unternehmer nicht zum „Kostenmachen" zu veranlassen), in der Erhöhung der Anzahl der Preistypen und in größerer Transparenz im öffentlichen Auftragsrecht bestehen (vgl. Steinebach, 1987 b, S. 279 f.; Müller, 1991, S. 179 ff.).

Eine besondere Bedeutung im Rahmen öffentlicher Auftragsvergabe erhalten alle Maßnahmen zur Qualitätssicherung, Gütesicherung, Güteprüfung und Preisprüfung (vgl. z. B. Herbst, 1988; Müller, 1991, S. 147 ff.).

3. Die optimale Bestellmenge als Beschaffungsproblem im Verwaltungsbetrieb

225 Außer der Beachtung einschlägiger Beschaffungsvorschriften (vgl. Rn 218–224) gibt es in Verwaltungsbetrieben einige allgemeine betriebswirtschaftliche Beschaffungsprobleme. Wichtiger Bestandteil jeder Beschaffung ist die *Beschaffungsplanung* mit dem Ziel, die für die Durchführung des Leistungsprozesses erforderlichen Mengen an Produktionsfaktoren in der benötigten Art und Qualität termingerecht zur Verfügung zu stellen. Bei der Beschaffungsplanung ist zu beachten, daß nicht nur die günstigsten Preise, Liefer- und Zahlungsbedingungen durch Auswahl geeigneter Lieferanten erzielt werden, sondern daß neben den Beschaffungskosten auch die Lager- und Zinskosten in die Rechnung einbezogen werden. Das Ergebnis der mengen- und zeitmäßigen Abstimmung des Bedarfs, der Beschaffungskosten sowie der Lager- und Zinskosten, zeigt sich in der Lösung eines wichtigen Beschaffungsproblems: dem der *optimalen Bestellmenge* (vgl. aus der umfangreichen betriebswirtschaftlichen Literatur z. B. Berndt, 1988, S. 97 ff., S. 101 ff.; Schierenbeck, 1995, S. 201 ff.). Werden große Mengen für längere Zeiträume beschafft, so ergeben sich durch Mengenrabatte und günstige Liefer- und Zahlungsbedingungen niedrigere Beschaffungspreise als bei häufigeren Einkäufen kleinerer Mengen. Die Gefahr der Abhängigkeit vom Markt in Form von Lieferschwierigkeiten wird weitgehend ausgeschaltet. Nachteilhaft können in diesem Fall die höheren Lagerkosten sein (größere Lagerräume, höhere Raumkosten, wie z. B. Abschreibungen, Zinsen, Beleuchtung, Heizung, Instandhaltung u. a. m.). Die Kosten der Lagerbestände selbst sind nicht zu unterschätzen (Kapitalbindung, Zinskosten; vgl. auch die Überlegungen zur zentralen und dezentralen Beschaffung in Rn 216, 217), ebenso die Risiken des Schwundes, der Verderblichkeit und die Kosten der Lagerverwaltung (vgl. Ziff. 4 in diesem Abschnitt). Bei kleinen Bestellmengen sind die Lager- und Zinskosten niedriger, aber auch die Beschaffungspreise in der Regel höher. Die optimale Bestellmenge versucht die Bestellmenge zu errechnen, bei der die Kosten pro beschaffter Mengeneinheit ein Minimum erreichen. Sie wird nach folgender Formel berechnet (vgl. Wöhe, 1996, S. 552):

$$\text{optimale Bestellmenge} = \sqrt{\frac{2 \cdot \text{Jahresbedarf} \cdot \text{bestellfixe Kosten pro Bestellung}}{\text{Preis pro Mengeneinheit} \cdot (\text{Zinssatz} + \text{Lagerkostensatz})}}$$

An einem einfachen Beispiel kann die Anwendbarkeit dieser Formel auf das öffentliche Beschaffungswesen erläutert werden. Es wird von den Annahmen ausgegangen, eine Dienststelle habe einen Jahresbedarf von 1000 Stück eines Gutes, das mit einem Einstandspreis (Preis pro Mengeneinheit) von 100,– DM gekauft werden kann und bestellfixe Kosten pro Bestellung von 500,– DM verursacht. Der Zinskostensatz pro Jahr betrage 8 % des Materialwertes, der Lagerkostensatz pro Jahr 2 % des Materialwertes. Für die Berechnung der optimalen Bestellmenge ergibt sich dann: **226**

$$\text{optimale Bestellmenge} = \sqrt{\frac{2 \cdot 1000 \cdot 500}{100 \cdot (0{,}8 + 0{,}2)}} = 100 \text{ Stück}$$

Danach läge die optimale Bestellmenge, d. h. die Menge, bei der die Kosten pro beschaffter Mengeneinheit ein Minimum erreichen würden, bei 100 Einheiten.

Ein weiteres abgeändertes Beispiel bezieht sich auf eine Beschaffungsstelle, **227**
die folgendes Problem hat (vgl. Däumler, 1975, S. 35):

> Die kostengünstigste Bestellmenge für ein Gut, das zum Preis von 30,– DM pro Stück gekauft werden kann, soll bestimmt werden. Die fixen Kosten pro Beschaffungsakt belaufen sich auf 160,– DM. Die Kosten der Lagerung (einschl. Zinsen) pro Stück und Tag betragen 0,20 DM. Der tägliche Bedarf wird auf 100 Einheiten geschätzt. Wie groß ist die optimale Bestellmenge und in welchen zeitlichen Abständen (= Bestellrhythmus) soll die Beschaffungsstelle tätig werden? Als Anhaltswert für den Beschaffungspraktiker gilt: er muß die Fixkosten pro Bestellakt (hier 160,– DM), die Lagerentnahme pro Tag (hier 100 Stück) und den Lagerkostensatz pro Mengeneinheit und Tag (hier 0,20 DM) kennen.

Für die optimale Bestellmenge ergibt sich aus einer modifizierten Gleichung

$$\left(\text{optimale Bestellmenge} = \sqrt{\frac{2 \cdot \text{täglicher Bedarf} \cdot \text{fixe Kosten}}{\text{Kosten der Lagerung pro Stück}}}\right)$$

folgende Rechnung:

$$\text{optimale Bestellmenge} = \sqrt{\frac{2 \cdot 100 \cdot 160}{0{,}20}} = 400 \text{ Einheiten.}$$

Bei einer optimalen Bestellmenge von 300 Einheiten und einem täglichen Bedarf von 100 Einheiten ergäbe sich ein Bestellrhythmus von 4 Tagen. (Weitere Beispiele vgl. Berndt, 1988, S. 99 ff.).

4. Betriebswirtschaftliche Aspekte der Lagerung im Verwaltungsbetrieb

228 Im Zusammenhang mit der Erklärung der optimalen Bestellmenge wurde bereits auf die Existenz von Lagerkosten hingewiesen, die durch die *Lagerung* von Gütern verursacht werden (Rn 225). Nur in seltenen Fällen ist es möglich, Beschaffung und Verbrauch so aufeinander abzustimmen, daß immer die Mengen beschafft werden, die auch sofort verbraucht werden. Dieses Problem, das die Notwendigkeit einer *Lagerhaltung* beweist, stellt sich für Verwaltungsbetrieb und Privatbetrieb gleichermaßen (vgl. zu den wichtigsten Lagerhaltungsproblemen: Thieme, 1984, S. 467; Wöhe, 1996, S. 550 ff.). Die Hauptfunktion des Lagers besteht in einer möglichst weitgehenden Vermeidung von Spannungen zwischen Leistungserstellung und Bedarf. Läger haben eine *Ausgleichsfunktion* für Stauungen. Eine weitere Aufgabe der Lagerhaltung, die *Umformerfunktion,* ist für den Verwaltungsbetrieb weniger bedeutsam, weil hier – im Gegensatz zur industriellen Produktion – selten Materialien in noch nicht bearbeitungsfähigem Zustand zugeführt werden, um das Lager für den Produktionsprozeß verwendungsfähig zu verlassen. Läger können dagegen eine Art *Spekulationsfunktion* im Verwaltungsbetrieb wahrnehmen, wenn bei sich abzeichnenden Preissteigerungen größere Warenbestände an Werkstoffen und Betriebsmitteln beschafft werden. Hier kommt es häufig zu der Situation, daß die Preissteigerungen größer sind als die Kosten der Lagerhaltung und Kapitalbindung, so daß sich nach dem Prinzip der Wirtschaftlichkeit eine frühzeitige Beschaffung empfiehlt. Grenzen für diese Vorgehensweise liegen u. a. in der Einjährigkeit des Haushalts, durch die wirtschaftliche Beschaffungsvorgänge z. T. erschwert werden.

229 In jedem Fall sollte auch der Verwaltungsbetrieb über einen Reservebestand verfügen, der nie unterschritten wird. Man nennt einen solchen Bestand *eisernen Bestand* oder *Mindestbestand.* Der eiserne Bestand ist für die Fälle vorgesehen, bei denen entweder auf Grund von Störungen im

Rahmen der Produktionsfaktorenbeschaffung eine rechtzeitige Auffüllung des Lagers mit Materialien (z. B. Bürobedarfsartikel) verhindert wird oder der Materialverbrauch höher als geplant ist. Für die Festsetzung des Mindestbestandes ist man auf Erfahrungswerte angewiesen, die aus den jeweiligen spezifischen Gegebenheiten der einzelnen Verwaltungsbetriebe resultieren. Zu dem eisernen Vorrat tritt nun der Vorrat, der benötigt wird, um die *Beschaffungszeit* zu überbrücken. Die Lagerverwaltung muß die Bestandshöhe kennen, bei deren Erreichen der Beschaffungsabteilung Nachbestellungen signalisiert werden müssen. Man bezeichnet diesen Bestand als *Melde- oder Bestellbestand.* Er muß so groß sein, daß eine rechtzeitige Wiederauffüllung des Lagers ermöglicht wird, bevor der eiserne Bestand in Angriff genommen wird. Der Meldebestand entspricht der Bestandsverminderung, die im Wiederbeschaffungszeitraum eintritt und liegt um diesen Lagerverbrauch über dem eisernen Bestand. Der Meldebestand (MB) ist das Produkt aus dem Verbrauch pro Zeiteinheit (v_t) und der Beschaffungszeit (t_B). Hinzu tritt der eiserne Bestand (EB), so daß sich für den Meldebestand folgende Formel ergibt (vgl. Wolff, 1983, S. 103 f.): $MB = v_t \cdot t_B + EB$.

Beispiel: Angenommen, der Verbrauch betrage 200 Einheiten pro Tag, die Beschaffung erfolge für jeweils 30 Tage, so beträgt die Beschaffungsmenge ($v_t \cdot t_B$) 6000 Einheiten. Beläuft sich der eiserne Bestand auf 1000 Einheiten und die Beschaffungszeit auf 10 Tage, so ergibt sich zu Beginn der Leistungserstellung ein Gesamtbestand von 7000 Einheiten. Der Meldebestand ist bei Unterstellung kontinuierlicher Entnahme erreicht, wenn der Bestand auf 3000 Einheiten abgesunken ist (eiserner Bestand = 1000 + Verbrauch während der Beschaffungszeit = 10 × 200 = 2000).

Weitere Probleme der Lagerhaltung sind der *Lagerumschlag* und die *Lagerdauer.* Da in den Lägern erhebliche Werte angesammelt sind, kommt der Wirtschaftlichkeit der Lagerführung besondere Bedeutung zu. Jeder für Läger Verantwortliche muß unter betriebswirtschaftlichen Gesichtspunkten versuchen, die Lagerdauer zu vermindern, um dadurch den Lagerumschlag zu erhöhen. Je größer der Lagerumschlag und je geringer die Lagerdauer, umso wirtschaftlicher wird in der Regel ein Lager geführt. Die Umschlagshäufigkeit als die Geschwindigkeit, mit der ein durchschnittlicher Lagerbestand umgesetzt wird, kann annähernd genau berechnet werden, wenn man den Lagerabgang und den durchschnittlichen Lagerbestand kennt. Für die Berechnung des durchschnittlichen Lagerbestands kann man folgende einfache Formel benutzen: **230**

$$\text{durchschnittlicher Lagerbestand} = \frac{\text{Anfangsbestand + Monatsendbestände}}{13}$$

Die Umschlagshäufigkeit ergibt sich aus der Formel:

$$\text{Umschlagshäufigkeit} = \frac{\text{Lagerabgang}}{\text{durchschnittlicher Lagerbestand}}$$

Die durchschnittliche Lagerdauer ergibt sich aus der Formel:

$$\text{durchschnittliche Lagerdauer} = \frac{\text{Rechnungszeitraum in Tagen}}{\text{Umschlagshäufigkeit}}$$

Beispiel: Das Lager eines Zentralamtes einer Bundesbehörde enthalte am 1. 1. 1999 einen Bestand an Telefonapparaten vom Typ T in Höhe von 10 000 Einheiten. Vom 1. 1. bis 31. 12. 1999 werden 20 000 Einheiten zusätzlich beschafft, der Warenendbestand am 31. 12. 1999 beläuft sich auf 5000 Telefonapparate. Der Lagerabgang des Jahres 1999 beträgt damit 25 000 Apparate. Geht man von 12 Lagerbeständen der einzelnen Monate in Höhe von insgesamt 55 000 Apparaten aus, so ergibt sich ein durchschnittlicher Lagerbestand von 55 000 + 10 000 = 65 000 Einheiten : 13 = 5000 Einheiten. Die Umschlagshäufigkeit wäre 25 000 : 5000 = 5, d. h. der durchschnittliche Lagerbestand wurde im Jahre 1999 fünfmal umgeschlagen. Die durchschnittliche Lagerdauer ergibt sich aus der Rechnung 360 : 5 = 72 Tage.

231 Auch die sonstigen Probleme der Lagerhaltung, wie die der *Lagerverwaltung* im Verwaltungsbetrieb, ähneln stark den privatwirtschaftlichen Lagerhaltungsproblemen. Hier können abschließend erwähnt werden die *ordnungsgemäße Verwaltung* der Lagerbestände (Einrichtung und Beschaffenheit des Lagers, Geräumigkeit, Übersichtlichkeit, einwandfreie Hygiene, z. B. bei Verpflegung, Bekleidungsgütern in der Bundeswehr, Verwendung zweckmäßiger Hilfsmittel für die Arbeiten im Lager), die *sichere Aufbewahrung* der Lagerbestände (Sicherheitsschlösser, Alarmsignale, vorschriftsmäßige Lagerung feuergefährlicher Waren, z. B. von Munition bei der Bundeswehr), die *Lagerkontrolle* (bezieht sich auf Menge und Beschaffenheit der Lagergüter) und die *Kosten der Lagerhaltung* (Raumkosten für die Bereitstellung des Lagerraums wie Abschreibungen auf Lagergebäude, Verzinsung für das im Lagerinventar gebundene Kapital, Versicherungen, Beleuchtungs- und Heizungskosten, Instandhaltungskosten, Kosten aus den Lagerbeständen selbst wie Verzinsung des in den Lagerbeständen gebundenen Kapitals, Verderb, Schwund, Kosten der Behandlung lagernder Güter, Personalkosten der Lagerverwaltung).

Im Zuge fortschreitender EDV-Ausstattung der Verwaltungsbetriebe werden die o. a. Berechnungen zur optimalen Materialwirtschaft bereits weitgehend rechnergestützt vorgenommen, so in den großen Betriebsverwaltungen z. B. in der Bundeswehr (vgl. z. B. Hesse, Bott [Hrsg.], 1983, S. 89 ff.).

Im übrigen muß man Becker Recht geben, der in seinem untenstehenden Werk zur öffentlichen Verwaltung die Materialwirtschaft in der Verwaltung als ein „weitgehend im Dunkeln liegendes Feld" und als „Stiefkind der Verwaltungswissenschaft und Verwaltungspraxis" bezeichnet (Becker, 1989, S. 756; vgl. auch zur Kritik an der gegenwärtigen Beschaffungspraxis in öffentlichen Verwaltungen, Sacher, 1992, S. 73 ff.).

Logistik als betriebswirtschaftliche Funktion der Versorgung, des Transports und der Unterbringung von Gütern ist zuerst in den Streitkräften als dem ältesten Großbetrieb praktiziert und dort auch theoretisch entwickelt worden (vgl. Hahn, 1997, S. 208 ff.). Inzwischen ist die Logistik unverzichtbare Teilfunktion der Materialwirtschaft, vor allem in Großorganisationen (vgl. z. B. Hopfenbeck, 1997, S. 817 ff.).

5. Grundzüge des Beschaffungsmarketing in Verwaltungsbetrieben

In den letzten Jahren treten Wissenschaftler und Verwaltungspraktiker vermehrt für die Nutzung vornehmlich aus der anglo-amerikanischen Managementliteratur stammender *Marketing-Konzepte* für nicht-kommerzielle Organisationen (sog. Non Business Marketing) mit der allgemeinen Zielsetzung ein, den Erfolg dieser Organisationen zu steigern. Zu den nichtkommerziellen Marketing-Feldern werden dabei neben politischen, gesellschaftlichen Institutionen, öffentlichen Kulturinstitutionen, öffentlichen Unternehmen auch die öffentlichen Verwaltungsbetriebe gezählt (vgl. Raffée, 1976, S. 61 ff.; Diller [Hrsg.], 1992, S. 820 f.). Marketing stellt auf eine *aktive* Gestaltung der Marktbeziehungen ab, beschränkt sich in einer engeren Betrachtung auf den *Leistungsabgabebereich* (vgl. 3. Kapitel, Abschnitt VII, 3), in einer weiteren Auslegung allerdings auch auf den *Beschaffungssektor* (vgl. Raffée, 1976, S. 63 f.; Bargehr, 1991, S. 131 f.). Beschaffungsmarketing öffentlicher Nachfrager bedeutet „Planung und Gestaltung von Maßnahmen, durch welche gewünschte Austauschprozesse zwischen einem öffentlichen Nachfrager und seinen Beschaffungsmärkten erreicht werden sollen" (Berndt, 1988, S. 2). **232**

Vergegenwärtigt man sich die Beschaffungsvolumina der öffentlichen Hand – in den Jahren 1976 bis 1990 werden die Sach- und Finanzinvestitionen von rund 13 000 öffentlichen Auftraggebern in der Bundesrepublik Deutschland auf 820 Milliarden DM geschätzt (vgl. Dostal, 1983, S. 252; Sacher, 1992, S. 80 ff.) – so stellen sich durchaus berechtigte Forderungen, die bisherige „konservative" Beschaffungspraxis in Verwaltungsbetrieben zu überdenken und sich mehr dem Verwender und Benutzer zu kaufender Güter und Dienste zuzuwenden. Als einzelne Bausteine dieses Forderungskatalogs für ein verstärktes Beschaffungsmarketing werden u. a. angeführt (vgl. Kirchhoff [Hrsg.], 1986, S. 121 ff.; Berndt, 1988, S. 3 ff.; Diller [Hrsg.], 1992, S. 100 f., S. 655 f.):

1. Verstärkte *Beschaffungsmarktforschung*, mit deren Hilfe (verbessertes Informationsniveau!) konsequente Beschaffungsmarktstrategien verfolgt werden können, die den Zielvorstellungen der Verwaltungsbetriebe und ihren Mitgliedern Rechnung tragen können.
2. Orientierung am *optimalen* Preis des Beschaffungsgutes (Qualität, After-Sales-Service, Systemkompatibilität, Befriedigung der Benutzer- und Verwenderbedürfnisse).
3. Die Beschaffer in Verwaltungsbetrieben werden zu *Problemlösern*, die nicht nur in den Kategorien des Einkaufs denken, sondern ein ständiges „feedback" zu den Nutzern und Verwendern der Beschaffungsgüter entwickeln.
4. Abkehr der Beschaffer von reagierenden Verhaltensweisen und Hinwendung zu *aktivem Rollenverhalten* im Rahmen multipersonaler Entscheidungsprozesse, die innerhalb der Verwaltungsbetriebe ablaufen.
5. Aufbau einer gezielten Beschafferschulung, um den vom Beschaffungsmarketing postulierten Anforderungen entsprechen zu können.

233 Um grundsätzliche betriebswirtschaftliche Ziele des Beschaffungsmarketing wie Einnahmenerhöhung, Kostensenkung und Nutzensteigerung zu erreichen, die auch für das Leistungsabgabemarketing gelten (vgl. Abschnitt VII, 3), werden *beschaffungspolitische Instrumente* empfohlen, die der zielorientierten Gestaltung der Beziehungen zu Lieferanten und Öffentlichkeit dienen (vgl. Eichhorn, Buchholz, 1983, S. 209 ff.; Berndt, 1988, S. 17 ff.; HWÖ, Stichwort Verwaltungsmarketing 1989, Sp. 1689 ff.; Rieger, 1991, S. 96 ff.; Strehl [Hrsg.], 1993, S. 34 ff.; Damkowski, Precht, 1995 und Abschnitt VII, 3):

1. *Beschaffungsprogrammpolitik* (z. B. durch Standardisierung der Beschaffungsgüter für mehrere Verwaltungen oder verstärkte Ausnutzung der Fremderstellung öffentlicher Leistungen),
2. *Gegenleistungspolitik* (sie umfaßt alle Instrumente zur Verbesserung der Beziehungen zwischen Beschaffer und Lieferanten [vgl. Rn 232]),
3. *Beschaffungswegepolitik oder Beschaffungspolitik* (Wahl der optimalen Beschaffungswege unter Einbeziehung der Bezugsquellen und der Lieferantenwege, im Kontext des betreffenden Verwaltungsbetriebs, des Verwaltungsgebiets, der örtlichen und überörtlichen Wirtschaft und nationaler wie internationaler Interessen),
4. *Kommunikationspolitik* (Verbesserung der Beziehungen zu den Lieferanten und der Öffentlichkeit, vor allem bei Beschaf-

fungsvorgängen, die durch Gesetz und Zwang realisiert werden können, wie z. B. beim Einreichen von Steuererklärungen, beim Einberufen von Wehrpflichtigen u. a. m.).

(Zum Beschaffungsmarketing sei abschließend noch erwähnt, daß bereits in der Vorbereitungsphase öffentlicher Vergabeverfahren [vgl. Rn 218 ff.] grundsätzliche Marketingentscheidungen getroffen werden, die auch im Rahmen *neuerer Steuerungskonzepte* Fragen von Outcourcing, Make or Buy usw. berühren. Zu diesen Entscheidungskomplexen beim Vergabeverfahren gehören z. B. die Feststellung eines öffentlichen Bedarfs, der Zentralisierungsgrad der Beschaffung, Art des Vergabeverfahrens, Lieferantenselektion, mengenmäßige und zeitliche Komponenten der Beschaffung [vgl. Berndt, 1988, S. 6; Damkowski, Precht, 1995, S. 198.] Praktische Beispiele für Marketing finden sich bei Goller u. a. [Hrsg.], 1989, Abschnitt G; Bayerische Verwaltungsschule [Hrsg.], 1996, S. 65 ff.).

6. Die Beschaffungsumwelt des Verwaltungsbetriebs: Überblick zu den Rechtsformen der Betriebe und den Betriebszusammenschlüssen

Verwaltungsbetriebe werden in vielfältiger Weise von ihrer Umwelt beeinflußt: von der Regierung, vom Parlament, der Rechtsprechung, den Bürgern, den Interessenverbänden, den politischen Parteien und der *Wirtschaft* (vgl. Rn 74–76, 174; Grosser [Hrsg.], 1985; Weigel, 1992). Einen Teilbereich verwaltungsbetrieblicher Umwelt stellen die zahlreichen Betriebe dar, mit denen die Verwaltungsbetriebe im Zusammenhang mit der Beschaffung von Gütern und Leistungen wirtschaftliche Beziehungen unterhalten. Allein die Bundeswehr hat Geschäftsbeziehungen zu rund 10 000 Unternehmen, um ihren Bedarf zu decken. Die Größenordnung der Beschaffung kann am Beispiel der Bundeswehr besonders deutlich gemacht werden: sie braucht eine Zahl von annähernd 2 Millionen Versorgungsartikeln (ein großes Warenhaus hat ein Sortiment von 40–50 000 Artikeln!; vgl. Steinebach, 1980 e, S. 265 ff.). Die große Zahl von Betrieben, mit denen der behördliche Beschaffer Kontakte haben kann, erfordert einen kurzen Überblick zu den wichtigsten Rechtsformen der *Privatbetriebe,* der *öffentlichen Betriebe* und der *Betriebszusammenschlüsse.* Zur Abgrenzung der einzelnen Betriebstypen wird auf das 1. Kapitel verwiesen (Rn 33–41; als weiterführende Literatur zu den Rechtsformen wird empfohlen: Thiemeyer, 1975, S. 34 ff.; van der Bellen, 1977; Steinebach, 1978 a, S. 54 ff.; Brede, v. Loesch [Hrsg.], 1986, S. 63 ff.; Schierenbeck, 1995, S. 27 ff.; Wöhe, 1996, S. 318 ff.; Hopfenbeck, 1997, S. 91 ff.). **234**

Da die Rechtsformen privater und öffentlicher Betriebe hier nicht ausführlich erklärt werden können, sollen sie wenigstens in einem Übersichtsschema aufgezählt werden (vgl. Wöhe, 1996, S. 320). Man unterscheidet: **235**

I. *Private Betriebe*
   1. *Einzelunternehmungen* (Einzelkaufmann, Einzelfirma)
   2. *Personengesellschaften*
      a) Gesellschaft des bürgerlichen Rechts (GbR)
      b) Offene Handelsgesellschaft (OHG)
      c) Kommanditgesellschaft (KG)
      d) Stille Gesellschaft
   3. *Kapitalgesellschaften*
      a) Aktiengesellschaft (AG)
      b) Kommanditgesellschaft auf Aktien (KGaA)
      c) Gesellschaft mit beschränkter Haftung (GmbH)
   4. *Mischformen*
      (Kombinationen von Personen- und Kapitalgesellschaften)
      a) AG & Co KG
      b) GmbH & Co KG
      c) Doppelgesellschaft
   5. *Genossenschaften*
   6. *Versicherungsvereine auf Gegenseitigkeit* (VVaG)
   7. *Stiftungen*

II. *Öffentliche Betriebe*
   1. *Öffentliche Betriebe in nicht-privatrechtlicher Form*
      a) ohne eigene Rechtspersönlichkeit: Regiebetriebe, Eigenbetriebe, Sondervermögen
      b) mit eigener Rechtspersönlichkeit: öffentlich-rechtliche Körperschaften, Anstalten und Stiftungen
   2. *Öffentliche Betriebe in privatrechtlicher Form*
      a) rein öffentliche (AG, GmbH, Genossenschaft)
      b) gemischtwirtschaftliche (Genossenschaft; AG oder GmbH mit oder ohne Mehrheitsbeteiligung der öffentlichen Hand).

Die wichtigsten Rechtsformen privater Betriebe (Einzelfirma, OHG, KG, GmbH, AG) werden mit Hilfe einiger Merkmale (Gesetzliche Grundlage, Eigentümer, Gründungsmitglieder, Haftungskapital, Haftungsregelung, Finanzierungspotential und Leitungsbefugnis), die zum Allgemeinwissen des Beschaffers gehören sollten, in Schaubild 112 gegenübergestellt (vgl. Schierenbeck, 1995, S. 30 f.). Die Statistik weist im übrigen trotz verstärkter Konzentrationstendenzen in der Bundesrepublik noch rund 77,3 % aller Betriebe als Einzelunternehmungen aus, nur rund 2,5 % entfallen auf die Formen OHG und KG, rund 10,5 % auf die GmbH, nur 0,1 % auf die AG (sonstige Unternehmen 9,6 %). Gemessen an den Beschäftigungsprozentzahlen sind in Einzelunternehmen 27,7 %, in OHG und KG 7,0 %, in AG rund 14,5 % und in GmbH 25,9 % der abhängig Beschäftigten untergebracht (sonstige Beschäftigte 24,9 %; vgl. Schierenbeck 1995, S. 31).

Die *öffentlichen Betriebe* sind wegen ihrer häufigen rechtlichen und organisatorischen Verbindung mit Verwaltungsbetrieben für diese Abhandlung besonders wichtig. Es wurde bereits einleitend ausgeführt, daß sich die vorliegende Untersuchung auf die öffentlichen Betriebswirtschaften beschränkt, die im Haushaltsplan einer Gebietskörperschaft *brutto,* d. h. mit ihren gesamten Einnahmen und Ausgaben enthalten sind (sog. *Bruttobetriebe,* wie z. B. reine Regiebetriebe im Unterschied zu den Nettobetrieben, so z. B. kommunale Eigenbetriebe; vgl. Rn 36). Die Gliederung der öffentlichen Betriebe, ihre wichtigsten Merkmale und Beispiele für die Arten der Betriebe ergeben sich aus Schaubild 113; vgl. Loeser, 1988, S. 278 ff.; Becker, 1989, S. 222 ff.; Löser, 1991, S. 23 ff.; Wöhe, 1996, S. 374 ff.):

Schaubild 112 Die wichtigsten Rechtsformen privater Betriebe

Merkmale	**Rechtsform**	**Einzelfirma**	**Personengesellschaften**		**Kapitalgesellschaften**	
			OHG	**KG**	**GmbH**	**AG**
(1) Gesetzliche Grundlage		§§ 1–104 HGB	§§ 105–160 HGB	§§ 161–177 HGB	GmbHG	AktG
(2) Bezeichnung der (Mit-)Eigentümer		Inhaber	Gesellschafter	Komplementäre, Kommanditisten	Gesellschafter	Aktionäre
(3) Mindestanzahl bei Gründung		1 (höchstens, sonst Gesellschaft)	2	2	1 (aber: bei 1-Mann-GmbH Sicherheiten für nicht eingezahltes Stammkap. notw.)	1
(4) Vorgeschriebenes Haftungskapital bei Gründung		–	–	–	50 000,– DM (Stammkapital), davon mindestens 25 000,– DM eingezahlt	100 000,– DM (Grundkapital bzw. gezeichnetes Kapital)
(5) Regelung der Haftung		unbeschränkt persönlich	unbeschränkt persönlich und solidarisch	Komplementäre: unbeschränkt persönlich Kommanditisten: beschränkt auf die Kapitaleinlage	beschränkt auf die Kapitaleinlage; es kann aber eine Nachschuß-pflicht im Gesellschafts-vertrag vereinbart sein	beschränkt auf die Kapitaleinlage
(6) Finanzierungs-potential	Zuführung von Haftungskapital	Begrenzt durch Privatvermögen. Darüberhinaus allenfalls durch Aufnahme stiller Gesellschafter	Begrenzt durch die (notwendigerweise geringe) Zahl der Gesellschafter und ihr Privatvermögen	Begünstigt durch Haftungsbeschränkung beim Kommanditkapital, aber begrenzt durch dessen geringe Fungibilität und das vergleichsweise hohe Anlagerisiko	Vergleichsweise wie bei der KG; teilweise etwas besser wegen der stärkeren Rechtsstellung der Gesellschafter	Relativ die günstigsten Voraussetzungen durch Emissionsfähigkeit der AG, hoher Fungibilität und typischem Kapital-anlagecharakter von Aktien sowie weitgehendem Aktionärsschutz
	Kreditaufnahme	Kreditwürdigkeit relativ groß durch die unbeschränkte Haftung der (Mit-)Eigentümer		Kreditwürdigkeit relativ gering aufgrund der beschränkten Haftung (bei der KG abhängig vom Privatvermögen des Komplementärs)		Kreditwürdigkeit größer wegen des verbesserten Gläubigerschutzes
(7) Leitungsbefugnis		Liegt allein beim Inhaber	Liegt je nach Gesellschaftsvertrag bei allen oder einzelnen Gesellschaftern	Liegt beim Komple-mentär (i. a. nicht bei den Kommanditisten)	Liegt (mit unterschiedlichen Schwerpunkten) bei den dafür gesetzlich vorgesehenen Organen: a) Geschäftsführer/Vorstand (brauchen nicht unbedingt aus dem Kreis der Anteilseigner zu kommen) b) Aufsichtsrat (vorgeschrieben bei AG's sowie bei GmbH's mit über 500 Beschäftigten, in der Montanindustrie mit über 100 Beschäftigten) c) Gesellschafter-/Hauptversammlung	

Schaubild 113 Gliederung und Merkmale öffentlicher Betriebe

	ohne eigene Rechtspersönlichkeit			mit eigener Rechtspersönlichkeit	
	Regiebetriebe	**Sondervermögen nach § 26 BHO**	**Eigenbetriebe**	**öffentlich-rechtlich** (Körperschaft, Anstalt, Stiftung)	**privatrechtlich** (AG, GmbH, Genossenschaft)
Merkmale	1. organisatorische Teile der öffentlichen Verwaltung, von Beamten geleitet 2. kein eigenes Vermögen 3. kameralistische Buchführung 4. können von jeder öffentlich-rechtlichen Trägerkörperschaft unterhalten werden, insbesondere bei Gemeinden anzutreffen 5. Rechtsgrundlagen: Gemeindeordnungen, Verfassungen des Bundes und der Länder	**I. verselbständigte Regiebetriebe** 1. organisatorisch verselbständigte Betriebe 2. Verselbständigung der Vermögensrechnung für kaufmännisch eingerichtete Betriebe 3. in den Haushaltsplan der Trägerkörperschaft wird nur das Betriebsergebnis aufgenommen **II. autonome Wirtschaftskörper** 1. Vermögen als nicht rechtsfähiges Sondervermögen mit eigener Wirtschafts- und Rechnungsführung aus Bundesvermögen ausgegliedert 2. Führung nach kaufmännischen Grundsätzen	1. organisatorisch verselbständigte Betriebe 2. Betriebsführung nach betriebswirtschaftlichen Grundsätzen 3. Rechnungslegung nach Grundsätzen kaufmännischer Buchführung 4. Rechtsgrundlagen: Eigenbetriebsverordnungen, Gemeindeordnungen und Betriebssatzungen 5. statt Haushaltsplan wird ein Wirtschaftsplan erstellt 6. nur Reinertrag wird in den Haushaltsplan der Gemeinden eingestellt	**I. Körperschaften** oder **Anstalten** des öffentlichen Rechts stellen keine allgemeine Rechtsform dar; jede einzelne wird durch Gesetz mit besonderen Satzungsbestimmungen für eine konkrete öffentliche Betriebsaufgabe errichtet. Anstalten des öffentlichen Rechts werden von den Vorständen nach von ihnen oder Verwaltungsträgern erlassenen Satzungen geleitet, die von Verwaltungsräten beaufsichtigt werden **II. öffentlich-rechtliche Stiftungen** sind juristische Personen ohne Mitglieder und Gesellschafter. Organe sind der Vorstand – oder auf Anordnung des Stifters – eine Behörde	**I. gemeinwirtschaftliche Betriebe** 1. organisatorisch und rechtlich verselbständigte Betriebe 2. an diesen Betrieben sind sowohl die öffentliche Hand als auch private Personen beteiligt 3. Kapitalbeteiligung ist für die Zusammensetzung der Organe maßgebend 4. Gründe der Beteiligung öffentlicher Hände liegen in Kapitalbeschaffung und Wahrung öffentlicher Interessen **II. öffentliche Betriebe in privater Rechtsform** 1. wie bei I. dürfen nur Rechtsformen gewählt werden, bei denen die Haftung der öffentlichen Hände beschränkt ist 2. vgl. I, 1, 3, 4
Beispiele	Müllabfuhr, Krankenhäuser, Bibliotheken, Theater, Schlachthöfe	zu I. Bundesdruckerei, Kleiderkasse der Bundeswehr zu II. ERP-Sondervermögen Deutsche Künstlerhilfe vor ihrer Privatisierung; Bundesbahn, Bundespost	Städt. Verkehrsbetriebe, Versorgungsbetriebe, Betriebe der Urproduktion, Verarbeitungsbetriebe (Molkereien, Sägewerke), Gemeinde-, Stadtwerke	zu I. Kreditanstalt für Wiederaufbau, Deutsche Genossenschaftskasse, Bundesautobahnen, Staatsbanken, Landesbanken, Girozentralen, öffentliche Bausparkassen; öffentliche Sparkassen, regionale Rundfunkanstalten zu II. Stiftung Volkswagenwerk, Studienstiftung der deutschen Wissenschaft	zu I. VW-AG, 20 % des Kapitals gehören dem Land Niedersachsen, etwa 80 % sind in Privatbesitz zu II. VEBA-AG, VIAG, Lufthansa

236 *Betriebszusammenschlüsse* als Vereinigungen von Einzelbetrieben zu größeren Wirtschaftseinheiten können eine Reihe von Ursachen haben (vgl. Schierenbeck, 1995, S. 43 ff.):

Wunsch nach größerer Risikostreuung (besonders bei anorganischen Zusammenschlüssen von Unternehmen, die verschiedenen Branchen angehören), stärkerer Marktstellung und Marktmacht (insbesondere bei horizontalen Zusammenschlüssen, vgl. z. B. Kartell), Verminderung des Einkaufs- und Absatzrisikos (insbes. bei vertikalen Zusammenschlüssen, vgl. Konzern), besseren Finanzierungsmöglichkeiten oder ganz allgemein einer Verbesserung der Wirtschaftlichkeit. Bei Betriebszusammenschlüssen kann die wirtschaftliche und rechtliche Selbständigkeit der einzelnen Betriebe unterschiedlich stark eingeschränkt werden. Dies soll an den drei wichtigsten Arten der Betriebszusammenschlüsse erläutert werden (vgl. Steinebach, 1978 a, S. 58 f.):

Schaubild 114 Wirtschaftliche und rechtliche Selbständigkeit bei ausgewählten Betriebszusammenschlüssen

	Kartell	**Konzern**	**Trust**
wirtschaftliche Selbständigkeit	teilweise eingeschränkt (Absprachen)	z. T. erheblich eingeschränkt (Kapitalhergabe, Organisation)	aufgehoben
rechtliche Selbständigkeit	erhalten	erhalten	aufgehoben
----------→ **rechtliche und wirtschaftliche Selbständigkeit nimmt ab (in Pfeilrichtung)**			

Kartelle sind die bedeutendsten *horizontalen* Zusammenschlüsse (Vereinigung von Betrieben der gleichen Produktions- und Handelsstufe) mit dem Ziel der *Marktbeherrschung* und der *Beseitigung* oder *Beschränkung* des *Wettbewerbs.*

Nach dem Gesetz gegen Wettbewerbsbeschränkungen (GWB, Kartellgesetz) ist Kartellbildung *grundsätzlich verboten.* Ausgenommen vom Verbot sind *anmeldungspflichtige Kartelle* (z. B. Konditionenkartelle, Rabattkartelle) und *genehmigungspflichtige Kartelle* (z. B. Export- und Importkartelle). Daß Kartelle im Rahmen der öffentlichen Auftragsvergabe häufig zum Nachteil der Beschaffer in Verwaltungsbetrieben agieren, wird in der Literatur nachdrücklich belegt (vgl. Berndt, 1988, S. 4 ff.; Püttner, 1989, S. 178 f.). Berndt fordert u. a. aus diesem Grund ein *Angebotsmarketing-Konzept* für Anbieter bei öffentlichen Vergaben als Pendant zum Beschaffungsmarketing für öffentliche Nachfrager (vgl. Berndt, 1988, S. 4 ff. und Rn 232 f.).

Konzerne sind Zusammenschlüsse *rechtlich selbständiger* Betriebe, die unter einheitlicher Leitung zu wirtschaftlichen Zwecken erfolgen.

Eine Konzernbildung kann *horizontal*, aber auch *vertikal* (Betriebe unterschiedlicher Produktions- und Handelsstufe) stattfinden. Konzerne sind nach dem AktG im Gegensatz zu Kartellen grundsätzlich zulässig. Konzerne unterliegen jedoch auch dem GWB, weil sie marktbeherrschende Stellungen erlangen können.

Deswegen müssen Betriebszusammenschlüsse in Form von Konzernen u. a. dann der Kartellbehörde angezeigt werden, wenn die beteiligten Betriebe durch den Zusammenschluß für eine bestimmte Art von Waren oder Leistungen einen Marktanteil von 20 % oder mehr erreichen oder ein beteiligter Betrieb einen solchen Marktanteil besitzt.

Unter *Trust* ist ein Zusammenschluß von Betrieben zu verstehen, der die *rechtliche* und *wirtschaftliche* Selbständigkeit der einzelnen Betriebe aufhebt und durch *Fusion* (Verschmelzung) in der Regel zur Bildung eines neuen Betriebes führt. Das Kartellgesetz muß wie bei Konzernen beachtet werden.

Fragen zum Verständnis (3. Kapitel, Abschnitt V)

1. Äußern Sie sich zu Begriff und Aufgaben der Beschaffung. (Rn 213–215)
2. Nennen Sie wichtige Problemstellungen der Beschaffung im Verwaltungsbetrieb. (Rn 215)
3. Wie unterscheiden sich zentrale und dezentrale Beschaffung? (Rn 216)
4. Wie heißen die wichtigsten Beschaffungsvorschriften für Verwaltungsbetriebe? (Rn 218)
5. Welche betriebswirtschaftlichen Inhalte haben diese Beschaffungsvorschriften? (Rn 219–224)
6. Wie gliedert sich das Selbstkostenschema nach den LSP? (Rn 224)
7. Nehmen Sie Stellung zur Verwendungsfähigkeit der Formel für die optimale Bestellmenge in Verwaltungsbetrieben. (Rn 225–227)
8. Welche betriebswirtschaftlichen Aspekte der Lagerung im Verwaltungsbetrieb sind von Bedeutung? (Rn 228–231)
9. Was ist Beschaffungsmarketing? (Rn 232)
10. Welche Forderungen verbinden sich mit einem verbesserten Beschaffungsmarketing für Verwaltungsbetriebe? (Rn 232)
11. Nennen und erklären Sie beschaffungspolitische Instrumente des Verwaltungsbetriebs. (Rn 233)
12. Welche Rechtsformen privater Betriebe kennen Sie? (Rn 234, 236)
13. Unterscheiden Sie die wesentlichen Rechtsformen privater Betriebe nach einzelnen Merkmalen. (Rn 235)
14. Welche Merkmale weisen die Ihnen bekannten öffentlichen Betriebe auf? (Rn 235)
15. Was wissen Sie über Betriebszusammenschlüsse? (Rn 236)

VI. Die Leistungserstellung als Teilbereich des verwaltungsbetrieblichen Leistungssystems

1. Begriff der Leistungserstellung

Während die Beschaffung für die im *Leistungserstellungsprozeß* erforderlichen Einsatzfaktoren sorgt, werden in der sich anschließenden „Verbindung" von Produktionsfaktoren Leistungen zustandegebracht, die dem Empfänger von Leistungen der Verwaltungsbetriebe zugute kommen sollen. Da in der Abhandlung des Verwaltungsmanagements, im Zusammenhang mit der Erörterung von Planungs-, Organisations- und Kontrollfragen im Verwaltungsbetrieb sowie bei der Analyse einzelner Probleme der Produktionsfaktoren (z. B. Kapazitätsauslastungsprobleme bei Betriebsmitteln), eine Fülle den Leistungserstellungsprozeß beeinflussender Probleme aufgeworfen wurde, werden die Ausführungen zur Leistungserstellung auf das Grundsätzliche beschränkt. Eine solche Vorgehensweise erscheint auch deswegen geboten, weil die Heterogenität der verwaltungsbetrieblichen Leistungsskala Ansätze zu einer spezifischen Produktionstheorie der Verwaltungsbetriebe erschwert (vgl. Reding, 1981; Häuser [Hrsg.], 1985, S. 123 ff.). Die Erstellung von Verwaltungsleistungen erfordert zudem die Steuerung von Informationsprozessen und Abläufen, so daß bereits im Rahmen der Ablauforganisation ökonomische Probleme der Leistungserstellung angesprochen wurden (vgl. 2. Kapitel, Abschnitt IV, 5). **237**

Im *weitesten Sinne* versteht man unter *Produktion* jede Kombination von Produktionsfaktoren. Das liefe auf eine Gleichsetzung von Produktion und Betriebsprozeß hinaus. Die Produktion würde dann sämtliche betrieblichen Funktionen, z. B. im Verwaltungsbetrieb Beschaffung, Leistungserstellung und Leistungsabgabe erfassen, denn alle Funktionen machen eine Kombination von Produktionsfaktoren erforderlich (Wöhe, 1996, S. 463 f.). In einem engeren Begriff der Produktion wird unter Produktion im Sinne von „Erzeugung" oder „Fertigung" die Funktion des Betriebes verstanden, die die Erzeugung der Dienstleistungen oder auch Sachgüter bewirkt und von der Beschaffung und Leistungsabgabe unterschieden wird. In dieser Untersuchung wird der Begriff Leistungserstellung verwendet, der gleichbedeutend mit dem *engeren Begriff* der *Produktion* ist und nicht mit dem Gutenbergschen Leistungserstellungsbegriff verwechselt werden darf (Gutenberg, 1968, S. 2 ff.). Die Betriebsfunktion Produktion im engeren Sinne als *Leistungserstellungsvorgang* ist nicht nur Teilaufgabe des Sachleistungsbetriebs, sondern auch der Dienstleistungsbetriebe, zu denen auch Verwaltungsbetriebe zählen (vgl. Rn 55). **238**

2. Besonderheiten der verwaltungsbetrieblichen Leistungserstellung

239 Die Struktur des *verwaltungsbetrieblichen Leistungserstellungsprozesses* ist äußert vielgestaltig, worauf bereits bei der Analyse des Zielsystems (Rn 75, 76), bei der Aufgabenplanung (Rn 87–89) und bei der Leistungskontrolle (Rn 176–178) hingewiesen wurde. So gibt es eine Reihe von Verwaltungsbetrieben, die auf eine *gewerbliche Leistungserstellung* ausgerichtet sind und damit Ähnlichkeiten mit industriellen Produktionsverhältnissen aufweisen. Hier wären insbesondere die Regiebetriebe zu nennen (vgl. Rn 36), wie z. B. Verkehrsbetriebe, Schlacht- und Viehhöfe, Betriebe zur Müll- und Abwasserbeseitigung (vgl. Rn 235). Kennzeichen dieser Verwaltungsbetriebe ist die dominierende Stellung sachlicher Elemente, wie z. B. von Maschinen aller Art im Leistungserstellungsprozeß (vgl. Rn 195–202). Eine überwiegende Kategorie von Verwaltungsbetrieben wird bestimmt durch *büromäßige Leistungserstellung,* so z. B. bei Finanzämtern, Bauämtern, Ministerien, Rechnungshöfen, Bundestags-, Landtagsverwaltungen usw. Diese Art der Leistungserstellung wird charakterisiert durch den überwiegenden Einsatz des Produktionsfaktors Personal (vgl. Rn 184–194), aber auch durch Büroraum-, Büromaterial- und Büroeinrichtungseinsatz. Zwischen diesen Fertigungsarten sind eine Reihe von Differenzierungen oder Kombinationen denkbar. Eine Anzahl von Verwaltungsbetrieben ist keiner der genannten Fertigungsarten eindeutig zurechenbar; insbesondere trifft dies bei Theatern, Museen, Schulen aller Art, Parkanlagen u. ä. zu. Zusammenfassend kann als Besonderheit der hier betrachteten Verwaltungsbetriebe festgehalten werden, daß sich ihre Leistungserstellung überwiegend nicht auf die Fertigung materieller Güter, sondern auf die Erstellung von Dienstleistungen erstreckt. Die Dienstleistungsproduktion ist bei der Mehrzahl der Betrieb mit *büromäßigen* Arbeitsverrichtungen verbunden (vgl. weiterführend Hanusch [Hrsg.], 1978; S. 25 ff.; Rieger 1983, S. 440 ff.; Eichhorn, 1984, S. 16 ff.; Becker, 1989, S. 414 ff.; Gornas, Beyer, 1991, S. 85 ff.).

240 Eine weitere Besonderheit verwaltungsbetrieblicher Produktion ist ihr *Standortbezug* (vgl. Rn 196). Die Produktion von Leistungen ist an bestimmte Orte gebunden, an denen Verwaltungsbetriebe ihren Sitz haben können. Aus Gründen der Verfügbarkeit der verwaltungsbetrieblichen Leistungen für den Bürger (Bürgernähe!), müssen standorttheoretische Gesichtspunkte, die sich in den *Kosten* für die Leistungserstellung niederschlagen, weitgehend außer Betracht bleiben. So können die drei von Alfred Weber genannten Standortfaktoren für industrielle Betriebe, nämlich

1. die relative Höhe der Materiallager (Preise der Rohstoffe am Fund- oder Produktionsort),

2. die Arbeitskostenhöhe (Arbeitskosten = Löhne bezogen auf eine Produktionseinheit)
   und
3. die Transportkosten

für die Standortwahl des Verwaltungsbetriebs kaum Berücksichtigung finden.

Es gibt allerdings auch Fertigungsarten, bei denen die Produktion von Leistungen an wechselnden Standorten in der verwaltungsbetrieblichen Umwelt erfolgt, beispielsweise bei Verkehrs- und Straßenreinigungsbetrieben. In vielen Verwaltungsbetrieben findet man, gemessen am Merkmal der räumlichen Realisierung der Leistungen, ein Mischsystem vor: Der Vollstreckungsbeamte im Verwaltungsbetrieb Vollstreckungsbehörde nimmt Aufgaben im Außendienst wahr (Vollstreckungshandlungen) und arbeitet mit an der büromäßigen Vorbereitung und Abwicklung dieser Leistungen am Standort des Verwaltungsbetriebs. Der Ort der Leistungserstellung ist für den Verwaltungsbetrieb überwiegend nicht durch Kostengesichtspunkte determiniert, sondern richtet sich primär nach dem Kriterium der Erreichbarkeit durch den Bürger.

Die Dienstleistungsproduktion der Verwaltungsbetriebe unterscheidet sich **241**
von der Sachgüterproduktion auch dadurch, daß überwiegend eine *mangelnde Möglichkeit der Vorratsproduktion* festgestellt werden kann (vgl. auch Strunz [Hrsg.], 1993, S. 114 ff.). Sie ist eine der ökonomischen Konsequenzen der Immaterialität von Dienstleistungen, die sich z. B. in der Unstofflichkeit der Dienstleistungen, der Vergänglichkeit der Dienstleistungen, ausdrückt (vgl. Maleri, 1973, S. 33 ff.; Berekoven, 1983, S. 25 ff.; Corsten, 1985, S. 85 ff.; Steinebach, 1986 d, S. 173 f.; und Rn 55). Betriebwirtschaftliche Probleme, die sich aus der häufigen Lagerunfähigkeit ergeben, gipfeln in der Konsequenz: Betriebsleistungen, die produziert, aber nicht sogleich oder umgehend abgenommen werden, sind verloren.

So können in einem Verkehrsbetrieb Leistungserstellungen nicht entstehen, wenn die Abnehmer der Verkehrsleistung, die Beförderten im Personenverkehr, nicht zur Verfügung stehen. Von der mangelnden Vorratsproduktionsmöglichkeit erstellter Leistungen ist die Lagerhaltung bei der Vorbereitung der Produktion zu unterscheiden (vgl. Rn 228–231). Im Zeitalter fortschreitender Automatisierung und Mechanisierung von Dienstleistungsprozessen in Verwaltungen nehmen allerdings Speichermöglichkeiten von Wissen, Informationen und Verfahrenstechniken zu, so daß auch in Verwaltungsbetrieben einer Vorratsbildung entsprechende Vorgänge stattfinden. Man denke an vorbeugende Gesundheitsprogramme, Programme zur Verbrechensbekämpfung u. a. m. Die insgesamt fehlende Möglichkeit, Dienstleistungen auf Vorrat zu produzieren, führt zu einer Fremdbestimmung von Umfang und Schwankungen der Leistungserstellung. Entscheidende Merkmale der zu produzierenden Dienstleistung wie

Art, Ort und Zeit der Leistungserstellung werden vom Abnehmer bestimmt.

242 In den *Leistungsprogrammen* der Verwaltungsbetriebe werden die quantitativen, qualitativen, zeitlichen und räumlichen Merkmale der zu produzierenden Dienstleistungen festgelegt. Gegenüber der Sachgüterproduktion, die meistens zeitlich und räumlich fixiert ist, ist für einige Dienstleistungen eine permanente Produktion über einen längeren Zeitraum feststellbar. Beispiele: Beratungsleistungen in Sozialhilfestellen, Bewachungsleistungen von Polizeibehörden, Hilfen in steuerlichen Angelegenheiten durch Finanzämter. Die Gestaltung der Produktionsprogramme wird in Verwaltungsbetrieben auch dadurch beeinflußt, daß keine Fertigprodukte für den anonymen Markt produziert werden; dem Staatsbürger als potentiellem Abnehmer der Verwaltungsleistungen wird lediglich die Bereitschaft, Dienstleistungen zu produzieren, angeboten. Die Entscheidung über das Produktionsprogramm des Verwaltungsbetriebs beschränkt sich darauf, festzulegen, *welche* Dienstleistungen angeboten werden. Die Ungewißheit über die genauen qualitativen, quantitativen, zeitlichen und räumlichen Merkmale künftiger Produktionsprozesse zwingen Verwaltungsbetriebe, vielseitig beanspruchbare Faktorpotentiale zu Verfügung zu halten (vgl. Maleri, 1973, S. 71 f.; Rieger, 1983, S. 442 f.; Eichhorn, 1984, S. 16 ff.; HWÖ Stichwort Verwaltungsleistungen, 1989; Sp. 1670 ff.; zur militärischen Leistungswirtschaft vgl. Hahn, 1997, S. 171 ff.).

3. Die Technik der Faktorkombination im Verwaltungsbetrieb

243 In der verwaltungsbetrieblichen Faktorkombination unterscheidet man zwei Phasen:

1. die *Herstellung der Leistungsbereitschaft,*
2. die *Endkombination* (vgl. Maleri, 1973, S. 105 ff.; Corsten, 1985, S. 161 ff.; Becker, 1989, S. 414 ff.).

Menge und Qualität der Faktoreinsätze für die Herstellung und Erhaltung der Leistungsbereitschaft stehen in keiner unmittelbaren Beziehung zur Leistungserstellung, sondern werden durch die Merkmale der geplanten Leistungsbereitschaft bestimmt. Die Planung der Produktionsvorhaben und somit auch die Planung der für ihre Durchführung erforderlichen Leistungsbereitschaft wird bei der Dienstleistungsproduktion überwiegend durch die unsichere Fremdbestimmtheit von Art, Umfang, Zeit und Ort der objektbezogenen Leistungserstellung erschwert. Die für die Herstellung der Leistungsbereitschaft im Verwaltungsbetrieb eingesetzten Produktionsfaktoren verursachen Kosten für die Zeiträume der Leistungsbereitschaft, die auch *periodenfixe Kosten* genannt werden. Falls die Leistungsbereitschaft nicht in Anspruch genommen wird, kann es im Extremfall dazu kommen, daß alle angefallenen Kosten *Leerkosten* sind, weil keine Nutzung gegeben ist (im umgekehrten Fall würde man von *Nutzkosten* sprechen!).

Beispiel: Die in Rn 199 errechnete Kapazitätsausnutzung einer für die Dienstleistung Fotokopienherstellung bereitgehaltenen Fotokopiermaschine, belief sich auf 20 Prozent. Unterstellt man jährliche Fixkosten der Maschine von 20 000,– DM, so waren nur 4000,– DM Nutzkosten, aber 16 000,– DM Leerkosten entstanden. Den – in jedem Verwaltungsbetrieb möglichst zu vermeidenden – Leerkosten von 16 000,– DM des Beispiels stand also keine Leistung gegenüber (zu weiteren Kostenbetrachtungen vgl. die folgende Ziffer 4 und 4. Kapitel).

Die Produktion der Leistungen erfolgt im Dienstleistungbetrieb durch **244**
Kombination der nach Herstellung der Leistungsbereitschaft bereitgehaltenen betrieblichen Faktorpotentiale *(Endkombination).* Da hierbei ein *optimales Verhältnis* von *Faktoreinsätzen* und *Ausbringung* angestrebt wird, sollen im folgenden Grundzüge der Produktions- und Kostentheorie dargestellt werden.

4. Probleme verwaltungsbetrieblicher Produktions- und Kostenfunktionen

Während die *verwaltungsbetriebliche Produktionsfunktion* als Beziehung **245**
zwischen den eingesetzten betrieblichen Produktionsfaktoren und den mit ihrem Einsatz erbrachten Leistungen dargestellt werden kann [$L = f(M_1, M_2 \ldots M_n)$; L = Leistungsmenge, $M_1 \ldots M_n$ = Mengen der Produktionsfaktoren], ergibt sich die *Kostenfunktion,* wenn die eingesetzten Faktormengen mit ihren Preisen multipliziert werden [$K = f(M_1 \cdot P_1 + M_2 \cdot P_2 \ldots M_n P_n)$; K = Gesamtkosten, M = Mengen, P = Preise der Produktionsfaktoren]. Das Problem verwaltungsbetrieblicher Produktionsfunktionen entzündet sich an der *Programmierbarkeit* verwaltungsbetrieblicher Produktionsprozesse (vgl. Vögele, 1972, S. 22 ff.; Altenburger, 1980, insbesondere S. 73 ff.; Corsten, 1985, S. 161 ff.; Häuser [Hrsg.], 1985, S. 123 ff.; Gornas, 1992, S. 52 ff.; Hahn, 1997, S. 195 ff.). Programmierbarkeit beinhaltet den Umfang, mit dem Arbeitsfolgen (Operationen) in der verwaltungsbetrieblichen Leistungserstellung vorhersehbar sind. Danach unterscheidet man *total, bedingt* und *nicht programmierbare Prozesse.* Ein total programmierbarer Prozeß liegt vor, wenn die Arbeitsfolgen der Leistungserstellung eindeutig voraussehbar sind (Ein-Weg-Folge); bedingt programmierbar ist ein Prozeß dann, wenn die einzelnen Operationen der verwaltungsbetrieblichen Leistungserstellung nicht eindeutig vorhersehbar sind (Mehr-Weg-Folge).

Beispiele für Ein-Weg-Folgen: Ausstellung von Personalausweisen, Müllabfuhr, Kanalreinigung; *gleichartige* Verwaltungsleistungen werden hier mit *gleichen* Arbeitsfolgen erstellt. Beispiele für Mehr-Weg-Folgen: Bearbeitung von Steuererklärungen, Bearbeitung von Wohngeldbescheiden,

Führung einer Geburtenstatistik, Führung der Einwohnermeldekartei; *gleichartige* Verwaltungsleistungen werden hier mit *verschiedenen* Arbeitsfolgen (Operationen) erstellt. Bei nichtprogrammierbaren Prozessen ist die Zuordnung von Merkmalsausprägungen und Operationen nicht mehr objektivierbar, d. h. auch subjektiven Einflüssen unterworfen. In diesen Bereich fallen sämtliche Ermessensentscheidungen in Verwaltungsbetrieben.

246 Aus den Überlegungen zur Programmierbarkeit von Produktionsprozessen im Verwaltungsbetrieb kann gefolgert werden:

1. Eine eindeutige Beziehung zwischen Verwaltungsleistung und eingesetzten Produktionsfaktoren ist nur bei total programmierbaren Prozessen herstellbar. Damit ist die Produktivität (Verhältnis Ausstoßmengen zu Einsatzmengen), zumindest in Form von Teilproduktivitäten, meßbar.
2. Im Fall 1 sind auch die Kosten des Leistungsprozesses eindeutig bestimmbar.
3. Bei bedingt programmierbaren Prozessen ist man auf eine dauernde Beobachtung angewiesen, mit welcher Wahrscheinlichkeit welche Bearbeitungswege bzw. Kombinationen von Prozessen notwendig werden.
4. In Fall 3 sind dann Produktivitäts- und Kostenanalysen möglich.
5. Nicht programmierbare Prozesse entziehen sich einer genauen Produktivitäts- und Kostenberechnung (weiterführende Literatur zur Produktivitätsmessung in Verwaltungsbetrieben bei Eichhorn, 1984, S. 27 ff.; Häuser [Hrsg.], 1985, insbesondere S. 123 ff.; Steinebach, 1986 d, S. 163 ff.).

247 Wenn auch die in Ziffer 5 genannten Prozesse in der Verwaltung überwiegen, gibt es eine Fülle von *Anwendungsmöglichkeiten* für Produktivitäts- und Kostenberechnungen (vgl. Häuser (Hrsg.), 1985, S. 177 ff.). Erwähnt werden können Meß-, Gliederungs- und Beziehungszahlen sowie Vergleichsrechnungen (Rn 171, 172, 176 und 4. Kapitel), mit denen Kennziffern für Leistungs- und Kostenbeurteilungen entwickelt werden können. Ein Beispiel für die Errechnung von Kapazitätsziffern wurde bereits erwähnt (Rn 199, 243). Es zeigt, wie wichtig Grundkenntnisse über Kosten- und Kostenverläufe für den Verwaltungsbetrieb sein können. Als Vorbereitung auf das 4. Kapitel (insbes. die Kostenrechnung) sollen hier die wichtigsten Begriffe der Kostentheorie erklärt werden. *Hauptkosteneinflußgrößen* sind nach Gutenberg (Gutenberg, 1968, S. 326 ff.):

1. Änderungen in den Faktorqualitäten,
2. Änderungen in den Faktorpreisen,
3. Änderungen in der Betriebsgröße,

4. Änderungen im Fertigungsprogramm,
5. Änderungen in der Beschäftigung.

Die letztgenannte Kosteneinflußgröße ist die meistgenannte. Sie führt u. a. zu der für den Verwaltungsbetrieb wichtigen Beurteilung von *Kosten der Betriebsbereitschaft* (vgl. Gutenberg, 1968, S. 336 ff.; Rieger, 1983, S. 356 ff., S. 445 f.; Herstellung der Leistungsbereitschaft in Rn 243).

Nach dem Verhalten der *Kosten* bei Änderung der *Beschäftigung* oder der *Ausbringungsmenge* lassen sich die gesamten Kosten in *fixe* und *variable* Kosten einteilen. Fixe Kosten ändern sich bei Veränderung der Ausbringungsmenge nicht, variable Kosten ändern sich, wenn die Ausbringungsmenge variiert. Bei den variablen Kosten unterscheidet man noch vier Unterformen: proportionale, progressive, regressive und degressive Kostenverläufe, Proportionale Kosten variieren im gleichen Verhältnis wie die Ausbringung, degressive Kosten steigen langsamer, progressive Kosten stärker als die Ausbringung. Regressive Kosten steigen beim Ansteigen des Beschäftigungsgrades nicht, sondern sinken (zu den Kostenverläufen vgl. folgende einführende Literatur: Kiefer, Strebel, Wolff, 1977, S. 32 ff.; Schierenbeck, 1995, S. 211 ff.). Den Verlauf fixer und variabler Kosten zeigt Schaubild 115. 248

Schaubild 115 Verlauf fixer und variabler Kosten

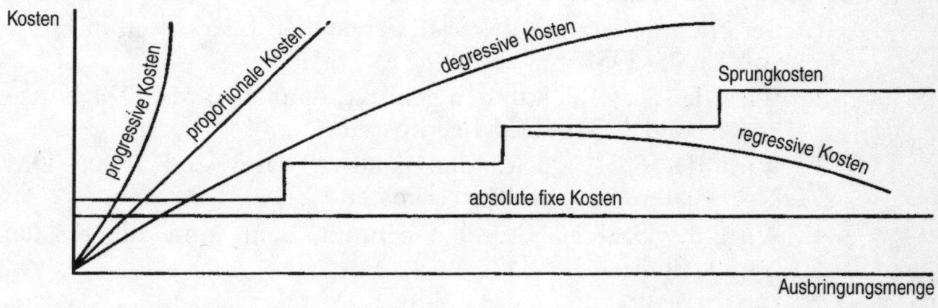

Während *absolute fixe Kosten* (auch Stillstandskosten) schon durch die Existenz des Verwaltungsbetriebs entstehen ohne Rücksicht darauf, ob er Leistungen erstellt oder abgibt (Beispiele: Abschreibungen, Kapitalkosten, Raummieten), steigen die *intervall-fixen* oder *Sprungkosten* nach bestimmten Beschäftigungsintervallen sprunghaft an (Beispiel: Personalkosten nach den jährlichen Tarifverhandlungen). Die mangelnde Teilbarkeit bestimmter Produktionsfaktoren (z. B. von Betriebsmitteln, Maschinen, Gebäuden usw.), von der die Fixkosten ebenso abhängen wie von der Länge des Betrachtungszeitraumes, führen bei geringen Kapazitätsauslastungen zu hohen Leer- und niedrigen Nutzkosten (vgl. Rn 243). 249

Beispiel: Aus Gründen der Veranstaltung von Fortbildungsvorträgen wird von einer deutschen Bundesakademie ein Vortragssaal zu einem Mietpreis von 1500,– DM pro Monat gemietet. Der Saal wird pro Tag maximal 10 Stunden belegt, im Monat 10 × 30 = 300 Stunden = maximale Kapazität. Schaubild 116 zeigt die Leer- und Nutzkostensituation dieses Beispiels:

Schaubild 116 Nutz- und Leerkosten

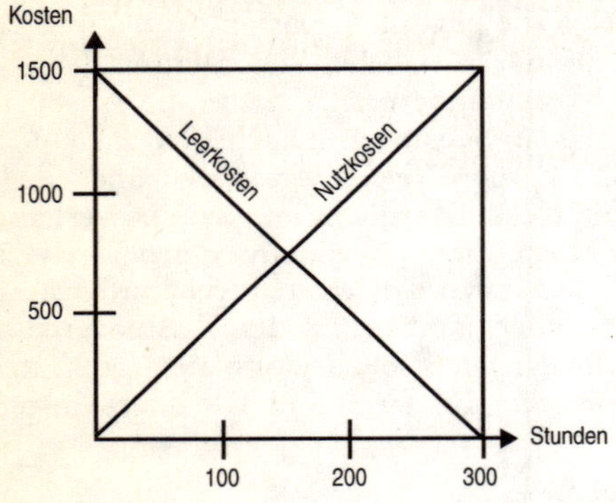

Folgende Fälle können aus dem Schaubild 116 abgeleitet werden:

1. Bei Nichtbenutzung des Saales entstehen Leerkosten in Höhe von 1500,– DM.
2. Wird der Saal 100 Stunden genutzt, dann sind 500 DM Nutzkosten und 1000,– DM Leerkosten.
3. Wird der Saal 200 Stunden genutzt, dann sind 1000,– DM Nutzkosten, 500,– DM Leerkosten.
4. Wird der Saal 300 Stunden genutzt, dann sind alle Kosten Nutzkosten.

Es ist einsichtig, daß die Fixkostenproblematik für Verwaltungsbetriebe von großer Bedeutung ist, insbesondere wenn man berücksichtigt, daß die Fixkosten wesentlich höher als beispielsweise im Industriebetrieb sind. Die Gründe hierfür liegen in der andersgearteten *Faktorstruktur* (hoher Personal- und Betriebsmittelanteil = hohe fixe Kosten, vgl. Rn 185, 195; niedriger Werkstoffanteil an der Produktion = niedrige variable Kosten, vgl. Rn 203) und in den besonderen *rechtlichen* (u. a. dienstrechtlichen) Regelungen, die einer Reduzierung der Fixkosten bzw. Leerkosten häufig zuwiderlaufen.

Bei Verwaltungsbetrieben mit büromäßiger Gütererstellung ist weniger die Leistungsmenge, sondern die Kapazität die entscheidende Kosteneinflußgröße, insofern ist der Anteil variabler Kosten hierbei fast unerheblich, der

Anteil fixer Kosten außerordentlich hoch. Auch bei anderen öffentlichen Verwaltungsbetrieben (z. B. bei Gewährleistungseinrichtungen wie der Bundeswehr (vgl. Kirchhoff [Hrsg.], 1986, S. 315; Hahn, 1997, S. 198 ff.) oder bei Sachnutzungen wie bei Straßen, Parkanlagen, Museen), fallen innerhalb der Kapazitätsgrenzen relativ wenig variable Kosten an, so daß die fixen Kosten überwiegen (vgl. auch Gornas, 1992, S. 205 f.).

VII. Die Leistungsabgabe als Teilbereich des verwaltungsbetrieblichen Leistungssystems

1. Begriff und Bedeutung der Leistungsabgabe in Verwaltungsbetrieben

Der Leistungserstellung folgt in der Regel die Leistungsverwertung, die 250 *Abgabe* der *Leistungen* an Leistungsempfänger. In der Leistungsabgabe von Verwaltungsbetrieben spiegelt sich die Vielfalt der Verwaltungsaufgaben wider, für deren Erstellung der moderne Leistungsstaat verantwortlich zeichnet: Sie reichen von den Dienstleistungen der Verwaltung im weitesten Sinne (z. B. Dienstleistungen des Gesundheits-, Bildungs-, Schul-, Universitäts-, Polizei-, Militärwesens) über die Gewährung von Sachleistungen (z. B. Bereitstellung von Verkehrs- und Versorgungsleistungen) bis zu den Geldleistungen zur Förderung bestimmter Zwecke (z. B. Subventionen). Die Aufgaben der Verwaltungsbetriebe, die sich in der Notwendigkeit von Leistungsabgaben dokumentieren, sind Gegenstand verschiedener früherer Überlegungen gewesen: Sie begründeten die Notwendigkeit einer Verwaltungsbetriebslehre (vgl. Rn 3, 4), sie drückten sich u. a. in der Herausarbeitung von Leistungszielen (Leistungsabgabeziele, vgl. Rn 76) aus, sie wurden bei der Aufgabenplanung (vgl. Rn 88, 89, 119) sowie im Rahmen der Organisation (vgl. Rn 127, 132, 146) und der Kontrolle (vgl. Rn 178) berücksichtigt. Ebensowenig wie eine spezielle Produktionstheorie für Verwaltungsbetriebe existiert (vgl. den vorangegangenen Abschnitt VI), finden sich im Schrifttum generell befriedigende Überlegungen für leistungsabgabetheoretische (absatztheoretische) Konzepte. Etwas besser stellt sich die Situation bei öffentlichen Betrieben und Unternehmungen dar (vgl. Thiemeyer, 1975, S. 161 ff.; Bätz, 1979; Stauss, 1987; Diller [Hrsg.], 1992, S. 655 f.; Bargehr, 1991, S. 125 ff.). Die Aufgabe dieses Abschnitts beschränkt sich – auch wegen des Lehrbuchcharakters dieses Buches – auf die grundsätzliche Darstellung von *Begriff* und *Besonderheiten der verwaltungsbetrieblichen Leistungsabgabe,* sowie auf den Versuch, Grundzüge des *Leistungsabgabemarketing* darzustellen.

Die Leistungsabgabe wird in Einführungen zur Betriebswirtschaftslehre 251 häufig mit dem Begriff *Absatz* belegt, worunter überwiegend die Verwertung der im Produktionsprozeß erstellten Sachgüter und Dienstleistungen durch Abgabe an Dritte verstanden wird (einführende betriebswirtschaftliche Literatur zum Absatz: Gutenberg, 1967; Schierenbeck, 1995, S. 243 ff.; Wöhe, 1996, S. 595 ff.).

Bereits in den „Grundlagen der Verwaltungsbetriebslehre" (1. Kapitel) wurde die Leistungsstruktur des Verwaltungsbetriebs im Teilbereich *Leistungsabgabe* durch die Bereitstellung *nicht marktfähiger, kollektiver Güter* und überwiegend *unentgeltlichen Absatz* gekennzeichnet und von anderen Betriebstypen abgegrenzt. Außerdem wurde beim Verwaltungsbetrieb eine in der Regel vorliegende *Verpflichtung* zur *Leistungserstellung* und eine nur teilweise *Abnahmeverpflichtung* der Leistungen durch Leistungsempfänger konstatiert (vgl. Rn 30–32). Während beim Absatz der Privatbetriebe eine Beziehung zum Markt, z. B. aus Gründen der betrieblichen Refinanzierung, selbstverständlich und existenznotwendig ist und damit eine unentgeltliche Abgabe von Gütern und Leistungen ausscheidet, ist die verwaltungsbetriebliche Beziehung zum Leistungsempfänger – bis auf die Gebührenhaushalte – durch Unentgeltlichkeit charakterisiert. Grundsätzlich wirkt der Begriff Absatz bei betriebswirtschaftlichen Betrachtungen im Verwaltungsbetrieb befremdend, obwohl auch hier Leistungen mit dem Zweck erstellt werden, an den Bürger abgegeben zu werden. Insgesamt kann die „Absatzphase" des Verwaltungsbetriebs im Vergleich mit Privatunternehmen als in ihrer bisherigen *Bedeutung gering* oder nicht so stark ausgeprägt angesehen werden (vgl. Winkelmann, 1963, S. 332; Wysocki, 1966, S. 207 f.; Chmielewicz, 1971, S. 590 f.; Berndt, 1988, S. 16 f.).

Eine weitere Begründung für diesen Tatbestand ergibt sich daraus, daß sich die Finanzwissenschaft als Teilgebiet der Volkswirtschaftslehre bisher weitgehend mit dem Absatz staatlicher Leistungen beschäftigt hat und damit den *gesamtwirtschaftlichen* Aspekten staatlicher Leistungsabgabe Priorität eingeräumt wurde (Schnettler, 1974, S. 349 ff.; Rürup, Körner, 1985; Weigel, 1992).

2. Besonderheiten der verwaltungsbetrieblichen Leistungsabgabe

252 Ungeachtet der gesamtwirtschaftlichen Bedeutung des Leistungsabgabebereichs erscheint es hier notwendig, einige betriebswirtschaftliche Besonderheiten des „Verwaltungsabsatzes" zu skizzieren. Es wurde schon darauf verwiesen, daß eine *Vermarktung* von Leistungen in Form einer entgeltlichen Abgabe an Leistungsempfänger relativ selten stattfindet. Regel ist die unentgeltliche Leistungsgewährung. Selbst in den Bereichen, in denen die allgemeine Verwaltung und die Leistungsverwaltung gegen spezielle Entgelte in Form von Gebühren, Beiträgen oder Tarifen Leistungen abgeben, wird die marktwirtschaftliche Preisbildung durch staatliche Preisfestsetzung, in die soziale Gesichtspunkte mit einfließen, außer Kraft gesetzt. Einen Überblick zu den Bereichen mit staatlicher Preisadministration vermittelt Schaubild 117 (vgl. Breitenstein, 1977, S. 60 ff.; vgl. auch Hanusch [Hrsg.], 1978, S. 43 ff.; Grosser [Hrsg.], 1985, S. 163 ff.; Gornas, Beyer, 1991, S. 95 ff.).

Schaubild 117 Überblick zu den Verwaltungsbereichen mit staatlicher Preisadministration

öffentlich-rechtliche Verwaltungsgebühren und Beiträge	**öffentlich-rechtliche Benutzungsgebühren und Preise öffentlicher Betriebe (nur Bruttobetriebe)**		
	kommunale Einrichtungen	**öffentliche Versorgungswirtschaft**	**öffentlicher Verkehr**
Beispiele: Justizgebühren für freiwillige und streitige Gerichtsbarkeit, Strafrechtspflege, Notariatsgebühren; Gebühren bei Patentämtern, Paßabteilungen, Prüfungsämtern, Standesämtern, Gesundheitsämtern; Gemeindebeiträge, Erschließungs-, Anliegerbeiträge, Berufsschulbeiträge, Fremdenverkehrs-abgaben.	**Beispiele:** Gebühren und Preise für öffentliche Müllabfuhr, Straßenreinigung, Badeanstalten, Schlachthöfe, Parkplätze, Tiefgaragen, öffentliche Kultur- und Bildungseinrichtungen, Altenheime, öffentliche Abwasseranlagen, Kühlhäuser, Friedhöfe, Gemeindefeuerwehren, Gerichtsvollzieher, öffentliche Impfanstalten, Krankenanstalten.	**Beispiele:** u. a. Regiebetriebe der öffentlichen Versorgungswirtschaft (Bruttobetriebe), in denen auf den Märkten für Elektrizität, Gas, Kohle, Atomenergie, Wasser, Wärme, sämtliche Tarife oder Leistungspreise staatlich administriert sind.	**Beispiele:** u. a. Regiebetriebe des öffentlichen Personennahverkehrs (Straßenbahn, Busse, Fähren). Die meisten Betriebe fallen allerdings hier unter den Begriff verselbständigter Regiebetrieb.

Verwaltungsbetriebe als Leistungsträger zum Schutz der wirtschaftlich **253**
Schwachen und als Ausgleichsinstitutionen für Interessengegensätze bieten u. a. viele Leistungen an, um die Daseinsvorsorge zu gewährleisten, haben also eine *Absatzverpflichtung* gegenüber dem Bürger. Dieser öffentlichen Zugänglichkeit (vgl. Rn 37), die als Leistungsverpflichtung immanenter Bestandteil staatlichen Handelns ist (Sozialstaatsprinzip nach Art. 20 GG), steht die Möglichkeit von Verwaltungsbetrieben gegenüber, durch Reglementierung den Absatz öffentlicher Leistungen zu erzwingen. Beispiele: Aus hygienischen Gründen wird der Anschluß bebauter Grundstücke an das Kanalisationsnetz durch einen kommunalen Verwaltungsbetrieb erzwungen; aus bildungspolitischen Gründen wird die Schulpflicht verlängert; Meßgeräte sind aus gewerbepolizeilichem Interesse eichpflichtig.

Da die Knappheit öffentlicher Leistungsangebote eine immer wieder kritisierte Situation des modernen Leistungsstaates widerspiegelt, verwundert es, daß über *absatzfördernde Maßnahmen* in Verwaltungsbetrieben nicht umfassender nachgedacht wird. Im Gegensatz zur Forcierung des Absatzes öffentlicher Leistungen kann oft eine Reglementierung der Leistungsabgabe mit der Tendenz der *Verringerung* von *Inanspruchnahmen festgestellt werden:* Der Wasserverbrauch wird bei Wassernot rationiert, der Zugang zu höheren Bildungsanstalten an das Bestehen von Aufnahmeprüfungen geknüpft, die Aufnahme in Altersheime wird von der Ortsansässigkeit oder von anderen persönlichen Eigenschaften der Bewerber abhängig gemacht (Oettle, 1976, S. 28). Aus den Modalitäten der *Absatzverpflichtung* für öffentliche Leistungen einerseits und der *Absatzreglementierung* im Sinne einer möglichen Absatzverringerung andererseits, kann nur auf eine bisher schwach entwickelte Absatzfunktion in Verwaltungsbetrieben geschlossen werden. Es darf allerdings nicht übersehen werden, daß häufig durch Beeinflussung des Staatsbürgers über die Gestaltung von Leistungsangebotseigenschaften der Verwaltungsbetriebe die Abnahme öffentlicher Leistungen geregelt wird. So sollen etwa niedrige Gebühren aus gesundheitspolitischen Gründen zu starkem Besuch von Schwimmbädern anregen, bequeme öffentliche Nahverkehrsdienste von der Benutzung der Kraftwagen im Stadt- und Vorortverkehr abhalten, Schutzgebühren die unüberlegte Anforderung von Informationsmaterial verhindern (Oettle, 1976, S. 28 f. und Rn 75).

254 Bei fast allen der in Schaubild 117 angeführten Verwaltungsbetriebe hat die öffentliche Verwaltung eine *Monopolstellung.* Man spricht in der Marktformenlehre von einem Angebotsmonopol, weil einem Anbieter in einem bestimmten Gebiet viele Nachfrager entgegenstehen. Diese starke Marktmachtstellung der Verwaltungsbetriebe führt zu Konsequenzen für den Nachfrager nach staatlichen Leistungen: Die Substitutionselastizität, d. h. die Wahlmöglichkeit der Bürger zwischen mehreren gleichartigen Produkten, ist häufig gering. Diese Machtposition der Verwaltung kann z. B. beim Beförderungsmonopol im öffentlichen Nahverkehr durch vielfältige Preisdifferenzierungen in den Tarifsystemen zum Ausdruck kommen. Sozialstaatsprinzip, Rechtsstaatlichkeit und Demokratieprinzip als wichtige Grundsätze der staatlichen Aufgabenerfüllung wirken allerdings einem Machtmißbrauch entgegen, ohne immer wieder aufflammende Diskussionen über die Existenzberechtigung staatlicher Monopole (z. B. Monopole im Rundfunk- und Fernsehbereich) verhindern zu können (vgl. z. B. Grosser [Hrsg.], 1985, S. 172 ff.).

255 Die Besonderheiten verwaltungsbetrieblicher Leistungsabgabe im Unterschied zum privatwirtschaftlichen Absatz resultieren z. T. auch daraus, daß Verwaltungsbetriebe in erster Linie *gesamtwirtschaftliche* und *gesellschaftspolitische* Ziele verfolgen. Als *einzelwirtschaftlich* bedeutsame Charakteristika der Leistungsabgabe in Verwaltungsbetrieben können zusammenfassend genannt werden:

1. Das Angebot der Verwaltungsbetriebe erstreckt sich überwiegend auf *Dienstleistungen.*
2. Die Leistungsabgabe erfolgt überwiegend *unentgeltlich.*
3. Gebühren, Beiträge oder Tarife, die von Verwaltungsbetrieben erhoben werden, sind staatlich *administriert.*

4. Verwaltungsbetriebe haben grundsätzlich eine *Absatzverpflichtung*, können aber auch Maßnahmen zur *Beschränkung* oder *Erhöhung* des Absatzes ergreifen.
5. Verwaltungsbetriebe verfügen relativ häufig über eine *Monopolstellung.*

3. Grundzüge des Leistungsabgabemarketing in Verwaltungsbetrieben

Auf dem Hintergrund der spezifischen Besonderheiten der verwaltungsbetrieblichen Leistungsabgabe ist die Frage zu stellen, ob ein für Privatbetriebe hinlänglich erprobtes Absatzkonzept in Verwaltungsbetrieben überhaupt angewendet werden kann, ggf. welche Teile dieses Instrumentariums auch im Verwaltungsbetrieb eingesetzt werden können. Dazu soll das klassische absatzpolitische Instrumentarium zunächst kurz vorgestellt werden (vgl. Gutenberg, 1967, S. 123 ff.; Wöhe, 1996, S. 631 ff.). Gutenberg unterteilt die *einzelbetrieblichen Möglichkeiten* der *Marktbeeinflussung* in vier Instrumente: **256**

1. *Absatzmethode* (Vertriebssysteme, Absatzformen, Absatzwege)
2. *Preispolitik* (Verkaufspreise, Zahlungsbedingungen, Preisdifferenzierung, Preisgestaltung bei verschiedenen Marktformen: Monopol, atomistische Konkurrenz, Oligopol)
3. *Produktgestaltung* (Sortiments- und Servicegestaltung, Konditionengestaltung, Produktvariationen, Warenmarken)
4. *Werbung* (Werbemittel, Werbebudgets, Werbeplanung, Sicherung des Werbeerfolgs.)

Geht man nach dieser Version von Gutenberg vor und überprüft die Verwendungsfähigkeit seines Konzepts für Verwaltungsbetriebe, so gelangt man zu folgenden Erkenntnissen (vgl. auch Rieger, 1991, S. 104 ff.):

1. Bezüglich der *Absatzmethode* muß das Generalziel verfolgt werden, den Staatsbürger möglichst direkt und schnell mit den erforderlichen Verwaltungsleistungen zu versorgen. Dazu gehört z. B. die Berücksichtigung günstiger Verwaltungsstandorte. Bei der Organisation der Leistungsabgabe liegen die Probleme z. T. völlig anders bei Privatbetrieben, da in vielen Verwaltungsbetrieben eine ständige Leistungsbereitschaft gegeben sein muß (z. B. Krankenhäuser, Polizeidienststellen, Versorgungs- und Verkehrsbetriebe). Hier sind auch besondere Anforderungen an die Personalplanung zu stellen (vgl. Rn 186).
2. Das Instrument *Preispolitik* wird in Privatbetrieben und Verwaltungsbetrieben unterschiedlich gehandhabt. Während der

Privatbetrieb bei gegebenen Kosten eine Erlösmaximierung anstrebt, liegen der Preisgestaltung bei Verwaltungsbetrieben andere Maßstäbe zugrunde (vgl. Rn 252, 255). Der Grad der Ausschaltung des marktwirtschaftlichen Preismechanismus ist je nach Typ des Verwaltungsbetriebs, der als Anbieter staatlicher Güter und Dienstleistungen fungiert, verschieden. So können Leistungen zum *Nulltarif* abgegeben werden (z. B. Verkehrsleistungen, Sicherheitsleistungen), Verwaltungsbetriebe können *kostendeckende Zielsetzungen* verfolgen (Betriebe mit dem Grundsatz der Kostendeckung sind z. B. Straßenbahngesellschaften, Energie- und Wasserversorgungsbetriebe, vgl. auch Kalkulationsverfahren bei Inanspruchnahme von Leistungen der öffentlichen Hand im Rahmen der Kostenrechnung, 4. Kapitel), können aber auch durch den Grundsatz der *Preisdifferenzierung* wie im Falle privater Preisbildung bestimmt sein. Die Preisdiskriminierung oder -differenzierung ist zwar kein konstitutives, in der Realität jedoch häufig vorkommendes Merkmal öffentlicher Tarife. Die Preisbildung kann räumliche, personale, zeitliche und sachliche Dimensionen haben. Sie ergeben sich aus der hoheitlichen Machtbefugnis und der mehr oder weniger vollkommenen Monopolstellung öffentlicher Anbieter (Beispiele: Betriebe des öffentlichen Verkehrs, Post- und Fernmeldewesens, Betriebe des öffentlichen Versorgungssektors und viele Gebührenhaushalte der allgemeinen Verwaltung; vgl. Rn 252, 253 und Breitenstein, 1977, S. 47; Grosser [Hrsg.], 1985, S. 163 ff.). Auch *Preiselastizitäten* spielen für den Absatz staatlicher Leistungen eine Rolle. Die Elastizität der Nachfrage ist eine Funktion der Dringlichkeit jeweiliger Bedürfnisse. So ist z. B. die Nachfrage nach medizinischen Diensten relativ unelastisch.

3. Für das dritte absatzpolitische Instrument, die *Produktgestaltung*, kann auf bereits erwähnte Möglichkeiten der Beschränkung oder Erhöhung des Leistungsangebots durch Verwaltungsbetriebe hingewiesen werden (vgl. Rn 253, 254). Die Produktgestaltung wird hier zu einem Mittel der Bedürfnisbeeinflussung. Im Bereich der Servicefunktionen als Bestandteil der Produktgestaltung, ist insbesondere an das Verhältnis Verwaltung – Bürger zu denken; fundierte Kritik des Bürgers kann zur Verbesserung der Verwaltungsleistungen führen. Bürgerberatungsstellen, Spätsprechstunden, vereinfachte Formulare, Referentenstellen für Bürgerbeschwerden, sind erste Schritte auf dem Wege zur Verbesserung der Leistungen und des Images des Staates. Es bleibt eine Fülle von ungelösten

Problemen, die bei Bewältigung zur Verbesserung des Verwaltungsservice führen können: Abbau der Bürokratie, überschaubare Organisationsstrukturen, mehr Partizipation des Bürgers an Entscheidungen der Verwaltung, Marktforschung zur Erfragung von Art und Umfang notwendiger Verwaltungsleistungen, Verbesserung des Informations- und Kommunikationsprozesses zwischen Bürger und Verwaltungsbetrieb (vgl. zu diesen Problemen ausführlicher: Wipfler, 1979, S. 185 ff.; Joerger, Geppert [Hrsg.], Band I, 1983, S. 286 ff.; Goller u. a. [Hrsg.], 1989 Abschnitt G 5; Herbst, 1989; Lenk [Hrsg.], 1990).

4. *Die „Werbung"* als letztes absatzpolitisches Instrument hat grundsätzlich in Verwaltungsbetrieb und Privatbetrieb die gleichen Ziele. Sie soll über das Leistungsangebot informieren und versucht u. U. die Nachfragestruktur zu beeinflussen und Präferenzen aufzubauen. Verkaufsförderungsmaßnahmen kommen in Verwaltungsbetrieben allerdings relativ selten vor (Beispiel: Gemeinden, die zur Förderung des Fremdenverkehrs Verlosungen und Preisausschreiben durchführen). Da die Konsumenten über den Nutzen öffenlicher Leistungen meist schlecht informiert sind, hat die Werbung in Form der *Öffentlichkeitsarbeit* für Verwaltungen eine besondere Bedeutung. Der Unterrichtung der Öffentlichkeit, die durch Steuerzahler und Leistungsempfänger repräsentiert wird, kommt bei Verwaltungsbetrieben eine größere Bedeutung zu als bei Privatbetrieben. Die Einrichtung und Verbesserung der Öffentlichkeitsarbeit soll dazu beitragen (vgl. Joerger, 1975; Hoffmann-Riem [Hrsg.], 1979, S. 313 ff.; Steinebach, 1982 a, S. 155 ff.; Balfanz, 1983, Steinebach, 1984 c, S. 10 ff.; Kirchhoff [Hrsg.], 1986, S. 658 ff.; Lenk [Hrsg.], 1990):
   1. den Bürger über Rechte und Pflichten aufzuklären,
   2. Aufbau und Ablauf der Verwaltung, insbesondere einzelner Bearbeitungsvorgänge – z. B. eines Baugenehmigungsverfahrens – transparenter zu machen,
   3. den Bürger zu animieren, an Verwaltungsplanungen und -entscheidugen mitzuwirken (vgl. Ziff. 3),
   4. falsche Darstellungen und Vorstellungen über die Verwaltung und ihre Mitarbeiter zu korrigieren.

Öffentlichkeitsarbeit ist intern und extern zu sehen. Auch *interne* Information der Mitarbeiter durch Broschüren, Rundbriefe, Fortbildungsveranstaltungen, Beratungsdienste für Personal usw. bleibt eine ständige Aufgabe der Verwaltungsbetriebe.

257 Abschließend soll versucht werden, die bereits im Beschaffungsmarketing (vgl. Rn 232, 233) diskutierten Instrumente auf das *Abgabemarketing* in Verwaltungsbetrieben zu übertragen, um *einen* möglichen terminologisch wie inhaltlich konkretisierten Ansatz des Abgabemarketing vorstellen zu können (vgl. dazu Eichhorn, Buchholz, 1983, S. 209 ff.; außerdem: Stauss, 1987; Töpfer, Braun [Hrsg.], 1989; Braun, Töpfer [Hrsg.], 1989; Bargehr, 1991; Strehl [Hrsg.], 1993, S. 11 ff.).

Ausgehend von den Zielsetzungen und Aufgaben der Verwaltungsbetriebe (vgl. Rn 76) im Unterschied zu den stärker privatwirtschaftlich orientierten Zielsetzungen des voranstehenden Ansatzes (Rn 256), werden verschiedene Ziele des Subsystems Leistungsabgabe *(Marketingziele)* nach gewünschten Auswirkungen unterteilt:

1. *Einnahmeerhöhendes* Marketing versucht über Nachfrageausweitung nach Verwaltungsleistungen eine Einnahmeerhöhung (z. B. Maßnahmen der Wirtschaftsförderung, Industrieansiedlung u. a.).
2. *Kostensenkendes* Marketing soll eine Reduzierung der Leistungsabgabekosten bewirken (z. B. Mitwirkung der Bürger bei der Inanspruchnahme von Verwaltungsleistungen, hierzu gehört auch der gesamte Komplex „Bürokratieüberwälzung"!).
3. *Nutzensteigerndes* Marketing will den sozialen Nutzen der Leistungsabnehmer, aber auch gesamtwirtschaftlich positive Wirkungen für Wirtschaft und Gesellschaft erzielen. Dieses Marketing kann zu Kosteneinsparungen (z. B. Verringerung von Unfallkosten durch Anschnallpflicht) oder zur Erleichterung der Inanspruchnahme von Verwaltungsleistungen führen (z. B. eigenes Mitwirken bei Steuererklärungen, Sozialhilfeanträgen erspart umständliche administrative Recherchen).

In Abänderung des privatwirtschaftlichen absatzpolitischen Instrumentariums (vgl. als Beispiel Rn 256) erweist sich für das Abgabemarketing eine Einteilung in Leistungs-, Gegenleistungs-, Distributions- und Kommunikationspolitik als sinnvoll (vgl. Rn 232, 233, beim Beschaffungsmarketing entsprechen der Leistungspolitik die Beschaffungspolitik, der Distributionspolitik die Beschaffungswegepolitik). Diese *abgabepolitischen Instrumente* werden im folgenden kurz erläutert:

1. Die *Leistungspolitik* (auch Produktpolitik, vgl. Rn 256) umfaßt alle strategischen, operativen und taktischen Maßnahmen, die auf die Auswahl und Einführung neuer Leistungen, die bedarfsadäquate Änderung vorhandener Leistungen und die Eliminierung nicht mehr benötigter Leistungen abstellt (Eichhorn, Buchholz, 1983, S. 216; auch Leistungsprogrammpolitik bei Bargehr, 1991, S. 183 ff.).

Beispiele:

Förderung von Wirtschaftszweigen, Gesetze in Form von Umweltschutzauflagen, Gewährung von Subventionen (z. B. für umweltfreundliche Anlagen), Direktinvestitionen (z. B. Verbesserung der städtischen Ausstattung mit Grünanlagen), Einführung neuer Technologien, um z. B. Aufgaben der Polizei- und Ordnungsverwaltung besser bewältigen zu können.

2. *Die Gegenleistungspolitik* der Verwaltungsbetriebe (vgl. auch Rn 256) ist durch den fehlenden Leistungsbezug vieler Zahlungsströme eingeschränkt. Man unterscheidet Verwaltungsleistungen ohne monetäre Gegenleistungen (Steuern, Nulltarif), mit geringen monetären Gegenleistungen (Verwaltungsgebühren), mit leistungsadäquaten Gegenleistungen (Straßenanliegerbeiträge, Umlagen, Marktpreis) und Verwaltungsleistungen mit nicht-monetären Gegenleistungen (z. B. Behördenbesuche als physische Mitwirkung, Krankenhausaufenthalte, Beachtung von Gesundheitsempfehlungen als psychische Mitwirkung der Leistungsabnehmer). Die Entgeltpolitik von Verwaltungsbetrieben (insbesondere bei leistungsäquivalenten Gegenleistungen) kann Steuerungs-, Anreiz-, Sanktions- sowie Finanzierungsfunktionen wahrnehmen.

   Beispiele:

   Mit Niedrigpreisen und Nulltarifen wird eine angestrebte Leistungsabgabemenge erreicht (z. B. bei Reihenuntersuchungen, Vorsorgeuntersuchungen), mit Höchstpreisen wird die Nachfrage nach Gütern gesenkt (z. B. Steuern auf Genußmittel oder Immissionsgebühren auf die Abgabe von Schadstoffen), Preisdifferenzierungen (z. B. Ausnutzung von Vorhaltekapazitäten bei Theatern und Bädern), Ausgleich von sozialen Unterschieden (z. B. beim Schülerverkehr).

   Insgesamt erfüllen Gebühren und Beiträge öffentlicher Verwaltungsbetriebe nur geringfügig Aufgaben der Nachfragelenkung (wie sie die Preispolitik in privaten Betrieben ermöglicht), weil mit ihnen überwiegend Zwangsbedarfe befriedigt werden (vgl. auch zum Verhältnis Steuern-Beiträge, Hanusch [Hrsg.], 1978, S. 43 ff.).

3. Die *Distributionspolitik* (vgl. Rn 256) beinhaltet sämtliche Entscheidungen über den Weg einer Leistung zu den Endabnehmern. Verteilungsverfügungen von Verwaltungsbetrieben beziehen sich auf die Wahl der Distributionskanäle und der jeweiligen Distributionsorgane (akquisitorische Distribution)

und auf die physische Distribution materieller Güter (körperliche Warenverteilung, Logistik). Die logistische Seite der Distributionspolitik erschöpft sich in der Erstellung und Abgabe von Dienstleistungen (insbesondere Informationen).

Aufgrund der Eigenschaften der Ausbringgüter sind bei Verwaltungsbetrieben die distributionspolitischen Möglichkeiten stark eingeschränkt bzw. entfallen sogar (z. B. bei Gemeinschaftsdiensten – Bundeswehr – äußere Sicherheit). Man unterscheidet direkte Leistungsabgabe (Ausstellung eines Personalausweises, Beantragung von Sozialleistungen) und indirekte Leistungsabgabe über vorhandene Kommunikationssysteme (amtliche Bekanntmachungen in Zeitungen, Postwurfsendungen, etc.). Die größte „Distributionsbedeutung" hat zweifellos der *Verwaltungsstandort,* z. B. bei Leistungsabgaben von Ausbildungsstätten, Sozial-, Grundbuch- und Gesundheitsämtern.

4. Die *Kommunikationspolitik* (auch Nachrichtenpolitik, vgl. Rn 256) beabsichtigt eine gezielte Beeinflussung von Menschen, um eine Verhaltensänderung zu bewirken. Verwaltungsbetriebe versuchen mit Nachrichtenübermittlung überwiegend den Publikumsbedarf zu steuern.

   Beispiele:

   Kommunikationspolitik durch Auskünfte und Beratung (Berufs-, Familienberatung), Werbung über Medien. Trotz umfangreicher gesetzlicher Verpflichtungen zur Öffentlichkeitsarbeit im Sinne einer bürgernahen Verwaltung und erhöhter Transparenz des Verwaltungsgeschehens ist dieses Instrument des Abgabemarketing noch stark verbesserungsfähig und -würdig (vgl. Hoffmann-Riem [Hrsg.] 1980; Balfanz, 1983; Steinebach, 1984 c, S. 10 ff.; Stauss, 1987, S. 217 ff.; Töpfer, Braun [Hrsg.], 1989, S. 21 ff.; Bargehr, 1991, S. 190 ff.; speziell für die Bundeswehr vgl. Hahn, 1997, S. 215 ff.).

Zur Ausschöpfung der gegebenen Möglichkeiten des Leistungsabgabemarketing im Sinne einer optimalen Kombination der angeführten Instrumente (*Marketing-Mix!,* vgl. Braun, Töpfer [Hrsg.], S. 25 ff.) wird die Verwaltungsbetriebslehre vermehrt tragfähige – theoretisch und empirisch abgesicherte – Konzepte entwickeln müssen, um für diesen bisher unterentwickelten Bereich verbesserte Handlungsempfehlungen und Gestaltungsmöglichkeiten anbieten zu können (wie es z. T. bei öffentlichen Unternehmen schon geschehen ist; vgl. Bätz, 1979; Stauss, 1987).

Die vorliegenden Ansätze zum Abgabemarketing im staatlichen und kommunalen Bereich sind vielversprechend (vgl. Töpfer, Braun [Hrsg.], 1989;

Braun, Töpfer [Hrsg.], 1989; Goller u. a. (Hrsg.), 1989, Abschnitt G; Bargehr, 1991; Bayerische Verwaltungsschule [Hrsg.], 1996, S. 65 ff.).

Wie *Beschaffungs- und Abgabemarketing* sinnvoll miteinander verbunden werden können, zeigt sich am Beispiel eines Schulmarketing (vgl. Damkowski, Precht, 1995, S. 199). Eine Wirtschaftsschule führt ein an den Bedürfnissen orientiertes Konzept durch (Qualität im Innern, Vermarktung der Leistung nach außen). Dabei kommt klassischen Komponenten ein eigenes Gewicht zu:

1. Markterschließung: kundenorientiertes Angebot an Eltern und Schüler über attraktive Lehrinhalte und Abschlußzertifikate;
2. Marktsicherung: strategische Analyse der Vorgaben von Kultusministerium und Stadtverwaltung unter Einbeziehung von Nachfrage und potentieller Konkurrenz;
3. Marktausweitung: kontinuierliche Öffentlichkeitsarbeit bei Wirtschaft, Presse, Stadtrat, Bezirksregierung und vor allem bei Arbeitsämtern, abgebenden Schulen und Zubringerschulen.

Wenn Verwaltungsbetriebe die Herausforderungen geänderter Anforderungen annehmen, professionelle Dienstleister mit professionellen Methoden sein wollen, dann wird sich auch das Verwaltungsmarketing – Beschaffungs- wie Leistungsabgabemarketing – in Zukunft als wichtiger verwaltungsbetrieblicher Erkenntnisbereich stärker etablieren.

Fragen zum Verständnis

(3. Kapitel, Abschnitte VI und VII)

1. Was ist Produktion, was Leistungserstellung im Verwaltungsbetrieb? (Rn 237, 238)
2. Nehmen Sie Stellung zu einigen Besonderheiten der verwaltungsbetrieblichen Leistungserstellung. (Rn 239–242)
3. Hauptmerkmale der Faktorkombination im Verwaltungsbetrieb? (Rn 243, 244)
4. Unterscheiden Sie Verwaltungsprozesse nach ihrer Programmierbarkeit. (Rn 245, 246)
5. Anwendungsmöglichkeiten für Produktivitäts- und Kostenbeurteilungen in der Verwaltung? (Rn 247)
6. Kostenverläufe bei Änderung des Beschäftigungsgrades? (Rn 248)
7. Unterscheiden Sie Nutz- und Leerkosten anhand von Beispielen. (Rn 249)
8. Warum ist bei Verwaltungsbetrieben mit büromäßiger Gütererstellung die Kapazität eine entscheidende Kosteneinflußgröße? (Rn 249)
9. Begriff und Bedeutung der Leistungsabgabe in Verwaltungsbetrieben? (Rn 250, 251)
10. Welche Besonderheiten verwaltungsbetrieblicher Leistungsabgabe halten Sie für besonders wichtig? Begründung! (Rn 252–255)
11. Nennen Sie die Bestandteile des absatzpolitischen Instrumentariums nach Gutenberg. (Rn 256)
12. Begründen Sie die Unterschiede von Privat- und Verwaltungsbetrieben bezüglich des absatzpolitischen Instrumentariums. (Rn 256)
13. Welche allgemeinen Ziele werden mit Leistungsabgabemarketing verfolgt? (Rn 257)
14. Nennen und erklären Sie abgabepolitische Instrumente der Verwaltungsbetriebe. (Rn 257)
15. Entwerfen Sie eine Konzeption zur Verbesserung der Öffentlichkeitsarbeit eines Ihnen bekannten Verwaltungsbetriebs. (Rn 257)

4. Kapitel Das Rechnungssystem des Verwaltungsbetriebs

I. Begriff und Aufgaben des Rechnungswesens

Während im 2. Kapitel dieser Abhandlung das Führungssystem der Verwaltungsbetriebe vorgestellt wurde und im 3. Kapitel das verwaltungsbetriebliche Leistungssystem in den Grundzügen erläutert wurde, steht im abschließenden *4. Kapitel* das *Rechnungssystem* des Verwaltungsbetriebs zur Diskussion. In der einführenden Zusammenschau der drei wesentlichen verwaltungsbetrieblichen Teilsysteme Führungs-, Leistungs- und Rechnungssystem (vgl. Rn 7, 56–59) wurde bereits die grundsätzliche Bedeutung des Rechnungssystems erklärt und auf seine Interdependenzen zum Führungs- und Leistungsbereich hingewiesen. Da der Verwaltungsbetrieb unter dem Gesichtspunkt ökonomischer Rationalität und Wirtschaftlichkeit betrachtet wird (vgl. Rn 25), erhält die Kontrolle der Wirtschaftlichkeit durch das Rechnungswesen, auf die sich eine Reihe bisheriger Einzelhinweise bezog (vgl. u. a. Rn 76, 96, 171, 175, 199), besonderes Gewicht. Im folgenden werden diese Hinweise vertieft und in einen systematischen Zusammenhang gebracht. Dazu müssen zunächst *Begriff und Aufgaben des Rechnungswesens* (Abschnitt I) geklärt sein und die *Bereiche des Rechnungswesens* im Überblick (vgl. Abschnitt II) dargestellt werden. Die Kenntnis wichtiger *Grundbegriffe des Rechnungswesens* wie Ausgaben, Einnahmen, Aufwendungen, Erträge, Leistung (Abschnitt III), ist eine wesentliche Voraussetzung für das Verständnis der Zusammenhänge des Rechnungswesens. In Abschnitt IV wird die *Kameralistik* als *Rechnungsstil der Verwaltungsbetriebe* in ihren grundsätzlichen Merkmalen, in ihren Arten und in ihren Unterschieden zum Rechnungsstil der Privatbetriebe (Doppelte Buchführung) erläutert. Es folgt eine Einführung in die *Vermögensrechnung der Verwaltungsbetriebe* (Abschnitt V). Im Mittelpunkt des 4. Kapitels stehen Überlegungen zur *Kostenrechnung* (Abschnitt VI) und zu *Wirtschaftlichkeitsrechnungen in Verwaltungsbetrieben* (Abschnitt VII). Auch für Kosten- und Wirtschaftlichkeitsrechnungen gibt es bereits eine Fülle von Vorbemerkungen in den bisherigen Ausführungen, so daß eine Beschränkung auf die wesentlichen Grundzüge dieser Rechnungen geboten und hinreichend erscheint (vgl. u. a. Rn 80, 88, 96, 119, 120, 171, 179, 199, 202, 207, 218, 223, 224, 243, 244, 247, 249). **258**

Das *Rechnungssystem der Betriebe* dient der *mengen- und wertmäßigen Erfassung* und *Überwachung* aller in Betrieben auftretenden *Geld- und Leistungsströme* (Wöhe, 1996, S. 963). Diese Definition des Rechnungswesens gilt sowohl für Privatbetriebe wie auch für Verwaltungsbetriebe; sie darf nicht zu der Unterstellung verleiten, das Rechnungswesen habe aus- **259** schließlich Ermittlungs- und Auswertungsaufgaben. Die *Generalaufgabe* des Rechnungswesens besteht darin, den Instanzen der Verwaltungsbetriebe die *Informationen* zu vermitteln, die für das Treffen von Entscheidungen benötigt werden. Das Rechnungswesen erhält damit eine umfassende *Kommunikations- und Informationsfunktion* (Herbst, 1972, S. 19; Eichhorn [Hrsg.], 1987, S. 17 ff.; Mülhaupt, 1987, S. 57 ff.; Männel, 1988, S. 842 ff.; Lüder [Hrsg.], 1994, S. 25 ff.). Im Rahmen dieser eher *internen* Aufgabe des Rechnungswesens lassen sich folgende Teilaufgaben feststellen (vgl. Eichhorn [Hrsg.], 1985, S. 88 ff.; Bornhalm, 1986, S. 87 ff.; Mülhaupt, 1987, S. 373 ff.; Klümper u. a., 1996, S. 15 ff.):

1. Ermöglichung von Wirtschaftlichkeitsvergleichen
2. Kontrolle der Wirtschaftlichkeit, insbesondere im Rahmen von Rationalisierungsmaßnahmen
3. Ermittlung des Betriebserfolgs aus dem Vergleich von Kosten und Leistungen eines Verwaltungsbetriebs
4. Bestimmung der Kosten je Leistungseinheit als Basis für die Gebühren- bzw. Preisfestsetzung.

260 Eine eher *externe* verwaltungsbetriebliche Aufgabe des Rechnungswesens ergibt sich aus der auch heute noch dominierenden *Rechenschaftslegungsfunktion,* die auf die Ermittlung der finanzwirtschaftlichen Ergebnisse von Verwaltungsbetrieben ausgerichtet ist. Im Vordergrund steht hier nicht die Wirtschaftlichkeitskontrolle im Sinne eines Kosten-Leistungsvergleichs, sondern das Etatdenken im Sinne einer Gesamtdeckung der Einnahmen und Ausgaben (vgl. auch verwaltungsexterne und -interne Kontrollen, Rn 174 ff.). Aus der Rechenschaftslegungsaufgabe ergeben sich folgende *Teilaufgaben* des verwaltungsbetrieblichen Rechnungswesens (vgl. Wysocki, 1965, S. 18 ff.; Mülhaupt, 1987, S. 57 ff.; Eichhorn, 1995, S. 146 ff.):

1. Abstimmung zwischen Haushaltsplanung und Haushaltsführung (Vollzugskontrolle)
2. Abstimmung zwischen Zahlungsanordnungen und Zahlungsausführung (Kassenkontrolle)
3. Erfassung der Zahlungsmittelbestände und ihrer Veränderungen (Kassenkontrolle)
4. Erfassung der Vermögensbestände und ihrer Veränderungen
5. Ergebnisfeststellung (Verwaltungserfolg nicht im Sinne eines Gewinns oder Verlusts, sondern als Gesamtdeckung der Einnahmen und Ausgaben).

Der seit langem geforderten stärkeren Ausrichtung des verwaltungsbetrieblichen Rechnungswesens an betriebswirtschaftlichen, nicht ausschließlich finanzwirtschaftlichen Grundsätzen, wird in den Abschnitten VI und VII dieses Kapitels Rechnung getragen. Insofern wird der Rechenschaftslegungsaufgabe nur in den für das Verständnis des Gesamtzusammenhangs notwendigen Grundzügen nachgegangen. Haushaltsrechtliche, volkswirtschaftliche und finanzwissenschaftliche Aspekte des verwaltungsbetrieblichen Rechnungssystems bleiben hier weitgehend außer Betracht (vgl. dazu u. a. Lüder, Budäus, 1976; Mäding, 1987; Lüder [Hrsg.], 1994, S. 25 f.).

II. Bereiche des Rechnungswesens im Überblick

Während in Privatbetrieben eine Einteilung des Rechnungswesens in 1. Finanzbuchführung und Bilanz, 2. Kostenrechnung, 3. Betriebswirtschaftliche Statistik und Vergleichsrechnung und 4. Planungsrechnung vorgenommen werden kann (vgl. Wöhe, 1996, S. 964), besteht das Rechnungswesen der Verwaltungsbetriebe im wesentlichen aus der *Haushaltsrechnung* (laufenden Finanzrechnung) und der *Vermögensrechnung* (finanzwirtschaftliche Ebene, vgl. Bornhalm, 1986, S. 65 ff.; Mülhaupt, 1987, S. 65; Lüder [Hrsg.], 1997, S. 250 f.). Bezieht man eine zunehmende Tendenz zur innerbetrieblichen Wirtschaftlichkeitskontrolle in Verwaltungsbetrieben in die Überlegungen ein, so ergeben sich Notwendigkeiten für den Auf- und Ausbau von *Kostenrechnungen* und von Rechnungen, die außerhalb periodischer Rechenwerke angesiedelt sind: Diese Arten von Rechnungen kann man als *Wirtschaftlichkeitsrechnungen* bezeichnen (Leistungs-, betriebswirtschaftliche Ebene, vgl. Bornhalm, 1986, S. 87 ff.; Mülhaupt, 1987, S. 65; Lüder [Hrsg.], 1994, S. 26 ff.). **261**

Ziel der *Haushaltsrechnung* ist die Rechnungslegung über die kassenmäßige Abwicklung des Haushalts als reine Einnahmen- und Ausgabenrechnung zur Kontrolle der Haushaltsführung und auf der Grundlage des Haushaltsplans (Herbst, 1972, S. 95; Mülhaupt, 1987, S. 416 ff.). Daten der Haushaltsrechnung sind Arbeitsbasis für die Vermögens- und Kostenrechnung sowie für Wirtschaftlichkeitsrechnungen. Die wesentlichen Grundzüge der Haushaltsrechnung werden im Rahmen des Abschnitts IV dieses Kapitels erläutert. Die *Vermögensrechnung* gibt Aufschluß über die Veränderungen des verwaltungsbetrieblichen Vermögens und der verwaltungsbetrieblichen Schulden. Die Vermögensrechnung ermöglicht u. a. Auskünfte über das finanzwirtschaftliche Gesamtergebnis des Verwaltungsbetriebs, auf das die Veränderungen des Vermögens einen entscheidenden Einfluß ausüben (Herbst, 1972, S. 96; vgl. auch Eichhorn [Hrsg.], 1985, S. 235 ff.; Mülhaupt, 1987, S. 318 ff.). Mit der Vermögensrechnung beschäftigt sich im wesentlichen der V. Abschnitt dieses Kapitels. **262**

Der *Kostenrechnung* obliegt vor allem die kostenstellenweise Erfassung und verursachungsgerechte Verteilung der Kosten. Die Auswertung der Kostenrechnung dient weniger der Rechnungslegungsprüfung als der internen Verwaltungsablaufkontrolle und der Disposition der Leitung (Herbst, 1972, S. 95 f.; Mülhaupt, 1987, S. 373 ff.). Die Daten der Kostenrechnung sind u. a. Grundlage für die Vermögensrechnung, vor allem aber **263** für die Wirtschaftlichkeitsrechnungen. Mit der Kostenrechnung setzt sich der VI. Abschnitt dieses Kapitels auseinander. Schließlich sind *Wirtschaftlichkeitsrechnungen* (vgl. VII. Abschnitt) auf Einzelmaßnahmen gerichtete Rechenwerke (z. B. Nutzen-Kosten-Analysen, Investitionsrechnungen usw.), die aperiodisch Entscheidungshilfen für Wirtschaftlichkeitsuntersuchungen liefern sollen.

264 Im Mittelpunkt der Erörterungen des 4. Kapitels stehen Fragen des *verwaltungsbetrieblichen* Rechnungssystems. Die detaillierte Herausarbeitung von Gemeinsamkeiten und Unterschieden zum *privatbetrieblichen* Rechnungswesen, insbesondere zur kaufmännischen Bilanz und Erfolgsrechnung, würde umfassende Kenntnisse des kaufmännischen Rechnungswesens erforderlich machen, die hier nicht vermittelt werden können. Insofern wird auf die betriebswirtschaftliche Standardliteratur verwiesen (vgl. u. a. Chmielewicz, 1973, 2. Bände; Schierenbeck, 1995, S. 483 ff.; Wöhe, 1996, S. 963 ff.), außerdem werden die Verbindungen zwischen beiden Rechnungssystemen, wo immer es möglich und notwendig erscheint, sichtbar gemacht (vgl. u. a. Abschnitte III, IV, 6).

III. Grundbegriffe des Rechnungswesens

265 Das Ziel der kameralistischen Rechnung besteht darin, einen Nachweis über die *Einnahmen* und *Ausgaben* eines Haushaltsjahres zu führen. Es soll festgestellt werden, ob die Geldbewegungen eines Jahres den Ansätzen des Haushaltsplans entsprechen oder ob Haushaltsverbesserungen bzw. Haushaltsverschlechterungen eingetreten sind. In der kameralistischen Rechnung wird ein finanzwirtschaftliches Ergebnis aus der Gegenüberstellung von Einnahmen und Ausgaben gewonnen. Einnahmen und Ausgaben sind das vorherrschende Begriffspaar in der Haushaltsrechnung. Das kaufmännische Rechnungswesen will als Kapitalnachweisrechnung aufzeigen, ob das im Betrieb eingesetzte Kapital vermehrt wurde bzw. ob ein Gewinn entstanden ist. Deshalb grenzt die kaufmännische doppelte Buchführung periodisch (in der Regel jährlich) Ausgaben voneinander ab, die 1. zum Erwerb eines auch in den folgenden Jahren noch nutzbaren Gegenstandes geführt haben (z. B. Anlagen, Maschinen, Gebäude) oder 2. sofort verbraucht wurden (z. B. Roh-, Hilfs-, Betriebsstoffe, Löhne). Ausgaben der ersten Kategorie führen zu einem Vermögenszuwachs, der als Aktivposten auf der Vermögensseite der Bilanz ausgewiesen wird. Die vermögenswirksamen Ausgaben der o. a. Art berühren auch die kaufmännische Erfolgsrechnung (Gewinn- und Verlustrechnung), wenn sie in Form von Abschreibungen als *Aufwendungen* erfaßt werden. Auch die Ausgaben für Roh-, Hilfs- und Betriebsstoffe usw. sind erfolgswirksam und schlagen sich in der Erfolgsrechnung als Aufwendungen nieder. Da der kaufmännische Betrieb auch Wertzuwächse verzeichnet, die man *Erträge* nennt, sind Aufwendungen und Erträge das beherrschende Begriffspaar der kaufmännischen Erfolgsrechnung, die dem Ziel des Gewinnausweises dient. Beide Begriffe tauchen in der kameralistischen Rechnung nicht auf, da in Verwaltungsbetrieben keine Gewinnerzielungsabsicht besteht und die Kostenrechnung meistens unmittelbar aus dem kameralistischen Abschluß erstellt wird.

Das beherrschende Begriffspaar der Kostenrechnung heißt *Kosten* und **266**
Leistungen. In jedem Verwaltungsbetrieb fallen Kosten als bewerteter Verzehr von Gütern und Dienstleistungen zur Erstellung verwaltungsbetrieblicher Leistungen an. Leistungen werden definiert als Menge oder Wert der im verwaltungsbetrieblichen Leistungsprozeß erstellten „Produktionseinheiten". Die Begriffe Aufwendungen und Kosten bedürfen einer genaueren Abgrenzung, weil nicht alle Aufwendungen Kosten sind, aber auch Kosten entstehen können, denen keine Aufwendungen entgegenstehen. Nur Aufwendungen, die dem eigentlichen verwaltungsbetrieblichen Zweck entsprechen, sind Kosten. Sie werden auch *Zweckaufwendungen* oder *Grundkosten* genannt (Beispiele: Löhne, Gehälter, Gebühren, Büromaterial). Kosten, denen kein Aufwand gegenübersteht, heißen *Zusatzkosten.* Hier sind vor allem die kalkulatorischen Kostenarten (kalkulatorische Abschreibungen, vgl. Rn 202, kalkulatorische Zinsen, kalkulatorischer Unternehmerlohn u. a.) zu nennen. Die Abgrenzung von Aufwendungen und Kosten gibt Schaubild 118 wieder.

Schaubild 118 Abgrenzung von Aufwendungen und Kosten

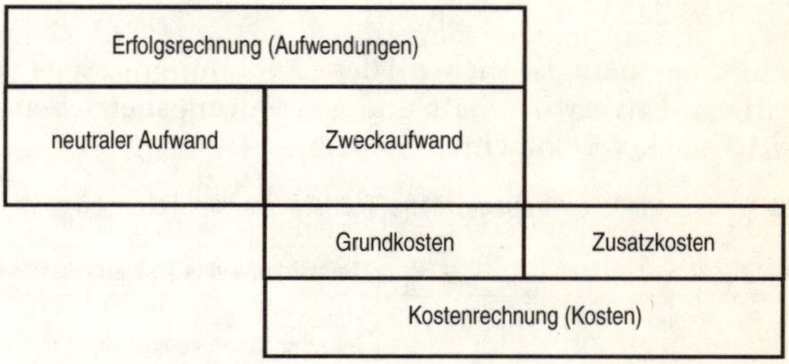

Noch bedeutsamer als die Abgrenzung von Kosten und Aufwendungen ist **267**
die Unterscheidung von *Verwaltungsausgaben* und Verwaltungs*kosten.* Verwaltungsausgaben (z. B. für Personal, Sachen, Zinsen usw.) können in vermögenswirksame Ausgaben (z. B. Investitionen) und vermögensunwirksame Ausgaben (z. B. Personalausgaben) unterteilt werden. Die vermögensunwirksamen Ausgaben sind Grundkosten, wenn sie mit dem Verbrauch an Produktionsfaktoren identisch sind. Wenn vermögensunwirksame Ausgaben ohne Faktorverzehr entstehen (z. B. Pensionsausgaben für Beamte), liegen neutrale Ausgaben vor, die man bei unterstellter periodenbezogener Betrachtung als neutrale Aufwendungen bezeichnet.

Zu den Grundkosten müssen noch die Kosten hinzugerechnet werden, denen keine Ausgaben entgegenstehen (Zusatzkosten oder kalkulatorische Kosten, vgl. Schaubild 118. Zu den voranstehenden Ausführungen und zu Schaubild 119 vgl. Eichhorn, 1979, S. 31 f.; Schuster, Steffen, 1987, S. 16 ff.; Klümper u. a., 1996, S. 23 ff.).

Schaubild 119 Abgrenzung von Verwaltungsausgaben und Verwaltungskosten

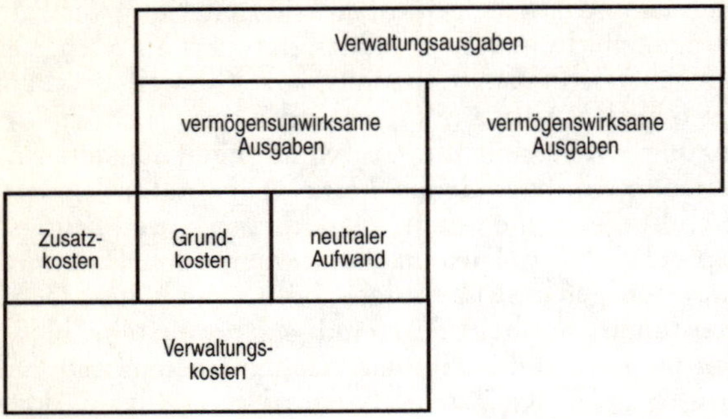

Bei der Abgrenzung von Einnahmen, Erträgen und Leistungen handelt es sich um einen analogen Vorgang zu der Unterscheidung von Ausgaben, Aufwendungen und Kosten. (Näheres vgl. Klümper u. a., 1996, S. 30 ff.; Wöhe, 1996, S. 972 ff.).

268 Die in den einzelnen Bereichen des Rechnungswesens verwendeten Grundbegriffe in Privatwirtschaft und Verwaltungsbetrieben ergeben sich aus folgendem stark vereinfachten Schaubild.

Schaubild 120 Grundbegriffe und ausgewählte Teilbereiche des Rechnungswesens

Grundbegriffe	Teilbereiche des Rechnungswesens
1. Ausgaben – Einnahmen	Haushaltsrechnung (nur Verwaltungsbetriebe)
2. Aufwendungen – Erträge	Erfolgsrechnung (im wesentlichen Privatbetriebe)
3. Kosten – Leistungen	Kostenrechnung (Privatbetriebe und Verwaltungsbetriebe)

IV. Die Kameralistik als Rechnungsstil der Verwaltungsbetriebe

1. Grundsätzliche Merkmale der Kameralistik

Der Begriff *Kameralistik* (camera gleich fürstliche Rechnungskammer) bezeichnet einmal die staatswissenschaftliche Wirtschaftslehre des 18. Jahrhunderts, die alle wirtschaftlichen Zusammenhänge aus der Sicht des Staates betrachtete, zum anderen den *Rechnungsstil* der öffentlichen Gebietskörperschaften (Bund, Länder, Gemeinden). Hier wird der Terminus Kameralistik im letztgenannten Sinne verwendet. (Zur Kameralistik vgl. folgende Literatur: Winckelmann, 1950; Burret, 1965; Oettle, 1976, S. 125 ff.; Mäding, 1987, S. 168 ff.; Mülhaupt, 1987, S. 79 ff.; Eichhorn, 1995, S. 141 ff.; Bauer, Klug, 1996, S. 51 ff.). **269**

Die Kameralistik ist eine Form der Rechnungslegung, die in ihrer Verbuchung vor allem an *kassenmäßige Vorgänge* anknüpft und das Ziel der Ermittlung *finanzwirtschaftlicher Ergebnisse* verfolgt. Dagegen hat die kaufmännische doppelte Buchführung das Ziel, ein erfolgswirtschaftliches Ergebnis im Sinne eines Verlustes oder Gewinns zu ermitteln. Diese Unterscheidung wird jedoch unscharf, wenn das kameralistische Rechnungswesen, z. B. in Form der Betriebskameralistik (vgl. Abschnitt IV, Ziff. 4), auch der Erfolgsermittlung dient. Grundsätzlich schließt die in der Kameralistik betonte Abstellung auf Zahlungsvorgänge die Schaffung von Erfolgsrechnungen keineswegs aus. Somit liegt der Kameralistik weder eine spezifische Zielsetzung zugrunde, noch kann ihr ein fest determinierter spezifischer Anwendungsbereich zugeordnet werden. Die Kameralistik ist vielmehr ein Buchungsverfahren, das durch die typische Art des Aufbaus ihrer Konten (Trennung von Geld- und Nichtgeldvorgängen durch ein System von Soll- und Istbuchungen) der *rechnerischen Erfassung und Kontrolle* von *Massenzahlungsvorgängen* in Verwaltungsbetrieben besonders entgegenkommt (vgl. Wysocki, 1965, S. 11 f.; König, Wobser, 1967, S. 7; Mülhaupt, 1987, S. 114 f.; Bauer, Klug, 1996, S. 54 f.). **270**

Während die kaufmännische doppelte Buchführung einen *eingliedrigen Aufbau* der Konten vorsieht – bei allen Buchungen wird stets ein Konto erkannt und ein anderes Konto belastet – werden die kameralistischen Bücher (im wesentlichen Sach- und Zeitbücher) *mehrgliedrig* aufgebaut, d. h. die Einnahme- und Ausgabekonten enthalten mehrere Spalten, denen unterschiedliche Buchungsinhalte zugeordnet sind. In Schaubild 121 ist ein kameralistisches Sachbuchkonto abgebildet (vgl. Wysocki, 1965, S. 22; Gornas, 1992, S. 123). **271**

Schaubild 121 Kameralistisches Sachbuchkonto

Einnahme
(Ausgabe)

Konto (Haushaltsstelle)	Anordnungssoll		Ausführung	noch auszuführen
	Rest aus Vorperioden (RVp)	laufendes Soll (S)	Ist (I)	Rest (R)

Gebucht wird nach der **Buchungsgleichung:** RVp + S – I = R

2. Entwicklungsstufen kameralistischer Rechnung

272 In der kameralistischen Rechnung werden folgende Entwicklungsstufen unterschieden (vgl. Wysocki, 1965, S. 13 ff.; König, Wobser, 1967, S. 9 ff.; Fuchs, Zentgraf, 1981, S. 10 ff.):

1. Stufe: Einfacher Kameralstil (etwa 1500–1750)
2. Stufe: Einführung der Sollverrechnung (etwa 1750–1810)
3. Stufe: Weitere Durchgliederung des kameralistischen Sachbuches (verfeinerte oder gehobene Verwaltungskameralistik im Unterschied zu der einfachen Kameralistik in den Stufen 1 und 2; etwa ab 1810)
4. Stufe: Ausbau des kameralistischen Rechnungsstils zur Betriebskameralistik (etwa ab 1910)
5. Stufe: erweiterte Kameralistik (etwa ab 1950).

273 Da die Entwicklungsstufen von Verwaltungs- und Betriebskameralistik sowie erweiterter Kameralistik Gegenstand gestraffter Darstellungen in den folgenden Ziffern 3 bis 5 des IV. Abschnittes sind, sollen die ersten beiden Stufen hier zunächst kurz beschrieben werden. Im *einfachen Kameralstil* hat man sich auf eine Ist-Rechnung für die Geldeinnahmen und Geldausgaben in einem ungegliederten Kassenbuch beschränkt. Die „Geschäftsvorfälle" wurden chronologisch ohne Berücksichtigung ihres Charakters verzeichnet.

274 Die Verbesserung des öffentlichen Rechnungswesens in der zweiten Stufe bestand darin, daß

1. alle Zahlungsvorgänge durch Buchungen im Zeitbuch (Kassenbuch) und im Hauptbuch (Sachbuch) miteinander verbunden waren. Sämtliche Einnahmen und Ausgaben wurden in der chronologischen und systematischen Rechnung erfaßt (Ist-Rechnung),
2. in der systematischen nicht nur die bereits erfolgten Einnahmen und Ausgaben erfaßt wurden (Kassenrechnung, Ist-Verrechnung), sondern auch die *zukünftigen* Einnahmen und Ausgaben *(Soll-Verrechnung).* Hier wurden die Grundlagen der heute noch in Verwaltungsbetrieben gebräuchlichen ver-

feinerten oder gehobenen Verwaltungskameralistik vorbereitet, die im wesentlichen eine Soll-Ist-Reste-Rechnung ist (vgl. Schaubild 121 und Rn 275).

3. Verwaltungskameralistik

Die *Verwaltungskameralistik* verfolgt überwiegend finanzwirtschaftliche **275** Ziele. Sie baut auf dem Haushaltsplan auf und endet auf der Grundlage der für die Verwaltungsbuchführung verwendeten Zeit- und Sachbücher mit den Rechnungsabschlüssen nach Ablauf der Haushaltsjahre. Die Rechnungsabschlüsse haben die folgenden finanzwirtschaftlichen Rechenziele (vgl. Rn 260; Mülhaupt, 1987, S. 170 ff.; Gornas, 1992, S. 120 ff.):

1. Rechnungsmäßiger Nachweis des Haushaltsplanvollzugs durch die *Haushaltsrechnung* (zentrale Aufgabenstellung der Verwaltungskameralistik)
2. Ausweis des Ergebnisses der Haushaltswirtschaft durch den kassenmäßigen Abschluß
3. Nachweis der Kassengebarung (ordnungsmäßige Kassenführung, Veränderungen des Zahlungsmittelbestandes u. a. m.) durch kassenmäßigen Abschluß und auch durch die Haushaltsrechnung
4. Befriedigung verschiedener finanzwirtschaftlicher Informationsbedürfnisse (z. B. Lieferung von Informationen für wirtschaftspolitische Entscheidungen durch entsprechende Gliederung von Einnahmen und Ausgaben)
5. Erfassung und Ausweis des öffentlichen Vermögens durch die Vermögensrechnung.

In der Verwaltungskameralistik sind folgende Arten von *Verrechnungsvorgängen* möglich (vgl. Wysocki, 1965, S. 24 ff. und Schuster, Steffen, 1987, S. 42 ff.; HWÖ, Stichwort Verwaltungskameralistik, 1989, Sp. 1650 ff.; Klümper u. a., 1996, S. 117 ff.): **276**

1. Barzahlungen (Soll und Ist stimmen überein)
2. Zahlungsvorgriffe (Buchung von Zahlungsvorgriffen, von vorverrechneten Einnahmen und Ausgaben)
3. Fiktive Einzahlungen und Auszahlungen, insbesondere Erstattungen als fiktive Zahlungen zwischen verschiedenen Verwaltungsbetrieben
4. Bildung und Auflösung kameralistischer Rücklagen (Betriebsmittelrücklagen, Allgemeine Ausgleichsrücklagen, Tilgungsrücklagen usw.).

Zur *Beurteilung* der Verwaltungskameralistik können folgende Punkte **277** angeführt werden (Mülhaupt, 1987, S. 368 ff.; Gornas, 1992, S. 134 ff.):

1. Abgesehen vom verwaltungsbetrieblichen Vollzugsnachweis des einzelnen Haushaltsplans, läßt die Verwaltungskameralistik kaum *einzelwirtschaftliche* Bezüge erkennen. Sie richtet sich in der Regel auf die Gesamtheit der Verwaltungsbetriebe.
2. Im besonderen sagt die Verwaltungskameralistik nicht aus, ob die jeweiligen verwaltungsbetrieblichen Aufgaben mit einem minimalen Verbrauch an Ressourcen erfüllt wurden.
3. Die Verwaltungskameralistik kann auch nicht nachweisen, ob bzw. inwieweit der betreffende Verwaltungsbetrieb und seine Subsysteme ihre Leistungskraft erhalten haben.

Aus diesem Grunde ist die Verwaltungskameralistik als Gesamtrechnung öffentlicher Gebietskörperschaften um ein auf den einzelnen Verwaltungsbetrieb bezogenes Rechensystem, nämlich die Kostenrechnung, zu ergänzen. Die Kostenrechnung ist insbesondere erforderlich, um die internen verwaltungsbetrieblichen Güter- und Leistungsbewegungen zu erfassen.

4. Betriebskameralistik

278 Die Betriebskameralistik ist eine Form des kameralistischen Rechnungswesens, die finanz- *und* einzelbetriebliche (verwaltungsbetriebliche) Zielsetzungen verfolgt. Sie ist vor allem für die gemeindlichen Gebührenhaushalte entwickelt worden, soweit sie als Regiebetriebe im Haushaltsplan der Trägerkörperschaft brutto veranschlagt werden (vgl. Rn 235).

Die aus der Verwaltungskameralistik entwickelte Betriebskameralistik verfügt über folgende Merkmalsausprägungen (vgl. Winckelmann, 1950, S. 91 ff.; Wysocki, 1965, S. 45 ff.; Mülhaupt, 1987, S. 117 ff.; Schuster, Steffen, 1987, S. 86 ff.; Gornas, 1992, S. 137 ff.):

1. *Ausweitung des Restebegriffs* und damit ein Ausbau der Resterechnung der Verwaltungskameralistik zu einer vollständigen Bestandsrechnung, die einen lückenlosen Vermögensnachweis ermöglicht. Die Restespalte der Einnahmenseite des kameralistischen Kontos enthält die gesamten Aktiva einer kaufmännischen Bilanz, während deren Passiva als Reste der Ausgabenseite erfaßt werden.
2. *Trennung erfolgswirksamer und erfolgsunwirksamer Vorgänge,* um – wie in der kaufmännischen doppelten Buchführung – vermögenswirksame Vorgänge aus der Erfolgsrechnung herauszuhalten.
3. *Einbeziehung der Nichtkassenfälle,* die dadurch gekennzeichnet sind, daß ihnen kein Zahlungsvorgang zugrundeliegt (z. B. Abschreibungen). Diese Vorgänge müssen kassenmäßig „umgedacht" werden, um sie in die kameralistische Verbuchung einbeziehen zu können. Zur Erreichung dieses Ziels sind eine Reihe fiktiver Buchungen notwendig.

An einem einfachen Beispiel soll die Verbuchungstechnik der Betriebskameralistik gezeigt werden (vgl. Fuchs, Zentgraf, 1981, S. 11 f.; Beispiele zur Verbuchungstechnik finden sich auch bei Schuster, Steffen, 1987, S. 86 ff.; Mühlhaupt, 1987, S. 119 ff.; Klümper u. a. 1996, S. 117 ff.). Eine Maschine, die zu einem Preis von 50 000,– DM bar gekauft wird, muß in der Verwaltungsbuchführung im Soll und Ist der Ausgabe gebucht werden. Damit der Betrag nun nicht in die Erfolgsrechnung eingeht, die durch den Soll-Abschluß (Einnahmen-Soll minus Ausgaben-Soll gleich Ergebnis) gegeben ist, wird es notwendig, die Buchung im Ausgabe-Soll durch eine Buchung im Einnahme-Soll auszugleichen. Durch die übrigbleibende Buchung im Ausgabe-Ist wird die Veränderung der Kasse angezeigt. Der auf der Einnahme-Seite verbleibende Rest gibt den Bestand an. Er wird im Jahr 1992 als Restvortrag auf das Maschinenkonto übernommen und um die Höhe der Abschreibungen reduziert. Die Abschreibungen müssen erfolgswirksam aber kassenunwirksam dargestellt werden, da sie die Kasse nicht berühren. Dies erreicht man, indem im Ausgabe-Soll und -Ist des Abschreibungskontos gebucht wird (5000,– DM) und die Ausgabe-Ist-Buchung auf dem Abschreibungskonto durch eine Einnahme-Ist-Buchung auf dem Maschinenkonto, aufgehoben wird. Übrig bleibt das Ausgabe-Soll, das in die Erfolgsrechnung eingeht. Gleichzeitig wird der vorgetragene Bestand (Maschine) um den Betrag der Ist-Buchung gemindert. Schaubild 122 verdeutlicht das Gesagte in Kontoform. **279**

Das Beispiel zeigt, daß in der Betriebskameralistik der Erfolg einer Periode sowie die Vermögens- und Schuldbestände analog zur kaufmännischen Geschäftsbuchhaltung (Bilanz und Erfolgsrechnung) durch *systematische* Rechnung und nicht aus Nebenrechnungen gewonnen werden. Die Betriebskameralistik ist wie das kaufmännische Rechnungswesen ein geschlossenes Rechensystem. Es ermittelt den Erfolg auf zweifache Weise: **280**

1. durch die Differenz zwischen den Soll-Spalten der Einnahmen- und Ausgabenseite der Konten *(Erfolgsrechnung)*
2. durch die Differenz zwischen den Reste-Spalten der Einnahmen- und Ausgabenseite der Konten (Vermögens- oder Bestandsrechnung).

Schaubild 122 Buchungsbeispiel in der Betriebskameralistik

1998	Maschinenkonto Einnahmen					Ausgaben
	Soll	Ist	Rest	Soll	Ist	Rest
Barkauf einer Maschine Abschluß a) Bestand an Maschinen b) Abnahme des Kassenbestandes	50 000	–	– 50 000	50 000	50 000 50 000	–
1999	**Maschinenkonto** Einnahmen					Ausgaben
	Soll	Ist	Rest	Soll	Ist	Rest
Anfangsbestand Abschreibung Endstand	50 000	 5000	 45 000			
1999	**Abschreibungskonto** Einnahmen					Ausgaben
	Soll	Ist	Rest	Soll	Ist	Rest
Abschreibung der Maschine X Jahresabschluß				5000 5000	5000	

281 Die Betriebskameralistik hat sich in der *Verwaltungspraxis* wenig durchgesetzt. Hierfür werden mehrere Gründe angegeben (Mülhaupt, 1987, S. 135 ff.; Gornas, 1992, S. 138 ff.; Eichhorn, 1997, S. 150 ff.):

1. Das Rechenverfahren ist – wie das Beispiel gezeigt hat – sehr kompliziert, unübersichtlich und schwerfällig. Häufig sind für einen Vorgang Dreifach- oder sogar Fünffachbuchungen notwendig.
2. Die Privatisierungstendenz für zahlreiche öffentliche Betriebe und Einrichtungen hat den Übergang auf das wesentlich einfachere Verfahren der kaufmännischen Buchführung erleichtert.
3. Als einzelwirtschaftliches Rechnungswesen für Verwaltungsbetriebe vermittelt die Betriebskameralistik zwar Informationen über den betriebswirtschaftlichen Erfolg (vgl. Rn 280), nicht aber zur Planung und Kontrolle der Wirtschaftlichkeit, wie dies durch die Kostenrechnung geschieht. Die Betriebskameralistik ist damit ein mit der kaufmännischen Geschäftsbuchhaltung vergleichbares *externes* Rechnungswesen, das die *internen* Kosten- und Leistungsströme des Verwaltungsbetriebs vernachlässigt. Diesem Mangel versucht man durch die sogenannte erweiterte Kameralistik abzuhelfen.

5. Erweiterte Kameralistik

282 Um die Wirtschaftlichkeit des Verwaltungshandelns untersuchen zu können und *externe* und *interne* Rechnungsziele gleichzeitig zu verfolgen, wird die *erweiterte Kameralistik* vorgeschlagen, deren *Teilrechnungen* aus Schaubild 123 deutlich werden (vgl. Gornas, 1992, S. 146):

Schaubild 123 Teilrechnungen der erweiterten Kameralistik

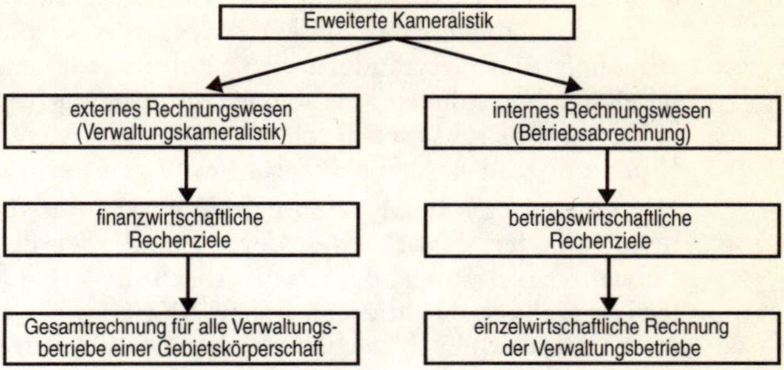

Die erweiterte Kameralistik wird durch folgende *Merkmale* charakterisiert (vgl. König, Wobser, 1967, S. 31 ff.; Gornas, 1992, S. 143 ff.; Fiebig, 1995, S. 46 ff.; Klümper, 1996, S. 125 ff.): **283**

1. Neben den finanzwirtschaftlichen werden auch betriebswirtschaftliche Rechengrößen verarbeitet und damit der verwaltungsbetriebliche Wertefluß quantitativ erfaßt.
2. Es können sowohl finanzwirtschaftliche, die Gesamtheit der Verwaltungsbetriebe berührende Rechenziele verfolgt werden als auch betriebswirtschaftliche Rechenziele, die sich auf den einzelnen Verwaltungsbetrieb beziehen. Der dabei anfallende Rechenaufwand ist relativ gering.
3. Die betriebswirtschaftliche Rechnung, die Kostenrechnung (vgl. Abschnitt VI dieses Kapitels), wird mit Hilfe einer Haushaltsüberwachungskartei in einen gewissen Verbund mit der finanzwirtschaftlichen Rechnung (Verwaltungskameralistik) gestellt.
4. Voraussetzung für eine lückenlose Verbuchung aller Ausgaben und Einnahmen ist die Führung einer Haushaltsüberwachungsliste. Sie stellt die Grundlage für die nicht in Listen-, sondern in Karteiform (jede Haushaltsstelle hat eine Karteikarte) geführte *Haushaltsüberwachungskartei* dar.
5. Die Haushaltsüberwachungskartei, die aus den Abschnitten Kameralrechnung, Betriebsrechnung, neutrale Rechnung und Vermögens-Veränderungsrechnung besteht, hat zwei wesentliche Aufgaben: Sie muß eine ordnungsgemäße Überwachung der Ausgaben und Einnahmen sicherstellen und Grundlage

für die weitergehende Aufgliederung der Einnahmen und Ausgaben für die Betriebsabrechnung darstellen.

6. Die *Vermögensrechnung* ist keine Nebenrechnung, sondern wesentlicher Teil des Rechnungssystems. Inhalt der Vermögensrechnung ist die vollständige Erfassung aller Vermögensteile, ihre Bewertung und der Nachweis aller Zugänge, Abgänge und Wertänderungen. Bei jeder Buchung in der tabellarisch geführten Vermögensrechnung wird – ähnlich wie in der kaufmännischen Buchführung – die Auswirkung einer Einnahme und Ausgabe auf das Vermögen berücksichtigt.
7. Die Kostenarten der Kostenrechnung orientieren sich weitgehend an der Haushaltsgliederung und werden in einem Betriebsabrechnungsbogen (vgl. Abschnitt VI) auf Kostenstellen verrechnet. Da die erweiterte Kameralistik insbesondere im gemeindlichen Bereich, vor allem bei Gebührenhaushalten angewendet wird, muß auch eine Kostenträgerrechnung als Grundlage für die Gebührenermittlung durchgeführt werden.

284 Die erweiterte Kameralistik wird, wie oben angeführt, nur in bestimmten *Teilbereichen* der Kommunen benutzt (vgl. Schuster, Steffen, 1987, S. 99 ff.; Mülhaupt, 1987, S. 407 f.; Eichhorn, 1995, S. 150 ff.; Klümper u. a., 1996, S. 125 ff.).

Hier erfüllt sie die Aufgabe des Nachweises des betriebswirtschaftlichen Erfolgs, d. h. in der Regel der *Kostendeckung.* Außerdem stellt sie Kosteninformationen zur *Gebührenkalkulation* bereit. Da die zu dieser Zielsetzung benutzten Kostenrechnungssysteme, insbesondere hinsichtlich ihrer Stellengliederung, primär auf diese trägerbezogene Kalkulation ausgerichtet sind, tritt der eigentliche Zweck der Kostenrechnung, Informationen zur Planung und Kontrolle der Kostenwirtschaftlichkeit bereitzustellen, in den Hintergrund. Gebraucht wird also eine Kostenrechnung, die für die Mehrzahl der Verwaltungsbetriebe in Bund, Ländern und Gemeinden, die keine Gebühren oder andere Einnahmen erzielen, verwendungsfähig ist. Sie wird in Grundzügen in Abschnitt VI dieses Kapitels dargestellt. Abschließend kann man zur erweiterten Kameralistik – dies gilt auch für andere kameralistische Rechensysteme – kritisch anmerken, daß die finanzwirtschaftlichen Rechenziele (Rn 282) nach wie vor im Vordergrund stehen. Es gelingt zwar, eine kalkulatorische Rechnung in die Verwaltungsbuchhaltung aufzunehmen, ohne daß der ursprüngliche Informationsgehalt der Verwaltungskameralistik verringert wird, dennoch ist die Verbindung der Kosten- und Leistungsrechnung mit dem kameralistischen Rechnungswesen nur teilweise gelungen. Eine vollständige Kostenerfassung und damit ein lückenloser Anschluß der kalkulatorischen Rechnung ist mit der erweiterten Kameralistik nicht möglich (vgl. auch Lüder [Hrsg.], 1997, S. 251 ff.).

6. Grundsätzliche Unterschiede von Kameralistik und kaufmännischer Rechnung

Die immer wieder geforderte Einführung des Systems doppelter Buchführung in Verwaltungsbetriebe macht eine Gegenüberstellung der Eigenschaften der Rechnungssysteme in Privatwirtschaft und öffentlichen Verwaltungen erforderlich. Auf eine Unterschiedsdarstellung in der äußeren Form und in der Buchungstechnik wird dabei weitgehend verzichtet (vgl. zu folgenden Ausführungen: Winckelmann, 1950; Oettle, 1976, S. 125 ff., S. 137 ff.; Eichhorn [Hrsg.], 1987, S. 48 ff., S. 112 ff., S. 245 ff., S. 275 ff.; Morath [Hrsg.], 1994, S. 25 ff.; Lüder [Hrsg.], 1994, S. 34 ff.; Klümper u. a., 1996, S. 140 ff.; Lüder [Hrsg.], 1997, S. 251 ff.). **285**

Die *Unterschiede* von *Kameralistik* und *Doppik* lassen sich in folgenden Punkten zusammenfassen:

1. In der Kameralistik liegt ein klarer Ausweis von allen bewilligten und tatsächlich erfolgten Einnahmen und Ausgaben vor. Im Mittelpunkt dieser Rechnung stehen also monetäre Größen. In der *Doppik* werden keine Soll- und Ist-Größen gegenübergestellt, sondern am Ende des Jahres die tatsächlich erfolgten Geschäftsvorfälle, die in Form der Bilanz und Erfolgsrechnung verdichtet, das wirtschaftliche Ergebnis des Betriebes anzeigen.
2. In Privatbetrieben ist dem Prinzip der *Kontinuität* Rechnung zu tragen: Die Rechnung einer Periode muß die Rechnung der Vorperiode in materieller Hinsicht (Wertansätze) und formeller Hinsicht (z. B. Aufbau der Bilanz und Erfolgsrechnung) fortsetzen. Das Prinzip der Kontinuität findet in der kameralistischen Rechnung keine Anwendung. Jede Rechnungsperiode ist eine in sich geschlossene Einheit, die durch Übereinstimmung von Vorschaurechnung (Haushaltsplanung) und laufender Rechnung (Haushaltsrechnung) zum Ausdruck gebracht wird. Im Kameralismus dominiert das Prinzip der *Kontrolle von Einzelpositionen* über das Prinzip der Kontinuität; lediglich Überschüsse oder Fehlbeträge werden in spätere Rechnungsperioden übernommen sowie bestimmte übertragbare Posten, die besonders gekennzeichnet sind.
3. Die in Privatbetrieben aufgestellten *Pläne* für bestimmte Teilbereiche (u. a. Finanz-, Kosten-, Absatz- und Produktionspläne) oder für die Betriebe insgesamt, sind nie Bestandteile des offiziellen Rechnungswesens nach Handels- und Steuerrecht. Pläne enthalten keine unabänderlichen und auf der Grundlage rechtlicher Vorschriften zustandegekommenen Größen, sondern dienen der Information und der Disposition der Betriebsführung. In der Kameralistik ist der *Haushalts-*

plan obligatorisch. Er ist eine an viele Einzelvorschriften gebundene Vorschaurechnung und Grundlage weiterer Verrechnungen, vor allem der Haushaltsrechnung, die am Ende der Verrechnungsperioden die Übereinstimmung von Soll- und Istgrößen prüft, bzw. deren Differenzen feststellt.

4. Hauptzweck kaufmännischen Rechnungswesens ist die *Gewinnermittlung.* Kapital- und Vermögensveränderungen sind durch das verwendete System der Doppik automatisch gekoppelt. Die Bedeutung der Vermögensrechnung für Dritte (Banken, Fiskus, Lieferanten) erfordert ihre Eingliederung in ein geschlossenes System und ihre Kontrolle. In der Kameralistik wird der Hauptzweck grundsätzlicher Übereinstimmung von *Ausgaben* und *Einnahmen* verfolgt. Die *Vermögensrechnung* wird in der Regel *neben* der laufenden Rechnung geführt. Es besteht keine automatische Verbindung zur laufenden Rechnung, wie sie zwischen Bilanz und Erfolgsrechnung besteht.

Der nachfolgende Abschnitt soll die Vorschläge zu einer Verbesserung der Vermögensrechnung im Sinne einer betriebswirtschaftlichen Vermögensrechnung kurz zusammenfassen. Wenn auch Bedenken gegen eine Verbindung der unterschiedlichen Grundprinzipien von Verwaltungskameralistik und Doppik bestehen – beide Prinzipien entsprechen ja den Generalzielsetzungen in Privatwirtschaften (Erfolgsausweis im Sinne eines Gewinns) und Verwaltungsbetrieben (Deckung von Einnahmen und Ausgaben) –, so müssen doch alle über die Kameralistik hinausgehenden Verbesserungsmöglichkeiten des Rechnungssystems sorgfältig geprüft werden. Die neueste Entwicklung scheint durchaus zu bestätigen, daß es gute Argumente für eine Entwicklung der Kameralistik in Richtung auf ein kaufmännisches Rechnungswesen gibt, was keineswegs eine generelle Transplantation des erwerbswirtschaftlichen Systems auf die Verwaltungsbetriebe bedeuten darf (vgl. Lüder [Hrsg.], 1986; Eichhorn [Hrsg.], 1987, S. 245 ff., S. 275 ff.; Lüder, 1989, S. 1005 ff.; Lüder [Hrsg.], 1994, S. 36; vgl. auch gegenteilige Auffassungen bei Bornhalm, 1986, S. 223 ff.; Lüder [Hrsg.], 1994, S. 34 ff., 1997, S. 252 ff. und die Ausführungen zu Schaubild 125 sowie in Abschnitt VII, 5).

V. Die Vermögensrechnung der Verwaltungsbetriebe

1. Grundsätzliche Arten der Vermögensrechnung

286 In der Kameralistik als dem „laufenden Abrechnungsverfahren" der öffentlichen Verwaltung sind die auf Zahlungen beruhenden Buchungsvorgänge im weitesten Sinne stets *vermögenswirksam.* Vermögenswirksame Buchungen, wie etwa im Zusammenhang mit den kalkulatorischen Kosten (Zusatzkosten), treten lediglich bei den Formen der erweiterten Kameralistik auf. Da die erweiterte Kameralistik nur für bestimmte Verwaltungsbetriebe gilt (vgl. Abschnitt IV, 5), ist die Frage zu stellen, welchen grundsätzlichen Beitrag die Vermögensrechnung für das Rechnungssystem der Verwaltungsbetriebe, insbesondere die Entwicklung der Kostenrechnung, leisten kann.

Innerhalb dieses Rechnungssystems umfaßt die Vermögensrechnung alle Rechnungen, die das öffentliche Vermögen zum Abbildungs- und Entscheidungsgegenstand haben.

Zunächst hat die Vermögensrechnung *finanzwirtschaftliche* Zielsetzungen **287**
zu erfüllen. Die Vermögensrechnung soll zeigen, welche Investitionen die Körperschaft für die Erfüllung ihrer Aufgaben getätigt hat und wie diese Investitionen finanziert wurden, ob der Finanzierungsvorgang durch endgültige Deckung bereits erledigt ist oder ob er durch Zins- und Tilgungsverpflichtung die künftigen Haushalte noch weiter belastet (Gornas, 1992, S. 131). Mit dieser Zielsetzung, die für die im einzelnen unterschiedlich ausgeprägten Vermögensrechnungen von Gemeinden und staatlichen Gebietskörperschaften generell gilt (vgl. Mülhaupt, 1987, S. 463 ff.), wird die Gesamtheit der Verwaltungsbetriebe, nicht der *einzelne* Verwaltungsbetrieb, angesprochen. Aus diesem Grunde soll eine hier nur am Rande interessierende *finanzwirtschaftliche Vermögensrechnung,* die sich auf alle Verwaltungsbetriebe bezieht, und eine *betriebswirtschaftliche Vermögensrechnung,* die sich auf den einzelnen Verwaltungsbetrieb bezieht, unterschieden werden (Gornas, 1992, S. 131 ff.).

Daß daneben eine *volkswirtschaftliche* Art der *Vermögensrechnung* diskutiert wird, die den Zweck des Nachweises der umweltbezogenen Leistungskraft des öffentlichen Vermögens verfolgt, sei lediglich der Vollständigkeit wegen vermerkt (vgl. Gornas, 1992, S. 103 f.).

Aus der Existenz *kalkulatorischer Kosten* (vgl. Rn 286) ergibt sich die Auf- **288**
gabe der zu erörternden *betriebswirtschaftlichen Vermögensrechnung.* Merkmal dieser Kosten ist die zeitliche Differenz zwischen den getätigten Ausgaben zur Beschaffung von Produktionsfaktoren und deren Verzehr. „Deshalb müssen die beschafften Faktoren rechnungsmäßig solange evident gehalten werden, bis sie verbraucht sind. Diesem Zweck dient die betriebswirtschaftliche Vermögensrechnung. Auf ihrer Grundlage werden die kalkulatorischen Kostenarten ermittelt, und zwar die Abschreibungen, der Materialverbrauch und die Verzinsung des aufgewandten Kapitals" (vgl. Gornas, 1992, S. 103). Im Gegensatz zu dieser betriebswirtschaftlichen Vermögensrechnung, deren Werte als leistungsbedingter Verzehr in die verwaltungsbetriebliche Kostenrechnung eingehen und die eine Art Hilfs- oder Nebenrechnung darstellt, sind die anderen Arten der Vermögensrechnung relativ eigenständige Rechenwerke (zur Vertiefung kann empfohlen werden: Eichhorn [Hrsg.], 1987, S. 216 ff.; Mülhaupt, 1987, S. 318 ff.; S. 463 ff.).

2. Aufbau und Inhalt der betriebswirtschaftlichen Vermögensrechnung

289 Für die *betriebswirtschaftliche Vermögensrechnung* kommen nur die Vermögensgegenstände in Frage, die im Zeitverlauf als kalkulatorische Kosten in die Kostenrechnung einfließen (vgl. auch zu den folgenden Ausführungen Mülhaupt, 1987, S. 334 ff.; Gornas, 1992, S. 104 ff.). Damit wird die betriebswirtschaftliche Vermögensrechnung auf das verwaltungsbetriebliche *Sachvermögen* begrenzt und das *Geldvermögen* außer Ansatz gelassen. Eine das Sachvermögen umfassende Vermögensrechnung ist notwendig, um die Ausstattung der einzelnen Aufgabenbereiche mit sachlichen Ressourcen, ihre Struktur, Funktion sowie deren Veränderungen offenzulegen, weil z. B. eine Umwandlung ertragbringenden Finanz- oder Betriebsvermögens in ertragloses oder zuschußbedürftiges Verwaltungsvermögen die finanzielle Leistungskraft der Verwaltungsbetriebe nicht unerheblich beeinträchtigen kann. Eine das Sachvermögen einschließende Vermögensrechnung ist ferner erforderlich, um die Faktorkombination (vgl. Rn 243 ff.) bezüglich ihrer Angemessenheit und Wirtschaftlichkeit beurteilen zu können. Um wirtschaftlich handeln zu können, müssen Verwaltungsbetriebe die vorzuhaltende Kapazität ihrer Leistungsapparaturen und die Kosten ihrer Nutzung kennen (vgl. Rn 198 ff., 249 und Mülhaupt, 1987, S. 340 f., S. 352 ff.). Das verwaltungsbetriebliche Sachvermögen kann folgende Gliederung aufweisen:

I. *Anlagevermögen*
   1. unbebaute Grundstücke
   2. bebaute Grundstücke:
      - Grund und Boden
      - Verwaltungsgebäude
   3. Straßen, Wege, Plätze, Brücken, Grünflächen, Forsten
   4. Betriebsanlagen
   5. Maschinen
   6. Fahrzeuge
   7. Verwaltungsinventar:
      - Büromöbel
      - Büromaschinen

      usw.

II. *Lagervermögen*
   1. Hilfsstoffe
   2. Betriebsstoffe

290 Je nach Struktur des einzelnen Verwaltungsbetriebs muß diese Grobgliederung den jeweiligen Erfordernissen des betrachteten Verwaltungsbetriebs angeglichen werden. Die Gliederung in Anlage- und Lagervermögen entspricht der Unterteilung in Betriebsmittel- und Werkstoffkostenarten (vgl. 3. Kapitel, Abschnitte II und III). Vom Anlagevermögen geht die Kostenart *Abschreibungen* (Betriebsmittelkosten), vom Lagervermögen der *Materialverbrauch* (Werkstoffkosten) in die Kostenrechnung ein. Für jede Vermögensart wird in der Regel ein eigenes Konto eingerichtet. Diese Vermögenskonten enthalten neben der zugehörigen Kostenstelle (vgl. Kostenstellenrechnung in Abschnitt VI) alle Angaben, die für eine betriebswirtschaftliche Verarbeitung notwendig sind; z. B. die Bewertung, die Abschreibungsmethode, die Nutzungsdauer.

Zur Ermittlung der kalkulatorischen Abschreibungen auf Grundlage der gesamten Anschaffungsausgaben einschließlich aller vermögenswirksamen Instandhaltungs- und aktivierbaren Reparaturkosten, ist die Führung eines Nachweises für alle Anlagen, Anlagegruppen und Geräte, z. B. in Form einer *Anlagen- und Gerätekartei* (vgl. Schaubild 124), erforderlich. Sie enthält neben den technischen alle für die Abschreibungsverrechnung notwendigen sonstigen Angaben (vgl. Herbst, 1972, S. 111 und Mülhaupt, 1987, S. 355 ff.; S. 477 f.). **291**

Die Vermögensrechnung, die unter Verzicht auf ihre finanz- und volkswirtschaftlichen Ausgestaltungsformen und Zielsetzungen hier lediglich in ihren wichtigsten betriebswirtschaftlichen Grundzügen dargestellt wurde, erfüllt nach den obigen Ausführungen die Aufgabe, für die Planung und Kontrolle der Kostenwirtschaftlichkeit *Kosteninformationen* bereitzustellen. Sie ist damit *ein* Datenlieferant für die im folgenden ausführlicher vorzustellende Kostenrechnung der Verwaltungsbetriebe. (Umfangreiche Ausführungen zur gesamten Theorie und Praxis von Vermögensrechnungen in Verwaltungsbetrieben finden sich bei Mülhaupt, 1987, S. 274 f., S. 318 ff., S. 463; vgl. auch Lüder, 1989, S. 1010 ff.; Lüder [Hrsg.], 1994, S. 163 ff. und Abschnitt VII, 5.)

Schaubild 124 Beispiel einer Geräte- und Anlagenkartei auf einer Magnetkontokarte und des Verlaufes der Abschreibungserrechnung

(Vorderseite)

GERÄTE- und ANLAGEKARTEI			Beschreibung			Karte ausgestellt		Magnetstreifen
						Datum	Zeichen	
Hersteller		Type	Baujahr	Fabrik-Nr.	Motor-Nr.	Garantie bis	Versicherungspolice	
Lieferant		Lieferdatum		Rechnungs-Nr.		Inventar-Nr.	Vermerk	
						alt / neu		
Allgemeine Beschreibung						geeignet für		
Grundfläche cm × cm		Höhe cm	Gewicht kg	Druck atü	Spannung V	Leistung Watt, PS	Sonstige	
Aufstellung				Kostenart	Nutzungsdauer in Jahren	Abschreibungssatz Afa-satz %		
Datum	Gebäude	Abteilung	Kostenstelle					
Reparatur, Umbau						Zubehör		
Datum	durch		Art	Kosten		Ersatzteile		

(Rückseite)

					Aktivierungsfähige Reparatur- u. Instandh.kosten				SUMME		Magnetstreifen
	Anschaffungswert	Abschreibungssatz	Abschreibungsbetrag	Restwert	Reparaturkosten	Abschreibungssatz	Abschreibungsbetrag	Restwert	Restwert	Abschr.-betrag	
Jahr	DM	%	DM	DM	DM	%	DM	DM	DM	DM	
1983	40 000	12,5	5000	35 000					35 000	5000	
1984			5000	30 000					30 000	5000	
1985			5000	25 000					25 000	5000	
1986			5000	20 000	10 000	20	2000	8000	28 000	7000	
1987			5000	15 000			2000	6000	21 000	7000	
1988			5000	10 000			2000	4000	14 000	7000	
1989			5000	5 000	2 000	50	3000	3000	8 000	8000	
1990			5000	0			3000	0	0	8000	
							Gerät verkauft erneuert				

Fragen zum Verständnis

(4. Kapitel, Abschnitte I bis V)

1. Begriff und Aufgaben des Rechnungswesens in Verwaltungsbetrieben. (Rn 259, 260)
2. Nennen Sie die Bereiche des Rechnungwesens in Verwaltungsbetrieben. Welche Ziele werden mit ihnen verfolgt? (Rn 261–263)
3. Grenzen Sie Ausgaben, Aufwendungen und Kosten voneinander ab. (Rn 265–267)
4. Welche Grundbegriffe des Rechnungswesens werden in den Teilbereichen des Rechnungswesens verwendet? (Rn 268)
5. Welche grundsätzlichen Merkmale weist die Kameralistik auf? (Rn 269–271)
6. Nennen Sie die Entwicklungsstufen der kameralistischen Rechnung. (Rn 272)
7. Welcher Unterschied besteht zwischen dem einfachen Kameralstil und der Methode der Sollverrechnung? (Rn 273, 274)
8. Rechenziele und Beurteilung der Verwaltungskameralistik? (Rn 275–277)
9. Merkmalsausprägungen der Betriebskameralistik? (Rn 278)
10. Welche Teilrechnungen und Merkmale kennen Sie in der erweiterten Kameralistik? (Rn 282–284)
11. Worin liegen die grundsätzlichen Unterschiede zwischen Kameralistik und kaufmännischer Rechnung? (Rn 285)
12. Wodurch sind die Arten der Vermögensrechnung gekennzeichnet? (Rn 286–288)
13. Nehmen Sie Stellung zu Aufbau und Inhalt der betriebswirtschaftlichen Vermögensrechnung. (Rn 289–291)

VI. Die Kostenrechnung der Verwaltungsbetriebe

1. Aufgaben und Zielsetzungen der verwaltungsbetrieblichen Kostenrechnung

292 *Aufgabe der Kostenrechnung* – im neueren Sprachgebrauch besser Kosten- und Leistungsrechnung (vgl. Schmidt, 1996, S. 113 ff.; Schwarze, Koß, 1996) – ist die Erfassung, Vertiefung, Zurechnung, Aufbereitung und Auswertung der Kosten, die bei der verwaltungsmäßigen Leistungserstellung und -verwertung entstehen, um

1. durch den Vergleich der Kosten mit der erstellten Leistung eine Kontrolle der Wirtschaftlichkeit des Verwaltungsprozesses als Grundlage für Dispositionen zu erhalten und
2. durch Ermittlung der Selbstkosten der Leistungen (Kostenträger) bzw. der Leistungsstellen, eine Kalkulation der Preisuntergrenze bzw. der Gebühren zu ermöglichen (vgl. Herbst, 1972, S. 62 f.; Klümper u. a., 1996, S. 17 f., S. 147).

293 Für die Einführung einer Kostenrechnung in Verwaltungsbetrieben werden häufig folgende *Zielsetzungen* genannt (vgl. u. a. Schreml, 1970, S. 17 ff.; Herbst, 1972, S. 62 ff.; Budäus, 1982, S. 133 ff.; Mülhaupt, 1987, S. 373 ff.; Schmidt, 1996, S. 114 f.):

1. Die Durchführung von *Wirtschaftlichkeitsvergleichen* durch kostenmäßige Erfassung und durch kostenrechnerische Bewertungen alternativer Verfahrensabläufe,
2. die Möglichkeit der *Kontrolle* laufender Verfahren sowie die Überwachung von Investitionen bei Verfahrensumstellungen und Umorganisationen,
3. die Möglichkeit der *Plankostenrechnung* zur Kontrolle und Unterstützung der in der Haushaltsplanerstellung bestehenden Budgetrechnung,
4. die Darstellung der innerbetrieblichen Leistungsverflechtungen und der funktionalen Kostenabhängigkeiten als *Rationalisierungsgrundlage,*
5. die Kalkulation *amtlicher Gebühren,*
6. die Erziehung zum *wirtschaftlichen Denken* (Kosten- und Leistungsdenken) im Gegensatz zum häufig in Verwaltungsbetrieben dominierenden „Etatdenken" (Denken in Ausgaben-Einnahmen-Relationen),
7. die Möglichkeit zur *Abrechnung mit Dritten,* z. B. bei eventueller Auftragsübernahme durch Verwaltungsbetriebe,
8. die Erleichterung und Verbesserung der *Haushaltsführung* im Zusammenhang mit der Haushaltsrechnung.

2. Unterschiede zwischen Haushaltsrechnung und Kostenrechnung

Am Beispiel einer in die Verwaltungspraxis eingeführten und erprobten Kostenrechnung (hier: die Kostenrechnung im Verwaltungsbetrieb Bundeswehr) sollen die wesentlichen *Unterschiede* zur Haushaltsrechnung herausgestellt werden. Sie gelten sinngemäß auch für andere Verwaltungsbetriebe (vgl. BMVg [Hrsg.], 1985 a, S. 14 f.). Gleichzeitig bietet sich die Gelegenheit, die *Finanzrechnung* als mit der *Haushaltsrechnung* der Verwaltungsbetriebe vergleichbare Rechnung der Privatbetriebe und die *Kostenrechnung* in Privat- und Verwaltungsbetrieben einem Vergleich zu unterziehen. In Schaubild 125 fällt auf, daß sich die Kostenrechnung nach Aufgabe, Zielen und Mitteln in Privatwirtschaften und Bundeswehr grundsätzlich *nicht* unterscheidet (für die wesentlichen Unterschiede zwischen Finanz- und Haushaltsrechnung vgl. auch Abschnitt IV, Ziffer 6 dieses Kapitels). **294**

Schaubild 125 Gegenüberstellung des Rechnungswesens in Privatbetrieben und Bundeswehr

RECHNUNGSWESEN

PRIVATBETRIEB			BUNDESWEHR	
Finanzrechnung	**Kostenrechnung**		**Haushaltsrechnung**	**Kostenrechnung**
Erfassung der extern orientierten Geldbewegungen (Einnahmen und Ausgaben) einer Unternehmung aus Geschäftsbeziehungen zur Umwelt (Lieferanten, Kunden, Banken etc.)	Erfassung des betriebsinternen Güterverbrauchs zur Leistungserstellung	◄ Aufgabe ►	Erfassung der externen Geldbewegungen (Einnahmen und Ausgaben) des Ressorts	Erfassung des betriebsinternen Güterverbrauchs zur Leistungserstellung
Feststellung der Vermögensveränderungen Ermittlung des Unternehmenserfolgs (Gewinn/Verlust)	Kontrolle der Betriebsgebarung (Wirtschaftlichkeit) Ermittlung der Selbstkosten Kostenplanung	◄ Ziele ►	Feststellung, ob formal der aufgestellte Haushaltsplan eingehalten wurde, materiell, ob die angestrebten Ziele mit den ausgegebenen Geldern erreicht wurden Finanzplanung	Kontrolle der Betriebsgebarung (Wirtschaftlichkeit) Ermittlung der Selbstkosten Kostenplanung
Gewinn- und Verlustrechnung Bilanz	Kostenartenrechnung Kostenstellenrechnung Kostenträgerrechnung	◄ Mittel ►	Haushaltsplan Mehrjährige Finanzplanung Haushaltsüberwachungslisten	Kostenartenrechnung Kostenstellenrechnung Kostenträgerrechnung

3. Der Aufbau der Kostenrechnung im Überblick

295 Die Kostenrechnung wird traditionell unterteilt in die Bereiche *Betriebsabrechnung* und *Selbstkostenrechnung.* Die Betriebsabrechnung ist eine Periodenrechnung. Sie ermittelt als *Kostenartenrechnung, welche* Arten von Kosten im Betrieb angefallen sind (z. B. Personalkosten, Sachkosten)

und verteilt als *Kostenstellenrechnung* die Kostenarten auf die einzelnen Kostenbereiche (z. B. Beschaffung, Leistungserstellung, Leistungsabgabe). Durch die Feststellung, *wo* die Kosten verursacht worden sind, wird eine Zurechnung der Kosten auf die Leistungen der Periode ermöglicht. Die *Selbstkostenrechnung* (Kalkulation) führt als *Kostenträgerrechnung* die Zurechnung der Kosten auf die einzelnen Leistungen durch, d. h. sie ermittelt die Selbstkosten und schafft damit die Grundlage für die Kalkulation des Angebotspreises bzw. die Kalkulation der Gebühren (Frage der Kostenträgerrechnung: *wofür* sind die Kosten angefallen?). Wird die Selbstkostenrechnung vor der Erstellung der Betriebsleistung durchgeführt, so bezeichnet man sie als *Vorkalkulation*, nach Abschluß der Leistungserstellung spricht man von *Nachkalkulation*. (Zur Einführung in den Aufbau der Kostenrechnung vgl. Schreml, 1970, S. 51 ff.; Wilmer, 1979, S. 63 ff.; HWÖ, Stichwort Kostenrechnung öffentlicher Verwaltungen, 1989, Sp. 825 ff.; Gornas, 1992, S. 83 ff.; Fiebig, 1995, S. 66 ff.; Klümper u. a., 1996, S. 154 ff.; Schmidt, 1996, S. 115 ff.; Schwarze, Koß, 1996, S. 93 ff.).

Schaubild 126 Der grundsätzliche Aufbau der Kostenrechnung

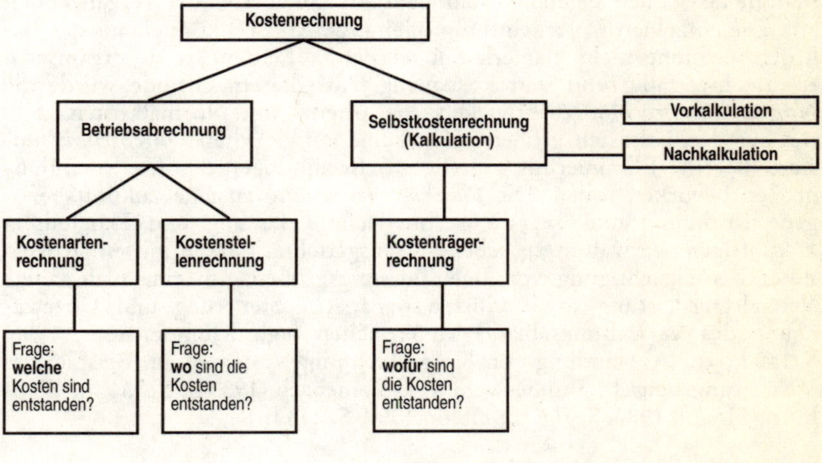

296 Nach dem *Umfang* der Erfassung und Verrechnung von Kosten unterscheidet man *Voll-* und *Teilkostenrechnungen.* Die Vollkostenrechnung erfaßt und verrechnet alle entstandenen Kosten auf die Kostenstellen bzw. Kostenträger, während die Teilkostenrechnung nicht die ebenfalls erfaßten *fixen* Kosten, sondern nur die *variablen* Kosten weiterverrechnet (zur Unterscheidung in fixe und variable Kosten vgl. Rn 248). Die fixen Kosten werden am Ende der Periode zur Erfolgsbestimmung berücksichtigt. (Zur Voll- und Teilkostenproblematik in Verwaltungsbetrieben vgl. Heinrich, 1990, S. 40 ff.; Klümper u. a., 1996, S. 309 ff. und Rn 311 ff.).

297 Nach der Vergangenheits- oder Zukunftsorientierung unterscheidet man *Istkostenrechnung, Normalkostenrechnung* und *Plankostenrechnung.*

Schaubild 127 Vergangenheits- und zukunftsorientierte Kostenrechnungen

Kostenrechnungen		
vergangenheitsorientiert		zukunftsorientiert
Istkostenrechnung	Normalkostenrechnung	Plankostenrechnung

Die *Istkostenrechnung* erfaßt die Kosten, die während einer Abrechnungsperiode tatsächlich angefallen sind, baut also auf Werten der Vergangenheit auf. Die einzelnen Kosteneinflußgrößen (vgl. Rn 247) können aus der Istkostenrechnung nicht klar erkannt werden, außerdem ist sie organisatorisch schwerfällig und sehr kostspielig. Aus diesem Grunde wurde die *Normalkostenrechnung* entwickelt. Sie arbeitet mit Normalkosten, d. h. mit aus den Istkosten größerer Zeiträume entwickelten *Durchschnittskosten,* die eine Eliminierung zufälliger Schwankungen der Kosteneinflußgrößen bewirken sollen. Die *Plankostenrechnung* ist eine zukunftsbezogene Rechnung und auf die rechnerische Erfassung und Darstellung zukünftigen Verwaltungsgeschehens ausgerichtet. Sie ermittelt Kosten unter Berücksichtigung von Beeinflussungsgrößen, um eine planmäßige Verwaltungsleistung sowie eine systematische Steuerung und Überwachung des Verwaltungsablaufs zu erreichen (vgl. Klümper u. a., 1996, S. 150 f.; zur Anwendung von Kostenrechnungssystemen am Beispiel des Verwaltungsbetriebs Bundeswehr vgl. Steinebach, 1983 b, S. 336 ff.; Eichhorn [Hrsg.], 1987, S. 166 ff.; Hahn, 1997, S. 246 ff.).

4. Die Kostenartenrechnung

298 Zur Beantwortung der Frage, *welche* Kosten bei der Erstellung der verwaltungsbetrieblichen Leistung entstehen, müssen zunächst Kenntnisse über die typischen *Kostenarten* in Verwaltungsbetrieben vorliegen. Grundsätzlich können die Kosten nach wichtigen betrieblichen *Funktionen* (Kosten der Beschaffung, Leistungserstellung, Leistungsabgabe im Verwaltungsbetrieb; vgl. 3. Kapitel), nach ihrem Verhalten bei Änderungen des *Beschäftigungsgrades* (fixe und variable Kosten, vgl. Rn 248, 249), nach ihrer *Ver-*

rechnung in Einzel- und Gemeinkosten und nach der *Art* der *verbrauchten Einsatzgüter* (Produktionsfaktoren) unterteilt werden. Verwaltungsbetriebliche Kostenrechnungen werden überwiegend nach dem letztgenannten Gliederungskriterium vorgenommen.

Danach können im wesentlichen folgende Gruppen von Kosten unterschieden werden (vgl. Rn 51, Abschnitt I bis IV des 3. Kapitels und Eichhorn, 1979, S. 45 ff.; Gornas, 1992, S. 88 ff.; Fiebig, 1995, S. 68 ff.; Schwarze, Koß, 1996, S. 93 ff.; Klümper u. a., 1996, S. 154 ff.): **299**

1. Kosten der *realen immateriellen Produktionsfaktoren*
   - Personalkosten (Dienstbezüge der Beamten, Vergütungen der Angestellten, Löhne der Arbeiter, Aufwendungen für die Altersvorsorge, Aufwendungen für Unfallfürsorge und Unfallversicherung, Sozialleistungen, sonstige personalbezogene Leistungen)
   - Dienstleistungskosten (Kosten der Dienstleistungen von anderen Verwaltungsbetrieben, Kosten der Dienstleistungen von Unternehmen wie Energiekosten, Mieten, Pachten, Reparaturen, Versicherungen)
2. Kosten der *realen materiellen Produktionsfaktoren*
   - Betriebsmittelkosten (Abschreibungen, kalk. Zinsen vom Anlagevermögen, Arbeitsplatzkosten wie Raum-, Einrichtungs-, Ausstattungskosten, Kosten für Fernsprechanschlüsse usw.)
   - Werkstoffkosten (Materialverbrauch, z. B. für Büromaterialien wie Papier, Schreibmittel, Büroklammern, Farbbänder usw.)
3. Kosten des *nominalen Produktionsfaktors*
   - finanzielle Leistungen der Jugend- und Sozialhilfe (Wohlfahrtsunterstützung, Wohngeld etc.)
   - Schuldendiensthilfen (an andere Verwaltungsbetriebe, an sonstige Einrichtungen)
   - Zuweisungen und Zuschüsse für Investitionen (an andere Verwaltungsbetriebe, an Privatbetriebe usw.).

Für das Verständnis der Kostenrechnung ist die oben genannte Unterscheidung (Rn 298) in *Einzel- und Gemeinkosten* sehr wichtig. Unterscheidungskriterium der Einzel- und Gemeinkosten ist die Zurechnungsfähigkeit der Kosten auf die Stellen der *Kostenverursachung.* Einzelkosten sind die Kosten, die den Kostenstellen *direkt,* Gemeinkosten sind die Kosten, die den Kostenstellen nur über eine möglichst verursachungsgerechte Schlüsselung zurechenbar sind *(indirekte Kosten).* Die Notwendigkeit der Kostenzurechnung bei den Gemeinkosten macht z. B. eine Kostenstellenrechnung erforderlich und eine in Verwaltungsbetrieben neuerdings favo- **300** risierte *Prozeßkostenrechnung*, weil sich mit ihr die in Verwaltungen typischen indirekten Leistungen und häufigen innerbetrieblichen Leistungsverflechtungen besser erfassen lassen (vgl. Goller u. a. [Hrsg.], 1989, Abschnitt F 3.7; Schwarze, Koß, 1996, S. 63 ff.).

301 In der *Kostenartenrechnung* werden gleichartige Kosten gesammelt und summiert. Für einzelne Kostenarten muß ein *Kostenartenplan* entwickelt werden, der sich möglichst an den der Verwaltungsbuchführung und dem Haushaltsplan zugrundeliegenden Gruppierungsplan anlehnen sollte, um die Zuordnung der Ausgaben zu erleichtern. Die Anzahl der Kostenarten ist abhängig von der Größe des Verwaltungsbetriebes und von der Art der Leistungserstellung. Ein *Beispiel* für einen auf die speziellen Belange eines Verwaltungsbetriebs zugeschnittenen Kostenartenplan findet sich in der Bundeswehrkostenrechnung (vgl. Schaubild 128). Hier werden die Kosten-/Ausgabearten in die Klassen 1 (Forschung und Entwicklung), 2 (Investitionen), 3 (Betriebskosten) und 4 (Allgemeine Bundeswehraufgaben) gegliedert (vgl. BMVg [Hrsg.], 1985 a, S. 28). Mit Hilfe einer Kontenbrücke, die jedem Haushaltstitel die entsprechenden Kostenarten zuordnet, wurde der Notwendigkeit Rechnung getragen, jederzeit eine Querverbindung zu den Kapiteln/Titeln der Haushaltsrechnung herstellen zu können. Der unten abgebildete „Kostenartenplan" ermöglicht die Ermittlung der Kosten der Bundeswehr nach Kostenarten und ist die Grundlage für die Zurechnung der Kosten auf Kostenstellen und Kostenträger (für vertiefende Ausführungen zur Kostenartenrechnung wird auf folgende Literatur verwiesen: Schreml, 1970, S. 51 f.; Wilmer, 1979, S. 63 ff.; Gornas, 1992, S. 88 ff.; Fiebig, 1995, S. 68 ff.; Schmidt, 1996, S. 115 ff.; Klümper u. a., 1996, S. 154 ff.).

Schaubild 128 Übersicht der Kosten-/Ausgabearten in der Bundeswehrkostenrechnung

Forschung und Entwicklung	**Investitionen**	**Betriebskosten**	**Allgemeine Bundeswehraufgaben**
Klasse 1	Klasse 2	Klasse 3	Klasse 4
10 Wehrtechnische Forschung **11** Forschung außerhalb der Wehrtechnik **12** Entwicklungsvorbereitung **13–16** Wehrtechnische Entwicklung **17** Entwicklung außerhalb der Wehrtechnik	**20** Material 200 Wehrmaterial 201 Standortgebundenes Material und Ausstattungen der Verwaltungsdienststellen 202 Vorräte **21** Infrastruktur 210 Erwerb von Liegenschaften 211/212 Bau und erstmalige Instandsetzung von Gebäuden und Anlagen 213 Liegenschaftsgerät	**30** Personal 300 Allgemeine Personalkosten 301 Personalnebenkosten **31** Material 310 Einzelverbrauchsgüter und Fremdleistungen zur Erhaltung und Instandsetzung des Wehrmaterials 311 Einzelverbrauchsgüter und Fremdleistungen zur Erhaltung und Instandsetzung des standortgebundenen Materials und der Ausstattungen der Verwaltungsdienststellen 312 Verbrauch von POL 313 Verbrauch von Munition 314 Gerätemieten **32** Infrastruktur 320 Kosten der Unterhaltung 321 Kosten der Bewirtschaftung 322 Mieten, Pachten und sonstige Abgaben **33** Allgemeine Betriebskosten	**40/41** Allgemeine Bundeswehr-Infrastruktur **42/43** Beiträge an NATO-Institutionen **44/45** Erstattung von Aufwendungen anderer Behörden **46/47** Ausgaben für weitere zentrale Bw-Aufgaben **48** Ausgaben, denen zweckgebundene Einnahmen gegenüberstehen

5. Die Kostenstellenrechnung

In der *Kostenstellenrechnung* wird die Frage beantwortet, *wo* sind die Kosten angefallen. **302** Da die Kostenartenrechnung nur die Entwicklung der Kostenarten, nicht aber die verursachten Kosten der leistungsbewirkenden Stellen aufzeigt, ist die Erweiterung der Kostenartenrechnung unumgänglich. Kostenstellen können grundsätzlich nach kalkulatorischen und abrechnungstechnischen, nach räumlichen und betriebsorganisatorischen, nach funktionalen, nach leistungs- bzw. verfahrensbezogenen und nach verantwortungsbedingten Gesichtspunkten gebildet werden. Für die

Kostenstellenrechnung in Verwaltungsbetrieben (vgl. folgende Literatur: Herbst, 1972, S. 47 f., S. 73 ff.; Fuchs, Zentgraf, 1981, S. 103 ff.; Gührs, Hünerberg, 1983, S. 31 ff.; Gornas, 1992, S. 96 ff.; Schwarze, Koß, 1996, S. 115 ff.; Klümper u. a., 1996, S. 221 ff.) wird häufig die *funktionale* (aufgabenbezogene) Kostenstellenrechnung empfohlen. In ihr sind Kostenstellen selbständige Aufgabenbereiche, in denen Kosten entstehen, z. B. Werkstätten, Arbeitskolonnen, Lichtpauserei, einzelne Abteilungen eines Krankenhauses, einzelne Abteilungen von Oberst- bzw. Mittel- und Unterbehörden, in der Bundeswehr einzelne Brigaden, Bataillone, Kompanien usw. Bei der Bildung und Abrechnung der funktionalen Kostenstellen in Verwaltungsbetrieben sind folgende Gesichtspunkte zu berücksichtigen (Herbst, 1972, S. 73 f.; Gührs, Hünerberg, 1983, S. 31; Schwarze, Koß, 1996, S. 115 ff.):

1. Die Kostenstelle soll eine in sich abgeschlossene, auf ein Verwaltungsverfahren bezogene *organisatorische Einheit* sein, in der gleichartige, wiederholte Tätigkeiten verrichtet werden.
2. *Kompetenzbereich* und *Leistungsstelle* sollen in einer kostenverursachenden Kostenstelle vereint sein, damit eine Kostenkontrolle wirksam durchgeführt werden kann.
3. Die Leistung einer Kostenstelle sollte weitgehend *homogen* sein. Homogene Kostenstellen sind Stellen, in denen sich die Zusammensetzung der Güter und Dienstleistungen und ihre gegenseitigen Leistungsverflechtungen nicht oder nur unwesentlich verändern.
4. Die *Kontinuität* der *Kostenstellengliederung* ist Voraussetzung für Periodenvergleiche.

303 Die wesentlichen *Aufgaben* der Kostenstellenrechnung sind:

1. Errechnung von *Gemeinkostenzuschlagssätzen*
2. Bildung von *Verrechnungssätzen* für gleichartige Leistungen
3. Erstellung von Unterlagen für die Ermittlung und Überprüfung von *Gebührensätzen* und *Leistungsentgelten*
4. Durchführung von *Betriebsvergleichen,* insbesondere für Zwecke der Rationalisierung und für die Wirtschaftlichkeitskontrolle.

Zur Wahrnehmung der o. a. Aufgaben wird die Kostenstellenrechnung in der Regel in Form eines *Betriebsabrechnungsbogens* (BAB) durchgeführt. Der BAB ist tabellenförmig aufgebaut und enthält die Kostenarten in der Vertikalen, die Kostenstellen in der Horizontalen (vgl. Schaubild 129). Das Grundschema des BAB und die in ihm stattfindenden Rechenschritte lassen sich wie folgt kennzeichnen:

Schaubild 129 Allgemeines Muster eines Betriebsabrechnungsbogens

Kostenstellen / Kostenarten	Gesamtsumme	Allgemeine Kostenstellen			Hilfskostenstellen			Hauptkostenstellen				
		AKSt 1	AKSt 2	AKSt 3	HKSt 1	HKSt 2	HKSt 3	Haupt-KSt 1	Haupt-KSt 2	Haupt-KSt 3	Haupt-KSt 4	Haupt-KSt 5
1. Personalkosten Dienstbezüge Löhne usw.												
Summe												
2. Sachkosten Arbeitsplatzkosten Materialkosten usw.												
Summe												
3. Gemeinkostenzuschlag auf die Personalkosten auf die Sachkosten												
Summe												
4. Kalkulierte Kosten Kalkulierte Abschreibungen Kalkulierte Zinsen												
Summe												
Gesamtkosten												
5. Umlage Allg. Kostenstellen												
AKSt 1		→										
AKSt 2			→									
AKSt 3				→								
Summe nach Umlage												
6. Umlage nach Hilfskostenstellen												
HKSt 1					→							
HKSt 2						→						
HKSt 3							→					
Summe nach Umlage												

1. Aufteilung in *Haupt- und Hilfskostenstellen* sowie *allgemeine* Kostenstellen. Hauptkostenstellen sind die Bereiche, in denen die wesentlichen verwaltungsbetrieblichen Leistungen erbracht werden (Beispiele: Manglerei einer Großwäscherei, Erziehungsgruppe eines Kinderheims, Fachabteilung eines Krankenhauses, Klärwerk der Stadtentwässerung, Prüfbereich einer Untersuchungsanstalt). Hilfskostenstellen sind Stellen, die für den innerbetrieblichen Bedarf arbeiten (Beispiele: Fuhrpark einer Großwäscherei, Wäschemagazin eines Pflegeheims, Werkstatt der Stadtreinigung, Arbeitsvor- und -nachbereitung der Datenverarbeitungszentrale). Allgemeine Kostenstellen sind Hilfskostenstellen besonderer Art. Es sind die Betriebsbereiche, die dem gesamten Verwaltungsbetrieb dienen (Beispiele: soziale Einrichtungen wie Kantinen, gemeinsame Energieversorgungsanlagen usw.).

2. Die Gesamtkosten der Hilfskostenstellen und Allgemeinen Kostenstellen werden mit Hilfe von *Verrechnungsschlüsseln* auf die Hauptkostenstellen verrechnet. Auch bei der Vertei-

lung der Kostenarten auf die Kostenstellen werden Verteilungsschlüssel benötigt. Die Wahl der Schlüssel richtet sich nach der anteiligen Beanspruchung. Beispiele (vgl. Schreml, 1970, S. 54 ff.; Klümper u. a., 1996, S. 226 ff.; Schwarze, Koß, 1996, S. 122 ff.):

1. Verteilung der Heizungskosten
   Schlüssel: Rauminhalt der Diensträume oder Zahl der Heizungsrippen
2. Verteilung der Fernsprechkosten
   Schlüssel: Anzahl der Anschlüsse
3. Verteilung der Fahrzeugkosten
   Schlüssel: gefahrene Kilometer oder zeitliche Inanspruchnahme der Fahrzeuge
4. Kosten der Fotokopierstelle
   Schlüssel: Zahl der gefertigten Kopien.

3. Für die Ermittlung von *Gemeinkostenzuschlägen* werden die Gemeinkosten einer bestimmten Zuschlagsbasis (z. B. Fertigungslöhne, Fertigungsmaterial, Herstellkosten) gegenübergestellt. Beispiel für die Errechnung eines Fertigungsgemeinkostenzuschlagssatzes (vgl. Eichhorn, 1979, S. 105):

   Hauptkostenstelle Hafenbau

Fertigungsgemeinkosten	3 000 000,– DM
Fertigungslöhne (Einzelkosten)	2 000 000,– DM

   Fertigungsgemeinkostenzuschlagssatz $= \frac{3\,000\,000 \times 100}{2\,000\,000} = 150\ \%$

4. *Verrechnungssätze* werden bei gleichartigen Leistungen gebildet (z. B. km-Sätze beim Kraftfahrzeugeinsatz). Hier ist keine Aufteilung in Einzel- und Gemeinkosten erforderlich. Die Summe der Kostenarten einzelner Kostenstellen wird der Summe der in einer entsprechenden Kostenstelle erbrachten Leistung gegenübergestellt. Man erhält dann den Verrechnungssatz für die Leistungseinheit.

   Beispiel:

Kosten einer Fahrbereitschaft	100 000,– DM
geleistete km	1 000 000 km

   Verrechnungssatz pro km $\frac{100\,000}{1\,000\,000} = 0{,}10$ DM

5. Zur Ermittlung und Überprüfung von Gebührensätzen wird die Summe der Kostenarten aller Kostenstellen der gebührenpflichtigen Gesamtleistung gegenübergestellt. Hieraus ergeben sich die Kosten für die Einzelleistung. Beispiel (vgl. Eichhorn, 1979, S. 106): Gebührenermittlung Stadtentwässerung:

   $\frac{\text{Gesamtbetriebskosten}}{\text{abgeleitete cbm Abwasser}}$ = Kosten für 1 cbm Abwasser.

6. Mit Hilfe des BAB können auch *Kostenvergleiche* durchgeführt werden. Man kann z. B. die Kosten einer Kostenstelle verschiedener Zeitabschnitte, die Kosten gleicher Betriebe oder Betriebsteile miteinander vergleichen. Wegen der Bedeutung der Kostenvergleiche ist im Rahmen der Kostenrechnung eine gesonderte Abhandlung vorgesehen (vgl. Abschnitt VI, Ziff. 8).

Ein *praktisches* Beispiel zur Methode der Kostenstellenrechnung soll das **304**
oben Gesagte vertiefen. Für ein Kinderheim stehen folgende Statistikdaten über seine durchschnittliche Belegung im Jahre 1998 zur Verfügung (vgl. Gührs, Hünerberg, 1983, S. 36 ff.; weitere Beispiele finden sich bei Klümper u. a., 1996, S. 246 ff.): 22 Kleinstkinder (1 bis 3 Jahre), 14 Kleinkinder (4 bis 6 Jahre).

Festgestellt werden soll:

1. Welche einzelnen Jahreskosten 1998 sind für die verschiedenen Aufgabenbereiche des Kinderheims (Leitung und Verwaltung, Wirtschaftsbereich, Kleinstkindergruppe, Kleinkindergruppe) entstanden?
2. Wie verteilen sich die Gesamtkosten des Kinderheims auf seine beiden Gruppentypen (Kleinstkinder, Kleinkinder)?

Dazu wird – unter Übernahme der Angaben aus einer vorher durchgeführten Kostenartenrechnung – eine Kostenstellenrechnung in Form eines Betriebsabrechnungsbogens durchgeführt.

Schaubild 130 Betriebsabrechnungsbogen 1998 für ein Kinderheim

Betriebsabrechnungsbogen 1998
für das Kinderheim ....
(Kosten auf 100 DM gerundet)

Zeile	Kostenart	Gesamtkosten	Hilfskostenstelle		Hauptkostenstelle (Gruppentyp)		Erläuterung
			Leitung und Verwaltung	Wirtschaftsbereich	Kleinstkinder	Kleinkinder	
		(DM)	(DM)	(DM)	(DM)	(DM)	
1	**I. Personalkosten**	1 543 600	154 500	321 800	747 200	320 100	1)
2	Allgemeiner Verwaltungsbedarf	1 800	1 800	–	–	–	
3	Kleinere Heimausstattungen und pädagogische Arbeitsmittel	24 700	1 000	4 300	11 600	7 800	2)
4	Verpflegung und Bekleidung	93 900	–	–	52 800	41 100	3)
5	Grundstücksbewirtschaftung und -unterhaltung	242 900	15 800	40 700	108 600	77 800	4)
6	Sonstige Sachkosten	5 900	900	500	2 700	1 800	2)

Betriebsabrechnungsbogen 1998
für das Kinderheim ....
(Kosten auf 100 DM gerundet)

Zeile	Kostenart	Gesamtkosten (DM)	Hilfskostenstelle: Leitung und Verwaltung (DM)	Hilfskostenstelle: Wirtschaftsbereich (DM)	Hauptkostenstelle (Gruppentyp): Kleinstkinder (DM)	Hauptkostenstelle (Gruppentyp): Kleinkinder (DM)	Erläuterung
7	**II. Sachkosten** (Zeilen 2–6)	369 200	19 500	45 500	175 700	128 500	
8	Kalkulatorische Abschreibung	58 400	2 800	15 500	18 800	21 300	5)
9	Kalkulatorische Verzinsung	143 000	9 700	25 300	66 200	41 800	5)
10	**III. Kalkulatorische Kosten** (Zeilen 8+9)	201 400	12 500	40 800	85 000	63 100	
11	Verwaltungsgemeinkosten	169 800	17 000	35 400	82 200	35 200	6)
12	Bereichsspezifische Gemeinkosten	23 200	2 300	4 800	11 300	4 800	6)
13	**IV. Gemeinkosten** (Zeilen 11+12)	193 000	19 300	40 200	93 500	40 000	
14	**V. Gesamtkosten** – vor Umlage – (Zeilen 1+7+10+13)	2 307 200	205 800	448 300	1 101 400	551 700	
15	Umlage Hilfskostenstelle „Leitung und Verwaltung"		– 205 800	+ 47 300	+ 111 100	+ 47 400	7)
16	Kosten nach Umlage			495 600	1 212 500	599 100	
17	Umlage Hilfskostenstelle „Wirtschaftsbereich"			– 495 600	+ 302 900	+ 192 700	8)
18	**VI. Gesamtkosten der Hauptkostenstelle** – nach Umlage – (Zeilen 14+15+17)				1 515 400	791 800	

Erläuterungen:

Die Kostenarten sind nach folgenden Verteilungsschlüsseln auf die Kostenstellen umgelegt worden:

1) tatsächlicher Personaleinsatz entsprechend den unterschiedlichen Betreuungszeiten der Gruppentypen;
2) tatsächlicher Kostenanfall für Hilfskostenstellen, Belegung der Gruppentypen für Hauptkostenstellen;
3) altersabhängige Richtsätze pro Kind und Belegung der Gruppentypen;
4) genutzte Gebäudeflächen unter Berücksichtigung des unterschiedlichen „pädagogischen" Raumbedarfs der Gruppentypen;
5) für Grundstück und Gebäude entsprechend 4), sonst tatsächliche Nutzung des Anlagevermögens;
6) Verhältnis der Personalkosten lt. Zeile 1 (= 11 % bzw. 1,5 % dieser Personalkosten).

Die in den Hilfskostenstellen erfaßten Kosten (Zeilen 14+16) sind wie folgt auf die anderen Kostenstellen verrechnet worden:

7) zwischen der Hilfskostenstelle „Leitung und Verwaltung" und den übrigen Hilfs- und Hauptkostenstellen nach dem Verhältnis der Personalkosten lt. Zeile 1;
8) zwischen der Hilfskostenstelle „Wirtschaftsbereich" und den Hauptkostenstellen nach der Belegung der Gruppentypen.

6. Die Kostenträgerrechnung

Kostenträger sind die kostenverursachenden Leistungen der Verwaltungsbetriebe. Kostenträger geben Antwort auf die Frage: welches Gut oder welche Leistungen haben die Kosten zu tragen? (*Wofür* sind die Kosten entstanden?) Beispiele für Kostenträger sind: 305

1. im Universitätsbereich:
   die Kosten pro Student
2. beim Vermessungsamt:
   die gedruckten Karten des Vermessungsamtes (Kosten pro Karte)
3. in der ADV:
   die Maschinenzeit, der Bearbeitungsfall
4. in der Müllabfuhr:
   der abtransportierte Müll (Kosten pro Mülltonne oder pro Tonne beseitigter Müll)
5. bei der Stadtentwässerung:
   die gesammelten und abgeleiteten Abwässer (Kosten pro cbm).

Die *Kostenträgerrechnung,* deren Grundlage in der Regel die Kostenstellenrechnung ist, ordnet die Kosten den einzelnen Gütern und Diensten zu. Dabei ist es unerheblich, ob diese Güter und Dienste für den betrachteten Verwaltungsbetrieb oder für Dritte bestimmt sind. Als Arten der Kostenträgerrechnung unterscheidet man die *Kostenträgerzeitrechnung,* in der die Gesamtkosten gleichartiger Kostenträger einer Abrechnungsperiode zusammengefaßt werden und die *Kostenträgerstückrechnung* (häufig auch Kalkulation genannt), in der die Kosten pro Leistungseinheit errechnet werden. Die Ergebnisse der Kostenträgerzeitrechnung sind in der Regel die Summen der einzelnen Kostenstellen des Betriebsabrechnungsbogens. Die Ergebnisse der Kostenträgerstückrechnung liefern beispielsweise Grundlagen für den Zeitvergleich oder Betriebsvergleich (vgl. Ziffer 8 dieses Abschnitts). Die folgenden Ausführungen beziehen sich auf die Kostenträgerstückrechnung. 306

Diese Rechnung ist im wesentlichen nur für die Verwaltungsbetriebe notwendig, die Gebühren berechnen. (Übersichten zu den Gebührenhaushalten und ihren Kostendeckungsgraden finden sich bei: Budäus, 1982, S. 168 ff.; Sander, 1987, S. 279 ff.; Drieling, Sickel, 1990, S. 1 ff.). Auch wenn mit den Gebühren häufiger keine Kostendeckung angestrebt wird oder erreicht werden kann, gelten die Stückkosten pro Leistungseinheit (Selbstkosten) als Grundlage für die Festsetzung der Gebührenhöhe. Da die Gebühren im Unterschied zu den Preisen in der Privatwirtchaft keiner laufenden Kontrolle bedürfen, genügen zu ihrer periodenweisen Festsetzung meistens die einfachen *Kalkulationsmethoden* der *Divisionskalkula-* 307 *tion.* Hier unterscheidet man die einfache, die stufenweise Divisionskalkulation und die Äquivalenzziffernmethode. Ausnahmen stellen in Verwaltungsbetrieben kompliziertere Verfahren der Kalkulation, wie etwa die *Zuschlagskalkulation,* dar. Diese Rechnung wird vor allem für die Kostenkontrolle von Verwaltungsverfahren benötigt, insbesondere wenn (vgl. Herbst, 1972, S. 76 f.; Klümper u. a., 1996, S. 285 ff.)

1. eine Abrechnung (z. B. durch Verkauf oder Sonderauftrag) erforderlich ist
2. ein Vergleich zwischen Auftragsvergabe und Selbsterstellung der Leistungen durchgeführt werden soll
3. die Forderung bzw. Absicht besteht, ein „Projekt" gesondert zu verrechnen, um es besser überwachen zu können.

308 Am Beispiel der *Bundeswehrkostenrechnung* kann gezeigt werden, daß eine Ermittlung der Selbstkosten, insbesondere durch Verfahren der Zuschlagskalkulation, nur in einer relativ geringen Anzahl von Fällen notwendig wird. So müssen Kostenträgerrechnungen vorgenommen werden (vgl. BMVg [Hrsg.], 1985 a, S. 24):

1. bei Transportleistungen
2. bei unberechtigter Nutzung von Bundeswehrmaterial
3. bei leihweiser Überlassung von Bundeswehrmaterial
4. bei Ausbildung von Angehörigen anderer Streitkräfte durch die Bundeswehr
5. bei Instandsetzungsleistungen für ausländische Nationen
6. bei Instandsetzung schadhafter Lieferungen
7. in Regreßfällen
8. Leistungen von Bundeswehrkrankenhäusern.

Von Bedeutung sind Kenntnisse über die Kosten einzelner Leistungen, wenn gleichartige Leistungen (wie z. B. die Grundinstandsetzung von Ketten- und Rad-Kfz) zwischen Bundeswehr und Industrie verglichen werden sollen. Die vorangegangenen Ausführungen zeigen jedoch, daß der *Schwerpunkt verwaltungsbetrieblicher Kostenrechnung* nicht in der Kostenträger-, sondern in der Kostenstellenrechnung liegt. Die Denkweise wird allerdings in den Ansätzen zu einer *Prozeßkostenrechnung* für Verwaltungsbetriebe relativiert, wenn die Kostenträgerrechnung auf der Grundlage detaillierter Aufgaben- und Tätigkeitsanalysen eine bessere Transparenz der Leistungsprozesse ermöglichen soll (vgl. Schwarze, Koß, 1996, S. 129 ff.).

Dennoch sollen die wichtigsten *Verfahren der Kalkulation* (Divisions- und Zuschlagsrechnung) kurz erklärt und mit Rechenbeispielen belegt werden (vgl. u. a. Gührs, Hünerberg, 1983, S. 39 ff.; Klümper u. a., 1988, S. 289 ff.).

Die *Divisionskalkulation* als einfachste Form der Kostenträgerrechnung findet dort Anwendung, wo hinreichend gleichmäßige Leistungen erstellt werden (Beispiele: Elektrizitätsversorgung, Trinkwasserversorgung, Müllverbrennung, Fernheizwerke, Autokosten des Fuhrparks, in Krankenhäusern usw.). Geht der Divisionskalkulation lediglich eine Kostenartenrechnung voraus, weil das Produkt den ganzen Betrieb in Anspruch nimmt, so ist eine Aufteilung der Kosten auf Kostenstellen nicht notwendig. Im Zusammenhang mit der Kostenstellenrechnung kommt die Kostenträgerrechnung dann vor, wenn die jeweiligen unterschiedlichen Kosten für die unterschiedlichen Leistungen in den einzelnen Kostenstellen ermittelt werden und Produktionsmengen sowie Kosten einander zugeordnet werden. In beiden Fällen werden die Kosten pro Leistungseinheit nach folgender Formel errechnet: **309**

$$\frac{\text{Gesamtkosten der Rechnungsperiode}}{\text{Zahl der Leistungseinheiten}} = \text{Kosten je Leistungseinheit}$$

Beispiele (vgl. Wilmer, 1979, S. 74):

1. In einer Müllverbrennungsanlage wurden in einem Jahr 106 035 t feste Abfälle verbrannt. Die Betriebskosten (Personalkosten, Maschinenunterhaltung, Verwaltungskosten, kalkulatorische Abschreibung, kalkulatorische Zinsen, sonstige Betriebskosten) beliefen sich auf 4 735 896,– DM. Wie hoch lagen die Verbrennungskosten je Tonne?

   Ergebnis: $\frac{4\,735\,896}{106\,035}$ = 44,66 DM je Tonne.

2. Entsprechend den Werten der Kostenstellenrechnung wurden 602 015 m Frontlänge durchschnittlich von der Kostenstelle „Straßenreinigung" gesäubert. Die Kosten beliefen sich in einem Jahr auf 2 139 648,– DM. Die Kostenstelle „Winterdienstkosten" reinigte 580 315 m Frontlänge; hier entstanden Kosten in Höhe von 310 534,– DM. Wie hoch waren

   a) Straßenreinigungs- und b) Winterdienstkosten je Frontmeter?

   a) $\frac{2\,139\,648}{602\,015}$ = 3,55 DM Straßenreinigungskosten je Frontmeter

   b) $\frac{310\,534}{580\,315}$ = 0,54 DM Winterdienstkosten je Frontmeter.

Ein weiteres praktisches Beispiel ergibt sich aus der Fortsetzung des Beispiels einer Kostenstellenrechnung in Rn 304 (vgl. Gührs, Hünerberg, 1983, S. 40 f.).

Für die Kostenträgerrechnung des Kinderheims muß die Leistungseinheit (= Kostenträger) bestimmt werden, der alle Kosten zugerechnet werden. Dies ist am zweckmäßigsten der Betreuungstag je Kind.

Festgestellt werden soll, welche täglichen Heimkosten pro betreutem Kind im Jahre 1998 entstanden sind. Da in den beiden Gruppentypen des Kinderheims jeweils eine einzige einheitliche Leistung erbracht wird, kann das Verfahren der Divisionskalkulation angewendet werden.

Die Selbstkosten je Betreuungstag und Kind werden wie folgt errechnet:

- Jahreskosten des Gruppentyps (aus Kostenstellenrechnung)
  - Kleinstkinder 1 515 400 DM
  - Kleinkinder 791 800 DM
- Betreuungstage/Jahr (Belegung × 365 Tage)
  - Kleinstkinder (22 × 365) 8 030 Tage
  - Kleinkinder (14 × 365) 5 110 Tage
- Tagesbetreuungskosten/Kind (Jahreskosten : Betreuungstage)
  - Kleinstkinder (1 515 400 : 8 030) 189 DM
  - Kleinkinder (791 800 : 5 110) 155 DM

310 Bei der *Zuschlagskalkulation* werden die Kosten einer bestimmten Leistung gesondert nach dem Verursachungsprinzip erfaßt und der betreffenden Leistung zugeordnet. Hierbei werden die Einzelkosten (im wesentlichen Fertigungspersonalkosten und Verbrauchsmaterialien) und die Gemeinkosten – mit ihren sich aus dem BAB ergebenden Zuschlagssätzen – den Kostenträgern zugerechnet. Je mehr Kosten als Einzelkosten ausgewiesen werden, desto verursachungsgerechter und realitätsbezogener wird die Kalkulation. Als Basis für die Ermittlung von Zuschlägen dienen:

1. die Kosten des Verbrauchsmaterials für den Materialgemeinkostenzuschlag
2. die Fertigungspersonalkosten für den Fertigungsgemeinkostenzuschlag
3. die Herstellkosten für den Verwaltungsgemeinkostenzuschlag.

Das *Kalkulationsschema* nach der (differenzierenden) Zuschlagsrechnung hat für Verwaltungsbetriebe folgendes Aussehen (vgl. Eichhorn, 1979, S. 108; vgl. auch Klümper u. a., 1996, S. 294):

Verbrauchsmaterial
\+ Materialgemeinkosten
= Materialkosten

Fertigungspersonalkosten
\+ Fertigungsgemeinkosten
= Fertigungskosten

Herstellkosten (Material- und Fertigungskosten)
\+ Verwaltungsgemeinkosten
= Selbstkosten

Beispiel: Für die Instandsetzung eines Kraftfahrzeuges in der Werkstatt eines Verwaltungsbetriebs fallen Kosten für Verbrauchsmaterial in Höhe von 500 DM an. Der sich aus dem BAB ergebende Zuschlagssatz für die Materialgemeinkosten beträgt 40 %. Die Fertigungspersonalkosten belaufen sich auf 800 DM, der Zuschlagssatz für die Fertigungsgemeinkosten ist 50 %. Der Zuschlagssatz für die Verwaltungsgemeinkosten wurde mit 10 % errechnet. Wie hoch sind die Selbstkosten der Instandsetzung des Kfz?

Lösung:

	Verbrauchsmaterial	500 DM		
+	Materialgemeinkosten (40 %)	200 DM		
		=	700 DM	Materialkosten
	Fertigungspersonalkosten	800 DM		
+	Fertigungsgemeinkosten (50 %)	400 DM		
		=	1200 DM	Fertigungskosten
			1900 DM	Herstellkosten
		+	190 DM	Verwaltungsgemeinkosten (10 %)
		=	2090 DM	Selbstkosten

Da die Zuschlagsrechnung in aller Regel komplizierter ist als aus dem Beispiel ersichtlich und außerdem eine Vielzahl von Ausprägungsformen der beiden vorgestellten Kalkulationsformen Divisions- und Zuschlagskalkulation existieren, sei auf weiterführende Spezialliteratur für Verwaltungsbetriebe verwiesen (vgl. Bischofberger, 1964, S. 146 ff.; Schreml, 1970, S. 59 ff.; Eichhorn, 1979, S. 106 ff.; Paffen, 1979; Sickel, 1979; Wilmer, 1979, S. 73 ff.; Fuchs, Zentgraf, 1981, S. 129 ff.; Gührs, Hünerberg, 1983, S. 38 ff.; Klümper u. a., 1988, S. 271 ff.).

7. Kostenrechnungssysteme

311 In der bisherigen Darstellung der Kostenarten-, Kostenstellen- und Kostenträgerrechnung wurde davon ausgegangen, daß alle angefallenen Kosten erfaßt und verrechnet wurden *(Vollkostenrechnung)* und daß es sich bei den verrechneten Kosten um *Istkosten* handelt. Da es außer der Vollkostenrechnung noch die Möglichkeit einer *Teilkostenrechnung* gibt und neben Istkosten- auch *Normalkosten-* und *Plankostenrechnungen* existieren, soll im folgenden kurz auf die Verwendungsmöglichkeit dieser Systeme in Verwaltungsbetrieben eingegangen werden (vgl. zur begrifflichen Erklärung Rn 296, 297; weiterführende Literatur zu den Kostenrechnungssystemen findet sich bei: Herbst, 1972, S. 50 ff., S. 77 ff.; Chmielewicz, Band 2, 1973, S. 126 ff.; Götzinger, Michael, 1985, S. 197 ff.; Heinrich, 1990, S. 40 ff.; Schwarze, Koß, 1996, S. 58 ff.).

312 Die Unterscheidung in Voll- und Teilkostenrechnung ist insbesondere für die Kostenträgerrechnung von Bedeutung. Im ersten Fall werden variable *und* fixe Kosten, im zweiten Fall nur die variablen Kosten auf die Kostenträger verrechnet. Damit dienen Teilkostenrechnungen in erster Linie der Bereitstellung von – für Verwaltungsbetriebe weniger bedeutsamen – Informationen für absatz- und sortimentspolitische Entscheidungen und kommen für die kostenrechnerische Hauptzielsetzung, Kontrolle der Kostenwirtschaftlichkeit, weniger in Frage (vgl. Rn 256, 257 und Budäus, 1982, S. 168 ff.; Gornas, 1992, S. 87; Rau, 1994, S. 416 ff.; Klümper u. a., 1996, S. 309 ff.). Grundsätzlich kann jedoch die Teilkostenrechnung in den Verwaltungsbetrieben Verwendung finden, in denen Gebühren oder Beiträge als „Erlöse" eine Zurechenbarkeit auf die entsprechenden Kostenträger erforderlich machen. In diesen Fällen kann beispielsweise die Teilkostenrechnung zur Überprüfung der Deckungsbeiträge (Deckungsbeitrag = Differenz zwischen „Erlösen" und den variablen Kosten) einzelner Gebühren dienen (weitere Ausführungen dazu bei Herbst, 1972, S. 50 ff., S. 77 ff.; Heinrich, 1990, S. 42 ff.; Rau, 1994, S. 420 ff.). Insgesamt gesehen ist eine Teilkostenrechnung für Verwaltungsbetriebe wegen der Problematik der Kostenauflösung in fixe und variable Kosten als aufwendig zu bezeichnen.

313 Die *Istkosten-* bwz. *Normalkostenrechnung* und die *Plankostenrechnung* sind rückschauende oder in die Zukunft gerichtete Kostenrechnungssysteme, die am Beispiel der Kostenrechnung im Verwaltungsbetrieb Bundeswehr in ihren wesentlichen Aufgaben dargestellt werden sollen. In Schaubild 131 wird ein Überblick zum System der Bundeswehr-Kostenrechnung vermittelt (vgl. BMVg [Hrsg.], 1985 a, S. 31 ff.).

Schaubild 131 Kostenrechnungssystem für die Planung der Bundeswehr

Die *Istkostenrechnung* gibt Aufschluß über den effektiven Verbrauch von Gütern und Dienstleistungen für Kostenstellen und Leistungen in einer abgelaufenen Rechnungsperiode. Sie ist unerläßliche Grundlage für die *Plankostenrechnung,* denn auf ihren Ergebnissen aufbauend, werden planerische Bewertungsmaßstäbe für die Kostenarten-, Kostenstellen- und Kostenträgerrechnung entwickelt. Dabei ist in der Regel an eine Istkostenrechnung gedacht, die mit *Normalkosten,* d. h. mit Durchschnittskosten der Vergangenheit arbeitet. Eine reine Istkostenrechnung wäre u. a. viel zu aufwendig. Für die Istkostenrechnung in dieser Form ergeben sich folgende *Einzelaufgaben* (vgl. Herbst, 1972, S. 84 f.; BMVg [Hrsg.], 1985 a, S. 31 f.; Timmermann, 1987, S. 166; Hahn, 1997, S. 246 ff.): **314**

1. Ermittlung der Ist-Kosten nach Kostenarten für eine abgelaufene Rechnungsperiode
2. Verrechnung der Ist-Kosten je Kostenstelle auf Kostenträger wie Ausbildungsgänge, Transportleistungen, Instandsetzungen usw.
3. Durchführung von Kostenvergleichen
4. Kostenermittlung zum Zweck der Kostenerstattung durch Dritte
5. Ermittlung und Analyse von Kosten- und Preissteigerungsraten.

Aufgabe der *Plankostenrechnung* ist die Erarbeitung und Vorgabe von Durchschnittskosten (Kostenstandards oder Normwerte) für zukünftige **315**

Zeiträume. Diese Normwerte für Kostenarten, -stellen und -träger ermöglichen es, im Rahmen der Planung von Projekten und Einzelmaßnahmen, Planmengen und Leistungen zu bewerten. Hauptziel der Kostenrechnung, das sich vor allem in der Plankostenrechnung ausdrückt, ist die Bereitstellung von Unterlagen für *Planungszwecke* und damit eine wichtige Ergänzung und Unterstützung der Haushaltsplanung. Für die Plankostenrechnung ergeben sich folgende *Einzelaufgaben* (vgl. BMVg [Hrsg.], 1985 a, S. 33 f.; Kirchhoff [Hrsg.], 1986, S. 417, S. 421, S. 425 ff., S. 433 f.; Timmermann, 1987, S. 166 f; Hahn, 1997, S. 252 f.):

1. Entwicklung und Fortschreibung von Standards für Kostenarten (z. B. für Personalkosten, Betriebskosten, Liegenschaftskosten usw.)
2. Entwicklung und Fortschreibung von Standards für Kostenstellen
3. Entwicklung und Fortschreibung von Standards für Kostenträger
4. Durchführung von Soll-Ist-Vergleichen
5. Umsetzung von Kostenplänen in die Haushaltsstruktur über die Kontenbrücke

8. Die Auswertung der Kostenrechnung

316 In der Auswertung der Istkosten- und Plankostenrechnung durch *Kostenvergleiche* liegt der Schwerpunkt der Kostenrechnung. Zugleich werden mit dieser Auswertung Basisdaten für ein rechnungswesenorientiertes Controlling geliefert (vgl. Rn 178, 179). Ergebnis der Kostenvergleiche sind die festgestellten Abweichungen zwischen den verglichenen Größen. Bei der Analyse festgestellter Abweichungen bereitet die Tatsache Schwierigkeiten, daß diese auf eine Fülle von Einflußfaktoren zurückgeführt werden können, wie z. B. Zeit-, Mengen-, Bewertungs- und Beschäftigungsgradunterschiede. Kostenvergleiche können grundsätzlich auf zwei *Arten* vorgenommen werden, die wieder verschiedene Ausprägungsformen haben können (vgl. Eichhorn, 1979, S. 53 ff.; vgl. auch Schaubild 131; Mülhaupt, 1987, S. 178 f.; Rau, 1994, S. 434 ff.; Klümper u. a., 1996, S. 319 ff.).

Schaubild 132 Übersicht zu den Arten der Kostenvergleiche in und zwischen Verwaltungsbetrieben

Inneradministrative (innerbehördliche, interne) Kostenvergleiche	**Interadministrative (zwischenbehördliche, externe) Kostenvergleiche**
1. **Zeitvergleich** (Vergleich von effektiven Zahlen gleichen Charakters zu verschiedenen Stichtagen oder Perioden aus einer Verwaltung oder aus Teilen von ihr) 2. **Soll-Ist-Vergleich** (Sollkosten und Istkosten werden miteinander verglichen) 3. **Verfahrensvergleich** (Vergleich unterschiedlicher Verfahren im gleichen Zeitpunkt oder innerhalb der gleichen Periode)	1. **Vergleiche von Verwaltungen** mit gleicher und ungleicher Aufgabenstellung zu gleichen Zeitpunkten oder Zeiträumen 2. **Richtzahlen- bzw. Kennziffernvergleich** (vgl. Rn 171, 172)

In der *Bundeswehrkostenrechnung* werden grundsätzlich innerbetriebliche Vergleichsverfahren bevorzugt. Kostenvergleiche werden als *Kostenarten-, Kostenstellen- und Kostenträgerzeitvergleiche,* als *Betriebsvergleich* oder als *Kostenarten-, Kostenstellen- und Kostenträger-Soll-Ist-Vergleich* durchgeführt (vgl. Schaubild 131 unterer Teil). Zu diesen Verfahren einige ausgewählte Beispiele! Der *Kostenarten-Soll-Ist-Vergleich* zeigt die Abweichungen der tatsächlich eingetretenen Kosten von den in der Planung vorgegebenen Sollkosten (Schaubild 133; BMVg [Hrsg.], 1985 a, S. 36). **317**

Schaubild 133 Kostenarten-Soll-Ist-Vergleich in der Bundewehr

Vergleich der Materialerhaltungskosten Soll und Ist 1983 in Mio DM

Kostenart		Soll	Ist	Abweichung in v. H.
Nr.	Bezeichnung			
310 10	Kosten der Materialerhaltung für Flugzeuge, Flugkörper und sonstiges Luftwaffeneigentümliches Gerät	1418,0	1398,7	– 1,36

Kostenstellenvergleiche, z. B. in Form des *Betriebsvergleichs,* stellen die optimale Form der Kostenauswertung dar. **318**

Der Ort der Kostenverursachung sowie die Verantwortlichkeit des Kostenstellenleiters werden sichtbar gemacht. Damit ist der Kostenstellenvergleich der Schlüssel zur Kontrolle der Wirtschaftlichkeit. In Schaubild 134 werden die Betriebskosten von zwei Panzerbrigaden für ein Rechnungsjahr miteinander verglichen (vgl. BMVg [Hrsg.], 1985 a, S. 38):

Schaubild 134 Betriebsvergleich in der Bundeswehr

Kostenart		Panzerbrigade A (Mio DM)		Panzerbrigade B (Mio DM)	
Nr.	Bezeichnung				
30	**PERSONAL**		73,4		77,2
31	**MATERIAL**				
310	Einzelverbrauchsgüter und Fremdleistungen zur Erhaltung und Instandsetzung des Wehrmaterials	17,9		21,6	
312	Verbrauch von POL	2,7		3,1	
313	Verbrauch von Munition	10,3		11,3	
	Summe 31		30,9		36,0
32	**INFRASTRUKTUR**		7,1		7,3
33	**ALLGEMEINE BETRIEBSKOSTEN**		1,5		1,7
	SUMME 30–33		113,1		122,2

Die *Betriebskosten* unterscheiden sich in beiden Brigaden um 9,1 Mio. DM. In einer weiteren Untersuchung ist nun die Ursache für die festgestellten Abweichungen bei vergleichbaren Kostenstellen – z. B. den Panzerbataillonen der Brigaden A und B – zu ermitteln. Dabei müssen u. a. folgende Mengenvergleiche durchgeführt werden: Bestand an Rad- und Kettenfahrzeugen im Jahresdurchschnitt, Instandsetzungsfälle und Verbrauch von Austauschteilen, Fahrleistungen, Verbrauch von Betriebsstoffen für Rad- und Kettenfahrzeuge nach Betriebsstoffarten usw. Darüber hinaus liefern Informationen über Zustand und Alter der Infrastruktur und des Materials sowie über Zahl und Umfang der durchgeführten Übungen, Maßstäbe für die Analyse und Bewertung der Kosten. (Weiterführende Literatur zu Kostenvergleichsrechnungen: Schnettler, 1964; Kiefer, Strebel, Wolff, 1977, S. 43 ff.; Eichhorn, 1979, S. 53 ff.; Kroker, 1981; Budäus, 1982, S. 86 ff., S. 105 ff.; Gührs, Hünerberg, 1983, S. 42 ff.; Brenzke, 1989, S. 27 ff.; Schmidt, 1996, S. 84 ff.; Klümper u. a., 1996, S. 345 ff.; vgl. auch die Ausführungen in Abschnitt VII).

319 Im Rahmen der Verringerung von Planungs- und Entscheidungsrisiken in der Bundeswehrplanung werden umfassende *Lebenswegkostenbetrachtungen* zu wichtigen Grundlagen für Beschaffungsentscheidungen langlebiger Güter. Ohne Berücksichtigung der Folgekosten bei Entwicklungs- und Beschaffungsentscheidungen ist das Risiko der öffentlichen Auftraggeber zu hoch, deshalb sind Kostenschätzungen auf Basis der Lebenswegkosten unverzichtbar, zumal das Verhältnis zwischen Entwicklungs-, Beschaffungs- und Nutzungskosten im Durchschnitt sich wie 1 : 3 : 6 verhält (vgl. Kirchhoff [Hrsg.], 1986, S. 415 ff.; Timmermann, 1987, S. 169 ff.).

Das komplexe *Life-Cycle-Cost* (LCC)-Verfahren hat folgende *Hauptaufgaben* (vgl. Timmermann, 1987, S. 172):

1. Entwicklung einer generellen Lebenswegkosten-Grundstruktur für alle Vorhaben,
2. Festlegung der vorhabenspezifischen Kosten- und Erzeugnisstruktur,
3. Einsatz brauchbarer Kostenschätzmodelle,
4. Führen von LCC-Entscheidungsdokumentationen zwecks Vergleichbarkeit von Kostenschätzungen.

Verfahrensvorschläge, die darauf gerichtet sind, Kostensteigerungsursachen zu mindern, sind in *„Leitsätzen für das Kostenmanagement"* zusammengefaßt. Die dort enthaltenen Anweisungen und grundsätzlichen Vorgaben konkretisieren die Aufgaben zur Planung, Steuerung und Kontrolle von Kosten durch die jeweiligen Vorhabenverantwortlichen.

Das Kostenmanagement in der Bundeswehr bedient sich u. a. der in der öffentlichen Verwaltung vermehrt anzutreffenden Verfahren der *Wertanalyse* (auch Gemeinkosten-Wertanalyse), deren Ziel darin besteht, in einem möglichst kurzen Diagnosezeitraum überdimensionierte Gemeinkostenbereiche zu entdecken, sowie die Leistungen dieser Bereiche nach Art, Umfang und Technologie günstiger zu gestalten (vgl. Händel, 1978; EMD [Hrsg.], 1982; Eichhorn [Hrsg.], 1987, S. 137 ff.; Timmermann, 1987, S. 176 ff.; Goller u. a. [Hrsg.], 1989, Abschnitt B 7.2; Weber, Tylkowski [Hrsg.], 1990, S. 177 ff.; Küpper, 1995, S. 306 ff.).

9. Prozeßorientierte Kosten- und Leistungsrechnung für Verwaltungsbetriebe

Der aktuelle Stand der Kostenrechnung in Verwaltungsbetrieben stellt sich **320**
wie folgt dar (vgl. Schmidberger, 1993 a; Schwarze, Koß, 1996, S. 52 ff.; Horváth u. a. [Hrsg.], 1996, Abschnitt C 4.1; Brüggemeier, 1997, S. 61 ff.):

1. Besonders im Bereich Kommunaler Verwaltungsbetriebe, vor allem der entgeltkalkulierenden Betriebe, wird Kostenrechnung paktiziert.
2. Kostenrechnung in diesem Sinne ist nicht controllingorientiert (vgl. Rn 178, 179), liefert also z. B. keine Informationen für Führungsentscheidungen und zur Wirtschaftlichkeit der Leistungserstellung.
3. Der konzeptionelle Entwicklungsstand der Kostenrechnung – im Regelfall sind Kostenrechnungen einmal jährlich erstellte Vollkostenrechnungen auf Istkostenbasis – steht ihrer Nutzung im Verwaltungscontrolling entgegen.

Während in Privatunternehmen eine für Controllingzwecke geeignete Kosten- und Leistungsrechnung weitgehend instrumentalisiert ist, sind konzeptionelle Anforderungen eines Verwaltungscontrolling an die Verwaltungskostenrechnung die Ausnahme, vor allem aber die Realisierung dieser Konzepte (vgl. Rn 179 und KLV-Konzept der Bundeswehr nachfolgend). Kostenrechnung als wirksames Instrument des Verwaltungscontrolling sollte nicht nur auf möglichst viele Verwaltungsbereiche ausgedehnt, sondern auch in Richtung einer Vorgangs-/Prozeßkostenrechnung weiterentwickelt werden.

Im einzelnen ergeben sich folgende Anforderungen an eine moderne Kosten- und Leistungsrechnung, die Steuerungs-, Optimierungs- und Kontrollzwecke im Verwaltungsbetrieb und -controlling erfüllen soll (vgl. Schwarze, Koß, 1996, S. 53 f.; Hausmann, 1996, S. 733 ff.; Horváth u. a. [Hrsg.], 1996, Abschnitt C 4.1, Brüggemeier, 1997, S. 61 ff.):

1. Transparenz der Arbeitsprozesse, indem einzelnen Prozeßschritten Kosteninformationen (insbesondere Ressourceneinsatz in den Dimensionen Zeit- und Mengengrößen) zugeordnet werden,
2. Festlegung von Kostenverantwortlichkeiten, um Leistungsanreize zu schaffen (ökonomische Anreize dürfen allerdings nicht zu Qualitätseinbußen führen!),
3. Liefern von Informationen für Mittelverteilung und Budgetierung.

Kosten- und Leistungsrechnung fungiert damit als Zentrales Informationssystem (neben der Indikatorenrechnung gleich Kennzahlensystem) des Controlling im Verwaltungsbetrieb: Planung, Steuerung und Kontrolle beruhen überwiegend auf Daten, die die Kosten- und Leistungsrechnung liefert (vgl. dazu Horváth u. a. [Hrsg.], 1996, Abschnitt C 4.1, S. 5; Schaubild 134a).

Schaubild 134a Die Kosten- und Leistungsrechnung als Informationssystem für das Verwaltungscontrolling

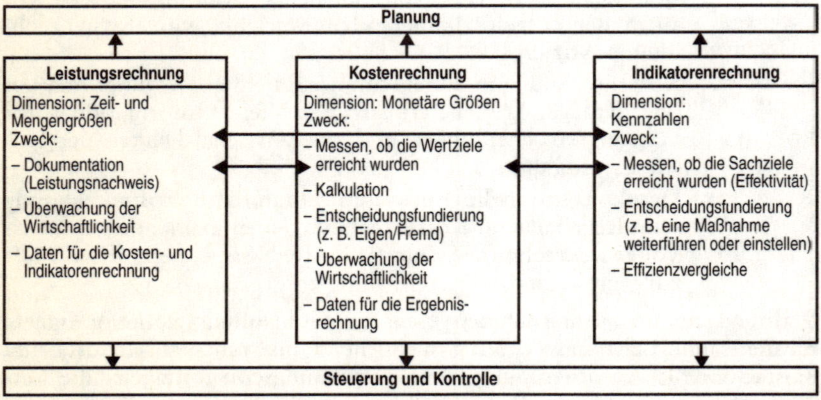

Ausgangspunkt für den Aufbau einer prozeßorientierten Kosten- und Leistungsrechnung bildet die *Tätigkeitsanalyse* (vgl. zum folgenden Schwarze, Koß, 1996, S. 63 ff.). Durch Befragungen, Eigenaufzeichnungen, Zeitaufnahmen etc. wird festgestellt, welche Tätigkeiten im Prozeß benötigt werden und welcher Zeitaufwand dafür anfällt. Ergebnis der Tätigkeitsanalyse ist eine Liste von Teilprozessen, die in eine stufige Prozeßhierarchie von Haupt- und Teilprozessen zu bringen ist. Die Teilprozesse werden daraufhin untersucht, ob die Kosten sich bezüglich der von Kostenstellen zu erbringenden Leistungsvolumina mengenvariabel oder mengenfix verhalten. Für jeden mengenvariablen Prozeß wird eine adäquate Maßgröße bestimmt, die eine Quantifizierung und Planung von Prozeßmengen je Einzelprozeß ermöglicht. Maßgrößen, die zugleich *Kostentreiber* der Kostenstelle sind, sind hier ideal, allerdings bei der heterogenen Leistungserstellung in Verwaltungsbetrieben nicht allzu häufig anzutreffen. Durchführungsvoraussetzungen der Prozeßkostenrechnung ist daher die Erfassung der Verfahrensabläufe und die Differenzierung in mengenfixe (z. B. in einer Periode hergestellte Prozeßmengen sind von der Betriebsleistung weitgehend unabhängig, so die Führungstätigkeiten eines Behördenleiters) und mengenvariable Prozesse (Prozeßmengen hängen direkt von der Betriebsleistung ab, z. B. Bearbeitung eines Antrags auf Zurückstellung vom Wehrdienst in einem Kreiswehrersatzamt der Bundeswehr bis zum Zugang eines entsprechenden Bescheids beim Antragsteller).

Für die Ermittlung der Plankosten je Prozeß und die Bestimmung der Prozeßkostensätze kann man sich der analytischen Kostenplanung (welche Kostenarten sind dem jeweiligen Prozeß bei gegebener Produktmenge zuzurechnen?) oder normalisierter Kosten in Kostenstellen (mittels Schlüssel, z. B. die Mitarbeiterzahl in Verwaltungsbetrieben, werden normalisierte Kostenstellenkosten auf die Prozesse verteilt) bedienen. Der Kostensatz je mengenvariablem Prozeß ermittelt sich durch Division von Plankosten und Planprozeßmenge, mengenfixe Leistungsvolumina sind proportional zu den mengenvariablen Kosten umzulegen. Plankostenverrechnungssätze bilden sich aus der Summe von mengenvariablem und -fixem Prozeßkostensatz (zu einem Rechenbeispiel vgl. Schwarze, Koß, 1996, S. 66 ff.).

Zusammenfassend kann gesagt werden, daß eine Prozeßkostenrechnung der angedeuteten Art für eine Verwaltungskostenrechnung vor allem dadurch geeignet erscheint, weil sie als Vollkostenrechnung den hohen Fixkostenanteil in Verwaltungsbetrieben berücksichtigen kann (vgl. auch Morath [Hrsg.], 1994, S. 35 ff.; Lüder [Hrsg.], 1994, S. 205 ff.).

Dem dargestellten Grundkonzept einer prozeßorientierten Kosten- und Leistungsrechnung entspricht die vom Bundeskabinett im Februar 1996 für die Bundesverwaltung beschlossene Entwicklung einer standardisierten Kosten- und Leistungsrechnung; ihm entspricht auch die Kosten- und Leistungsrechnung, die als Teil eines ganzheitlichen *Konzepts der Kosten- und* **321**

Leistungsverantwortung (KLV) im Januar 1997 als erstem Ressort auf Bundesebene in die Bundeswehr eingeführt wurde (vgl. Rn 179). Die Abschlußpräsentation für das erste KLV-Pilotprojekt in der Wehrverwaltung des Bundes im Juli 1997, den Verwaltungsbetrieb Standortverwaltung Koblenz, erbrachte vielversprechende Ergebnisse; KLV wird ab 1997 in etwa 280 Dienststellen der Bundeswehr angewendet. Das KLV-Fachkonzept der Bundeswehr eignet sich besonders als aktuelles Beispiel für die Realisierung verwaltungsbetrieblicher Konzepte und wird deswegen in der für diesen Grundriß gebotenen Kürze dargestellt (Literaturempfehlung zur Vertiefung: Schimkus, Walther, 1994, S. 407 ff.; Schimkus, Walther, 1995, S. 87 ff., S. 261 ff.; 1996, S. 66 ff.; Uhl, Hubbert, 1997, S. 229 ff.).

Kosten- und Leistungsverantwortung (KLV) in der Bundeswehr soll geeignete Rahmenbedingungen und Instrumente für die Initiierung, Verifikation, Kontrolle und Steuerung von Aufwandsbegrenzungen im Betrieb der Bundeswehr zur Verfügung stellen. KLV ist unabdingbare Voraussetzung für ein *Market Testing*, denn nur wer seine Kosten kennt, kann gezielt sparen und optimieren.

Die Ziele des KLV-Konzepts werden nur erreicht, wenn alle Angehörigen der Bundeswehr ein Kosten- und Leistungsbewußtsein entwickeln, das die Verbesserung von Betriebsabläufen und die Kostenreduzierung ermöglicht. Diese Bewußtseinsänderung soll über die beiden Instrumente des KLV-Konzepts, die *Kosten- und Leistungsrechnung (KLR)* und das *Kontinuierliche Verbesserungsprogramm (KVP)* erreicht werden.

KVP will die Erfahrungs- und Kreativitätspotentiale der Mitarbeiter für Verbesserungen und eine wirtschaftliche Aufgabenerfüllung nutzen. Vorgesehen sind KVP-Projektgruppen, ein KVP-Berichtswesen, eine dienststellenadäquate KVP-Organisation einschließlich der benötigten Prüfungs- und Bewertungsausschüsse.

Die KLR stellt periodisch (i. d. R. monatlich) aktuelle Kosten- und Leistungsdaten für die Führung einer Dienststelle bereit, wobei die Kosten den erbrachten Leistungen verursachungsgerecht zugeordnet werden. Außerdem bildet KLR die Basis für ein dienststellenbezogenes und dienststellenübergreifendes *Controlling*. Der Controller unterstützt die Führung bei der ökonomischen Zieloptimierung; die Führungskräfte werden durch ihre Controller in die Lage versetzt, Verantwortung für Kosten und Leistung in ihren Verwaltungsbetrieben zu übernehmen und damit stärker als bisher Wirtschaftlichkeitsaspekte in die Entscheidungsprozesse einfließen zu lassen. Dazu bedienen sich die Controller der Instrumente: Kosten- und Leistungsrechnung, Kennzahlensysteme, Arbeits- und Zeitwirtschaft, Kosten- und Leistungsbudgetierung, Sonderanalysen und Sonderrechnungen. Die in diesem Abschnitt besonders interessierende KLR hat die Aufgabe, Leistungen und Kosten zu quantifizieren und zu analysieren, Kosten und Leistungen zu planen und zu kontrollieren sowie Kosten Einzelaufträgen/Vorhaben zuzuordnen, um Veränderungs- und Verbesserungsprozesse zu unterstützen und Rationalisierungspotentiale zu realisieren. Dabei bedient sich die KLR der Unterscheidung in Kostenarten-, Kostenstellen und *Prozeßkostenrechnung*. In der Prozeßkostenrechnung (vgl. Rn 320) werden indirekte Leistungsbereiche (z. B. Verwaltung, Steuerung, Unterstützung, Materialwirtschaft usw.) in repetitive Aktivitäten (Teilleistungen von Kostenstellen) zerlegt, sodann den Aktivitäten Kostentreiber oder Prozeßleistungen (z. B. Anzahl der Instandsetzungen, Lagerbewegungen, Personalbearbeitungen usw.) zugeordnet. Danach werden die Aktivitäten zu kostenstellenübergreifenden Prozessen und Hauptprozessen (z. B. Auftragsmanagement, Aus- und Fortbildung, Personalmanagement, Versorgung mit Verbrauchsmaterial) unter Berücksichtigung der Arbeitszusammenhänge (Prozeßketten) verdichtet und kostenmäßig bewertet.

So wurden in der Standortverwaltung Koblenz 8 Hauptprozesse, 38 Porzesse und 360 Aktivitäten aufgelistet, die Einsparungspotentiale werden als erheblich angesehen, wobei die Kosten der KLR selbst auf weit unter 1 % der Gesamtkosten der Dienststellen beziffert werden. Vorteile der KLR sind dagegen:

1. detaillierte Informationen und Plan- und Ist-Kosten von Aufträgen,
2. Daten für Vergleichsbetrachtungen (dienststellenintern, dienststellenübergreifend, Benchmarking = „von den Besten lernen", Market-Testing, Outsourcing, Kennzahlensysteme usw.),
3. Bereitstellen von Auslastungsdaten (direkter und indirekter Bereich),
4. Einsatz von Methoden und Verfahren der bereits vorhandenen, aber für die Zwecke einer KLR auszubauenden Bundeswehrkostenrechnung (vgl. BMVg [Hrsg.], 1985 b),
5. Einsatz von Methoden und Verfahren zur Planung, Steuerung und Kontrolle der Wirtschaftlichkeit.

Der Prozeß KLV in der Bundeswehr erscheint irreversibel, insofern könnten die dort gemachten praktischen Erfahrungen für weitere Bereiche der öffentlichen Verwaltung Modellcharakter haben, um eine notwendige „interne Optimierung" zu initiieren und auszubauen.

VII. Wirtschaftlichkeitsrechnungen in Verwaltungsbetrieben

1. Überblick zu den Aufgaben und Arten von Wirtschaftlichkeitsrechnungen

Wirtschaftlichkeitsrechnungen sind im Unterschied zu den bisher erörterten Methoden der periodisierten Wirtschaftlichkeitsanalyse (Kameralistik, **322**

Kostenrechnung), als *aperiodische Wirtschaftlichkeitsanalysen für Einzelmaßnahmen* charakterisiert worden (vgl. Rn 263). *Aufgaben* derartiger Rechnungen, die die Zahlenwerke der bereits diskutierten periodischen Rechnungen voraussetzen, können sein (vgl. Gührs, Hünerberg, 1983, S. 42 ff.; Klümper u. a. 1988, S. 315 ff.; Schmidt, 1989, S. 21 ff.):

1. Lieferung von Entscheidungshilfen für *Rationalisierungsmaßnahmen* in Verwaltungsbetrieben, z. B. bei Einführung neuer Verwaltungsverfahren
2. Lieferung von Entscheidungshilfen für *Investitionen* in Verwaltungsbetrieben (interne Investitionen), z. B. bei Einrichtung von Rechenzentren, Aufbau von Informationssystemen usw.
3. Lieferung von Entscheidungshilfen für *Investitionen* mit Auswirkungen auch *außerhalb* der Verwaltungsbetriebe, z. B. Infrastrukturmaßnahmen (Bau von Schulen, Krankenhäusern, Akademien, Straßen usw.).

Jede Wirtschaftlichkeitsrechnung ist eine *Vergleichsrechnung,* mit deren Hilfe die wirtschaftliche Lösung gefunden werden soll. Insofern werden periodische Vergleiche (vgl. Rn 316–318) durch *Einzelfallstudien* ergänzt; beide Rechnungen haben das Ziel, mit Hilfe des Vergleichs die *wirtschaftlichste Lösung* zu finden. Dabei kann sowohl eine in die Zukunft gerichtete als auch eine kontrollierende und überwachende Rechnung vorgenommen werden.

323 Die bisher in Verwaltungsbetrieben angewandten Wirtschaftlichkeitsrechnungen konzentrieren sich im wesentlichen auf folgende *Arten:*

1. den *Verfahrensvergleich* als Kostenvergleich alternativer Verfahren im Zuge von Rationalisierungsmaßnahmen. Durch einen Verfahrensvergleich wird unter mehreren Verfahren das mit der größten Wirtschaftlichkeit ausgewählt
2. den *Kostenvergleich alternativer Investitionen* durch statische und dynamische (finanzmathematische Methoden) Verfahren der Investitionsrechnung
3. den Vergleich von *Nutzen* und *Kosten* bei Maßnahmen von erheblicher finanzieller Bedeutung, die überwiegend Außenwirkung haben oder als interne Investitionen auch nach außen wirken *(Nutzen-Kosten-Untersuchungen* nach § 7, Abs. 2 BHO bzw. § 6 Abs. 2 HGrG).

Im folgenden sollen die Grundzüge dieser einzelnen Arten von Wirtschaftlichkeitsrechnungen dargestellt werden.

2. Der Verfahrensvergleich

324 Beim Verfahrensvergleich müssen für *Ablauf* und *Form* folgende Punkte beachtet werden (vgl. Kiefer, Strebel, Wolff, 1977, S. 43 ff.; Eichhorn, 1979,

S. 114 ff.; Gührs, Hünerberg, 1983, S. 43 ff.; Brenzke, 1989, S. 45 ff.; Klümper u. a., 1996, S. 345 ff.):

1. Ermittlung des *Ist-Zustandes* (Aufgabenbereich, Aufbau-, Ablauforganisation, Personalbemessung und -einsatz) durch Organisationsuntersuchungen
2. Entwicklung von Soll-Vorschlägen und deren Kosten
3. Genaue Festlegung von *Arbeitsabläufen.* Bei Einführung neuer Maschinen (z. B. der ADV) ergeben sich z. T. völlig neue Arbeitsabläufe, deren Auswirkungen, z. B. auf die Höhe der Personalkosten, berechnet werden müssen.
4. Auswirkungen der Änderungen von Verfahren auf *Betriebsmittel* und *Werkstoffe* im Verwaltungsbetrieb müssen beachtet werden (z. B. notwendige Anschaffung neuer Möbel, Beleuchtungseinrichtungen, andere Formulare, mehr Lagerraum etc.).
5. Bei der Berechnung der Kosten des Ist- und Soll-Zustandes muß nach *gleichen* Kriterien und Maßstäben vorgegangen werden, um vergleichbare Ergebnisse zu erzielen.
6. In die Rechnung müssen im Unterschied zur Kostenrechnung *nicht alle* Kostenbestandteile übernommen werden. So können Kosten außer Ansatz bleiben, die beim Ist-Zustand und beim Soll-Vorschlag in gleichem Maße anfallen.
7. Der Vergleich von Kosten des Ist- und Sollvorschlags führt zur Feststellung des *kostengünstigsten Verfahrens.* Bei der Entscheidung für ein Verfahren müssen i. d. R. auch nicht in Geld quantifizierbare Effekte berücksichtigt werden (vgl. Ziff. 4 dieses Abschnitts), da das kostengünstigste Verfahren nicht immer auch das wirtschaftlichste sein muß. Hier zeigt sich, daß Wirtschaftlichkeitsrechnungen nur ein Teil (der *quantifizierbare* Teil!) umfassenderer, auch *qualitative* Komponenten enthaltender Wirtschaftlichkeitsuntersuchungen sind.

3. Wirtschaftlichkeitsrechnungen bei internen Investitionen

Unter den Begriff *Investitionen* fallen Kauf, Anmietung oder eigene Herstellung von beweglichen und unbeweglichen Sachen, die das Vermögen vermehren und/oder der Leistungsverbesserung in Verwaltungsbetrieben dienen (vgl. Schmidt, 1996, S. 55 f. und Rn 195 ff., 205 ff. sowie die einschlägige Investitionsliteratur, z. B. Blohm, Lüder, 1978; Veit, Straub, 1983; Heinhold, 1989; Däumler 1994). Man unterscheidet im wesentlichen folgende *Investitionsarten:* **325**

1. *Erstinvestitionen* (z. B. bei der Gründung einer neuen Behörde, bei der Einrichtung einer neuen Organisationseinheit, bei Errichtung eines Rechenzentrums etc.)

2. *Ersatzinvestitionen* (z. B. Ersatz verbrauchter oder veralteter Sachen, von Mobiliar, Schreibmaschinen, Waffensystemen etc.)
3. *Neuinvestitionen* zur Erweiterung (z. B. Vergrößerung bestehender EDV-Anlagen, Ausweitung des Fuhrparks usw.).

Wie beim Verfahrensvergleich kann als Entscheidungsgrundlage auch bei der Auswahl alternativer Investitionen ein *Kostenvergleich* vorgenommen werden. Man unterscheidet grundsätzlich zwei Rechenverfahren:

1. *einfache* (statische) *Vergleichsverfahren.* Bei ihnen wird die Wirtschaftlichkeit einer Investition unter der Voraussetzung gleicher Leistungen und jeweils gleichbleibender jährlicher Kosten während eines stark begrenzten Zeitraumes (meistens eines Jahres) errechnet.
2. *finanzmathematische* (dynamische) *Verfahren,* mit denen die Wirtschaftlichkeit einer Investition während ihrer gesamten Nutzungsdauer untersucht wird, wobei alle anfallenden Ausgaben und Einnahmen mit Hilfe finanzmathematischer Methoden vergleichbar gemacht werden.

326 Zu den einfachen Vergleichsverfahren zählen *Kostenvergleichsrechnungen* (außerdem hier nicht weiter berücksichtigte Gewinnvergleichs-, Rentabilitäts- und Amortisationsrechnungen). In ihnen werden die jährlichen Betriebskosten verschiedener Maßnahmen verglichen. Ausgewählt wird die günstigste Investitionsvariante. Die Kostenvergleichsrechnung wird in drei Schritten vorgenommen (vgl. Reichard, 1987, S. 337 ff.):

1. *Vorstufe:*
   Berechnung der Anschaffungsausgaben, um daraus kalkulatorische Abschreibungen und Verzinsung ableiten zu können
2. *Hauptstufe:*
   Ermittlung von Kapitalkosten (Abschreibungen, Verzinsung), Personal- und Verwaltungskosten (Gemeinkosten) und sonstiger Sachkosten
3. *Endstufe:*
   Bestimmung der Mehr-/Minderkosten der Rechnungsobjekte

327 Beispiele für diese Methode der statischen Kostenvergleichsrechnung, die aus Gründen des geringeren Arbeitsaufwands für die Ermittlung bzw. Lösung komplizierter Verfahrenszusammenhänge verhältnismäßig einfacher als der Verfahrensvergleich ausfällt, finden sich im einschlägigen Schrifttum (vgl. Gührs, Lindner, Pagels, Reißmann, o. J., S. 167 ff.; Kiefer, Strebel, Wolff, 1977, S. 43 ff.; Eichhorn, 1979, S. 115 ff.; Gührs, Hünerberg, 1983, S. 43 ff.; Brenzke, 1989, S. 27 ff.; Schmidt, 1996, S. 84 ff.).

Im Beispiel Nr. 4 der Richtlinien zur Kostenrechnung und Wirtschaftlichkeitsberechnung für die hamburgische Verwaltung vom Mai 1969, wiedergegeben in der Anlage 1 bei Eichhorn, 1979, S. 121, geht es um die Frage einer *Ersatzinvestition* für die alte Koksheizung in einem Dienstgebäude eines Verwaltungsbetriebs. Es soll geprüft werden, ob eine Ölfeuerung mit automatischer Regelung kostengünstiger als die Koksfeuerungsanlage ist. Dabei beschränkt sich der Vergleich auf die Ermittlung der Mehr- oder Minderkosten; die Ausgabe für den Umbau wird mit 50 000,– DM angegeben, die Nutzungsdauer der Ölheizungsanlage mit 25 Jahren. Die Gegenüberstellung der Kosten führt zu folgendem Schaubild:

Schaubild 135 Kostenvergleich: Öl- mit Koksheizung

Mehrkosten Kostenart	**Betrag DM**	**Minderkosten Kostenart**	**Betrag DM**
Heizstoffe (Heizöl) 180 t × 110,– DM	19 800,–	Lohn für einen Arbeiter lt. Personalkostentabelle	11 100,–
Unterhaltung	2 000,–	Gemeinkosten (6 %)	666,–
kalkulatorische Abschreibung (4 % von 50 000,– DM)	2 000,–	Heizstoffe (Koks) 250 t × 115,40 DM	28 850,–
kalkulatorische Zinsen (2,5 % von 50 000,– DM)	1 250,–	Minderkosten	40 616,–
Mehrkosten	25 050,–	– Mehrkosten	25 050,–
			15 566,–

Das Beispiel, bei dem nicht die Aktualität der Zahlen, sondern die Rechenmethode im Vordergrund steht, führt im Ergebnis zu einer Empfehlung für den Einbau der Ölheizung, da sich Einsparungen von jährlich 15 566,– DM ergeben. Das neue Verfahren wäre auch dann noch wirtschaftlicher, wenn sich die Stelle des Heizers nicht einsparen ließe.

Die *dynamischen* Verfahren der Wirtschaftlichkeitsrechnung bei internen **328**
Investitionen sollen an dieser Stelle nur kurz erwähnt werden. (Zu ihrer Anwendung in Verwaltungsbetrieben vgl. Gührs, Lindner, Pagels, Reißmann, o. J., S. 175 ff.; Kiefer, Strebel, Wolff, 1977, S. 69 ff., S. 81 ff.; Wolff, 1983, S. 115 ff.; Brenzke, 1989, S. 109 ff.; Schmidt, 1996, S. 89 ff.; Klümper u. a., 1996, S. 425 ff.). Verfahren der o. g. Art, die auch im Rahmen der 6. Verfahrensstufe der Nutzen-Kosten-Analyse („Auswahl der besten Alternative") als betriebswirtschaftliche Investitionsrechnungen anwendbar sind (vgl. Ziff. 4 in diesem Abschnitt), heißen:

1. *Kapitalwertmethode* (oder Diskontierungsmethode)
2. *Interne Zinsfußmethode*
3. *Annuitätenmethode.*

Die *Kapitalwertmethode* will die im Laufe der Nutzungsdauer entstehenden Einnahmen und Ausgaben, die nach Umfang und Zahlungsterminen unterschiedlich sein können, durch Abzinsung auf einen Bezugszeitpunkt vergleichbar machen. Die Vergleichbarkeit wird erzielt, indem unterstellt wird, daß alle Beträge zum Bezugszeitpunkt eingezahlt bzw. ausgezahlt werden. Die *interne Zinsfußmethode* rechnet nicht mit einem gewählten

Kalkulationszinsfuß, sondern mit einem internen Zinsfuß, der zu einem Kapitalwert von Null führt. Dieser Wert ist erreicht, wenn der Barwert der Einnahmen aus der Investition gleich dem Barwert der Ausgaben für die Investition ist. Bei der *Annuitätenmethode* werden die *durchschnittlichen* jährlichen Einnahmen und Ausgaben einer Investition miteinander verglichen und die Wiedergewinnungszeit des Kapitaleinsatzes bestimmt.

4. Nutzen-Kosten-Untersuchungen

329 Auf die Möglichkeit und Notwendigkeit der Durchführung von *Nutzen-Kosten-Untersuchungen* in der öffentlichen Verwaltung ist in den bisherigen Ausführungen häufig hingewiesen worden (vgl. Rn 76, 80, 96, 97, 119, 171, 263, 321). Deswegen beschränken sich die folgenden Erörterungen zu dieser speziellen Art der Wirtschaftlichkeitsrechnung auf eine *Grundinformation.* Im übrigen darf auf die in den letzten Jahren stark expandierende Spezialliteratur verwiesen werden (vgl. Recktenwald, 1970; GMBl, 1973, Nr. 21, S. 302 ff.; Sellnow, 1973; Hempel, Kehler, 1974; Karehnke, 1974, S. 737 ff.; Kunze, Blanek, Simons, 1974; Hesse, 1975, S. 79 ff.; Meyer, 1975, S. 40 ff.; Albach, Simon [Hrsg.], 1976, S. 39 ff.; Klepzig, 1976; Rinza, Schmitz, 1977; Ziegelschmidt, 1977; Bechmann, 1978; v. Zwehl, Schmidt-Ewig, 1981; Volz, 1986 b, S. 433 ff.; Goller u. a. [Hrsg.], 1989, Abschnitt B 7.1; Schmidt, 1996, S. 101 ff.; Klümper u. a., 1996, S. 463 ff.).

330 Nach § 7 Abs. 2 BHO sind Nutzen-Kosten-Untersuchungen (NKU) bei allen geeigneten Maßnahmen von erheblicher *finanzieller Bedeutung* vorzunehmen. Bisherige *Schwerpunkte der Anwendung* dieser Verfahren liegen in den Bereichen Verkehr (Straßenbau, Bau und Unterhaltung im Wasserstraßenbereich, öffentlicher Personennahverkehr), Landwirtschaft (Agrarförderung), Gesundheitswesen (Vorsorgebereich), Bauwesen (Stadtentwicklung, Stadtsanierung), Forschung (Verkehrssysteme), Verteidigung (Waffensysteme, Infrastrukturmaßnahmen) und Bibliothekswesen. Unter dem Oberbegriff NKU, der aus der Wohlfahrtsökonomie stammt, werden Verfahren der volkswirtschaftlichen (gesamtwirtschaftlichen/gesellschaftlichen) Bewertung staatlicher Maßnahmen (Einzelmaßnahmen, Projekte, Programme, Systeme, insbesondere Investitionen) zusammengefaßt. Dabei ist zu unterscheiden zwischen *monetären* und *nicht-monetären Bewertungsmethoden:*

1. Bei der *Kosten-Nutzen-Analyse* (KNA) werden die in der Volkswirtschaft anfallenden, gesellschaftlichen Nachteile *(Kosten)* und Vorteile (Nutzen) der zu untersuchenden Maßnahmen möglichst in *Geld* bewertet und einander gegenübergestellt. Grundlage der Bewertung sind tatsächliche, berichtigte oder zu unterstellende *Marktpreise.*

2. *Kostenwirksamkeitsanalysen* (KWA) werden immer dann durchgeführt, wenn eine Quantifizierung in Geld *nicht* möglich oder sinnvoll erscheint. Die Bewertung erfolgt in *nichtmonetären Einheiten* (insbesondere in Punkten, Rangziffern). Maßstab der Bewertung ist das Zielsystem und die Gewichtung der einzelnen Ziele entsprechend den Wertvorstellungen des Entscheidungsträgers.

Das in den vorläufigen Verwaltungsvorschriften zur BHO beschriebene **331**
Verfahren der KWA entspricht methodisch der *Nutzwertanalyse* (NWA). Unterschiede ergeben sich dadurch, daß der Ausdruck KWA allein *volkswirtschaftlich* (gesamtwirtschaftlich/gesellschaftlich) definiert wird, die NWA dagegen sowohl *volkswirtschaftlich als auch betriebswirtschaftlich* (verwaltungsbetrieblich) erläutert werden kann. Die Unterschiede zwischen volkswirtschaftlichen und betriebswirtschaftlichen Betrachtungsweisen innerhalb des Systems der Nutzen-Kosten-Untersuchungen ergeben sich aus Schaubild 136:

Schaubild 136 Systematik der Wirtschaftlichkeitsuntersuchungen nach § 7 BHO

Kriterien ↓	Wirtschaftlichkeitsuntersuchungen				
	betriebswirtschaftliche			volkswirtschaftliche (NKU)	
monetär	X	X			X
nicht-monetär			X	X	
statisch	X		X	X	
dynamisch		X			X
	Kosten-vergleich	z. B. Kapitalwert-methode, interne Zinsfuß-methode	(betriebs-wirtschaftliche) NWA	KWA (volks-wirtschaftliche) NWA	KNA
Art der Wirtschaft-lichkeits-rechnung →	Investitionsrechnung		Nutzwertanalyse		volks-wirtschaftliche Investitions-rechnung

Aus dem Schaubild kann ersehen werden, daß KNA und KWA insbesondere zwei wesentliche Unterschiede aufweisen:

1. Die KNA verrechnet *monetäre,* die KWA *nicht-monetäre* Größen.
2. Die KNA bedient sich *dynamischer Verfahren* (Bewertung richtet sich an den im Zeitraum unterschiedlich anfallenden Kosten und Nutzen aus), die KWA benutzt *statische Verfahren* (Bewertung richtet sich auf einen bestimmten Zeitpunkt, die unterschiedliche zeitliche Verteilung der Maßnahmewirkungen bleibt außer Betracht).

Die NWA (volks- und betriebswirtschaftlich) kennzeichnet das statische Moment und die Verarbeitung nicht-monetärer Größen.

332 Das für Nutzen-Kosten-Untersuchungen vorgeschriebene 11-stufige allgemeine *Verfahrensmuster* wird in Schaubild 137 wiedergegeben. Für die Erklärung der einzelnen Stufen wird auf das GMBl 1973, Nr. 21, S. 302 ff., und die einschlägige Literatur (vgl. Rn 327) verwiesen. Insbesondere der Hamburger Leitfaden für Nutzen-Kosten-Untersuchungen liefert umfassende Informationen.

Schaubild 137 Nutzen-Kosten-Untersuchungen

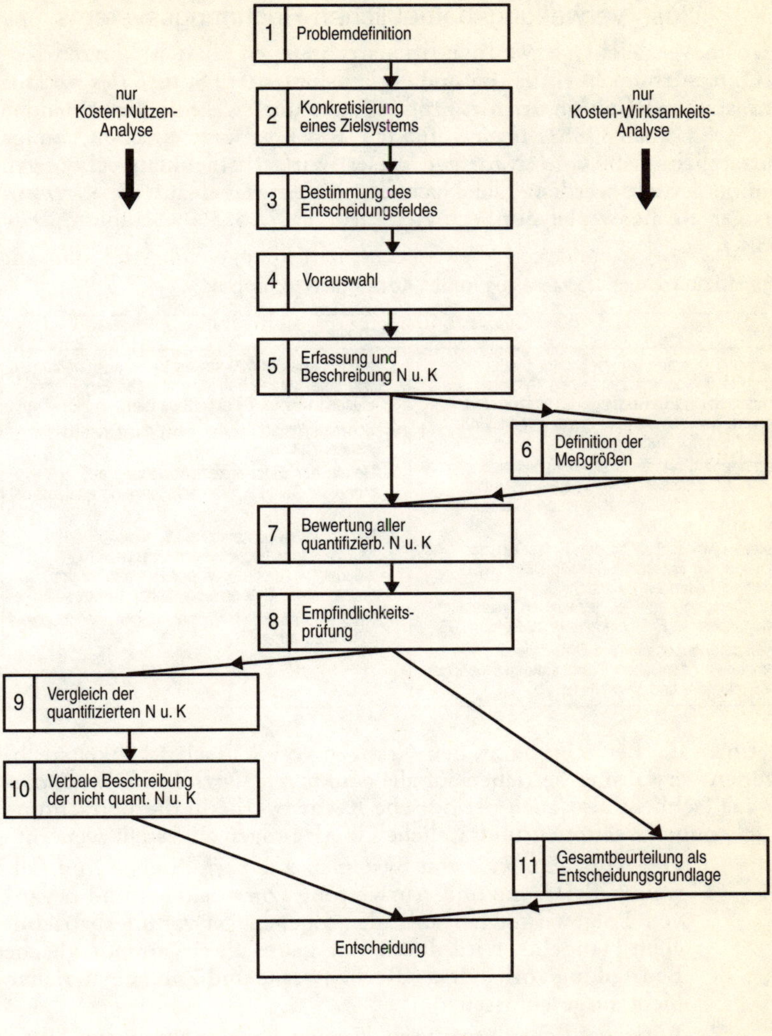

5. Grenzen von Wirtschaftlichkeitsrechnungen in Verwaltungsbetrieben und Entwicklungsmöglichkeiten des verwaltungsbetrieblichen Rechnungssystems

333 Da Kostenvergleichs- bzw. Investitionsrechnungen in den Nutzen-Kosten-Untersuchungen enthalten sind (vgl. insbesondere Stufe 6 des Verfahrensmusters „Definition der Meßgrößen" oder „Auswahl der besten Alternative", vgl. auch Gührs u. a., S. 165 ff.), sollen zusammenfassend einige grundsätzliche *Vor- und Nachteile* dieser Wirtschaftlichkeitsrechnungen gegenübergestellt werden. Die Nachteile weisen dabei auf die *Grenzen* derartiger Rechenwerke hin (vgl. Reichard, 1987, S. 360; Schmidt, 1996, S. 111 f.).

Schaubild 138 Vor- und Nachteile von Nutzen-Kosten-Untersuchungen

Vorteile	**Nachteile**
1. Genaues Durchdenken geplanter Maßnahmen durch Definition von Zielen und Teilzielen sowie Erfassung und Bewertung von Nutzen und Kosten, dadurch Schaffung von *rationaleren Entscheidungsgrundlagen* 2. Verringerung rein fiskalischer Entscheidungssicht durch die Erfassung aller volkswirtschaftlich (betriebswirtschaftlich) relevanten Nutzen und Kosten 3. Bessere Möglichkeit für den Entscheidungsträger durch Entscheidungshilfen über NKU *optimale Lösungen* zu finden; der Entscheidungsträger ist gezwungen, wesentlich *differenziertere Entscheidungen* zu treffen 4. *Transparentmachung und Objektivierung* von komplexen öffentlichen Entscheidungssituationen für Parlament und Verwaltung	1. NKU (insbes. KWA) stellen keine ausgereiften und gefestigten Methoden dar. Die Ergebnisse müssen kritisch reflektiert werden 2. Schwierigkeiten bei der *Bewertung* von Kosten, insbes. Nutzen 3. Gefahr der *Einseitigkeit* (Abstellung auf monetäre Aspekte, Vernachlässigung qualitativer Werte) 4. Bei der KWA bestehen relativ viele *Manipulationsmöglichkeiten*, z. B. durch willkürliche Änderungen der Bewertung, um ein gewünschtes Ergebnis scheinbar zu beweisen 5. NKU sind häufig im Vergleich zum angestrebten Zweck zu *aufwendig*

334 Weitet man die Betrachtung zu den Grenzen von Wirtschaftlichkeitsrechnungen in Verwaltungsbetrieben auf alle denkbaren *Wirtschaftlichkeitsanalysen* aus (schließt also auch periodische Rechenwerke in die Betrachtung ein), so können mehrere grundsätzliche Überlegungen angestellt werden:

1. Die *Notwendigkeit* von Systemen zur periodischen *und* fallweisen Erfassung und Auswertung von positiven und negativen Folgewirkungen auf allen Ebenen verwaltungsbetrieblichen Handelns, wird durch eine kaum zu erwartende gleiche Beurteilung vorhandener Rechenwerke und Zahlenmaterialien nicht ausgeschlossen.
2. Wirtschaftlichkeitsanalysen können einen Beitrag zur Überwindung von in der administrativen (und politischen) Realität anzutreffenden *Kluft* zwischen *Mitteleinsatz* und verfolgten *Zielvorstellungen* leisten. Zahlenwerke auf *objektiver Grundlage* (durch Erhebungen gewonnene Materialien über Lei-

stungsmengen, Programmwirkungen, Programmbereichsergebnisse und dafür benötigte Produktionsfaktoren) können zur Infragestellung und Überprüfung verfolgter Wertvorstellungen führen. Damit können Hilfen für die in sozialen Systemen, wie z. B. Verwaltungsbetrieben, notwendige *Angleichung subjektiver* und *„objektiver" Rationalität* geleistet werden und verstärkte Wirtschaftlichkeitsanalysen angeregt werden (vgl. Becker, Thieme [Hrsg.], 1978, Abschnitt Wirtschaftlichkeitsanalysen, S. 56).

3. Wirtschaftlichkeitsüberlegungen und Wirtschaftlichkeitsrechnungen stellen nur *einen* beachtenswerten *Teilbereich* verwaltungsbetrieblichen Handelns dar. *Soziologische, politologische, psychologische* und *juristische* Aspekte u. a. m. des Verwaltungsbetriebs müssen berücksichtigt und mit ökonomischen Entscheidungsparametern abgestimmt werden (vgl. Rn 8–14). Dabei können durchaus nicht-ökonomische Parameter vor ökonomischen Priorität haben oder die aus betriebswirtschaftlichen Rechenwerken resultierenden Erkenntnisse in ihrer Bedeutung für den Entscheidungsprozeß relativieren.

Die angespannte Haushaltssituation in Bund, Ländern und Gemeinden **335** zwingt zur verstärkten Beachtung der Wirtschaftlichkeit und damit u. a. zur *kritischen Reflektion bestehender Rechensysteme. Entwicklungsmöglichkeiten* der verwaltungsbetrieblichen Rechnungssysteme als Ergebnis einer solchen Bestandsaufnahme könnten bestehen in (vgl. König, Wobser, 1967, S. 138 ff.; Budäus, 1982; Bornhalm, 1986, S. 192 ff.; Eichhorn [Hrsg.], 1987, S. 48 ff., S. 112 ff., S. 183 ff., S. 245 ff., S. 275 ff.; Lüder, 1989, S. 1005 ff.; Lüder [Hrsg.], 1994, S. 163 ff.; Lüder [Hrsg.], 1997, S. 249 ff.):

1. Stärkerer Outputorientierung der *Kameralistik* und Entwicklung zum Programmbudget
2. dem Entwurf neuer Verfahren zur Bindung und Deckung von *Haushaltsmitteln*
3. schnellerem und koordinierterem *Haushaltsvollzug* durch Ausnutzung aller ADV-Möglichkeiten
4. effektiverer *Haushaltskontrolle*
5. dem Ausbau der *Vermögensrechnung* und der Koordinierung der Vermögens-, Haushalts- und Kostenrechnung
6. verstärktem weiteren Ausbau der *Kostenrechnung* zu einer Prozeßkostenrechnung und einer möglichst einheitlichen Wirtschaftlichkeitsrechnung für alle Verwaltungsbetriebe
7. der Verwirklichung eines *Wirtschaftlichkeitsgrundsätzegesetzes,* wie es von Eichhorn bereits 1979 im Entwurf vorgelegt wurde (vgl. Eichhorn, 1979, S. 87 ff.)

8. der Einbindung des verwaltungsbetrieblichen Rechnungssystems in die *volkswirtschaftliche Gesamtrechnung* sowie der Entwicklung einer auch für die Privatwirtschaft vorbildlichen *Sozialkosten-* und *leistungsrechnung.*

Abschließend kann festgestellt werden, daß die Verfechter einer kaufmännisch orientierten Rechnung in Verwaltungsbetrieben zunehmen (vgl. Rn 285). Sie vertreten die Meinung, daß die Systeme des öffentlichen Rechnungswesens nicht nur finanzielle Kontrollen des Haushaltsvollzugs ermöglichen, sondern *auch* detaillierte Informationen über die finanzielle Lage in Bund, Ländern und Gemeinden unter Einbeziehung des Vermögens und seiner Finanzierung über die Bewirtschaftung der zur Verfügung stehenden Ressourcen und über die Kosten für erbrachte Leistungen anbieten sollen. Rechnungssysteme müssen verwaltungsintern auch *verhaltenssteuernd* wirken. Ein zukünftiges Rechnungswesen, das die Kosten für Leistungen und Organisationsbereiche „dokumentiert", wird eher das „Kostendenken" als das reine „Etatdenken" fördern und damit einen dringend notwendigen Beitrag zur Verbesserung der Wirtschaftlichkeit in Verwaltungsbetrieben leisten (vgl. Abschnitt VI, 9 im 4. Kapitel).

Bei aller Bedeutung, die dem staatlichen Rechnungswesen als Steuerungs- und Führungsinstrument zukommt, darf nicht unbeachtet bleiben, daß das Rechnungssystem nur *ein* verwaltungsbetriebliches Gestaltungsfeld darstellt. Seine Interdependenzen mit dem Führungssystem und dem Leistungssystem, insbesondere um motivations- und akzeptanzfördernde Partizipationsstrategien zu entwickeln, müssen kontinuierlich auf- und ausgebaut werden. Insofern ist auch eine ständige Lernbereitschaft der Verwaltungsmitarbeiter im Fachgebiet Verwaltungsbetriebslehre erforderlich. Die fortschreitende Tendenz zur Ökonomisierung der Verwaltung – erkennbar an zahlreichen betriebswirtschaftlichen Ansätzen für eine „neue Verwaltung" – stellt die Verwaltungsbetriebe, ihre Führungskräfte und Mitarbeiter vor umfassende Herausforderungen, die im abschließenden Ausblick skizziert werden sollen.

Fragen zum Verständnis

(4. Kapitel, Abschnitte VI und VII)

1. Welche Aufgaben und Zielsetzungen soll die verwaltungsbetriebliche Kostenrechnung erfüllen? (Rn 292, 293)
2. Wo liegen die wesentlichen Unterschiede zwischen Haushaltsrechnung und Kostenrechnung? (Rn 294)
3. Erläutern Sie den grundsätzlichen Aufbau der Kostenrechnung. (Rn 295–297)
4. Geben Sie Beispiele für Kostenarten nach dem Merkmal verbrauchte Produktionsfaktoren. (Rn 299)
5. Wie unterscheidet man Einzel- und Gemeinkosten? (Rn 300)
6. Welche Gesichtspunkte müssen bei der Bildung funktionaler Kostenstellen berücksichtigt werden? (Rn 302)
7. Welche Rechenschritte müssen im BAB getätigt werden? (Rn 304)
8. Nennen Sie Beispiele für Kostenträger und die Arten der Kostenträgerrechnung. (Rn 305, 306)
9. Wann werden Kostenträgerrechnungen in Verwaltungsbetrieben notwendig? (Rn 307)
10. Geben Sie Beispiele für die Divisions- und Zuschlagskalkulation. (Rn 309, 310)
11. Unterscheiden Sie Voll- und Teilkostenrechnung sowie Ist- und Plankostenrechnung. (Rn 311–315)
12. Welche Arten von Kostenvergleichen zwischen und in Verwaltungsbetrieben gibt es? (Rn 316)
13. Welche Hauptaufgaben verfolgen Lebenswegkostenbetrachtungen? (Rn 319)
14. Wie sehen Sie den aktuellen Stand der KLR in Verwaltungsbetrieben? (Rn 320)
15. Welche Anforderungen sind an eine moderne KLR zu stellen? (Rn 320)
16. Stellen Sie das KLV-Konzept der Bundeswehr in den Grundzügen dar. (Rn 321)
17. Aufgaben von Wirtschaftlichkeitsrechnungen? (Rn 322)
18. Was ist in Form und Ablauf des Verfahrensvergleichs beachtenswert? (Rn 324)
19. Erklären Sie das Rechenverfahren beim Kostenvergleich. (Rn 325)
20. Welche Stufen enthält eine einfache Kostenvergleichsrechnung? (Rn 326)
21. Unterscheiden Sie die dynamischen Verfahren der Wirtschaftlichkeitsrechnung. (Rn 328)

22. Wo liegt der Unterschied zwischen monetären und nicht-monetären Verfahren der Nutzen-Kosten-Untersuchungen? (Rn 330)
23. Systematisieren Sie die Wirtschaftlichkeitsuntersuchungen nach § 7 BHO. (Rn 331)
24. Welche Vor- und Nachteile haben Nutzen-Kosten-Untersuchungen? (Rn 333)
25. Grenzen von Wirtschaftlichkeitsanalysen in Verwaltungsbetrieben? (Rn 334)
26. Machen Sie einen Katalog von Entwicklungsmöglichkeiten des verwaltungsbetrieblichen Rechnungssystems auf. (Rn 335)

Ausblick: Verwaltungsbetriebslehre und Verwaltungsinnovation

In seiner inzwischen weitverbreiteteten und beachteten Berliner Rede „Aufbruch ins 21. Jahrhundert" (vgl. Bulletin, Nr. 33 v. 30. April 1997, S. 353 ff.) hat Roman Herzog u. a. ausgeführt: „Uns fehlt der Schwung zur Erneuerung, die Bereitschaft, Risiken einzugehen, eingefahrene Wege zu verlassen, Neues zu wagen. Ich behaupte, wir haben kein Erkenntnisproblem, sondern ein Umsetzungsproblem" (a. a. O., S. 354). Und weiterhin: „Innovationsfähigkeit fängt im Kopf an . . ." Die Fähigkeit zur Innovation entscheidet über unser Schicksal (a. a. O., S. 354). Auf die Verwaltungsbetriebslehre angewendet bedeuten diese Aussagen: **336**

1. *Erkenntnisse* zu einer am Wirtschaftlichkeitspostulat orientierten Verbesserung des Führungs-, Leistungs- und Rechnungssystems der Verwaltungsbetriebe hat es auch in der Vergangenheit in hinreichender Qualität und Quantität gegeben. Dies zeigt sich schon in der historischen Entwicklung des Verwaltungsbetriebs (vgl. z. B. Laux, 1993, insbes. S. 76 ff.).

2. *Praktische Umsetzung* – realisierte Innovationsideen – im Sinne einer grundlegenden Erneuerung und Modernisierung der Verwaltungsbetriebe sind allerdings weitgehend Stückwerk geblieben.

Im Zuge der gegenwärtigen Bestrebungen zur Reform der öffentlichen Verwaltung und damit zur Verwaltungsinnovation ergeben sich auch für die Disziplin Verwaltungsbetriebslehre aktuelle Möglichkeiten, *Denkanstöße* zur Anwendung betriebswirtschaftlicher Konzepte in Verwaltungsbetrieben zu offerieren, Handlungsempfehlungen zu induzieren und damit Beiträge für die Verbesserung der Aufgabenerfüllung in Verwaltungsbetrieben zu leisten, – auch wenn die bisherigen Entwürfe zu einer öffentlichen Betriebswirtschaftslehre „Anläufe" geblieben sein sollten (vgl. Laux, 1993, S. 1085 ff.) und der „Weg zu einer betriebswirtschaftlichen Theorie der öffentlichen Verwaltungen und Betriebe" immer noch wenig geebnet zu sein scheint (vgl. Brede, 1984, S. 657 ff.; Brede, 1992, S. 106 ff.). **337**

Die in der Tat sehr rege Diskussion um die Modernisierung der öffentlichen Verwaltung wird von Formeln wie Lean Management (schlanke Verwaltung), Neue Steuerungskonzepte, New Public management etc. beherrscht (vgl. Rn 5, 6, 79, 80, 86, 163, 166, 178, 179, 320, 321 und folgende Literaturauswahl: Reinermann, 1992, S. 134 ff.; Reinermann, 1994; Metzen, 1994; Reinermann, 1995 a, S. 90 ff.; 1995 b, S. 169 ff.; S. 246 ff.; Heuer, 1995, S. 85 ff.; Damkowski, Precht, 1995; Siepmann, Siepmann, 1996, S. 259 ff.; Lüder, 1996, S. 93 ff.; Walerath, 1997, S. 1 ff.; Klages, 1997, S. 132 ff.; Budäus, Eichhorn [Hrsg.], 1997; König, Beck, 1997 a; Lüder [Hrsg.], 1997, S. 345 ff., S. 399 ff., S. 425 ff.).

Die bisherigen Bestrebungen zur Reform der öffentlichen Verwaltung in Deutschland zeigen, daß

1. die kommunale Ebene weit reformfreudiger und innovativer agiert als die Länder und die Bundesverwaltung, die die wenigsten Aktivitäten zeigt (allerdings mit einem gerade im Juni 1997 dem Kabinett vorgelegten „Aktionsprogramm zur weiteren Steigerung von Effektivität und Wirtschaftlichkeit der Bundesverwaltung" die Reformen vorantreibt, vgl. BMI [Hrsg.] 1997).
2. *betriebswirtschaftliche Aspekte* in den Reformkonzepten und ihrer bisherigen praktischen Umsetzung eine starke, wenn nicht sogar eine Vorreiterrolle einnehmen. Insofern zeigt sich hier bereits die Bedeutung der Verwaltungsbetriebslehre als Promotor der Verwaltungsinnovation. Am Beispiel *kommunaler Verwaltungsbetriebe* soll dies näher erläutert werden.

338 Das von der kommunalen Verwaltungsstelle für Verwaltungsvereinfachung (KGSt) entwickelte *„Neue Steuerungsmodell"* enthält folgende betriebswirtschaftlich akzentuierte Schwerpunkte (vgl. z. B. Siepmann, Siepmann, 1996, S. 259 ff.):

1. Anwendung moderner betriebswirtschaftlicher Instrumente wie auf Kostenstellen und Kostenträger („Produkte") bezogene *Kosten- und Leistungsrechnung (KLR),*
2. *Controlling* durch ergebnisorientierte Auswertung der KLR,
3. *Optimierung der Aufbau- und Ablauforganisation* durch ergebnisorientierte Verschlankung von Struktur- und Prozeßorganisation,
4. Zusammenführung und Delegation von *Ressourcen- und Ergebnisverantwortung,*
5. *Budgetierung,*
6. modernes *Personalmanagement,* insbesondere *Personalentwicklung,* unter Beachtung des kooperativen Führungsstils.

Von 210 befragten Mitgliedsstädten des Deutschen Städtetages hatten sich im Herbst 1996 83 % mit Modernisierungsmaßnahmen des neuen Steuerungsmodells befaßt, wobei die oben genannten Einzelmaßnahmen (KLR 74 %, Budgetierung 72 %, Optimierung der Organisation 71 %, Dezentrale Ressourcenverantwortung 67 %, Controlling 64 %) unterschiedlich, dennoch – so die Prozentzahlen – in der Mehrzahl der Fälle initiiert wurden (vgl. Weiteres bei Klages, 1997, S. 132 ff.).

Auf *Bundesebene* lassen sich vor allem aus dem Aktionsprogramm der **339**
Bundesregierung, das vom Sachverständigenrat „Schlanker Staat" begleitet wird, folgende *betriebswirtschaftlich* bedeutsame *Kernelemente* entnehmen (vgl. BMI [Hrsg.], 1997, S. 31 ff.):

1. kontinuierlicher Prozeß der *Optimierung von Aufbau- und Ablauforganisation,*
2. *kooperativer Führungsstil,* dabei Motivation des Personals, klare *Zielvereinbarung, Delegation* und *ergebnisorientierte Kontrolle,*
3. *Personalentwicklung,* vor allem für Führungskräfte, Verknüpfung von Fortbildungs- und Verwendungsplanung,
4. Zusammenführung von *Fach-* und *Ressourcenverantwortung,* Abbau von Hierarchiestufen, Vergrößerung der *Leitungsspannen,* Flexibilisierung der Haushaltswirtschaft,
5. Entwicklung und Verbesserung von *Informationssystemen,* mit denen über *Controlling* sowie *Kosten- und Leistungsrechnung* zielorientiertes und wirtschaftliches Verwaltungshandeln ermöglicht wird.

Im Zuge weltpolitischer Ereignisse, aber auch korrespondierend zu der **340**
Initiative „Schlanker Staat" der Bundesregierung bewältigt die *Bundeswehr* den größten Umbau ihrer Geschichte:

Allein die Wehrverwaltung (Mitte 1990 mit einem Personalbestand von 183 500, der nach der Wiedervereinigung auf 233 500 anwuchs) wird ihr Personal bis zum Jahr 2000 auf 134 500 Dienstposten verringern. Das Bundesministerium der Verteidigung wird bis zu diesem Jahr um 2 Abteilungen, 20 Stabs/Unterabteilungen und 120 Referate mit etwa 2000 Ministeriumsangehörigen „verschlankt" (vgl. Quiske, 1996, S. 270 ff.).

Maßnahmen der KLV (KLR, KVP, Controlling), der Personalentwicklung, der flexiblen Budgetierung, der Entwicklung moderner Informationstechnik einschließlich behördenbezogener Konzepte, der Optimierung von Strukturen und Abläufen sowie eine ständige Verbesserung des Führungssystems und den damit einhergehenden ergebnisorientierten Kontrollen werden auch in Zukunft nicht nur für die Bundeswehr, sondern für die gesamte Bundesverwaltung verwaltungsbetriebliche Bausteine notwendiger Verwaltungsinnovation sein. Darüber hinaus kann die 1997 in Kraft getretene Reform des öffentlichen Dienstrechts mit ihren leistungs- und anreizbezogenen Elementen durchaus Beiträge zu einem wirtschaftlichen Leistungsergebnis begünstigen (vgl. DBB [Hrsg.], 1995, 1997; Werthebach, 1997, S. 101 f.).

341 Wenn damit das „Ökonomische" zum Leitbild beabsichtigter Veränderungen gemacht wird, Reformwerke zumindest – wie gezeigt – einen ökonomischen Kern haben, sind für eine auf *zukünftige Wirksamkeit* ausgerichtete Verwaltungsinnovation in Verwaltungsbetrieben einige praktische Handlungsempfehlungen angezeigt (vgl. König, Beck 1997 a, S. 131 ff.; Klages, 1997, S. 132 ff.):

1. Die gesamte Modernisierung einschließlich ihrer ökonomischen Aspekte muß als langfristiger, nachhaltiger Prozeß erkannt, legitimiert und organisiert werden.
2. Personalentwicklung und Prozeßmanagement (z. B. über prozeßorientierte KLR) nehmen Schlüsselrollen ein, die besser erkannt und realisiert werden müssen.
3. Führungskräfte und Mitarbeiter müssen an Reformvorhaben aktiv beteiligt und in Veränderungsprozesse als mitwirkende Elemente einer „lernfähigen Organisation", nicht als „Betroffene" eingebunden sein.

342 Sollten die gegenwärtigen Reformen in der Zukunft nicht als weitgehend gescheitert beurteilt werden, wie es heute mit der Regierungs-, Verwaltungs- und Dienstrechtsreform aus den 70er Jahren geschieht (vgl. z. B. Wallerath, 1997, S. 2 ff.), dann werden Aus- und Fortbildung zu einem ihrer unentbehrlichen Bausteine, Innovationsfähigkeit fängt (ja) im Kopf an . . . (vgl. Rn 335). In den letzten Jahren haben sich für die Vorbereitung des Personals auf die anstehenden Herausforderungen einige erfreuliche Entwicklungen ergeben:

1. In der *Ausbildung* gibt es eine Reihe aktueller Ansätze zum „Öffentlichen Betriebswirt", vor allem an deutschen Fachhochschulen, so in Bayern, Brandenburg (Abschluß: Diplom-Verwaltungswirt), Bremen, Berlin (Studiengang Öffentliches Dienstleistungsmanagement (Public Management)), Niedersachsen (Studiengang Verwaltungsmanagement) und Nordrhein-Westfalen (Modellstudiengang Verwaltungsbetriebswirtschaftslehre) (Literaturempfehlung: Reichard, 1994, S. 178 ff.; Wittenbecher, Volkert, 1996, S. 112 ff.; Klümper, 1997, S. 232 ff.).
2. In der *Fortbildung*, vor allem in der Fortbildung von Führungskräften, sind nachhaltige Bemühungen in Bund, Ländern und Gemeinden erkennbar, auf die neuen Herausforderungen durch Vermittlung entsprechender Lehrinhalte vorzubereiten (vgl. Quiskamp, 1991; Göck, 1993; BAKÖV [Hrsg.], 1995, S. 115 ff.; König, Siedentopf [Hrsg.], 1997 b, S. 577 ff.; Lüder [Hrsg.], 1997, S. 477 ff.). An der Bundesakademie für Wehrverwaltung und Wehrtechnik in Mannheim gehören Veranstaltungen zur Verwaltungsbetriebslehre und zum Verwaltungsmanagement seit Jahren zum Standardprogramm der Einführungs-, Fach- und vor allem der Führungsfortbildung (vgl. Steinebach, 1984 a, S. 241 ff.; 1993, S. 272 ff.).

Die seit 1980 vorliegende Verwaltungsbetriebslehre sollte auch in dieser Neuauflage für betriebswirtschaftliches Denken in Verwaltungen sensibilisieren und die entsprechende Aus- und Fortbildung unterstützend begleiten. Hinzukommen muß die *Fähigkeit* zur *Innovation.* Sie entscheidet über unsere öffentliche Verwaltung der Zukunft.

Stichwortverzeichnis

(Hinweise beziehen sich auf die **Randnummern** am äußeren Rand des Textes)